완벽한 마무리!
퍼써

백광훈 편저

[Perfect Summary]

백광훈 형법각론

KB191934

메가 공무원 × 경단기

박영story

2판 머리말

백광훈 퍼펙트 써머리 형법각론 초판에 대한 독자들의 과분한 성원 덕택에 불과 1년 만에 2025년 각종 시험에 대비하는 개정 제2판을 펴내게 되었다.

전면적인 개정을 시도한 제2판의 주요 개정사항을 정리하면 아래와 같다.

① 핵심적인 요점과 세부적인 사항의 균형 있는 정리·요약을 위하여 재산에 대한 죄 일부분부터 끝까지, 즉 전체 내용의 절반 정도에 대하여 장기간 대대적인 개정작업을 시도하였고, 이를 통하여 방대한 형법각론의 내용을 보다 효과적으로 정리하는 완벽한 요약집의 체제를 갖추고자 하였다.
② 직계혈족 · 배우자 등 사이의 재산범죄에 관한 형법 제328조 제1항의 형면제 조항에 대한 헌법재판소의 헌법불합치 결정을 비롯하여 2024년 6월까지 판시된 최신판례의 내용을 반영하였다.
③ 그동안 발견된 오탈자를 바로잡았다. 이외에는 초판의 집필원칙을 준수하였다.

끝으로 초판에 이어 제2판의 제작에 열과 성을 다해 주신 도서출판 박영사의 임직원님들에게 깊은 감사의 마음을 전한다.

2024년 10월

백광훈

학습질문 | http://cafe.daum.net/jplpexam (백광훈형사법수험연구소)

백광훈 형법각론 퍼펙트 써머리 2024년판(초판) 머리말

필자는 수험 관련 강의를 하면서 형법 과목에 대한 요약집을 몇 번 펴낸 적이 있었다. 그중에서도 마지막 형법 요약집은 '핵마총'(핵심마무리총정리)이었고, 그 마지막 개정작업을 한 것은 대략 5년 전으로 기억이 된다.

그 이후 필자는 몇 년간 준비를 거쳐 '형사소송법 퍼펙트 써머리 2022년판'이라는 전문요약집을 만들어 냈다. 그리고 2년간의 준비를 거쳐 '형법총론 퍼펙트 써머리 2024년판'과 '형법각론 퍼펙트 써머리 2024년판'을 펴내게 되었다. 방대한 형법 과목의 특성상 퍼펙트 써머리 집필작업에 형사소송법보다 더 많은 시간과 노력이 들었다. 특히 올 여름에는 거의 매일 강의를 하고 퇴근하면 책상에 앉아 이 책에 매달렸다.

필자의 에너지는 최근 2년간 형사소송법 퍼펙트 써머리를 교재 삼아 공부하는 수많은 독자들의 강력한 출간요청에서 비롯된 것이었다. 선생을 움직이는 제자들의 파워란!

이러한 과정을 거쳐 만들어낸 '백광훈 형법각론 퍼펙트 써머리' 초판의 특징은, ① 형법학의 개념 · 조문 · 이론 · 판례의 알기 쉬운 도식화, ② 속도감 있는 내용전개, ③ 핵심이 확실한 구성, ④ 디테일이 살아 있는 요약, ⑤ 이를 통한 빠른 1회독과 고반복 회독의 실현으로 요약할 수 있다.

필자는 정성을 다해 이 책을 썼다. 이제 평가는 현명한 독자들의 몫이다. 부디 본서가 독자들의 형법 수험에서 효과적으로 도움되는 완벽한 요약집 겸 암기노트로 기능하길 바라는 마음뿐이다.

끝으로 형사소송법 퍼펙트 써머리, 형법총론 퍼펙트 써머리에 이어 형법각론 퍼펙트 써머리의 제작을 맡아 주시고 많은 수고를 해 주신 도서출판 박영사의 임직원님들에게 심심한 위로와 감사의 마음을 전한다.

2023년 10월

백광훈

학습질문 | http://cafe.daum.net/jplpexam (백광훈형사법수험연구소)

OVERVIEW
구성과 특징

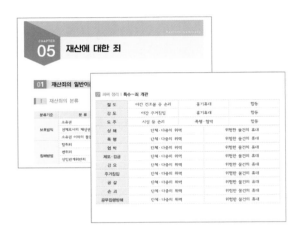

✓ 형법각론의 알기 쉬운 도식화

형법각론 퍼써에서는 전범위의 직관적 도식화를 시도하여 보다 쉽게 형법각론을 이해할 수 있도록 하였습니다.

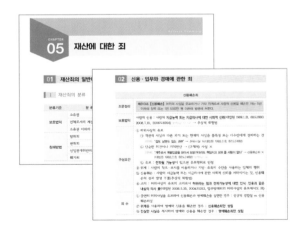

✓ 속도감 있는 내용전개 + 핵심이 확실한 구성 → 스피디한 1회독 → 고반복 학습

기본서 학습의 중요성은 두말할 필요가 없지만, 그 방대한 분량에 힘겨워하는 수험생이 적지 않은 것도 사실입니다. 이에 기본서의 내용을 확 줄임과 동시에, 시험에 자주 출제되는 핵심사항은 밑줄로 강조하여 독자들의 '빠른 1회독'을 돕고자 하였습니다. 우리들의 시험에서 고반복 학습만큼 효과적인 것은 없습니다.

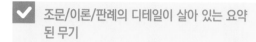

✔ 조문/이론/판례의 디테일이 살아 있는 요약된 무기

기본서의 분량을 단순히 압축하는 것에 치중하다 보면 정작 시험에 나왔을 때 변별력을 가지는 세부내용을 놓치게 됩니다. 이에 본서에서는 조문 정리, 한줄판례, 혼동하기 쉬운 내용의 반복적인 비교학습을 보다 압축된 형태로 시도하였습니다. '짧지만 디테일이 살아 있는 수험생의 무기!' 이것이 퍼써가 추구하는 방향입니다.

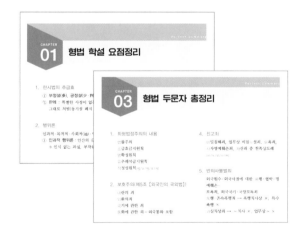

✔ 현실적으로 기능하는 암기노트

기본서 공부를 열심히 하고 이해도 웬만큼 되는 것 같은데 시험에서 점수가 잘 안 나온다면? 그것은 아마도 정리가 부족해서일 것입니다. 외울 건 외워야 합니다. 다만, 외우는 건 힘든 일입니다. 이에 퍼써에서는 철저한 기출문제 분석을 통해 만든 필자 특유의 암기용 두문자를 부록에 수록하였습니다.

CONTENTS
차례

2025
백광훈 형법각론
퍼펙트 써머리

1 PART

개인적 법익에 대한 죄

CHAPTER 01 생명과 신체에 대한 죄

01 살인의 죄

I 보통살인죄

✓ 조문정리

제250조 【살인, 존속살해】 ① 사람을 살해한 자는 사형, 무기 또는 5년 이상의 징역에 처한다.

구성요건	객관적 구성요건	① 객체 : 자연인인 사람인 타인
		  ㉠ 의의 : 생존가치, 생존능력, 생존이익, 생존감정의 유무 불문 ∴ **자살 중인 자도 살인죄의 객체가 됨**(대법원 1948.5.14, 4281형상38)
		  ㉡ 사람의 시기
		    ⓐ 자연분만 시 : **분만개시를 알리는 규칙적인 진통이 시작된 때(진통설, 분만개시설, 개방진통)(通·判)** [경찰채용 09, 법원9급 12, 법원승진 08·09]
		      ∴ **조산사가 '분만 중'인 태아를 질식사에 이르게 한 경우 → 업무상 과실치사죄** 성립(대법원 1982.10.12, 81도2621)
		    ⓑ 제왕절개 시 : **자궁절개 시(수술이 필요하였던 시기 ×**, 대법원 2007.6.29, 2005도3832)
		  ㉢ 사람의 종기 : 뇌사설과 **맥박종지설**(심폐사설, 多數說)
		② 행위 : 살해

	주관적 구성요건	고의 : **미필적 고의로도 충분**
위법성	일반적 사유	① **정당방위·정당행위·의무충돌** : 본죄의 위법성조각사유 → 뇌사자의 적법한 장기적출로 인한 심장사의 경우, 장기 등 이식에 관한 법률에 의하여 위법성 조각 ② **긴급피난, 피해자의 승낙** : 긴급피난이나 피해자의 승낙은 위법성 조각사유 ×(∵ **사람의 생명은 다른 법익과는 달리 절대적으로 보호되고 처분이 제한**)
	안락사	① 적극적(직접적) 안락사 : 위법(촉탁·승낙살인죄 ○, 多) ② 소극적 안락사 : 일정한 요건하에 위법성 조각(多·判)

| 죄수 및 다른 범죄와의 관계 | 죄수 | ① 죄수결정의 기준 : **피해자의 수**에 따라 결정 [법원승진 11]
② 1개의 행위로 수인을 살해한 경우 : 수개의 살인죄의 상상적 경합
③ 동일인에 대한 살인예비 · 살인미수 · 살인기수 : **1개의 살인(기수)**(묵시적 보충관계) |
| | 다른 범죄와의 관계 | ① 살인행위에 의하여 피해자의 의복 손괴 : 손괴는 살인에 흡수(불가벌적 수반행위)
② 살인행위 이후에 별도의 사체유기행위가 있는 경우 : **살인죄와 시체유기죄의 경합범** but 시체를 두고 현장을 떠난 행위는 살인만 인정 [경찰채용 09 · 15, 법원9급 12, 법원승진 08] |

🔗 한줄판례 Summary

1. 피고인이 살인의 범의를 부인할 경우, 범행 당시 **살인의 범의가 있었는지 여부** : 피고인이 범행에 이르게 된 경위, 범행의 동기, 준비된 흉기의 유무 · 종류 · 용법, 공격의 부위와 반복성, 사망의 결과발생 가능성 정도 등 **범행 전후의 객관적인 사정을 종합하여 판단**(대법원 2002.2.8, 2001도6425) [경찰채용 09 · 14]
2. 회복 불가능한 사망의 단계에 이른 후에 환자가 인간으로서의 존엄과 가치 및 행복추구권에 기초하여 자기결정권을 행사하는 것으로 인정되는 경우에는 특별한 사정이 없는 한 연명치료의 중단 허용 可(대법원 2009.5.21, 2009다17417 전원합의체)

▌ II 존속살해죄

✅ 조문정리

제250조 【살인, 존속살해】 ② 자기 또는 배우자의 직계존속을 살해한 자는 사형, 무기 또는 7년 이상의 징역에 처한다.

1. 객관적 구성요건

주 체	직계비속 or 그 배우자(부진정신분범)
객 체	자기 or 배우자의 직계존속
	① 직계존속 : 법률상의 개념이나, 가족관계등록부가 절대적 기준은 아님. 생부는 인지 후에는 직계존속 ○ ② 자기 or 배우자 : **사실혼관계에 있는 자는 제외**(유추해석금지원칙)
혼인 외 출생자	혼인 외 출생자가 生母를 살해하면 인지(認知) 여부에 관계없이 본죄에 해당하나, [경찰채용 13] 生父를 살해하면 인지절차를 거친 경우에만 직계존속이 되므로, 그렇지 않은 경우에는 본죄가 성립하지 않음

타인의 자녀를 자신의 자녀인 것처럼 출생신고한 경우

1. 단순히 기아(棄兒)를 자신의 자녀로 출생신고한 경우(대법원 1981.10.13, 81도2466) → 입양관계를 인정할 수 없기 때문에 존속살해죄 ✕
2. 입양조건이 모두 구비된 상태에서 입양의 의사로 입양신고 대신 출생신고한 경우(대법원 2000.6.9, 99므1633,1640; 2004.11.11, 2004므1484) → 당사자가 자신의 배우자의 동의하에 입양의 의사로 친생자 출생신고를 하고 거기에 입양의 실질적 요건이 구비되어 있다면 이 경우의 허위의 친생자 출생신고는 입양신고의 기능을 함. 이때 존속살해죄 성립 ✕(대법원 2007.11.29, 2007도8333,2007감도22)

2. 주관적 구성요건

고 의	자기 또는 배우자의 직계존속을 살해한다는 인식과 의사
착 오	① 보통살인의 의사로서 존속살해의 결과를 발생시킨 경우 : **보통살인죄 성립**(§15①) ② 존속살해의 의사로서 보통살인의 결과를 발생시킨 경우 : 반전된 §15①의 착오

Ⅲ 촉탁·승낙살인죄

조문정리

제252조【촉탁, 승낙에 의한 살인 등】① 사람의 촉탁이나 승낙을 받아 그를 살해한 자는 1년 이상 10년 이하의 징역에 처한다.
[전문개정 2020.12.8.]

객관적 구성요건	객 체 (촉탁·승낙자)	**죽음의 의미를 이해할 수 있고 자유로운 의사결정능력이 있는 자**이어야 함(유아·심신상실자 ✕) [법원승진 09]
	행 위	**촉탁**(명시적 要)·**승낙**(명시적·묵시적 불문)을 받아 살해하는 것
주관적 구성요건	고 의	촉탁이나 승낙에 의하여 사람을 살해한다는 인식과 의사
	착오의 문제	① 촉탁·승낙이 없음에도 불구하고 있다고 오인하고 살해한 경우 : **촉탁·승낙살인죄 성립**(多, §15①) ② 촉탁·승낙이 있음에도 불구하고 없다고 오인하고 살해한 경우 : 형을 감경할 사정이 없기 때문에 **보통살인죄 성립**(多)

Ⅳ 자살교사·방조죄

조문정리

제252조【촉탁, 승낙에 의한 살인 등】② 사람을 교사하거나 방조하여 자살하게 한 자도 제1항의 형에 처한다.
[전문개정 2020.12.8.]

성 격		① 공범독립성설에 의하면 당연·예시규정, 공범종속성설에 의하면 특별·예외규정 ② 행위지배가 인정된다면 촉탁·승낙살인죄 성립, 자살교사·방조죄 불성립
객관적 구성요건	주 체	제한 無 but 자살자 본인은 처벌되지 아니함
	객 체	**자살의 의미를 이해하고 자유로운 의사결정능력이 있는 자를 의미** ∴ 유아·심신 상실자는 본죄의 객체 ×
	행 위	교사 or 방조하여 자살하게 하는 것 ① 교사·방조 : 총론상의 교사·방조행위와 같은 의미(通) ② 교사·방조와 자살과의 인과관계 : 당연히 要 ∴ 금원편취의 의도로 **인터넷 자살사이트에 청산염 판매광고용 글을 올리고 변사자들과 통화**한 바는 있으 나, 변사자들의 자살행위에 어떠한 물질적·정신적 기여를 하지 못한 경우 → **자살방조죄 구성** ×(대법원 2005.6.10, 2005도1373) ③ 실행의 착수시기 : 교사·방조시설(多) → 자살을 교사·방조했으나 자살에 실패한 경우, 자살교사·방조 미수
동반자살 (합의동사)		① 동반자살 시 생존자는 방조사실이 인정되면 자살방조죄 ○ ② 동반자살의 의사 없이 상대방을 기망하여 자살하게 한 경우에는 위계에 의한 살인죄 (§253) ○ ③ 상대방이 너무 어려서 자살의 의미를 이해하지 못한 경우에는 살인죄의 간접정범 ○

 한줄판례 Summary

1. 자살방조죄가 성립하기 위해서는 그 <u>방조 상대방의 구체적인 자살의 실행을 원조하여 이를 용이하게 하는 행</u><u>위의 존재와 그 점에 대한 행위자의 인식 要</u>(대법원 1992.7.24, 92도1148; 2005.6.10, 2005도1373) [경찰
채용 09, 법원승진 08]
2. 乙이 甲과 말다툼을 하다가 '죽고 싶다.' 또는 '같이 죽자.'고 하며 甲에게 기름을 사오라고 하자 乙의 자살이
예상되는데도 **甲이 휘발유 1병을 사다주어 乙이 몸에 휘발유를 뿌리고 불을 붙여 자살한 경우 → 甲의 자살방**
조죄 성립(대법원 2010.4.29, 2010도2328)

V 위계·위력에 의한 살인죄

조문정리

제253조 【위계 등에 의한 촉탁살인 등】 전조의 경우에 위계 또는 위력으로써 촉탁 또는 승낙하게 하거나 자살을
결의하게 한 때에는 제250조의 예에 의한다.

→ §250(살인죄, 존속살해죄)의 예에 의하여 처벌

한줄판례 Summary

자살의 의미를 이해할 능력이 없고 자신의 말은 무엇이나 복종하는 어린 자식을 권유하여 익사하게 하였다면,
물속에 직접 밀어서 빠뜨린 것이 아니더라도 「형법」 제250조의 살인죄 성립(대법원 1987.1.20, 86도2395) [경찰
채용 23-1] → 위계에 의한 살인죄 ×

VI   살인예비 · 음모죄

> **조문정리**
>
> 제255조 【예비, 음모】 제250조와 제253조의 죄를 범할 목적으로 예비 또는 음모한 자는 10년 이하의 징역에 처한다.

→ 촉탁 · 승낙살인죄, 자살교사 · 방조죄는 예비 · 음모죄 처벌규정 없음

> **한줄판례 Summary**
>
> (살인예비죄의 성립에는 살인의 고의가 요구되므로) **남파된 간첩이 간첩활동을 저지할 자를 살해할 의사로 무기를 소지한 행위만으로는 살인예비죄 X**(대법원 1959.12.18, 4292형상677)

02   상해와 폭행의 죄

I   상해죄와 폭행죄의 구별(多)

구 분	상해의 죄	폭행의 죄
보호법익	신체의 건강(健康)	신체의 건재(健在) 내지 완전성
성 질	결과범, 침해범	거동범, 추상적 위험범
수 단	유형적 · 무형적 방법	유형적 방법
미 수	처벌	불벌
소추조건	없음	반의사불벌죄(§260③)

II   상해죄

> **조문정리**
>
> 제257조 【상해, 존속상해】 ① 사람의 신체를 상해한 자는 7년 이하의 징역, 10년 이하의 자격정지 또는 1천만 원 이하의 벌금에 처한다.
> ③ 전2항의 미수범은 처벌한다.

객관적 구성요건	① 객체 : 타인 → 자상행위는 상해죄 × ② 상 해 　㉠ 의의 : 신체적·정신적인 병리학적 상태를 야기하거나 악화시키는 **생리적 기능 훼손** 　　(多, 협의의 상해개념. 반대견해로 신체의 완전성 침해설과 생리적 기능의 저하 및 　　신체의 외관의 중대한 변화설 有) 　㉡ 범 위 　　ⓐ **신체상처, 일부이탈** : 피하출혈, 종창, 찰과상, 처녀막 파열(대법원 1972.6.13, 72도 　　　855), 치아 탈락, 멍이 든 경우 ≠ 음모절단(대법원 2000.3.23, 99도3099), 반상 　　　출혈상, 경미한 동전크기의 멍(대법원 1996.12.23, 96도2673) [법원승진 13·16] 　　ⓑ **질병감염** : 예 성병감염 　　ⓒ **기능장애 및 무형의 상해** : 예 보행불능, 수면장애, 식욕감퇴 [법원승진 16], 설사, 구 　　　토, 실신(대법원 1996.10.10, 96도2529), 스트레스 장애(대법원 1991.1.26, 98도 　　　3732) 등 ≠ 태아를 사망에 이르게 한 낙태는 임부에 대한 상해는 아님(대법원 　　　2007.6.29, 2005도3832) [법원9급 12]
주관적 구성요건	신체의 건강을 훼손시키겠다는 상해의 고의 要 But 判例는 상해의 원인인 폭행에 대한 인식이 있으면 충분하고 **상해를 가할 의사의 존재까지는 필요하지 않다고 봄**(대법원 2000.7.4, 99도4341) [경찰채용 09, 국가7급 17, 법원9급 15]

🔗 **한줄판례 Summary**

1. 상해를 하면서 협박한 사례(대법원 1976.12.14, 76도3375) [법원9급 07] → 상해의 1죄
2. 난소의 제거로 이미 임신불능상태에 있는 피해자의 자궁 적출(대법원 1993.7.27, 92도2345) [경찰승진 16] → 상해 ○
3. 태아를 사망에 이르게 한 낙태 그 자체 → 임부에 대한 상해 ×(대법원 2007.6.29, 2005도3832) [국가7급 10, 법원9급 12·14]

III 존속상해죄

✅ **조문정리**

제257조【상해, 존속상해】② 자기 또는 배우자의 직계존속에 대하여 제1항의 죄를 범한 때에는 10년 이하의 징역 또는 1천 500만 원 이하의 벌금에 처한다.
③ 전2항의 미수범은 처벌한다.

IV 중상해죄 · 존속중상해죄

✅ **조문정리**

제258조【중상해, 존속중상해】① 사람의 신체를 상해하여 생명에 대한 위험을 발생하게 한 자는 1년 이상 10년 이하의 징역에 처한다.
② 신체의 상해로 인하여 불구 또는 불치나 난치의 질병에 이르게 한 자도 전항의 형과 같다.
③ 자기 또는 배우자의 직계존속에 대하여 전2항의 죄를 범한 때에는 2년 이상 15년 이하의 징역에 처한다.

PART 01 개인적 법익에 대한 죄

CHAPTER 01 생명과 신체에 대한 죄 **9**

	행 위	결과적 가중범의 기본범죄인 고의에 의한 상해행위

객관적
구성요건
	결 과	① 생명에 대한 위험
		② 불구 : 불구란 중요 부분(객관설)의 신체기능의 상실
		    cf. <u>1~2개월간 입원할 정도로 다리가 부러지는 상해</u>(대법원 2005.12.9, 2005도
		      7527) [법원승진 13], <u>3주간의 치료를 요하는 우측흉부자상</u>(대법원 2005.12.9,
		      2005도7527) [경찰채용 10, 법원승진 13], <u>치아 2개 탈락</u>(대법원 1960.2.29,
		      4292형상413)은 불구 ×
		③ 불치 또는 난치의 질병 예 후천성 면역결핍증(AIDS), 마비 등

주관적 구성요건		기본범죄인 상해에 대한 고의와 **중한 결과인 중상해에 대한 과실 or 고의(부진정결과적 가중범)** **要**
적용범위		상해의 고의가 아니라 폭행의 고의로 중상해의 결과를 발생시킨 경우 : 중상해죄 ×, '폭행 치상죄'가 성립하고 '중상해'의 예에 따라서 처벌(§262)

> ### 🔗 한줄판례 Summary
>
> 피고인이 **피해자를 협박하여 그로 하여금 면도칼로 콧등을 길이 2.5cm, 깊이 0.56cm 절단**함으로써 전치 3개
월을 요하는 상처를 입혀 안면부 불구가 되게 한 경우(대법원 1970.9.22, 70도1638) → 중상해죄(의 간접정범) ○
> [국가9급 16]

Ⅴ 특수상해죄

> ### ✅ 조문정리
>
> 제258조의2【특수상해】① 단체 또는 다중의 위력을 보이거나 위험한 물건을 휴대하여 제257조 제1항 또는 제
2항의 죄를 범한 때에는 1년 이상 10년 이하의 징역에 처한다.
② 단체 또는 다중의 위력을 보이거나 위험한 물건을 휴대하여 제258조의 죄를 범한 때에는 2년 이상 20년
이하의 징역에 처한다.
③ 제1항의 미수범은 처벌한다.

Ⅵ 상해치사죄 · 존속상해치사죄

> ### ✅ 조문정리
>
> 제259조【상해치사】① 사람의 신체를 상해하여 사망에 이르게 한 자는 3년 이상의 유기징역에 처한다.
② 자기 또는 배우자의 직계존속에 대하여 전항의 죄를 범한 때에는 무기 또는 5년 이상의 징역에 처한다.

→ 총론 '결과적 가중범' 참조

VII 상해죄의 동시범

✅ 조문정리

제263조 【동시범】 독립행위가 경합하여 상해의 결과를 발생하게 한 경우에 있어서 원인된 행위가 판명되지 아니한 때에는 공동정범의 예에 의한다.

→ 총론 '공동정범' 참조

VIII 폭행죄

✅ 조문정리

제260조 【폭행, 존속폭행】 ① 사람의 신체에 대하여 폭행을 가한 자는 2년 이하의 징역, 500만 원 이하의 벌금, 구류 또는 과료에 처한다.
③ 제1항 및 제2항의 죄는 피해자의 명시한 의사에 반하여 공소를 제기할 수 없다.

구성요건		
객관적 구성요건	객체	사람의 신체
	폭행 행위	① 의의 : **사람의 신체에 대한 유형력의 행사**(협의의 폭행)

💡 퍼써 정리 | 형법상의 폭행

종류	내용	예
최광의의 폭행	사람·물건에 대한 일체의 유형력(有形力)의 행사	내란죄, 소요죄, 다중불해산죄
광의의 폭행	사람에 대한 직·간접의 유형력의 행사	공무집행방해죄, 특수도주죄, 직무강요죄, 강요죄, 공갈죄
협의의 폭행	사람의 신체에 대한 유형력의 행사	특수공무원폭행죄, 폭행죄
최협의의 폭행	상대방의 반항을 불가능하게 하거나 억압하거나 현저히 곤란하게 할 정도의 유형력 행사	• 강도죄(반항 억압 정도 要) • 강간죄(반항 현저 곤란 정도 要)

② 범위
  ㉠ 유형력 : 무형력은 협박과의 구별상 폭행 ✕(多)
  ㉡ 역학적 작용
    예 구타, 밀치는 행위, 침 뱉는 행위, 손이나 옷을 잡아당기는 행위, 모발·수염 절제, 일시적인 자유의 구속
  ㉢ 화학적·생리적 작용
    예 마취약 사용, 최면술 사용, 심한 소음, 폭언의 반복(判例)

객관적 구성요건	폭행 행위	③ 대상 : **사람의 신체에 대한 것**이어야 함 ∴ 단순히 물건에 대한 유형력 행사는 본죄의 폭행 × 예 **타인의 집 뜰에 인분을 던지는 행위** but 신체에의 직접적인 접촉은 不要
		④ 기수시기 : 유형력의 행사만 있으면 기수에 이르기 때문에(거동범) 구체적인 결과 야기 不要 and 본죄에 있어 인과관계의 설명 또한 不要
주관적 구성요건		① 고의 : 사람의 신체를 향한 유형력의 행사라는 점에 대한 인식과 의사 要
		② 상해의 고의로 폭행하여 폭행의 정도에 그친 경우 : 상해미수죄 성립
		③ 폭행의 고의로 폭행하여 상해의 결과가 발생한 경우 : 폭행치상죄 성립

반의사불벌죄
① **폭행과 존속폭행은 피해자의 명시한 의사에 반하여 공소제기 不可**(§260③ 및 형소§327 6.)
② 특수폭행과 상습폭행은 반의사불벌죄 ×

🔗 한줄판례 Summary

1. 단순히 눈을 부릅뜨고 "이 십팔놈아, 가면 될 것 아니냐."고 **욕설**을 한 것만으로는 폭행죄 구성 ×(대법원 2001.3.9, 2001도227)
2. **떨어져 있는 사람에게 전화하는 행위**는 특수한 방법으로 수화자의 **청각기관을 자극하여 고통스러울 정도의 음향을 이용하였다는 특별한 사정이 없는 한**, −협박에 해당할 뿐− **폭행에 해당 ×**(대법원 2003.1.10, 2000 도5716)
3. 자신의 차를 가로막는 피해자를 **부딪칠 듯이 차를 조금씩 전진시키는 것을 반복**하는 행위 → 폭행 ○(대법원 2016.10.27, 2016도9302)[경찰채용 19−2·20−1, 국가7급 17]

IX 존속폭행죄

✓ 조문정리

제260조【폭행, 존속폭행】② 자기 또는 배우자의 직계존속에 대하여 제1항의 죄를 범한 때에는 5년 이하의 징역 또는 700만 원 이하의 벌금에 처한다.
③ 제1항 및 제2항의 죄는 피해자의 명시한 의사에 반하여 공소를 제기할 수 없다.

X 특수폭행죄

✓ 조문정리

제261조【특수폭행】단체 또는 다중의 위력을 보이거나 위험한 물건을 휴대하여 제260조 제1항 또는 제2항의 죄를 범한 때에는 5년 이하의 징역 또는 1천만 원 이하의 벌금에 처한다.

객관적 구성요건	단체 또는 다중의 위력을 보이는 경우	① 단체 : 공동목적을 가진 다수인의 계속적·조직적 결합체 ② 다중 : 단체를 이루지 못한 다수인의 단순한 집합 ③ 위력을 보여 : 사람의 의사를 제압할 만한 세력을 상대방에게 인식시키는 것 → 상대방의 의사가 현실적으로 제압될 것을 요하지는 않는다고 할 것이지만 **상대방의 의사를 제압할 만한 세력을 인식시킬 정도는 되어야 함**(대법원 2006.2.10, 2005도174) and 본죄는 합동범이 아니므로 단체·다중의 현장성은 不要(通)
	위험한 물건을 휴대하는 경우	① 위험한 물건 : 제조목적을 불문하고 그 물건의 객관적 성질·사용방법에 따라서는 사람을 살상할 수 있는 물건 → **구체적 사안에서 상대방·제3자가 위험성을 느낄 수 있으리라고 인정되는 물건인가의 여부에 따라 판단하여야 함**(대법원 2003.1.24, 2002도5783) ② 휴대 : 몸에 지니는 것(소지)을 의미 but 반드시 악지·회중에 지닐 것은 不要, 상대방에게 인식시킬 것도 不要(通)
주관적 구성요건		고의 : 단체·다중의 위력을 보이거나 위험한 물건을 휴대하고 폭행한다는 사실에 대한 인식과 의사 ∴ <u>위험한 물건을 휴대한 사실을 인식하지 못한 경우</u> → **특수폭행 ×, 단순폭행 ○**

 한줄판례 Summary

위험한 물건 인정(특수폭행 외 다른 범죄 포함)

1. 고속도로상에서 승용차로 **다른 사람이 타고 가는 승용차 뒤를 바짝 따라붙어 운전을 방해**한 행위 → 위험한 물건(자동차)을 휴대하여 피해자를 폭행한 경우에 해당(대법원 2001.2.23, 2001도271)
2. 피해자의 다리 부분을 승용차 앞 범퍼 부분으로 들이받고 약 1m 정도 진행하여 동인을 땅바닥에 넘어뜨려 폭행한 경우(대법원 1997.5.30, 97도597)
3. **길이 1m 가량의 야구 방망이**로 엉덩이 부분을 수회 때리는 등 상해를 가한 경우 → 폭처법상 위험한 물건을 휴대하고 상해한 경우에 해당(대법원 2005.4.28, 2005도547)
4. 운전 중 발생한 시비로 한차례 다툼이 벌어진 직후 피해자가 자신이 운전하던 자동차를 뒤따라온다고 보고 순간적으로 화가 나 겁을 주기 위하여 **자동차를 정차한 후 4 내지 5m 후진하여 피해자가 승차하고 있던 자동차와 충돌하여 피해자에게는 상해를**, 그 차량에는 손괴를 입힌 경우(대법원 2010.11.11, 2010도10256)
5. **최루탄과 최루분말**(대법원 2014.6.12, 2014도1894)[경찰채용 24-1]

위험한 물건 부정(특수폭행 외 다른 범죄 포함)

1. 당구공으로 피해자의 머리를 톡톡 건드린 경우(대법원 2008.1.17, 2007도9624)[경찰채용 09·24-1]
2. **쇠파이프로 머리를 구타당하면서** 이에 대항하여 그곳에 있던 각목(길이 1m, 직경 5cm)으로 **상대방의 허리를 구타한 경우**(대법원 1981.7.28, 81도1046)
3. 훈계하면서 **칼자루 부분으로 머리를 가볍게 친 경우**(대법원 1989.12.22, 89도1570)
4. 의무경찰이 **택시 약 30cm 전방**에 서서 이유를 설명하고 있는데 운전자가 신경질적으로 갑자기 **좌회전**하는 바람에 택시 우측 앞 범퍼부분으로 의무경찰의 무릎을 들이받은 경우(특수공무집행방해 ×, 공무집행방해 ○, 대법원 1995.1.24, 94도1949)
5. 충격할 당시 **두 차량 모두 정차하여 있다가 막 출발하는 상태**로서 차량속도가 빠르지 않았으며 상대방 차량의 **손괴가 심하지 아니하였고**, 위 충격으로 피해자들이 입은 상해의 정도가 비교적 경미한 경우(대법원 2009.3.26, 2007도3520)[경찰채용 24-1]
6. 경륜장 사무실에서 술에 취해 소란을 피우면서 '**소화기**'를 집어던졌지만 특정인을 겨냥하여 던진 것은 아니었던 경우(대법원 2010.4.29, 2010도930)[경찰채용 24-1]
7. 청산염 2그램을 협박편지에 동봉 우송하여 피해자에게 도달케 한 경우 → 위험한 물건의 휴대 ×(대법원 1985.10.8, 85도1851)[법원9급 15]

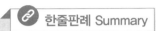

XI 폭행치사상죄

✓ 조문정리

제262조【폭행치사상】 제260조와 제261조의 죄를 지어 사람을 사망이나 상해에 이르게 한 경우에는 제257조 부터 제259조까지의 예에 의한다.
[전문개정 2020.12.8.]

→ 발생한 결과에 따라 상해죄·존속상해죄·중상해죄·존속중상해죄·상해치사죄에 정한 형으로 처벌

🔗 한줄판례 Summary

1. 특수폭행치상의 경우, 형법 제258조의2의 신설에도 불구하고 종전과 같이 **형법 제257조 제1항의 예에 의하여 처벌**하는 것으로 해석하여야 함(특수폭행 + 치상 = 폭행치상죄 성립, 특수상해죄가 아닌 단순상해죄의 형으로 처벌, 대법원 2018.7.24, 2018도3443)

XII 상습상해 · 폭행죄

✓ 조문정리

제264조【상습범】 상습으로 제257조, 제258조, 제258조의2, 제260조 또는 제261조의 죄를 범한 때에는 그 죄에 정한 형의 2분의 1까지 가중한다.

🔗 한줄판례 Summary

1. 상습존속폭행죄 → 반의사불벌죄 ✕(대법원 2018.4.24, 2017도10956) [경찰채용 20-2·23-1]
2. 형법 제264조에서 말하는 '상습'이란 위 규정에 열거된 상해 내지 폭행행위의 습벽을 말하는 것으로, 위 규정에 열거되지 아니한 다른 유형의 범죄까지 고려하여 상습성의 유무를 결정하여서는 안 됨(대법원 2018.4.24, 2017도21663) [경찰간부 20, 경찰승진 22]

03 과실치사상의 죄

과실치상죄	**제266조【과실치상】** ① 과실로 인하여 사람의 신체를 상해에 이르게 한 자는 500만 원 이하의 벌금, 구류 또는 과료에 처한다. ② 제1항의 죄는 피해자의 명시한 의사에 반하여 공소를 제기할 수 없다. → 총론 '과실범' 참조
과실치사죄	**제267조【과실치사】** 과실로 인하여 사람을 사망에 이르게 한 자는 2년 이하의 금고 또는 700만 원 이하의 벌금에 처한다.

업무상 과실·중과실 치사상죄		제268조【업무상 과실·중과실치사상】업무상 과실 또는 중대한 과실로 사람을 사망이나 상해에 이르게 한 자는 5년 이하의 금고 또는 2천만 원 이하의 벌금에 처한다. [전문개정 2020.12.8.]	
	업무	의의	사회생활상의 지위에 기하여(사회성) 계속해서(계속성) 행하는 사무
		업무방해죄의 업무와의 차이	① **사람의 생명·신체에 대한 위험을 수반하거나 방지하는 업무 要** ② **형법상 보호가치 없는 업무나 보호하기에 적합하지 않은 업무도 포함**(대법원 1961.3.22, 4294형상5) 예 무면허 의료, 취미오락 자동차운전

🔆 퍼써 정리 | 형법상의 업무

① 사회성
  ㉠ 업무는 사람의 사회적 활동으로서의 의미를 가져야 함
  ㉡ 개인적·자연적 생활현상 → 업무 × 예 식사, 산책, 수면, 육아, 가사 등
② 계속성
  ㉠ 객관적으로 상당한 횟수가 반복되거나 반복·계속할 의사로 행해진 것
  ㉡ **계속·반복의 의사가 있는 단 1회의 행위 → 업무 ○** 예 의사의 개업 첫날의 의료사고
③ 각칙상의 업무의 종류 및 기능
  ㉠ **부진정신분범**의 업무 : 업무자라는 신분 때문에 책임 가중
    예 업무상 횡령·배임죄, 업무상 동의낙태죄, 과실범의 업무(업무상 과실치사상죄)
  ㉡ **진정신분범**의 업무 : 업무자의 행위만이 객관적 구성요건에 해당
    예 **업무상 비밀누설죄, 업무상 과실장물취득죄(과실장물죄의 기본적 구성요건)**, 업무상 위력에 의한 간음죄, 허위진단서작성죄
  ㉢ 보호법익으로서의 업무 : 업무방해죄의 업무로, 생명 및 신체에 대한 위험을 수반하는 업무에 제한되지 않고 형법상 보호할 가치 있는 업무로 제한됨(업무상 과실치사상죄의 업무와 구별)

04 낙태의 죄

총설	① 보호법익 : 주된 법익은 태아의 생명·신체의 안전, 부차적 법익은 모체의 생명·신체의 안전 ② 헌법불합치 : **자기낙태죄와 업무상 촉탁·승낙낙태죄(의사 부분)에 대한 헌법불합치 결정**(헌법재판소 2019.4.11, 2017헌바127) → 2020.12.31.까지 법개정이 없어 한시적 실효 상태
자기낙태죄	제269조【낙태】① 부녀가 약물 기타 방법으로 낙태한 때에는 1년 이하의 징역 또는 200만 원 이하의 벌금에 처한다.

자기낙태죄	구성
	요건
			① 주체 : 임부(진정신분범)
			② 객체 : 모체 내에 살아 있는 태아(태아의 종기 = 사람의 시기)
			③ 행위 : 낙태
			  ㉠ 의의 : ⓐ 협의로는 자연분만기에 앞서서 태아를 모체 밖으로 배출시키
			    는 것, ⓑ 광의로는 태아를 모체 내에서 살해하는 것까지 포함
			  ㉡ 기수시기
			    ⓐ 협의의 낙태 : 모체 외 배출 시 기수(추상적 위험범) ∴ 배출된 생존
			      태아를 살해한 때에는 낙태죄와 살인죄의 경합범(대법원 2005.4.15,
			      2003도2780)
			    ⓑ 광의의 낙태 : 모체 내에서 태아 살해 시 기수

	위법성	긴급피난	임부의 생명을 구하기 위한 낙태 → 위법성 조각

		모자보건법	법령에 의한 정당행위(모자보건법 §14①)
			① 본인 또는 배우자가 대통령령이 정하는 우생학적 또는 유전
			  학적 정신장애나 신체질환이 있는 경우(제1호 : 우생학적 정
			  당화사유)
			② 본인 또는 배우자가 대통령령이 정하는 전염성질환이 있는
			  경우(제2호 : 넓은 의미의 우생학적 정당화사유)
			③ 강간 또는 준강간에 의하여 임신된 경우(제3호 : 윤리적 정
			  당화사유)
			④ 법률상 혼인할 수 없는 혈족 또는 인척 간에 임신된 경우(제
			  4호)
			⑤ 임신의 지속이 보건의학적 이유로 모체의 건강을 심히 해하
			  고 있거나 해할 우려가 있는 경우(제5호 : 의학적 정당화사유)

동의낙태죄	제269조【낙태】② 부녀의 촉탁 또는 승낙을 받아 낙태하게 한 자도 제1항의 형과 같다. → 자기낙태죄와는 필요적 공범관계 ∴ 시술자는 동의낙태죄, 허락한 임부는 자기낙태죄
업무상 동의낙태죄	제270조【의사 등의 낙태, 부동의낙태】① 의사, 한의사, 조산사, 약제사 또는 약종상이 부녀의 촉탁 또는 승낙을 받아 낙태하게 한 때에는 2년 이하의 징역에 처한다. → 신분으로 인하여 책임이 가중되는 가중적 구성요건(부진정신분범, 한시적 실효상태)
부동의낙태죄	제270조【의사 등의 낙태, 부동의낙태】② 부녀의 촉탁 또는 승낙 없이 낙태하게 한 자는 3년 이하의 징역에 처한다.
낙태치사상죄	제269조【낙태】③ 제2항의 죄를 범하여 부녀를 상해에 이르게 한 때에는 3년 이하의 징 역에 처한다. 사망에 이르게 한 때에는 7년 이하의 징역에 처한다. 제270조【의사 등의 낙태, 부동의낙태】③ 제1항 또는 제2항의 죄를 범하여 부녀를 상해 에 이르게 한 때에는 5년 이하의 징역에 처한다. 사망에 이르게 한 때에는 10년 이하의 징역에 처한다. → 낙태죄는 **미수범 처벌규정이 없으므로 낙태치사상죄는 낙태가 기수이어야 함**(多)

보호법익	피유기자의 생명·신체의 안전(추상적 위험범)
유기죄	제271조【유기, 존속유기】① 나이가 많거나 어림, 질병 그 밖의 사정으로 도움이 필요한 사람을 법률상 또는 계약상 보호할 의무가 있는 자가 유기한 경우에는 3년 이하의 징역 또는 500만 원 이하의 벌금에 처한다. [전문개정 2020.12.8.] ① 주체 : 요부조자를 보호할 법률상·계약상 의무 있는 자(보호의무자) 　㉠ 법률상의 보호의무 　　예 공법 : **경찰관직무집행법에 의한 경찰관의 보호조치의무**(§4), **도로교통법에 의한 사고운전자의 구호의무**(§54①, §106), 사법 : 민법상의 부양의무(§826①, §974), 친권자의 자녀에 대한 보호의무(§913), 사실혼 관계의 부부 사이의 부양의무(대법원 2008.2.14, 2007도3952. **내연관계·동거 ✕**) [경찰간부 24] 　㉡ 계약상의 보호의무 : 간병인, 보모나 유치원 교사 등 → **계약에 기한 주된 급부의무로 한정되지 않음(부수적 의무는 원칙적 부정, 예외적 인정**, 대법원 2011.11.24, 2011도12302) 　㉢ 사무관리·관습·조리상의 보호의무 : **법률·계약에 제한**되므로 인정 ✕(多·判) ∴ 일정 거리를 동행하였거나(대법원 1977.1.11, 76도3419), 강간치상의 범행을 저지른 경우(대법원 1980.6.24, 80도726) → **유기죄의 주체 ✕** ② 객체 : 나이가 많거나 어림, 질병 그 밖의 사정으로 도움이 필요한 사람(요부조자) ③ 행위 : 유기 　㉠ 협의 : 요부조자를 보호받는 상태에서 적극적으로 보호 없는 상태로 옮기는 장소적 이전 　㉡ 광의 : 요부조자를 종래의 상태에 두고 떠나거나 생존에 필요한 보호를 하지 않는 부작위 → 유기행위는 장소적 이전 不要 　　[판례] **유기치사죄의 여호와의 증인 수혈거부 사례(소극적 유기)**(대법원 1980.9.24, 79도1387) ④ 고의 : 만약 **살인의 고의가 있으면 살인죄 ○, 유기죄 ✕**(묵시적 보충관계)
존속유기죄	제271조【유기, 존속유기】② 자기 또는 배우자의 직계존속에 대하여 제1항의 죄를 지은 경우에는 10년 이하의 징역 또는 1천 500만 원 이하의 벌금에 처한다. [전문개정 2020.12.8.]
중유기죄· 중존속유기죄	제271조【유기, 존속유기】③ 제1항의 죄를 지어 사람의 생명에 위험을 발생하게 한 경우에는 7년 이하의 징역에 처한다. ④ 제2항의 죄를 지어 사람의 생명에 위험을 발생하게 한 경우에는 2년 이상의 유기징역에 처한다. [전문개정 2020.12.8.]
학대죄· 존속학대죄	제273조【학대, 존속학대】① 자기의 보호 또는 감독을 받는 사람을 학대한 자는 2년 이하의 징역 또는 500만 원 이하의 벌금에 처한다. ② 자기 또는 배우자의 직계존속에 대하여 전항의 죄를 범한 때에는 5년 이하의 징역 또는 700만 원 이하의 벌금에 처한다.

	주 체	타인을 보호·감독하는 자 → 사무관리·관습·조리에 의한 경우도 포함(通)
학대죄· 존속학대죄	객 체	보호·감독을 받는 자와 직계존속(형의 가중) *cf.* 18세 미만은 아동복지법
	학대 행위	① 육체적·정신적 고통을 가하는 가혹한 대우를 의미(광의, 多·判) ② 학대 O : **4세인 아들이 대소변을 가리지 못한다고 닭장에 가두고 전신을 구타한 것**(대법원 1969.2.4. 68도1793) ③ 학대 × : **단순히 상대방의 인격에 대한 반인륜적 침해**(적어도 유기에 준할 정도 要, 13세 미만인 아동과의 성관계는 학대 부정, 대법원 2000.4.25, 2000도223) [경찰간부 24]
아동혹사죄		**제274조【아동혹사】** 자기의 보호 또는 감독을 받는 16세 미만의 자를 그 생명 또는 신체에 위험한 업무에 사용할 영업자 또는 종업자에게 인도한 자는 5년 이하의 징역에 처한다. 그 인도를 받은 자도 같다.
	객 체	16세 미만의 자. 성별, 기혼·미혼, 발육 정도 불문 [정리] 16세 미만 : 아동혹사죄의 아동, 위증죄의 선서무능력자
	행 위	생명·신체에 위험한 업무에 사용할 영업자 또는 그 종업자에게 현실적으로 인도하거나 이를 인수하는 것 ∴ 인도자와 인수자는 필요적 공범(대향범)
유기치사상죄		**제275조【유기 등 치사상】** ① 제271조 또는 제273조의 죄를 범하여 사람을 상해에 이르게 한 때에는 7년 이하의 징역에 처한다. 사망에 이르게 한 때에는 3년 이상의 유기징역에 처한다. ② 자기 또는 배우자의 직계존속에 대하여 제271조 또는 제273조의 죄를 범하여 상해에 이르게 한 때에는 3년 이상의 유기징역에 처한다. 사망에 이르게 한 때에는 무기 또는 5년 이상의 징역에 처한다. ① **종교적 신념에 의해 자녀 수술 시 수혈을 거부하여 사망한 경우** 유기치사죄 성립(대법원 1980.9.24, 79도1387) [경찰간부 24] ② **자신이 운영하는 주점에 손님으로 와서 수일 동안 식사는 한 끼도 하지 않은 채 계속하여 술을 마시고 만취한 피해자를 주점 내에 그대로 방치하여 저체온증 등으로 사망**에 이르게 한 경우 **유기치사죄 성립**(주점운영자의 보호의무는 계약의 부수적 의무이나 유기죄의 보호의무로 인정된 사례, 대법원 2011.11.24, 2011도12302)

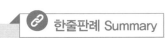 한줄판례 Summary

유기죄 관련

1. 경찰관이 술에 만취된 피해자가 자신의 수족과 의사도 자제할 수 없는 상태에 있음에도 불구하고 근 3시간 동안이나 아무런 구호조치를 취하지 아니한 경우 → **경찰관 직무집행법에 의한 경찰관의 보호의무로 인정**되어 유기죄 성립 O(대법원 1972.6.27, 72도863) [경찰간부 20·24]
2. 甲이 호텔 객실에서 애인인 乙女에게 성관계를 요구하였고, 乙女는 그 순간을 모면하기 위하여 **甲이 모르는 사이에 7층 창문에서 뛰어내리다가 중상을 입었으나 이 사실을 모르는 甲이 빈사상태의 乙女를 방치**하고 혼자서 호텔을 나온 경우 → 유기죄 성립 ×(대법원 1988.8.9, 86도225) [경찰승진 17]

CHAPTER 02 자유에 대한 죄

01 협박과 강요의 죄

	협박죄
조문정리	제283조【협박, 존속협박】① 사람을 협박한 자는 3년 이하의 징역, 500만 원 이하의 벌금, 구류 또는 과료에 처한다. ③ 제1항 및 제2항의 죄는 피해자의 명시한 의사에 반하여 공소를 제기할 수 없다.
구성요건	① 객체 : 자연인인 사람 ○, **법인 ✕** 　㉠ 해악고지에 의하여 공포심을 일으킬 만한 정신능력 要 ∴ 유아·명정자·정신병자·수면자 ✕ 　㉡ '제3자'에 대한 법익침해를 내용으로 하는 해악을 고지하는 경우 : '제3자'에는 자연인뿐만 아니라 **법인도 포함**(대법원 2010.7.15, 2010도1017) [경찰채용 13·14, 국가7급 23] ② 행위 : 협박(脅迫) 　㉠ 의의 : 상대방에게 공포심을 일으키게 할 만한 해악을 고지하는 것 → **행위자에 의한 해악의 발생** 또는 **행위자와 관계된(행위자가 영향을 미칠 수 있는 것으로 믿게 하는) 제3자(국세청)에 의한 해악**의 발생을 상대방에게 고지하는 것(대법원 2006.12.8, 2006도6155; 2007.6.1, 2006도1125) [국가9급 14] 　㉡ 경고와의 구별 : 해악발생 여부가 행위자와 무관한 단순한 경고는 협박 ✕ 예 천재지변이나 사고를 사전에 알림, **조상천도를 하지 않으면 재앙이 온다**(협박 ✕, 대법원 2002.2.8, 2000도3245) 　㉢ 해악의 고지 　　ⓐ 고지방법 : 언어·문서·**거동**(가위로 찌를 듯이 함, 대법원 1975.10.7, 74도2727) 불문 [국가9급 12] 　　ⓑ 해악의 내용 : 제한 無 예 생명, 신체, 자유, 명예, 재산, 정조 등 　　ⓒ 해악의 정도 : 해악은 **상대방에게 공포심을 일으킬 수 있는 정도**이면 됨 🔆 퍼써 정리 ┃ 형법상의 협박(通) <table><tr><td>구 분</td><td>내 용</td><td>예</td></tr><tr><td>광의의 협박</td><td>공포심을 일으키게 할 만한 해악의 고지, 상대방의 공포심 발생 不要(위험범)</td><td>내란죄(§87), 소요죄(§115), 공무집행방해죄(§136①)</td></tr><tr><td>협의의 협박</td><td>해악고지 + 현실적 공포심 야기(침해범)</td><td>협박죄(§283), 강요죄(§324), 공갈죄(§350)</td></tr><tr><td>최협의의 협박</td><td>상대방의 반항을 불가능하게 하거나 현저히 곤란하게 할 정도의 해악의 고지</td><td>• 강도죄(§333) : 불가능, 억압 • 강간죄(§297) : 현저 곤란</td></tr></table>③ 고의 : **고지한 해악을 실제로 실현할 의도나 욕구는 不要**(대법원 1991.5.10, 90도2102) [경찰채용 13, 국가9급 12·14]

구성요건	기수 미수	① **협박죄는 위험범**이지만 **미수 처벌**(§286) ② 해악을 고지하여 상대방이 이를 인식한 이상 **상대방이 현실적으로 공포심을 느꼈는가와는 상관없이 기수** ○**(위험범)** [국가9급 12] ③ 미수 : ㉠ **해악의 고지가 상대방에게 도달하지 않은 경우**, ㉡ **도달하였으나 상대방이 이를 인식하지 못한 경우**, ㉢ **인식하였으나 그 의미를 지각하지 못한 경우**(대법원 2007.9.28, 2007도606 전원합의체) [경찰채용 12·13, 국가9급 14]
위법성		① 위법 × : 권리의 행사로서 **실질적으로 권리의 남용이 아닌 경우** 예 삼광여관을 명도하라(대법원 1984.6.26, 84도648), 수박이 없어지면 네 책임(대법원 1995.9.29, 94도2187) [경찰간부 24, 경찰채용 14] ② 위법 ○ : 외견상 권리의 행사로 보이나 **실질적으로 권리의 남용인 경우**
소추조건		**협박과 존속협박은 반의사불벌죄** ○(§283③), 특수협박과 상습협박은 반의사불벌죄 ×

존속협박죄

조문정리	제283조【협박, 존속협박】② 자기 또는 배우자의 직계존속에 대하여 제1항의 죄를 범한 때에는 5년 이하의 징역 또는 700만 원 이하의 벌금에 처한다. ③ 제1항 및 제2항의 죄는 피해자의 명시한 의사에 반하여 공소를 제기할 수 없다.

특수협박죄

조문정리	제284조【특수협박】단체 또는 다중의 위력을 보이거나 위험한 물건을 휴대하여 전조 제1항, 제2항의 죄를 범한 때에는 7년 이하의 징역 또는 1천만 원 이하의 벌금에 처한다.

상습협박죄

조문정리	제285조【상습범】상습으로 제283조 제1항, 제2항 또는 전조의 죄를 범한 때에는 그 죄에 정한 형의 2분의 1까지 가중한다.

강요죄

조문정리	제324조【강요】① 폭행 또는 협박으로 사람의 권리행사를 방해하거나 의무 없는 일을 하게 한 자는 5년 이하의 징역 또는 3천만 원 이하의 벌금에 처한다. ② 단체 또는 다중의 위력을 보이거나 위험한 물건을 휴대하여 제1항의 죄를 범한 자는 10년 이하의 징역 또는 5천만 원 이하의 벌금에 처한다. 〈신설 2016.1.6.〉
구성요건	① 객체 : 의사의 자유를 가진 의사능력자인 자연인인 타인 ∴ 영아, 정신병자 등 × ② 행위 : 폭행·협박으로 사람의 권리행사를 방해하는 것 　㉠ 폭행 : 사람에 대한 의사의 자유를 제한할 정도의 직접적·간접적인 유형력의 행사(광의의 폭행) 　㉡ 협박 : 사람의 의사결정의 자유를 제한하거나 의사실행의 자유를 방해할 정도의 해악을 고지하여 상대방으로 하여금 공포심을 가지게 하는 것(협의의 협박) 　㉢ 권리행사방해 또는 의무 없는 일의 강요 　　ⓐ 강요받는 권리 : 재산적·비재산적 권리 모두 포함(대법원 1962.1.25, 4293형상233), 법령에 근거한 권리 不要 예 피해자를 협박하여 여권을 강제 회수함으로써 해외여행을 못하게 한 행위(대법원 1993.7.27, 93도901) 　　ⓑ 의무 없는 일의 강요 : 법률상 의무가 없는데도 사죄장·진술서를 작성하도록 한 경우에는 해당 ○(대법원 1974.5.14, 73도2578), 폭행·협박으로 **법률상 의무 있는 일을 강요한 경우에는 해당 ×**(대법원 2008.5.15, 2008도1097) [경찰채용 09]

위법성	강요행위라 하더라도 실질적 권리남용인 경우에는 사회상규에 위배되지 않는 행위(§20)
미 수	미수범 처벌(§324의5)
죄 수	① 폭행죄·협박죄는 강요죄에 흡수(법조경합) ② **공갈죄**·강도죄가 성립하면 **강요죄는 불성립**(법조경합, 대법원 1985.6.25, 84도2083) [정리] 협박죄 < 강요죄 < 공갈죄 < 강도죄(법조경합)
특수강요죄	단체 또는 다중의 위력을 보이거나 위험한 물건을 휴대하여 강요한 경우 가중처벌(§324②)

중권리행사방해죄(중강요죄)

조문정리	제326조【중권리행사방해】제324조 또는 제325조의 죄를 범하여 사람의 생명에 대한 위험을 발생하게 한 자는 10년 이하의 징역에 처한다. → 강요죄(점유강취죄·준점유강취죄)를 범하여 사람의 생명에 대한 위험을 발생시킨 경우에 형을 가중시키는 범죄로서 구체적 위험범, 부진정결과적 가중범

인질강요죄

조문정리	제324조의2【인질강요】사람을 체포·감금·약취 또는 유인하여 이를 인질로 삼아 제3자에 대하여 권리행사를 방해하거나 의무 없는 일을 하게 한 자는 3년 이상의 유기징역에 처한다. 제324조의6【형의 감경】제324조의2 또는 제324조의3의 죄를 범한 자 및 그 죄의 미수범이 인질을 안전한 장소로 풀어준 때에는 그 형을 감경할 수 있다.

구성요건	① 객체 : 인질(성년·미성년) 및 강요당하는 제3자
	  cf. 미성년자에 대한 유괴(誘拐) 후 금품요구는 특가법 적용(특가법 § 5의2)
	② 행위 : 체포·감금·약취·유인하여 인질로 삼아 제3자에 대하여 강요하는 것
	  ㉠ 인질 : 인질로 삼는 것은 장소적 이전 不要 → 유기, 체포·감금, 약취·유인의 공통점
	  ㉡ 강요 : 권리행사를 방해하거나 의무 없는 일을 하게 하는 것 ≠ but 재산요구는 인질강도
	  ㉢ 3자관계 : 행위자·인질·피강요자의 관계 要 ∴ **강요의 대상은 인질 이외의 제3자일 것**
	③ 실행의 착수 : 체포·감금, 약취·유인행위 개시 시설과 강요행위 개시 시설
	④ 실행의 기수 : 현실적으로 권리행사를 방해하거나 의무 없는 일을 하게 된 때

석방감경	인질강요, 인질상해·치상죄 및 그 미수범이 인질을 안전한 장소로 풀어 준 때에는 **임의적 감경**(§324의6) → 중지미수와 다른 점 : 자의성 여부 불문, 기수범에 대해서도 인정, 임의적 감경

인질상해·치상죄

조문정리	제324조의3【인질상해·치상】제324조의2의 죄를 범한 자가 인질을 상해하거나 상해에 이르게 한 때에는 무기 또는 5년 이상의 징역에 처한다. 제324조의6【형의 감경】제324조의2 또는 제324조의3의 죄를 범한 자 및 그 죄의 미수범이 인질을 안전한 장소로 풀어준 때에는 그 형을 감경할 수 있다. → 인질치사상죄의 미수범 처벌규정 ○(§324의5) ∴ 결과적 가중범의 미수범 처벌규정 有

인질살해·치사죄

조문정리	제324조의4【인질살해·치사】제324조의2의 죄를 범한 자가 인질을 살해한 때에는 사형 또는 무기징역에 처한다. 사망에 이르게 한 때에는 무기 또는 10년 이상의 징역에 처한다. → 인질살해·치사죄는 석방감경규정(§324의6) 적용 ×

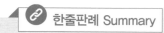

협박죄 성립 인정

1. 피고인이 피해자인 누나의 집에서 온 몸에 연소성이 높은 고무놀을 바르고 라이터 불을 켜는 동작을 하면서 이를 말리려는 **피해자 등에게 가위, 송곳을 휘두르며 "방에 불을 지르겠다", "가족 전부를 죽여버리겠다"고 소리치자** 이를 약 1시간가량 말리던 피해자가 끝내 무섭고 두려워 신고를 한 경우(대법원 1991.5.10, 90도 2102)

2. 피고인이 피해자의 장모가 있는 자리에서 서류를 보이면서 "피고인의 **요구를 들어주지 않으면 서류를 세무서로 보내 세무조사를 받게 하여 피해자를 망하게 하겠다**"라고 말하여 피해자의 장모로 하여금 피해자에게 위와 같은 사실을 전하게 하고, 그 다음 날 피해자의 처에게 전화를 하여 "**며칠 있으면 국세청에서 조사가 나올 것이니 그렇게 아시오**"라고 말한 경우(대법원 2007.6.1, 2006도1125) [법원9급 14]

3. 정보보안과 소속 경찰관이 자신의 지위를 내세우면서 **타인의 민사분쟁에 개입하여 빨리 채무를 변제하지 않으면 상부에 보고하여 문제를 삼겠다고 말한 경우** → 객관적으로 상대방이 공포심을 일으키기에 충분한 정도의 해악의 고지에 해당하므로 협박죄의 기수(대법원 2007.9.28, 2007도606 전원합의체) [법원승진 10]

4. 채권추심회사의 지사장이 자신의 횡령행위에 대한 민·형사상 책임을 모면하기 위하여 회사 본사에 '**회사의 내부비리 등을 관계 기관에 고발하겠다**'는 취지의 서면을 보내는 한편, 위 회사의 임원(대표이사의 처남)에게 전화를 걸어 서면의 내용과 같은 취지로 발언한 경우(대법원 2010.7.15, 2010도1017) [경찰간부 17, 경찰승진 20]

5. 사채업자인 피고인이 피해자에게 **채무를 변제하지 않으면 피해자가 숨기고 싶어 하는 과거의 행적과 사채를 쓴 사실 등을 남편과 시댁에 알리겠다**는 등의 문자메시지를 발송한 경우(대법원 2011.5.26, 2011도2412) [경찰간부 24, 경찰채용 13]

협박죄 성립 부정

1. 지서에 연행된 피고인이 경찰관으로부터 반공법위반 혐의사실을 추궁당하고 뺨까지 얻어맞게 되자 술김에 흥분하여 항의조로 "**내가 너희들의 목을 자른다. 내 동생을 시켜서라도 자른다.**"라고 말한 경우(대법원 1972. 8.29, 72도1565) [법원승진 10]

2. 매수인이 매도인의 대리인에게 매매건물(여관)을 명도하거나 명도소송비용을 내놓지 않으면 **고소하여 구속시키겠다**고 말한 경우(대법원 1984.6.26, 84도648) [법원승진 10]

3. 피해자와 언쟁 중 "**입을 찢어 버릴라**"라고 말한 경우(대법원 1986.7.22, 86도1140) [경찰간부 24, 법원승진 10]

4. "**사람을 사서 쥐도 새도 모르게 파묻어버리겠다. 너까지 것 쉽게 죽일 수 있다.**"라고 말한 경우 → 단순히 감정적인 욕설 내지 일시적 분노의 표시를 한 것에 불과하므로 협박 고의 ×(대법원 2006.8.25, 2006도546) [경찰간부 17]

5. 피고인이 **공중전화를 이용하여** 경찰서에 여러 차례 전화를 걸어 전화를 받은 각 경찰관에게 경찰서 관할구역 내에 있는 **甲 정당의 당사를 폭파하겠다**는 말을 한 경우(대법원 2012.8.17, 2011도10451) [국가7급 23, 법원9급 14]

6. 甲을 비롯한 직원들의 임금이 체불되고 사무실 임대료를 내지 못할 정도로 재정상태가 좋지 않은 등 회사의 경영상황이 우려되고 대표이사 겸 최대주주인 A의 경영능력이 의심받던 상황에서, 甲이 동료직원들과 함께 A를 만나 **사임제안서만을 전달**한 행위(대법원 2022.12.15, 2022도9187) [경찰채용 23-2]

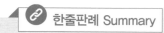

강요죄의 협박 긍정

1. 골프시설의 운영자가 골프회원에게 불리하게 변경된 내용의 회칙에 대해 동의한다는 내용의 **등록신청서를 제출하지 아니하면 회원으로 대우하지 아니하겠다**고 통지한 경우(대법원 2003.9.26, 2003도763) [경찰간부 17, 법원행시 22]

2. 환경단체 소속 회원들이 축산농가들의 폐수 배출 단속활동을 벌이면서 폐수 배출현장을 사진촬영하거나 지적하는 한편 **폐수 배출사실을 확인하는 내용의 사실확인서를 징구하는 과정에서 서명하지 아니할 때에는 법에 저촉된다**고 겁을 준 경우(대법원 2010.4.29, 2007도7064) [경찰승진 20]

3. 노조원인 피고인들이, 현장소장인 피해자 甲이 노조원이 아닌 피해자 乙의 건설장비를 투입하여 공사를 진행하자 '민주노총이 어떤 곳인지 아느냐, 현장에서 장비를 빼라'는 취지로 말하거나 부실공사 취지의 진정을 제기하는 방법으로 '현장에서 사용하는 모든 건설장비는 노조와 합의하여 결정한다'는 협약서를 작성하게 한 경우(대법원 2017.10.26, 2015도16696)

강요죄의 협박 부정

1. 직장에서 상사가 범죄행위를 저지른 부하직원에게 징계절차에 앞서 자진하여 사직할 것을 단순히 권유한 경우(대법원 2008.11.27, 2008도7018) [경찰간부 17]

2. 폭력조직 전력이 있는 피고인이 특정 연예인에게 팬미팅 공연을 하도록 강요하면서 만날 것을 요구하고, **팬미팅 공연이 이행되지 않으면 안 좋은 일을 당할 것**이라고 협박한 경우(대법원 2008.5.15, 2008도1097) [경찰간부 17]

3. 상관이 직무수행을 태만히 하거나 지시사항을 불이행하고 허위보고 등을 한 부하에게 근무태도를 교정하고 직무수행을 감독하기 위하여 **직무수행의 내역을 일지 형식으로 기재하여 보고**하도록 명령한 경우(대법원 2012.11.29, 2010도1233) [경찰승진 20]

4. 대통령비서실장 및 정무수석비서관실 소속 공무원들인 피고인들이 **전경련에 특정 정치성향 시민단체들에 대한 자금지원을 요구**한 경우 → 직권남용 ○, 강요 ✕(문화계 화이트리스트 사건, 대법원 2020.2.13, 2019도5186)

5. 피고인이 甲과 공모하여 **甲 소유의 차량을 피해자 소유 주택 대문 바로 앞부분에 주차**하는 방법으로 피해자가 차량을 피해자 소유 주택 내부의 주차장에 출입시키지 못하게 한 경우 → 피해자는 차량을 용법에 따라 정상적으로 사용할 수 있었고, 주차 당시 피고인과 피해자 사이에 **물리적 접촉이 있거나 피고인이 피해자에게 어떠한 유형력을 행사했다고 볼만한 사정이 없음**(대법원 2021.11.25, 2018도1346) [법원행시 22]

02 체포와 감금의 죄

보호법익	잠재적인 신체 활동의 자유, 침해범

체포·감금죄	
조문정리	제276조【체포, 감금, 존속체포, 존속감금】① 사람을 체포 또는 감금한 자는 5년 이하의 징역 또는 700만 원 이하의 벌금에 처한다.
구성요건	① 객체 : 자연인 　㉠ 의사능력·행위능력의 요부 　　ⓐ 현실적으로는 신체활동의 자유가 없을지라도 **잠재적으로 행동의 자유**를 가질 수 있는(활동이 기대되는) 자연인도 객체가 됨(실현가능성설) 　　ⓑ 객체 여부 : 출산 직후의 영아 ✕, **수면자·명정자·정신병자** ○ ≠ 협박·강요에선 모두 ✕ 　㉡ 피해자의 인식 요부 : 인식하지 못해도 본죄 성립(通) ② 행위 : 체포·감금 　㉠ 물리적·유형적 장애 사용 ○, **공포심과 같은 심리적·무형적 장애 사용** ○(대법원 1985.6.25, 84도2083) [경찰채용 09·14] 　㉡ 사람의 행동의 **자유박탈은 반드시 전면적일 필요가 없음** ∴ 감금된 특정 구역 내부에서의 일정한 생활의 자유가 허용되어 있어도 본죄 성립

구성요건	착수시기	체포의 고의로 타인의 **신체적 활동의 자유를 현실적으로 침해하는 행위를** 개시한 때
	기수시기	① **계속범**으로서 체포의 행위에 **확실히 사람의 신체의 자유를 구속한다고 인**정할 수 있을 정도의 시간적 계속이 있는 때 ② ∴ 신체의 자유에 대한 구속이 **위 정도에 이르지 못하고 일시적인 것으로** 그친 경우에는 **체포죄의 미수범**(대법원 2020.3.27, 2016도18713)

위법성 조각	① 형소법상의 현행범 체포행위(§212), (긴급)체포(§200의2, §200의3), 구속(§201) 등 ② **수용시설에 수용 중인 부랑인들의 야간도주를 방지**하기 위해서 **취침시간 중에 출입문을 안에서 잠근** 행위(대법원 1988.11.8, 88도1580)

죄 수	체포 후 감금	감금죄만 성립(포괄일죄)
	감금 중 재차 감금	계속범이므로 선행한 감금죄의 포괄1죄
	감금 위한 협박	감금죄에 흡수(대법원 1982.6.22, 82도705)
	강간 위한 감금	상상적 경합(대법원 1984.8.21, 84도1550)
	감금 중 강간 or 강도	① 실체적 경합 ② 강도상해 후 일정 시간 동안 감금 : 실체적 경합(대법원 2003.1.10, 2002도4380)
	약취·유인 후 감금	실체적 경합(대법원 1961.9.21, 4294형상455)

존속체포·감금죄

조문정리	제276조【체포, 감금, 존속체포, 존속감금】② 자기 또는 배우자의 직계존속에 대하여 제1항의 죄를 범한 때에는 10년 이하의 징역 또는 1천 500만 원 이하의 벌금에 처한다.

중체포·중감금죄, 존속중체포·중감금죄

조문정리	제277조【중체포, 중감금, 존속중체포, 존속중감금】① 사람을 체포 또는 감금하여 가혹한 행위를 가한 자는 7년 이하의 징역에 처한다. ② 자기 또는 배우자의 직계존속에 대하여 전항의 죄를 범한 때에는 2년 이상의 유기징역에 처한다. ① 다른 중~죄와의 차이점 : 중체포·중감금은 **결과적 가중범 X** [경찰채용 12], **구체적 위험범 X**, **미수범 처벌** ○(§280) ② 가혹한 행위 : 육체적·정신적 고통을 주는 일체의 행위 예 폭행, 협박, 수면방해, 나체 강요 등

특수체포·감금죄

조문정리	제278조【특수체포, 특수감금】단체 또는 다중의 위력을 보이거나 위험한 물건을 휴대하여 전2조의 죄를 범한 때에는 그 죄에 정한 형의 2분의 1까지 가중한다.

상습체포·감금죄	
조문정리	제279조【상습범】상습으로 제276조 또는 제277조의 죄를 범한 때에는 전조의 예에 의한다.

체포·감금치사상죄	
조문정리	제281조【체포·감금 등의 치사상】① 제276조 내지 제280조의 죄를 범하여 사람을 상해에 이르게 한 때에는 1년 이상의 유기징역에 처한다. 사망에 이르게 한 때에는 3년 이상의 유기징역에 처한다. ② 자기 또는 배우자의 직계존속에 대하여 제276조 내지 제280조의 죄를 범하여 상해에 이르게 한 때에는 2년 이상의 유기징역에 처한다. 사망에 이르게 한 때에는 무기 또는 5년 이상의 징역에 처한다.

 한줄판례 Summary

감금죄 성립 인정

1. 피고인들이 **대한상이군경회원 80여 명과 공동으로 호텔출입문을 봉쇄하며 피해자들의 출입을 방해한 경우** (대법원 1983.9.13, 80도277) [경찰승진 20]
2. 피해자가 **만약 도피하면 생명·신체에 심한 해를 당할지도 모른다는 공포감에서 도피하기를 단념**하고 있는 상태하에서 그를 **호텔로 데리고 가서 함께 유숙한 후 그와 함께 항공기로 국외에 나간** 경우(대법원 1991.8.27, 91도1604)
3. 임의동행형식으로 연행된 피해자가 **비록 경찰서 안에서는 자유롭게 활동하였으나 그를 경찰서 밖으로 나가지 못하도록 그 신체의 자유를 제한하는 유형·무형의 억압**이 있었던 경우(대법원 1994.3.16, 94모2)

감금죄 성립 부정

정신건강의학과 전문의인 피고인 甲, 乙이 각각 피해자의 아들 피고인 丙 등과 공동하여 피해자를 응급이송차량에 강제로 태워 병원으로 데려가 입원시킨 경우(대법원 2015.10.29, 2015도8429)

 한줄판례 Summary

강간미수 피해를 입은 피해자가 피고인의 집에서 나가고자 엘리베이터를 탔는데도 피고인이 팔을 잡고 끌어내리려고 하고, 닫히는 엘리베이터 문을 손으로 막으며 엘리베이터로 들어오려 하자 피해자가 피고인의 가슴을 밀어낸 경우 → 체포죄의 미수범 성립(∵ 체포의 고의로써 타인의 신체적 활동의 자유를 현실적으로 침해하는 행위를 개시한 때 체포죄의 실행에 착수, 대법원 2018.2.28, 2017도21249) [국가7급 19]

 한줄판례 Summary

(중)감금치사죄 인정

1. 승용차로 피해자를 가로막아 승차하게 한 후 피해자의 하차 요구를 무시한 채 당초 목적지가 아닌 다른 장소를 향해 **시속 약 60km 내지 70km의 속도로 진행하여 피해자를 차량에서 내리지 못하게 하자** 피해자가 그와 같은 감금상태를 벗어날 목적으로 차량을 빠져 나오려다가 **길바닥에 떨어져 상해를 입고 그 결과 사망**에 이르게 된 경우(감금치사죄, 대법원 2000.2.11, 99도5286)
2. 4일가량 물조차 제대로 마시지 못하고 잠도 자지 아니하여 거의 탈진 상태에 이른 **피해자의 손과 발을 17시간 이상 묶어 두고 좁은 차량 속에서 움직이지 못하게 감금**한 행위와 묶인 부위의 혈액순환에 장애가 발생하여 혈전이 형성되고 그 **혈전이 폐동맥을 막아 사망**에 이르게 된 경우(대법원 2002.10.11, 2002도4315) [경찰승진 14]

3. 피고인이 아파트 안방에서 안방 문에 못질을 하여 동거하던 피해자가 술집에 나갈 수 없게 **감금**하고, 피해자를 허리띠로 때리고 옷을 벗기는 등 **가혹한 행위**를 하여 피해자가 이를 피하기 위하여 창문을 통해 밖으로 뛰어내리려 하자 피고인이 이를 제지한 후, 피고인이 거실로 나오는 사이에 갑자기 안방 창문을 통하여 알몸으로 아파트 아래 잔디밭에 **뛰어내리다가 사망**한 경우(대법원 1991.10.25, 91도2085) → 중감금치사죄

03 약취, 유인 및 인신매매의 죄

	미성년자약취·유인죄
조문정리	제287조【미성년자의 약취, 유인】 미성년자를 약취 또는 유인한 자는 10년 이하의 징역에 처한다. 제295조의2【형의 감경】 제287조부터 제290조까지, 제292조와 제294조의 죄를 범한 사람이 약취, 유인, 매매 또는 이송된 사람을 안전한 장소로 풀어준 때에는 그 형을 감경할 수 있다.
보호법익	주된 법익은 **미성년자의 자유권**, 부차적 법익은 **보호자의 감독권**(多·判)
구성요건	① 주 체 　㉠ (본죄의 주체에는 제한 無) **미성년자의 보호감독자인 부(父)**라 하더라도 외조부가 맡아서 양육해 오던 **미성년인 자(子)를 자의 의사에 반하여 사실상 자신의 지배하에 옮긴** 경우 → 미성년자약취 ○(대법원 2008.1.31, 2007도8011) 　㉡ 부모가 이혼하였거나 별거하는 상황에서 미성년의 자녀를 부모의 일방이 평온하게 보호·양육하고 있는데, **상대방 부모가 폭행, 협박 또는 불법적인 사실상의 힘을 행사하여 그 보호·양육상태를 깨뜨리고 자녀를 탈취하여 자기 또는 제3자의 사실상 지배하에 옮긴** 경우 → 미성년자약취 ○(대법원 2013.6.20, 2010도14328 전원합의체) 　[경찰채용 09] ② 객체 : 19세 미만의 사람, 혼인한 미성년자도 포함(민법 §826의2 배제, 多) ③ 행위 : 약취·유인(계속범) 　㉠ 약취 : 폭행, 협박, 불법적인 사실상의 힘을 사용하여 사람을 자기 또는 제3자의 실력적(사실상) 지배하에 옮기는 행위 　㉡ 유인 : 기망 또는 유혹으로 사람을 자기 또는 제3자의 실력적(사실상) 지배하에 옮기는 행위 　㉢ 장소적 이전의 요부 　　ⓐ 장소적 이전이 없더라도 미성년자약취·유인 성립 가능(通·判, 대법원 2008. 1.17, 2007도8485) 　　ⓑ but 장소적 이전을 전제하지 않은 폭행·협박의 경우에는 **미성년자가 기존의 생활관계로부터 완전히 이탈되었다거나 새로운 생활관계가 형성되어야 본죄에 해당**(대법원 2008.1.17, 2007도8485) ④ 주관적 요건 : 미성년자약취·유인죄는 목적범이 아님. 목적이 있으면 §288에 의하여 가중처벌

위법성	① 미성년자와 보호자가 모두 동의한 경우에는 구성요건적 양해(or 피해자의 승낙)에 의하여 구성요건해당성(or 위법성) 조각 ② but 미성년자의 동의만 있거나 보호자의 동의만 있는 경우에는 미성년자약취·유인죄 성립 (미성년자의 동의 有 + 보호자의 동의 無 = 유죄, 대법원 1982.4.27, 82도186) [경찰채용 09]
죄 수	미성년자를 유인한 자가 계속하여 미성년자를 불법하게 감금한 경우 → 미성년자유인죄와 감금죄의 실체적 경합(대법원 1998.5.26, 98도1036) [경찰채용 12·14]

추행·간음·결혼·영리 목적 약취·유인죄

조문정리	제288조 【추행 등 목적 약취, 유인 등】① 추행, 간음, 결혼 또는 영리의 목적으로 사람을 약취 또는 유인한 사람은 1년 이상 10년 이하의 징역에 처한다.
성 격	목적으로 인하여 불법이 가중되는 가중적 구성요건(부진정목적범)
구성요건	① 인질강도죄와의 구별 　㉠ 약취·유인하여 석방의 대가로 재물을 요구하는 행위 : 인질강도죄(§336) ○ 　㉡ 석방의 대가로 재물을 요구하기 위하여 약취·유인하는 행위 : 이 경우도 인질강도미수가 되면 영리 목적 약취·유인죄는 사문화(死文化) ∴ 영리 목적 약취·유인 기수 ○ ② 간음 목적 유인 : 11세(女)의 아이를 유혹하여 모텔로 데리고 간 경우 → 간음 목적 유인 기수 ○(대법원 2007.5.11, 2007도2318)

노동력 착취, 성매매와 성적 착취, 장기적출 목적 약취·유인죄

조문정리	제288조 【추행 등 목적 약취, 유인 등】② 노동력 착취, 성매매와 성적 착취, 장기적출을 목적으로 사람을 약취 또는 유인한 사람은 2년 이상 15년 이하의 징역에 처한다. 목적으로 인하여 불법이 가중되는 가중적 구성요건(부진정목적범)

국외이송 목적 약취·유인·매매죄 / 피약취·유인·매매자 국외이송죄

조문정리	제288조 【추행 등 목적 약취, 유인 등】③ 국외에 이송할 목적으로 사람을 약취 또는 유인하거나 약취 또는 유인된 사람을 국외에 이송한 사람도 제2항과 동일한 형으로 처벌한다. ① (전단은) 목적으로 인하여 불법이 가중되는 가중적 구성요건(부진정목적범) ② 국외에 이송할 목적으로 약취·유인한 자가 그 피인취자를 국외로 이송한 경우 → 국외이송 목적 약취·유인죄와 피인취자 국외이송죄의 실체적 경합(多)

인신매매죄

조문정리	제289조 【인신매매】① 사람을 매매한 사람은 7년 이하의 징역에 처한다.
성 격	인신매매죄의 기본적 구성요건, 목적범 ×
구성요건	매매계약을 체결할 때에 인신매매죄의 실행의 착수가 인정되고, 사람의 신체에 대한 실력적 지배가 이전된 때에 인신매매죄의 기수가 됨

추행·간음·결혼·영리 목적 인신매매죄

조문정리	제289조 【인신매매】② 추행, 간음, 결혼 또는 영리의 목적으로 사람을 매매한 사람은 1년 이상 10년 이하의 징역에 처한다. 목적으로 인하여 불법이 가중되는 가중적 구성요건(부진정목적범)

	노동력 착취, 성매매와 성적 착취, 장기적출 목적 인신매매죄
조문정리	제289조 【인신매매】 ③ 노동력 착취, 성매매와 성적 착취, 장기적출을 목적으로 사람을 매매한 사람은 2년 이상 15년 이하의 징역에 처한다. **목적으로 인하여 불법이 가중되는 가중적 구성요건(부진정목적범)**

	국외이송 목적 인신매매죄 / 피매매자 국외이송죄
조문정리	제289조 【인신매매】 ④ 국외에 이송할 목적으로 사람을 매매하거나 매매된 사람을 국외로 이송한 사람도 제3항과 동일한 형으로 처벌한다. (전단은) **목적으로 인하여 불법이 가중되는 가중적 구성요건(부진정목적범)**

	피약취·유인·매매·이송자 상해·치상죄
조문정리	제290조 【약취, 유인, 매매, 이송 등 상해·치상】 ① 제287조부터 제289조까지의 죄를 범하여 약취, 유인, 매매 또는 이송된 사람을 상해한 때에는 3년 이상 25년 이하의 징역에 처한다. ② 제287조부터 제289조까지의 죄를 범하여 약취, 유인, 매매 또는 이송된 사람을 상해에 이르게 한 때에는 2년 이상 20년 이하의 징역에 처한다. 피약취·유인·매매·이송자 상해죄는 고의범, 피인취 등 자 치상죄는 결과적 가중범

	피약취·유인·매매·이송자 살인·치사죄
조문정리	제291조 【약취, 유인, 매매, 이송 등 살인·치사】 ① 제287조부터 제289조까지의 죄를 범하여 약취, 유인, 매매 또는 이송된 사람을 살해한 때에는 사형, 무기 또는 7년 이상의 징역에 처한다. ② 제287조부터 제289조까지의 죄를 범하여 약취, 유인, 매매 또는 이송된 사람을 사망에 이르게 한 때에는 무기 또는 5년 이상의 징역에 처한다. ① 피약취·유인·매매·이송자 살인죄는 고의범, 피인취 등 자 치사죄는 결과적 가중범 ② **석방(해방)감경규정(§295의2) 적용 ×**

	피약취·유인·매매·이송자 수수·은닉죄
조문정리	제292조 【약취, 유인, 매매, 이송된 사람의 수수·은닉 등】 ① 제287조부터 제289조까지의 죄로 약취, 유인, 매매 또는 이송된 사람을 수수 또는 은닉한 사람은 7년 이하의 징역에 처한다. 약취·유인·매매·이송에 대한 방조 성격의 수수·은닉죄를 특별히 독립범죄로 규정

	약취·유인·매매·이송 목적 모집·운송·전달죄
조문정리	제292조 【약취, 유인, 매매, 이송된 사람의 수수·은닉 등】 ② 제287조부터 제289조까지의 죄를 범할 목적으로 사람을 모집, 운송, 전달한 사람도 제1항과 동일한 형으로 처벌한다. ① 약취·유인·매매·이송에 대한 방조 성격의 모집·운송·전달죄를 특별히 독립범죄로 규정 ② **모집·운송·전달죄는** (그 자체가 약취·유인·매매의 예비행위 성격이므로) **미수 처벌 ×**

	형의 감경
조문정리	제295조의2 【형의 감경】 제287조부터 제290조까지, 제292조와 제294조의 죄를 범한 사람이 약취·유인·매매 또는 이송된 사람을 안전한 장소로 풀어 준 때에는 그 형을 감경할 수 있다. 총칙상의 중지미수(§26)와의 차이 : 임의적 감경, 기수범에 대해서도 인정, 자의성 不要

	세계주의
조문정리	제296조의2 【세계주의】 제287조부터 제292조까지 및 제294조는 대한민국 영역 밖에서 죄를 범한 외국인에게도 적용한다. [본조신설 2013.4.5.] 세계주의 : **약취·유인·인신매매의 죄는 외국인의 외국인에 대한 국외범도 처벌**

🔗 한줄판례 Summary

1. 미성년자로 하여금 소위 '<u>주의 일</u>'(껌팔이 등 행상)을 하게 한 경우 → 미성년자유인죄 ○(대법원 1982.4.27, 82도186)
2. 유혹이란 **그 내용이 허위일 것을 요하지 않고** [경찰채용 12] 유인하려는 상대방이 미성년자인 경우 → **유인으로 인하여 그가 하자 있는 의사로 승낙하였다면 미성년자유인죄** ○(대법원 2001.07.13, 2001도2595)
3. **미성년의 자녀를 부모가 함께 동거하면서 보호·양육하여 오던 중 부모의 일방이 상대방 부모나 그 자녀에게 어떠한 폭행, 협박이나 불법적인 사실상의 힘을 행사함이 없이 그 자녀를 데리고 종전의 거소를 벗어나 다른 곳으로 옮겨 자녀에 대한 보호·양육을 계속한 경우** → 법원의 결정이나 상대방 부모의 동의를 얻지 아니하였다고 하더라도 형법상 미성년자약취죄 ✕(베트남 엄마 사건, 대법원 2013.6.20, 2010도14328 전원합의체).
4. 부모가 이혼한 상황에서 비양육친이 면접교섭권을 행사하여 **외국에 있는 미성년 자녀를 국내로 데리고 왔다가 면접교섭 기간이 종료하였음에도 불구하고 자녀를 외국의 양육친에게 돌려주지 않은 경우** → 미성년자에 대한 약취죄 성립(대법원 2021.9.9, 2019도16421)

04 강간과 추행의 죄

보호법익	성적 자기결정의 자유(성행위로부터의 소극적 자유, 침해범 [법원승진 14]) ← 인간의 존엄과 가치 및 행복추구권

	강간죄
조문정리	제297조 【강간】 폭행 또는 협박으로 사람을 강간한 자는 3년 이상의 유기징역에 처한다.
구성요건	① 주체 : 제한 無 ∴ 여성도 단독정범 성립 가능 ② 객체 : 사람 　㉠ 부부강간 : **혼인관계가 유지되어 실질적 부부관계를 인정할 수 있는 경우**라 하더라도 **배우자는 강간죄의 객체** ○(대법원 2013.5.16, 2012도14788) [법원승진 12] 　㉡ 성(性)의 기준 : **신체적·정신적·사회적 기준에 의하여 사회통념에 따라 판단** 　㉢ 동성 간 삽입적 성폭행 : **강간 ✕, 유사강간** ○

구성요건	③ 행위 : 폭행·협박으로 강간하는 것 　㉠ 폭행·협박 : **피해자의 항거를 불능하게 하거나 현저히 곤란하게 할 정도 要**(최협의의 　　**폭행·협박**) [법원승진 12] 　㉡ 폭행·협박과 간음 간의 인과관계 : 인과관계 필요하나, **폭행·협박이 반드시 간음행** 　　**위보다 선행되어야 하는 것은 아님**(대법원 2017.10.12, 2016도16948) [경찰간부 22, 경찰 　　채용 20-2·22-1, 법원9급 20] 　㉢ 실행의 착수 : **피해자의 항거를 불능하게 하거나 현저히 곤란하게 할 정도의 폭행·** 　　**협박을 개시한 때**(실제로 그와 같은 폭행·협박에 의해 피해자의 항거가 현저히 곤 　　란하게 된 정도에 이른 때가 아님. 대법원 2000.6.9, 2000도1253) 　㉣ 실행의 기수 : **삽입**에 의하여 기수 ④ 고의 : 폭행·협박으로 사람을 강간한다는 인식과 의사

유사강간죄

조문정리	**제297조의2【유사강간】폭행 또는 협박으로 사람에 대하여 구강, 항문 등 신체(성기는 제외 한다)의 내부에 성기를 넣거나 성기, 항문에 손가락 등 신체(성기는 제외한다)의 일부 또는 도구를 넣는 행위를 한 사람은 2년 이상의 유기징역에 처한다.** 피해자의 성적 자유에 대한 중대한 침해라는 점을 고려하여 2012.12.18.에 신설된 구성요건

강제추행죄

조문정리	**제298조【강제추행】폭행 또는 협박으로 사람에 대하여 추행을 한 자는 10년 이하의 징역 또는 1천 500만 원 이하의 벌금에 처한다.**
구성요건	① 행위 : 폭행·협박으로 추행하는 것 　㉠ 폭행·협박의 정도 　　ⓐ 기습형 강제추행의 경우 : **폭행행위 자체가 추행행위라고 인정되는 경우**에도 성립 　　　(대법원 1994.8.23, 94도630) [경찰채용 10] → **반드시 상대방의 의사를 억압할 정도** 　　　**의 것임을 요하지 않고 상대방의 의사에 반하는 유형력의 행사가 있는 이상 그 힘의** 　　　**대소강약을 불문**(대법원 2002.4.26, 2001도2417) [경찰채용 14] 　　ⓑ 폭행·협박 선행형 강제추행의 경우 : 과거 判例는 **피해자의 항거를 곤란하게 할** 　　　**정도**로 보았으나(대법원 2007.1.25, 2006도5979 등) [경찰채용 14], 최근 입장을 　　　변경하여 **상대방의 항거를 곤란하게 할 정도로 강력할 것이 요구되지 아니하고,** 　　　**상대방의 신체에 대하여 불법한 유형력을 행사(폭행)하거나 일반적으로 보아 상대** 　　　**방으로 하여금 공포심을 일으킬 수 있는 정도의 해악을 고지(협박)**하는 것으로 보 　　　고 있음(대법원 2023.9.21, 2018도13877 전원합의체) [경찰간부 24] 　㉡ 추행 : 건전한 상식 있는 일반인에게 **성적 수치·혐오의 감정을 느끼게 하는 행위**로서 　　**피해자의 성적 자기결정의 자유를 침해하는 것**(多·判, 대법원 2012.7.26, 2011도 　　8805) ② 고의 : 고의만으로 충분하며 **별도의 성적 경향 不要**(대법원 2006.1.13, 2005도6791) ③ 성폭법 §3①의 주거침입강제추행에 대한 위헌결정 : 주거침입 + 강제추행 = 성폭법상 　주거침입강제추행죄 ✕(책임과 형벌 간의 비례원칙 위반으로 위헌, 헌법재판소 2023. 　2.23, 2021헌가9) ∴ 형법상 주거침입죄와 강제추행죄의 실체적 경합 ○

준강간·준강제추행죄	
조문정리	**제299조【준강간, 준강제 추행】** 사람의 심신상실 또는 항거불능의 상태를 이용하여 간음 또는 추행을 한 자는 제297조, 제297조의2, 제298조의 예에 의한다.
심신상실 항거불능	① 심신상실 : 정신기능의 장애로 인하여 성적 행위에 대한 정상적인 판단능력이 없는 상태 　㉠ <u>심신미약(§10②)</u> × ∵ 심신미약자에 대한 위계 등에 의한 간음·추행죄(§302) 따로 규정 　㉡ 블랙아웃(black out) : 범행 당시 알코올이 위의 기억형성의 실패만을 야기한 알코올 블랙아웃 상태 → 심신상실 ×(대법원 2021.2.4, 2018도9781) 　㉢ 패싱아웃(passing out) : 피해자가 술에 취해 수면상태에 빠지는 등 의식을 상실한 패싱아웃 상태 → 심신상실 ○(대법원 2021.2.4, 2018도9781) ② 항거불능 : 심신상실 이외의 원인으로 심리적 또는 물리적으로 반항이 절대적으로 불가능하거나 현저히 곤란한 경우 [법원9급 15] 　㉠ 항거불능 ○ : ⓐ 피해자가 스스로 수면제를 먹었거나 의사가 치료를 가장해 환자를 간음·추행(**수면 중인 여자에 대해 간음을 시도한 경우 → 준강간미수** ○, 대법원 2000.1.14, 99도187), ⓑ 피해자가 의식상실 상태에 빠져 있지는 않지만 **알코올의 영향으로 의사를 형성할 능력이나 성적 자기결정권 침해행위에 맞서려는 저항력이 현저하게 저하된 상태**(대법원 2021.2.4, 2018도9781). 　㉡ 심신상실·항거불능 × : **어렴풋이 잠에서 깨어나 누구냐라고 물은 여자에 대한 간음**(대법원 2000.2.25, 98도4355)
이 용	심신상실·항거불능 상태 '**이용**' 간음·추행일 것 ∴ 행위자가 간음·추행을 하기 위하여 심신상실·항거불능 상태를 '**야기**'하여 간음·추행을 한 경우 → 준강간·준강제추행 ×, 강간·강제추행 ○
미성년자의제강간·강제추행죄	
조문정리	**제305조【미성년자에 대한 간음, 추행】** ① 13세 미만의 사람에 대하여 간음 또는 추행을 한 자는 제297조(강간죄), 제297조의2(유사강간죄), 제298조(강제추행죄), 제301조(강간 등 상해·치상죄) 또는 제301조의2(강간 등 살인·치사죄)의 예에 의한다. ② 13세 이상 16세 미만의 사람에 대하여 간음 또는 추행을 한 19세 이상의 자는 제297조(강간죄), 제297조의2(유사강간죄), 제298조(강제추행죄), 제301조(강간 등 상해·치상죄) 또는 제301조의2(강간 등 살인·치사죄)의 예에 의한다.
객관적 구성요건	① 객 체 　㉠ **13세 미만의 사람** : 주체는 연령 불문 예 초등학교 4학년 담임교사(남자)가 교실에서 자신이 담당하는 반의 남학생의 성기를 만진 경우(대법원 2006.1.13, 2005도6791) [경찰채용 15, 법원9급 15] 　㉡ **13세 이상 16세 미만의 사람** : 주체는 **19세 이상**의 자일 것 ② 간음·추행 : **피해자의 동의가 있어도 성립** 　*cf.* 13세 미만 미성년자에 대한 폭행·협박을 수단으로 한 강간·강제추행 등 행위는 성폭법 § 7
주관적 구성요건	**13세 미만 또는 13세 이상 16세 미만의 자에 대한 간음·추행에 대한 인식과 의사** ① 13세·16세 미만자를 13세·16세 이상자로 오인한 경우 : 고의 조각 ② 13세·16세 이상자를 13세·16세 미만자로 오인한 경우 : 불능미수(내지 불능범) 　*cf.* 13세·16세 이상자임을 정확히 인식하고 처벌된다고 오인 : 환상범(반전된 금지착오)

미수범	**미성년자의제강간·유사강간·강제추행죄는 미수범 적용**(§300, 대법원 2007.3.15, 2006도9453).

<h2 style="text-align:center">강간 등 상해·치상죄 및 강간 등 살인·치사죄</h2>

조문정리	**제301조【강간 등 상해·치상】** 제297조, 제297조의2 및 제298조부터 제300조까지의 죄를 범한 자가 사람을 상해하거나 상해에 이르게 한 때에는 무기 또는 5년 이상의 징역에 처한다. **제301조의2【강간 등 살인·치사】** 제297조, 제297조의2 및 제298조부터 제300조까지의 죄를 범한 자가 사람을 살해한 때에는 사형 또는 무기징역에 처한다. 사망에 이르게 한 때에는 무기 또는 10년 이상의 징역에 처한다.

내 용	① 강간 등 상해·살인은 고의범, 강간 등 치상·치사는 결과적 가중범
	② 강간치상죄의 결과적 가중범의 요건
	    ㉠ 기본범죄 : 강간 등 죄 ○, **미성년자·심신미약자위계간음 등 및 업무상 위력간음 등 (§302·303) ×**
	    ㉡ 상해 : ⓐ 생리적 기능 훼손, 육체적·정신적 기능 모두 포함(대법원 1999.1.26, 98도3732) ⓑ **신체의 외모 변화 有 + 신체의 생리적 기능 장애 초래 無 → 상해 ×**(대법원 2000.3.23, 99도3099)
	    ㉢ 강간행위와 상해 사이에 인과관계와 상해결과에 대한 과실(예견가능성) 要
	③ 결과적 가중범의 미수 부정 : **강간미수 + 치상의 결과 = 강간치상(기수) 성립**(대법원 1988.11.8, 88도1628)

<h2 style="text-align:center">미성년자·심신미약자 간음·추행죄</h2>

조문정리	**제302조【미성년자 등에 대한 간음】** 미성년자 또는 심신미약자에 대하여 위계 또는 위력으로써 간음 또는 추행을 한 자는 5년 이하의 징역에 처한다.

구성요건	① 객체 : (13세 미만 및 16세 미만의 미성년자는 §305의 미성년자의제강간·강제추행의 객체이므로) §302의 미성년자 위계·위력간음·추행죄의 '미성년자'는 (보통) 16세 이상, 19세 미만
	② 위 계
	    ㉠ 의의 : 피해자에게 **오인·착각·부지를 일으키게 하여 이를 이용하는 것**
	    ㉡ **오인·착각·부지의 대상 : 성행위 그 자체인지, 성행위에 이르게 된 동기인지, 성행위와 결부된 금전적·비금전적 대가와 같은 요소인지 불문**
	    ㉢ 인과관계 : **오인·착각·부지를 이용하여 간음·추행하면 인과관계 ○**
	③ 위 력
	    ㉠ 의의 : 피해자의 성적 자유의사를 제압하기에 충분한 세력
	    ㉡ 내용 : 유형적이든 무형적이든 불문, 폭행·협박뿐 아니라 행위자의 사회적·경제적·정치적인 지위나 권세를 이용하는 것도 가능

<h2 style="text-align:center">업무상 위력 등에 의한 간음죄</h2>

조문정리	**제303조【업무상 위력 등에 의한 간음】** ① 업무, 고용 기타 관계로 인하여 자기의 보호 또는 감독을 받는 사람에 대하여 위계 또는 위력으로써 간음한 자는 7년 이하의 징역 또는 3천만원 이하의 벌금에 처한다. 〈개정 2018.10.16〉 ① 업무, 고용 기타 관계 : **사실상 보호·감독을 받는 사람도 포함** ② **형법에는 간음만 규정**되어 있고, 추행은 성폭법 §10로 처리

피구금자간음죄	
조문정리	제303조【업무상 위력 등에 의한 간음】② 법률에 의하여 구금된 사람을 감호하는 자가 그 사람을 간음한 때에는 10년 이하의 징역에 처한다. 〈개정 2018.10.16.〉 ① 피해자의 승낙이 있어도 피구금자간음죄 성립 ② **형법에는 간음만 규정**되어 있고, 추행은 성폭법 §10로 처리

상습강간 · 강제추행 · 간음죄	
조문정리	제305조의2【상습범】상습으로 제297조, 제297조의2, 제298조부터 제300조까지, 제302 조, 제303조 또는 제305조의 죄를 범한 자는 그 죄에 정한 형의 2분의 1까지 가중한다. **강간 등 상해 · 치상죄와 강간 등 살인 · 치사죄는 상습범 처벌 ✕**

강간 등 예비 · 음모죄	
조문정리	제305조의3【예비, 음모】제297조, 제297조의2, 제299조(준강간죄에 한정한다), 제301조 (강간 등 상해죄에 한정한다) 및 제305조의 죄를 범할 목적으로 예비 또는 음모한 사람은 3년 이하의 징역에 처한다. ① 예비 · 음모 ○ : 강간, 유사강간, 준강간, 강간상해, 미성년자의제강간 · 강제추행 ② 예비 · 음모 ✕ : **강제추행** [국가7급 21], **준강제추행**, 강간치상, 강간치사

 한줄판례 Summary

강간죄의 폭행 · 협박 인정

1. 피고인이 피해자를 여관방으로 유인한 다음 성교할 것을 요구하였으나 피해자가 이를 거부하자 "**옆방에 내 친구들이 많이 있다. 소리지르면 다 들을 것이다. 조용히 해라. 한 명하고 할 것이냐? 여러 명하고 할 것이 냐?**"라고 말하면서 성행위를 요구한 경우(대법원 2000.8.18, 2000도1914)
2. 유부녀인 피해자에 대하여 **혼인 외 성관계사실을 폭로하겠다는** 등의 내용으로 협박하여 피해자를 간음한 경 우(대법원 2007.1.25, 2006도5979)
3. **신체 노출 사진 인터넷 게시** 등으로 피해자를 협박한 경우(대법원 2020.10.29, 2018도16466)

강간의 실행착수 인정

간음할 목적으로 **여자 혼자 있는 방문을 두드리고** 여자가 위험을 느끼고 가까이 오면 뛰어내리겠다고 하는 데도 **창문으로 침입**하려 한 경우(결국에는 강간치상죄 성립, 대법원 1991.4.9, 91도288)

강간의 실행착수 부정

강간 목적으로 침입하여 방에서 자고 있는 피해자의 가슴과 엉덩이를 만지면서 간음을 기도한 경우(대법원 1990. 5.25, 90도607)

 한줄판례 Summary

강제추행죄 인정

1. 상대방의 상의를 걷어 올려 유방을 만지고 하의를 끌어내린 경우(대법원 1994.8.23, 94도630)
2. **골프장 여종업원들이 거부의사를 밝혔음에도** 골프장 사장과의 친분관계를 내세워 함께 술을 마시지 않을 경 우 신분상의 불이익을 가할 것처럼 협박하여 이른바 **러브샷**의 방법으로 술을 마시게 한 경우(대법원 2008. 3.13, 2007도10050) [국가9급 16, 국가7급 23]

3. 피해자와 **춤을 추면서 순간적으로 피해자의 유방을 만진** 경우(폭행행위 자체가 추행행위로 인정됨. 대법원 2002.4.26, 2001도2417)
4. **엘리베이터 안**에서 피해자를 칼로 위협하는 등의 방법으로 꼼짝하지 못하도록 하여 자신의 실력적인 지배하에 둔 다음 **자위행위 모습을 보여준** 경우(대법원 2010.2.25, 2009도13716) [경찰승진 20, 국가9급 12, 법원승진 13] 늑 피고인이 아파트 **엘리베이터 내**에 여성(11세)과 단둘이 탄 다음 여성을 향하여 성기를 꺼내어 잡고 여러 방향으로 움직이다가 이를 보고 놀란 여성 쪽으로 가까이 간 경우(대법원 2013.1.16, 2011도7164) [국가9급 22]
5. 피고인이 밤에 술을 마시고 배회하던 중 버스에서 내려 혼자 걸어가는 피해자 甲을 발견하고 마스크를 착용한 채 뒤따라가다가 인적이 없고 외진 곳에서 **가까이 접근하여 껴안으려 하였으나**, 甲이 뒤돌아보면서 소리치자 그 상태로 몇 초 동안 쳐다보다가 다시 오던 길로 되돌아간 경우 → 강제추행 미수(대법원 2015.9.10, 2015도6980) [경찰간부 19·20, 국가9급 12·16·17·19·20, 법원승진 13]
6. 피고인이 알고 지내던 여성인 피해자가 자신의 머리채를 잡아 폭행을 가하자 **보복의 의미에서 피해자의 입술, 귀, 유두, 가슴 등을 입으로 깨문** 경우(대법원 2013.9.26, 2013도5856) [변호사 15]
7. 피고인이 피해자를 협박하여 겁을 먹은 피해자로 하여금 어쩔 수 없이 나체나 속옷만 입은 상태가 되게 하여 **스스로를 촬영하게 하고, 또 성기에 이물질을 삽입하는 등의 행위**를 하게 한 경우(대법원 2018.2.8, 2016도17733) [경찰간부 20]
8. 피고인이 놀이터 의자에 앉아서 통화 중이던 피해자의 뒤로 몰래 접근하여 성기를 드러내고 피해자의 등 쪽에 소변을 본 경우 → 행위 당시에 피해자가 이를 인식하지 못하였더라도 추행 인정(대법원 2021.10.28, 2021도7538) [경찰승진 23]
9. (폭행·협박 선행형) 강제추행죄의 '폭행 또는 협박'의 의미는 다시 정의될 필요가 있음. 강제추행죄의 '폭행 또는 협박'은 **상대방의 항거를 곤란하게 할 정도로 강력할 것이 요구되지 아니하고, 상대방의 신체에 대하여 불법한 유형력을 행사(폭행)하거나 일반적으로 보아 상대방으로 하여금 공포심을 일으킬 수 있는 정도의 해악을 고지(협박)**하는 것이라고 보아야 함(대법원 2023.9.21, 2018도13877 전원합의체).

강제추행죄 부정
1. **육군 중대장이 소속 중대원들의 젖꼭지 등 특정 신체부위를 비틀거나 때린** 경우 → 추행 ✕(대법원 2008.5.29, 2008도2222)
2. 강제추행죄는 개인의 성적 자유라는 개인적 법익을 침해하는 죄로서, 위 법규정에서의 '추행'이란 **일반인에게 성적 수치심이나 혐오감을 일으키고 선량한 성적 도덕관념에 반하는 행위인 것만으로는 부족**하고 그 행위의 상대방인 피해자의 성적 자기결정의 자유를 침해하는 것이어야 하는데, **공중에게 공개된 도로에서 피고인이 피해자 甲(여, 48세)에게 욕설을 하면서 자신의 바지를 벗어 성기를 보여준** 경우 → 강제추행 ✕(대법원 2012.7.26, 2011도8805) [경찰채용 15, 국가9급 12·16, 법원9급 15, 법원승진 13]

🔗 **한줄판례 Summary**

성폭력처벌법 제3조 제1항 중 '형법 제319조 제1항(**주거침입**)의 죄를 범한 사람이 같은 법 제298조(**강제추행**), 제299조(**준강제추행**) 가운데 제298조의 예에 의하는 부분의 죄를 범한 경우에는 **무기징역 또는 7년 이상의 징역**에 처한다.'는 부분은 **위헌**(책임과 형벌 간의 비례원칙 위반, 헌법재판소 2023.2.23, 2021헌가9).

🔗 **한줄판례 Summary**

준강간죄 관련
1. 피고인이 간음하기 위해 **피해자의 바지를 벗기려는 순간 피해자가 어렴풋이 잠에서 깨어나 피고인을 자신의 애인으로 착각하여 불을 끄라고 말하였고, 피고인이 여관으로 가자고 제의하자 그냥 빨리하라고 하면서 성교에 응하자** 피고인이 피해자를 간음한 경우 → 준강간죄 ✕(대법원 2000.2.25, 98도4335) [경찰승진 17]
2. 피해자가 **심신상실 또는 항거불능의 상태에 있다고 인식하고 그러한 상태를 이용하여 간음할 의사**로 피해자를 간음하였으나 피해자가 **실제로는 심신상실 또는 항거불능의 상태에 있지 않은 경우** → 준강간죄의 불능미수 성립(대법원 2019.3.28, 2018도16002 전원합의체) [경찰채용 19-2·20-2, 국가9급 20, 법원9급 20]

3. 피해자가 <u>깊은 잠에 빠져 있거나 술·약물 등에 의해 일시적으로 의식을 잃은 상태</u> 또는 <u>완전히 의식을 잃지는 않더라도 그와 같은 사유로 정상적인 판단능력과 대응·조절능력을 행사할 수 없는 상태에 있는 경우</u> → 준강간죄 또는 준강제추행죄에서의 심신상실 또는 항거불능 상태(대법원 2021.2.4, 2018도9781) [국가9급 22]

4. ① 범행 당시 알코올이 위의 기억형성의 실패만을 야기한 <u>알코올 블랙아웃</u> 상태였다면 피해자는 기억장애 외에 인지기능이나 의식 상태의 장애에 이르렀다고 인정하기 어렵지만, ② 이에 비하여 피해자가 술에 취해 수면상태에 빠지는 등 의식을 상실한 <u>패싱아웃</u> 상태였다면 심신상실의 상태에 있었음을 인정할 수 있음. 또한 피해자가 의식상실 상태에 빠져 있지는 않지만 <u>알코올의 영향으로 의사를 형성할 능력이나 성적 자기결정권 침해행위에 맞서려는 저항력이 현저하게 저하된 상태</u>였다면 '항거불능'에 해당하여, 이러한 피해자에 대한 성적 행위 역시 준강간죄 또는 준강제추행죄 성립(대법원 2021.2.4, 2018도9781).

5. 피해사실 전후의 객관적 정황상 피해자가 <u>심신상실 등이 의심될 정도로 비정상적인 상태</u>에 있었음이 밝혀진 경우 혹은 피해자와 피고인의 관계 등에 비추어 피해자가 <u>정상적인 상태하에서라면 피고인과 성적 관계를 맺거나 이에 수동적으로나마 동의하리라고 도저히 기대하기 어려운 사정</u>이 인정되는데도, 피해자의 단편적인 모습만으로 피해자가 <u>단순히 '알코올 블랙아웃'에 해당하여 심신상실 상태에 있지 않았다고 단정하여서는 안 됨</u>(대법원 2021.2.4, 2018도9781).

 한줄판례 Summary

강간치상죄의 상해 긍정

1. 얼굴을 가격하여 코피가 나고 콧등이 부어 오른 경우(대법원 1991.10.22, 91도1832)

2. 처녀막 파열(대법원 1957.5.3, 4293형상40; 1972.6.13, 72도855; 1995.7.25, 94도1351)

3. 요치 10일의 0.1cm 정도의 회음부 찰과상(대법원 1983.7.12, 83도1258)

4. 히스테리증(대법원 1970.2.10, 69도2213)·보행불능·수면장애·식욕감퇴 등 **기능장애**(대법원 1969.3.11, 69도161) [경찰채용 10]

5. 불안, 불면, 악몽, 자책감, 우울감정, 대인관계 회피, 일상생활에 대한 무관심, 흥미상실 등의 증상을 보였고, 이와 같은 증세가 의학적으로는 통상적인 상황에서는 겪을 수 없는 극심한 위협적 사건에서 심리적인 충격을 경험한 후 일으키는 특수한 정신과적 증상인 **외상 후 스트레스 장애**로써 나타난 경우(대법원 1999.1.26, 98도3732)

6. '우측 슬관절 부위 찰과상 및 타박상, 우측 주관절 부위 찰과상'으로 예상치료기간이 2주인 상해를 입은 피해자가 만 14세의 중학교 3학년 여학생으로서 154cm의 신장에 40kg의 체구인 경우(대법원 2005.5.26, 2005도1039)

7. 미성년자의제강제추행치상죄와 관련하여 미성년자에 대한 추행행위로 인하여 그 피해자의 외음부 부위에 염증이 발생한 경우(그 증상이 약간의 발적과 경도의 염증이 수반된 정도에 불과해도 상해 인정, 대법원 1996.11.22, 96도1395)

8. <u>수면제(졸피뎀)와 같은 약물을 투약하여 피해자를 일시적으로 수면 또는 의식불명 상태</u>에 이르게 한 경우에도 약물로 인하여 피해자의 건강상태가 불량하게 변경되고 생활기능에 장애가 초래되었다면 자연적으로 의식을 회복하거나 외부적으로 드러난 상처가 없더라도 이는 강간치상죄나 강제추행치상죄에서 말하는 상해에 해당(대법원 2017.6.29, 2017도3196).

강간치상죄의 상해 부정

1. 동전 크기의 반상출혈상(대법원 1986.7.8, 85도2042)

2. 강간하려는 과정에서 손바닥에 약 2cm 가량의 긁힌 상처를 낸 경우(대법원 1987.10.26, 87도1880)

3. 피해자를 강간하려다가 미수에 그치고 그 과정에서 <u>피해자에게 경부 및 전흉부 피하출혈, 통증으로 약 7일간의 가료를 요하는 상처</u>가 생긴 경우(그 상처의 내용은 경부와 전흉부에 동전 크기의 멍이 들어 있는 정도, 대법원 1994.11.4, 94도1311) [경찰채용 09]

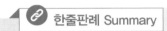

위계에 의한 간음·추행 관련

1. 위계에 의한 간음죄에 해당하는지 여부를 판단할 때에는 구체적인 범행상황에 놓인 **피해자의 입장과 관점이 충분히 고려되어야 하고, 일반적·평균적 판단능력을 갖춘 성인 또는 충분한 보호와 교육을 받은 또래의 시각에서 인과관계 판단**(대법원 2020.8.27, 2015도9436) [경찰채용 22-1]
2. 행위자가 간음의 목적으로 피해자에게 **오인, 착각, 부지를 일으키고 피해자의 그러한 심적 상태를 이용하여 간음의 목적을 달성**하였다면 위계와 간음행위 사이의 **인과관계 인정**(대법원 2020.8.27, 2015도9436 전원합의체)
3. 피고인이 **스마트폰 채팅 애플리케이션**을 통하여 알게 된 14세의 피해자에게 자신을 '고등학교 2학년인 甲'이라고 거짓으로 소개하고 채팅을 통해 교제하던 중 **자신을 스토킹하는 여성 때문에 힘들다며 그 여성을 떼어내려면 자신의 선배와 성관계를 하여야 한다는 취지로 피해자에게 이야기하고**, 피고인과 헤어지는 것이 두려워 피고인의 제안을 승낙한 피해자를 마치 자신이 甲의 선배인 것처럼 행세하여 간음한 경우(대법원 2020.8.27, 2015도9436 전원합의체) [국가7급 21]

위력에 의한 간음·추행 인정

1. 체구가 큰 만 27세 남자가 만 15세(48kg)인 피해자의 거부의사에도 불구하고 성교를 위하여 피해자의 몸 위로 올라간 것 외에 별다른 유형력을 행사하지 않은 경우(대법원 2008.7.24, 2008도4069)

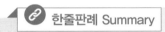

업무상 위력 등에 의한 간음죄 관련

채용절차에 있는 구직자는 성폭법 제10조 제1항의 '업무, 고용이나 **그 밖의 관계로** 자기의 보호, 감독을 받는 사람'에 해당(대법원 2020.7.9, 2020도5646) [국가9급 22]

성폭법상 공중밀집장소추행죄 관련

찜질방 수면실에서 옆에 누워 있던 피해자의 가슴 등을 손으로 만진 행위 → 성폭법상 공중밀집장소추행죄 ○(대법원 2009.10.29, 2009도5704)

기타 간음죄 관련

동성인 군인 사이의 항문성교나 그 밖에 이와 유사한 행위가 사적 공간에서 자발적 의사 합치에 따라 이루어지는 등 군이라는 공동사회의 건전한 생활과 **군기를 직접적·구체적으로 침해한 것으로 보기 어려운 경우** → 군형법 제92조의6의 항문성교죄 ✕(대법원 2022.4.21, 2019도3047 전원합의체)

CHAPTER
03

명예와 신용에 대한 죄

01 명예에 관한 죄

보호법익	① 명예훼손죄와 모욕죄 모두 **사람의 외적 명예(추상적 위험범)** [법원9급 12] ② 명예훼손죄와 모욕죄는 **구체적 사실의 적시 여부**에 따라서 구별
	명예훼손죄
조문정리	제307조【명예훼손】① 공연히 사실을 적시하여 사람의 명예를 훼손한 자는 2년 이하의 징역이나 금고 또는 500만 원 이하의 벌금에 처한다. ② 공연히 허위의 사실을 적시하여 사람의 명예를 훼손한 자는 5년 이하의 징역, 10년 이하의 자격정지 또는 1천만 원 이하의 벌금에 처한다.
구성요건	① 객체 : 사람의 명예 ② 명예의 주체 　㉠ **특정된 자연인 모두** : 특정의 정도로 실명 적시 不要(유아나 정신병자 포함) 　　[판례] 사람의 성명을 명시하지 않거나 두문자나 이니셜만 사용한 경우라도 그 표현의 내용을 주위 사정과 종합하여 볼 때 그 표시가 피해자를 지목하는 것을 알아차릴 수 있을 정도이면 피해자가 특정된 것(대법원 2009.2.26, 2008다27769) [경찰채용 12] 　㉡ 사자 : ○, **사자의 명예는 보호됨**(通) → 사자명예훼손(§308) 　㉢ 가족·가문 : × 　㉣ 법인 및 기타 단체 : ○, 명예훼손죄의 피해자 ○ [법원승진 11·16] 예 정당, 노조 등 　㉤ 단순한 친목·사교단체 : × 　㉥ 집합명칭 　　ⓐ 원칙 : ×, 구성원을 특정할 수 없는 경우 ×(대법원 1960.11.26, 4293형상244 등) 예 상인들, 검사들, 공무원들, 학자들 등 　　ⓑ 예외 : ○, 구성원을 특정할 수 있는 경우 ○(대법원 2000.10.10, 99도5407) [국가9급 17] 예 ○○출신 국회의원들, ○○구청 공무원들, ○○검사들, ○○대학 교수들, 3·19동지회 소속 교사들(대법원 2000.10.10, 99도5407) [국가9급 15] ③ 행위 : 공연히 (허위의) 사실을 적시하여 명예를 훼손하는 것 　㉠ 공연성 : 불특정 혹은 다수인(불특정 '및' 다수인 ×)이 인식할 수 있는 상태 　　ⓐ 전파성이론 : **특정된 소수에 대한 사실적시의 경우에도 불특정 또는 다수에 대한 전파성이 있으면 공연성 인정**(判) [법원9급 15, 법원승진 16] → **전파성은 고도의 가능성·개연성 要**

<table>
<tr><td rowspan="1">구성요건</td><td>

ⓑ 전파성이 제한되는 경우 : 발언상대방이 **발언자나 피해자의 배우자, 친척, 친구 등 사적으로 친밀한 관계, 직무상 비밀유지의무 또는 이를 처리해야 할 공무원이나 이와 유사한 지위에 있는 경우** 등 **비밀의 보장이 상당히 높은 정도로 기대**되는 경우(대법원 1978.4.25, 78도473; 1984.3.27, 84도86; 1981.10.27, 81도1023; 2000.2.11, 99도4579; 2002.11.26, 2002도4800 등) [경찰채용 10·13]

ⓒ 전파성 제한관계에서 전파성이 인정되기 위한 요건 : **해당 관계나 신분에도 불구하고 불특정 또는 다수인에게 전파될 수 있다고 볼 만한 특별한 사정 要**, 막연히 전파될 가능성으로는 부족, **고도의 가능성 내지 개연성 要**, **검사의 엄격한 증명 要**(대법원 2020.11.19, 2020도5813 전원합의체)

[정리] 특정된 소수에 대한 사실적시 + 발언상대방이 발언자 또는 피해자와 특수관계 있는 경우 = 전파성 인정 위해서는 특별한 사정 要

ⓛ 사실 또는 허위사실의 적시

ⓐ 사실 : **특정인의 사회적 가치 내지 평가가 침해될 가능성이 있는 구체적 성질의 것** [법원9급 15], 직접적으로 표현한 경우에 한정되지 않고 **간접적이고 우회적인 표현에 의하더라도 그 표현의 전취지에 비추어 구체적 명예훼손적 사실의 존재를 암시하면 해당 ○**(대법원 1991.5.14, 91도420) [법원승진 16]

ⓑ 경멸적인 언사나 욕설 : **구체성 ✕**(대법원 1994.10.25, 94도1770)(모욕죄 可)

ⓒ 공지의 사실 : ○, **이미 사회에 잘 알려진 사실이라고 하더라도 이를 적시하여 사회적 평가를 저하시킬 만한 행위를 한 때에는 명예훼손죄 ○**(대법원 1994.4.12, 93도3535) [법원승진 11·14·16]

ⓓ 허위의 사실 : 구체적 사실, 객관적으로 허위라는 점, 허위라는 것을 피고인이 인식하고서 이를 적시하였다는 점 모두 **검사 증명**(대법원 2008.6.12, 2008도1421; 2009.1.30, 2007도5836 등) but **중요한 부분이 객관적 사실과 합치**되면 세부에 있어서 진실과 약간 차이가 나거나 다소 과장된 표현이 있어도 **허위사실 ✕**(대법원 2014.9.4, 2012도13718) [법원9급 17]

ⓒ 기수시기 : **불특정 또는 다수인이 인식할 수 있는 상태** ○, 현실적 인식 **不要**(추상적 위험범)

④ 고의 : **목적 不要**(대법원 1991.3.27, 91도156) *cf.* 출판물명예훼손죄는 목적범

⑤ 착 오

ⓛ **허위의 사실을 진실한 사실로 오인하고 적시한 경우** : §15①에 따라 §307① ○(대법원 2017.4.26, 2016도18024)

ⓛ 진실한 사실을 허위사실로 오인하고 적시한 경우 : (반전된 §15①의 착오로서) §307① ○

</td></tr>
<tr><td rowspan="1">위법성</td><td>

일반적 위법성조각사유

① 피해자의 승낙 : 명예훼손은 구성요건해당성이 있으나, 명예는 처분할 수 있는 개인적 법익에 해당하므로 **본인의 승낙이 있다면 위법성 조각**(通)

② 정당행위 : 형사재판에서의 검사의 기소요지의 진술(법령, 형소§285), 변호인의 변론행위, 기자의 취재·보도행위, 과수원 주인이 사과를 훔쳐간 사실을 말한 행위(대법원 1986.10.14, 86도1341), 재판절차에서 자신의 주장의 정당성을 입증하기 위한 자료의 제출행위(대법원 1995.3.17, 93도923) 등

§310의 위법성조각사유

제310조 【위법성의 조각】 제307조 제1항의 행위가 진실한 사실로서 오로지 공공의 이익에 관한 때에는 처벌하지 아니한다.

</td></tr>
</table>

위법성	① **적용범위** : '§307①'의 사실적시에 의한 명예훼손의 구성요건에 해당하는 행위에만 적용
	② **법적 성격** : 실체법상 위법성조각사유, **소송법상 거증책임전환규정**(刜, 피고인이 증명, 대법원 1993.6.22, 92도3160; 1996.10.25, 95도1473, 증명방법은 **자유로운 증명**) [국가9급 11]
	  cf. 통설 : § 310 요건의 부존재는 검사가 엄격하게 증명하여야 함
	③ **위법성 조각의 요건**
	  ㉠ 공공의 이익에 관한 것
	    ⓐ 국가·사회 기타 일반 다수인의 이익에 관한 것뿐만 아니라 **특정한 사회집단이나 그 구성원 전체의 이익에 관한 것 포함**(대법원 1993.6.22, 93도1035) [법원승진 12·14]
	    ⓑ **공적 관심사안**에 관하여 진실하거나 진실이라고 봄에 상당한 사실을 공표한 경우에는 원칙적으로 공공의 이익에 관한 것이라는 증명이 있는 것(대법원 2007.1.26, 2004도1632)
	    ⓒ 행위자의 **주요한 목적이나 동기가 공공의 이익을 위한 것**이라면 부수적으로 다른 사익적 목적이나 동기가 내포되어 있다 하더라도 공익성 ○(대법원 1999.6.8, 99도1543) [국가9급 12, 법원9급 17]
	  ㉡ 진실한 내용일 것
	    ⓐ 문제의 소재 : **진실한 사실이 아닌데 행위자가 진실한 사실로 오인한 §310의 진실성의 착오**에 대한 학설·판례의 대립
	    ⓑ 다수설 : 위법성조각사유의 전제사실에 관한 착오(허용구성요건착오) → 엄격책임설에 의하면 법률의 착오, 제한적 책임설에 의하면 고의 조각
	    ⓒ 소수설·판례 : §310를 허용된 위험에 근거한 위법성조각사유로 보고 행위자가 의무합치적 심사(성실한 검토의무의 이행)를 한 경우에는 위법성 조각
	      [판례] 피고인이 자신이 작성한 내용을 **진실이라고 믿고 보도하고 그와 같이 믿은 데에는 객관적으로 그럴 만한 상당한 이유가 있는** 경우 → 형법 제310조에 따라 명예훼손의 **위법성 조각**(대법원 1993.6.22, 92도3160; 1996.8.23, 94도3191; 2007.12.14, 2006도2074) [국가9급 12, 법원9급 17]

죄 수	① 1개의 행위로 수인의 명예를 훼손한 경우 : 명예는 전속적 법익이어서 **피해자의 수**를 기준으로 하므로, 수죄의 상상적 경합 ② **명예훼손 + 업무방해** = (허위사실 유포행위의 동일성 인정) **상상적 경합**
소추조건	반의사불벌죄(§312②)

사자명예훼손죄

조문정리	**제308조 【사자의 명예훼손】** 공연히 허위의 사실을 적시하여 사자의 명예를 훼손한 자는 2년 이하의 징역이나 금고 또는 500만 원 이하의 벌금에 처한다.

구성요건	① 객체 : 행위 이전에 사망한 자, 형법상 사자(死者)가 명예의 주체가 되는 규정
	② 행위 : 공연히 허위사실의 적시 ∴ **진실한 사실적시의 경우 사자명예훼손 ×**
	③ 고 의
	  ㉠ 생존한 사람을 사망한 것으로 오인한 경우 : §15①으로 **§307가 아니라 사자명예훼손죄 적용**
	    cf. 단, 진실한 사실을 적시하면 무죄
	  ㉡ 사망한 사람을 생존한 것으로 오인한 경우 : 생존자명예훼손의 미수는 벌하지 않으므로 사자명예훼손만 성립
	    cf. 이 경우에도 진실한 사실을 적시하면 무죄

소추조건	친고죄(§312①), 고소권자는 **사자의 친족·자손**(형소§227)

출판물에 의한 명예훼손죄

조문정리	제309조【출판물 등에 의한 명예훼손】① 사람을 비방할 목적으로 신문, 잡지 또는 라디오 기타 출판물에 의하여 제307조 제1항의 죄를 범한 자는 3년 이하의 징역이나 금고 또는 700만 원 이하의 벌금에 처한다. ② 제1항의 방법으로 제307조 제2항의 죄를 범한 자는 7년 이하의 징역, 10년 이하의 자격정지 또는 1천 500만 원 이하의 벌금에 처한다.
구성요건	① 신문·잡지·라디오 기타 출판물 : 단순한 복사물, 프린트물, 직장 내 전자게시판 × ② 사람을 비방할 목적 　㉠ 의의 : 사람의 인격적 평가를 비하시키려는 의도(초과주관적 구성요건요소) 　㉡ **공공의 이익을 위한다는 의사 有 → 비방의 목적 ×**(대법원 2001.10.30, 2001도1803) 　　[국가9급 12] 　㉢ 비방의 목적이 부정되는 경우 → 출판물명예훼손 ×, 명예훼손 ○ ③ 제보자 : **기사재료의 제공행위 → 출판물명예훼손** ○(대법원 2002.3.29, 2001도2624; 2009.11.12, 2009도8949), **출판물명예훼손의 간접정범 성립 가능**(대법원 2002.6.28, 2000도3045) [경찰채용 13, 국가9급 11]
§ 310	§310는 §307①에만 적용 ∴ **§309에는 적용 ×**

모욕죄

조문정리	제311조【모욕】공연히 사람을 모욕한 자는 1년 이하의 징역이나 금고 또는 200만 원 이하의 벌금에 처한다.
구성요건	① 객체 – 사람 　㉠ 모욕죄의 객체 ○ : 자연인, 법인, 법인격 없는 단체, 집합명칭(예외적 인정) 　㉡ 모욕죄의 객체 × : 死者(**사자모욕은 처벌규정 無**), **집합명칭(원칙적 부정)** ② 행위 – 공연히 모욕하는 것 : 공연성은 명예훼손의 공연성과 같은 의미, 모욕은 언어와 거동을 불문하고 **구체적 사실을 적시하지 아니하고 추상적 관념을 사용하여 사람의 인격을 경멸하는 가치판단을 표시**하는 것 　*cf.* 표현범이므로 단순히 무례한 언동은 모욕 ×
위법성	**모욕죄에는 §310 ×**(多·判, 4291형상539).
죄 수	① 모욕 + 명예훼손(하나의 행위에 포함되어 있는 경우) = 명예훼손죄만 성립(보충관계) ② 한 문서에 의해 여러 사람을 모욕한 경우 : 상상적 경합
소추조건	**친고죄**(§312①) → 고소장에 명예훼손죄라고 기재하였더라도 모욕죄에 대한 고소로서의 효력 ○

✎ 퍼써 정리 | 명예에 대한 죄 상호비교

구 분	사실적시 요부	공연성 요부	§310 적용	소추조건
명예훼손죄	① 진실한 사실 ② 허위사실	공연성 要	**제1항만 §310 적용**	반의사불벌죄
사자명예훼손죄	**허위사실**	공연성 要	無	**친고죄**

출판물명예훼손죄	① 진실한 사실 ② 허위사실	공연성 不要	無	반의사불벌죄
모욕죄	① 사실적시 不要 ② 추상적 가치평가	공연성 要	無	친고죄

 한줄판례 Summary

전파가능성 인정

1. **동네 사람 1인과 피해자의 시어머니 앞에서** 피해자의 성생활을 말한 경우(대법원 1983.10.11, 83도2222)
2. 피고인이 **특별한 친분관계가 있지 않은 자에게 지방의회 의원선거**를 앞둔 시점에 현역 시의회 의원이면서 다시 그 후보자가 되고자 하는 자를 비방한 경우(대법원 1996.7.12, 96도1007) [경찰승진 16, 법원9급 17]
3. **개인 블로그의 비공개 대화방**에서 상대방으로부터 비밀을 지키겠다는 말을 듣고 일대일로 대화한 경우(대법원 2008.2.14, 2007도8155) [경찰간부 17]
4. 명예훼손의 발언(A부부는 전과가 많다)을 들은 사람들이 **피해자들과는 일면식이 없거나 이미 피해자들의 전과사실을 알고 있었던** 경우(대법원 1993.3.23, 92도455) [경찰간부 17]
5. 甲이 A의 집 뒷길에서 자신의 남편과 A의 친척이 듣는 가운데 **다른 사람들이 들을 수 있을 정도의 큰 소리**로 A에게 **"저것이 징역 살다온 전과자다."**라고 말한 경우(대법원 2020.11.19, 2020도5813 전원합의체) [경찰간부 24, 국가9급 22]

전파가능성 부정

1. 피고인이 다방에서 피해자와 동업관계로 친한 사이인 甲에게 피해자의 험담을 한 경우에 있어서 다방 내의 좌석이 다른 손님의 자리와 멀리 떨어져 있고, 그 당시 甲은 피고인에게 "왜 피해자에 관해서 그런 말을 하느냐"고 힐책까지 한 사실이 있는 경우(대법원 1984.2.28, 83도891) [경찰간부 17]
2. 피고인이 각 피해자에게 '사이비 기자 운운' 또는 "너 이 쌍년 왔구나."라고 말한 장소가 여관방 안이고 그곳에는 피고인과 그의 처, **피해자들과 그들의 딸, 사위, 매형** 밖에 없었던 경우(대법원 1984.4.10, 83도49) → 모욕죄 불성립 [법원9급 17]
3. 중학교 교사에 대해 "전과범으로서 교사직을 팔아가며 이웃을 해치고 고발을 일삼는 악덕교사"라는 취지의 진정서를 그가 근무하는 **학교법인 이사장** 앞으로 제출한 경우(대법원 1983.10.25, 83도2190) [경찰간부 17]
4. 이혼소송 계속 중인 처가 **남편의 친구**에게 서신을 보내면서 남편의 명예를 훼손하는 문구가 기재된 서신을 동봉한 경우(대법원 2000.2.11, 99도4579)
5. **기자가 취재를 한 상태에서 아직 기사화하여 보도하지 아니한** 경우(대법원 2000.5.16, 99도5622) [법원9급 15] → ∵ ① 기자가 아닌 보통 사람에게 사실을 적시할 경우에는 그 자체로서 적시된 사실이 외부에 공표되는 것이므로 그때부터 곧 전파가능성을 따져 공연성 여부를 판단 but ② 기자를 통해 사실을 적시하는 경우에는 기사화되어 보도되어야지만 적시된 사실이 외부에 공표되는 것
6. 피해자의 소개로 알게 된 **피해자와 친분관계 있는 자**에게 피해자의 명예를 훼손하는 말을 한 경우(대법원 2006.9.22, 2006도4407)
7. 피고인이 평소 乙이 자신의 일에 간섭하는 것에 기분이 나쁘다는 이유로 甲으로부터 취득한 **乙의 범죄경력기록을 같은 아파트에 거주하는 丙에게** 보여주면서 **"전과자이고 나쁜 년"**이라고 사실을 적시한 경우(대법원 2010.11.11, 2010도8265) [경찰간부 17]
8. 피고인이 자신의 아들 등에게 폭행을 당하여 입원한 피해자의 병실로 찾아가 **그의 모(母) 甲과 대화하던 중 甲의 이웃 乙 및 피고인의 일행 丙 등이 있는 자리에서 "학교에 알아보니 피해자에게 원래 정신병이 있었다고 하더라."**라고 허위사실을 말하여 피해자의 명예를 훼손한 경우(대법원 2011.9.8, 2010도7497) [경찰간부 17, 경찰채용 12·13]
9. 어느 사람에게 **귀엣말** 등 그 사람만 들을 수 있는 방법으로 **그 사람 본인의 사회적 가치 내지 평가를 떨어뜨릴 만한 사실**을 이야기한 경우(대법원 2005.12.9, 2004도2880) [경찰승진 17]

10. 공연성은 명예훼손죄의 구성요건으로서, **특정 소수에 대한 사실적시의 경우 공연성이 부정되는 유력한 사정**이 있다고 볼 수 있으므로, **전파가능성에 관해서는 검사의 엄격한 증명 필요** → 피고인이 사무실에서 이 사건 발언을 할 당시 甲만 있었는데, 이는 공연성이 부정될 유력한 사정임(대법원 2020.12.30, 2015도12933)

🔗 한줄판례 Summary

사실적시 긍정

1. 경찰관을 상대로 진정한 사건이 혐의가 인정되지 않아 내사종결처리 되었음에도 불구하고 공연히 "**사건을 조사한 경찰관이 내일부로 검찰청에서 구속영장이 떨어진다.**"라고 말한 경우 → 현재의 사실을 기초로 하거나 이에 대한 주장을 포함하여 장래의 일을 적시한 것(대법원 2003.5.13, 2002도7420) [법원9급 17]
2. 자신의 인터넷 홈페이지에 **국회의원의 의정활동에 대하여 명예훼손적 시(詩, 국회 출석률 꼴찌이지)**를 써서 홈페이지 방문자들로 하여금 읽을 수 있는 상태에 두게 한 경우(대법원 2007.5.10, 2007도1307)
3. 특정인에 대하여 그를 **동성애자(가치중립적 표현)**라고 한 글을 인터넷 사이트 게시판에 게시한 경우(대법원 2007.10.25, 2007도5077)

사실적시 부정

1. "**아무것도 아닌 똥꼬다리 같은 놈**이 들어와서 잘 운영되어 가는 어촌계를 파괴하려는데 주민들은 이에 동조현혹되지 말라"고 말한 경우(대법원 1989.3.14, 88도1397) [경찰승진 16]
2. "**애꾸눈, 병신.**"이라고 발언한 경우(명예훼손 ✕, 모욕 ○)(대법원 1994.10.25, 94도1770)
3. 고발의 동기나 경위를 알리지 않은 채 **단순히 자신을 형사고발하였다**는 사실을 여러 사람 앞에서 알리는 행위(대법원 1994.6.28, 93도696)
4. 목사가 예배 중 특정인을 가리켜 "**이단 중에 이단이다**"라고 설교한 경우(대법원 2008.10.9, 2007도1220) [법원9급 16]
5. 우리나라 유명 소주회사가 일본의 주류회사에 지분이 50% 넘어가 **일본 기업이 되었다(가치중립적 표현)**고 한 경우(대법원 2008.11.27, 2008도6728)
6. **다른 사람의 말이나 글을 비평**하면서 사용한 표현이 입증 가능한 구체적인 사실관계를 서술하는 형태를 취하고 있더라도, 실제로는 **비평자의 주관적 의견**에 해당하고, 다만 비평자가 자신의 의견을 강조하기 위한 수단으로 그와 같은 표현을 사용한 경우(대법원 2017.5.11, 2016도19255)
7. 학교폭력 피해 학생의 어머니가 자신의 SNS 계정 프로필 상태메시지에 '**학교폭력범은 접촉금지**'라는 글과 **주먹 모양의 그림말 세 개**를 게시한 경우(대법원 2020.5.28, 2019도12750) [경찰간부 22, 국가7급 22]

🔗 한줄판례 Summary

§310의 공공의 이익 인정

1. 노동조합 조합장이 **전임 조합장의 업무처리내용 중 근거자료가 불명확한 부분에 대하여** 대자보를 작성·부착한 경우(대법원 1993.6.22, 92도3160)
2. 아파트 일부 주민들에게 보낸 문건의 내용이 객관적 사실에 합치되고, 그 문건을 보낸 동기가 **아파트 주민들이 위탁관리계약 해지 여부에 관한 적정한 결정을 하기 위한 목적**에서 비롯된 경우(대법원 2006.4.27, 2003도4735)
3. **아파트 동대표가 자신에 대한 부정비리 의혹을 해명**하기 위하여 그 의혹제기자가 명예훼손죄로 입건된 사실 등을 기재한 문서를 아파트 입주민들에게 배포한 경우(대법원 2005.7.15, 2004도1388)
4. **교장이 여성기간제교사에게 차 접대 요구와 부당한 대우를 하였다**는 인상을 주는 내용의 글을 교사가 게재한 경우(대법원 2008.7.10, 2007도9885)
5. 사실적시의 내용이 **개인에 관한 사항이더라도 공공의 이익과 관련되어 있고 사회적인 관심을 획득**한 경우 → 직접적으로 국가·사회 일반의 이익이나 특정한 사회집단에 관한 것이 아니라는 이유만으로 §310 배제 불가(대법원 2022.2.11, 2021도10827) [경찰채용 23-2]

§310의 공공의 이익 부정

1. 피해자들이 거주하는 아파트 앞에서 피해자들의 주소까지 명시하여 피해자들의 명예를 훼손한 경우(대법원 2008.3.14, 2006도6049)
2. (반드시 공공의 이익이 사적 이익보다 우월한 동기가 되어야 하는 것은 아니나) 사적 이익과 비교하여 공공의 이익이 명목상 동기에 불과하여 부수적인 데 지나지 않는 경우 → 피해자에 대한 불만으로 그가 시의원으로 당선되지 못하도록 하겠다는 것이 중요한 동기가 되었다면 위법성 조각 ×(대법원 2011.3.10, 2011도168)

§310의 위법성조각사유의 전제사실에 관한 착오에 대한 위법성조각설

(내용 중에 일부 허위사실이 포함된 신문기사를 보도한 사안) 기사 작성의 목적이 공공의 이익에 관한 것이고 그 기사 내용을 작성자가 진실하다고 믿었으며 그와 같이 믿은 데에 객관적인 상당한 이유가 있는 경우 → 명예훼손의 위법성 조각(대법원 1996.8.23, 94도3191)

 한줄판례 Summary

출판물명예훼손죄의 출판물 부정

1. 흰 모조지 위에 사인펜으로 기재한 10여 장의 광고문(대법원 1986.3.25, 86도1143)
2. 컴퓨터 워드프로세서로 작성하여 프린트된 A4용지 7쪽 분량의 인쇄물(대법원 2000.2.11, 99도3048)
3. 직장 내의 전자게시판(출판물은 인쇄물일 것)(대법원 2000.5.12, 99도5734)

출판물명예훼손죄 부정

제보자는 기사의 취재·작성과 직접적인 연관이 없는 자에게 허위사실을 알렸을 뿐이고, 피제보자가 언론에 공개하거나 기자들에게 취재됨으로써 그 사실이 신문에 게재되어 일반 공중에게 배포된 경우 → 출판물명예훼손 ×, 허위사실적시명예훼손 ○(메디슨 사건, 대법원 2002.6.28, 2000도3045; 2004.4.9, 2004도340)

 한줄판례 Summary

비방할 목적 인정

1. 대학교정상화추진위원회 대표가 대학교이사장이 해교행위를 하고 있다고 신문광고를 한 경우(대법원 2007.7.13, 2006도6322)
2. 인터넷 포털사이트의 기사란에 마치 특정 여자연예인이 재벌의 아이를 낳았거나 그 대가를 받은 것처럼 댓글이 달린 상황에서 같은 취지의 댓글을 추가 게시한 경우(대법원 2008.7.10, 2008도2422)

비방할 목적 부정

1. 국립대학교 교수의 제자 성추행 사실에 대한 여성단체의 공표행위(대법원 2005.4.29, 2003도2137) [경찰채용 10]
2. 감사원 소속 공무원이 '양심선언'이란 제목 아래 감사원 국장이 외부의 압력을 받아 감사를 이유 없이 중단시켰다는 내용의 유인물을 배포한 경우(대법원 2008.11.13, 2006도7915)
3. 인터넷 포털사이트의 지식검색 질문·답변 게시판에 성형시술 결과가 만족스럽지 못하다는 주관적인 평가를 주된 내용으로 하는 한 줄의 댓글을 게시한 경우(대법원 2009.5.28, 2008도8812)
4. 甲 운영의 산후조리원을 이용한 피고인이 인터넷 카페나 자신의 블로그 등에 자신이 직접 겪은 불편사항 등을 후기 형태로 게시한 경우(대법원 2012.11.29, 2012도10392) [경찰간부 24, 경찰채용 13, 국가9급 15]
5. 사이버대학교 총학생회장 입후보자격 관련 조언을 구한다는 글에 총학생회장 선거에 입후보하였다가 중도 사퇴한 乙의 실명을 거론하며 공익성을 강조한 댓글을 게시한 사례(대법원 2020.3.2, 2018도15868) [경찰채용 21-2]

모욕죄 긍정

1. 피해자에 대하여 "야 이 개 같은 잡년아, 시집을 열두 번을 간 년아, 자식도 못 낳는 창녀 같은 년"이라고 큰소리 친 경우(명예훼손 ✕, 모욕 ○)(대법원 1985.10.22, 85도1629)

2. 피해자에 대해 "늙은 화냥년의 간나, 네가 화냥질을 했잖아."라고 말한 경우(대법원 1987.5.12, 87도739)

3. 동네사람 4명과 구청직원 2명 등이 있는 자리에서 피해자가 듣는 가운데 구청 직원에게 피해자를 가리키면서 "저 망할 년 저기 오네."라고 피해자를 경멸하는 욕설 섞인 표현을 한 경우(대법원 1990.9.25, 90도873)
   [국가7급 14]

4. 공개된 식당 앞 노상에서 경찰을 향해 "젊은 놈의 새끼야, 순경새끼, 개새끼야."라고 말한 경우(대법원 2016. 10.13, 2016도9674)

6. 피고인이 자신의 인터넷 블로그에 '듣보잡', '함량미달', '함량이 모자라도 창피한 줄 모를 정도로 멍청하게 충성할 사람', '싼 맛에 갖다 쓰는 거죠' 등이라고 한 경우(대법원 2011.12.22, 2010도10130) [경찰채용 13]

7. 소속 노동조합 위원장을 어용, 앞잡이 등으로 지칭하여 표현한 현수막, 피켓 등을 장기간 반복하여 일반인의 왕래가 잦은 도로변 등에 게시한 경우(대법원 2021.9.9, 2016도88) [경찰채용 22-2]

8. 여자연예인에 대하여 '국민호텔녀'라고 표현한 경우(대법원 2022.12.15, 2017도19229)

모욕죄 부정

1. "부모가 그런 식이니 자식도 그런 것이다."라고 한 경우 → 상대방의 기분이 다소 상할 수 있다고 하더라도 위 내용은 너무나 막연하여 그것만으로 곧 상대방의 명예감정을 해하여 모욕죄를 구성한다고 보기 어려움(대법원 2007.2.22, 2006도8915)

2. 임대아파트의 분양전환과 관련하여 임차인이 아파트 관리사무소의 방송시설을 이용하여 임차인대표회의의 전임회장을 비판하며 "전 회장의 개인적인 의사에 의하여 주택공사의 일방적인 견해에 놀아나고 있기 때문에"라고 표현한 경우(대법원 2008.12.11, 2008도8917)

3. 국회의원 甲이 장래희망이 아나운서라고 한 여학생들에게 "다 줄 생각을 해야 하는데, 그래도 아나운서 할 수 있겠느냐. A여대 이상은 자존심 때문에 그렇게 못하더라."는 말을 한 경우(대법원 2014.3.27, 2011도15631)

4. 업무처리 방식을 두고 언쟁을 하는 과정에서 "나이 처먹은 게 무슨 자랑이냐."고 말한 경우(대법원 2015. 9.10, 2015도2229)

5. 주식회사 해고자 신분으로 노동조합 사무장직을 맡아 노조활동을 하는 甲이 노사 관계자 140여 명이 있는 가운데 큰 소리로 자신보다 15세 연장자인 A회사 부사장 B를 향해 "야 ○○아, ○○이 여기 있네, 니 이름이 ○○이잖아, ○○아 나오니까 좋지?"등으로 여러 차례 B의 이름을 부른 경우(대법원 2018.11.29, 2017도 2661) [경찰채용 22-2]

6. 甲이 인터넷 포털 사이트의 'A추진운동본부'에 접속하여 '자칭 타칭 B 하면 떠오르는 키워드!!!'라는 제목의 게시글에 '공황장애 ㅋ'라는 댓글을 게시한 경우(대법원 2018.5.30, 2016도20890) [경찰채용 22-2]

7. 甲이 자신의 인터넷 채널에 A의 방송 영상을 게시하면서 A의 얼굴에 '개' 얼굴을 합성하는 방법을 사용한 경우 → ∵ 그 영상의 전체적인 내용을 살펴볼 때 A의 얼굴을 가리는 용도로 동물 그림을 사용하면서 A에 대한 부정적인 감정을 다소 해학적으로 표현하려 한 것에 불과(대법원 2023.2.2, 2022도4719) [경찰채용 23-2]

사회상규에 위배되지 아니하는 행위로 모욕죄의 위법성 조각

1. 방송국 시사프로그램 시청 후 방송국 홈페이지의 시청자 의견란에 모욕적 언사를 기재하였으나 자신의 의견을 개진하며 이에 대한 반박·반론을 구한 경우(대법원 2003.11.28, 2003도3972)

2. 인터넷 사이트 공개 카페에 골프클럽 담당자에 대해 '재수 없으면 벌당 잡힘. 조장들 한심한 인간들임. 불쌍한 인간임. 잘못 걸리면 공개처형됨'이라는 내용의 글을 올리며 특정 골프클럽의 운영상 불합리성을 비난하는 글을 게시한 경우(대법원 2008.7.10, 2008도1433)

3. 제품의 안정성에 논란이 많은 가운데 인터넷 신문사 소속 기자 A가 인터넷 포탈 사이트의 '핫이슈'난에 제품을 옹호하는 기사를 게재하자 그 기사를 읽은 상당수의 독자들이 '네티즌 댓글'난에 A를 비판하는 댓글을 달고 있는 상황에서 甲이 "이런걸 기레기라고 하죠?"라는 댓글을 게시한 경우(대법원 2021.3.25, 2017도 17643) [경찰채용 21-2, 국가9급 22]

4. 부사관 교육생이 동기들과 함께 사용하는 단체채팅방에서 **지도관**이 목욕탕 청소 담당에게 과실 지적을 많이 한다는 이유로 **"도라이 ㅋㅋㅋㅋ 습기가 그렇게 많은데"**라는 글을 게시한 경우(대법원 2021.8.19, 2020도 14576) [경찰채용 22-2]

5. 인터넷 등 공간에서 작성된 단문의 글이라고 하더라도, 그 내용이 **자신의 의견을 강조하거나 압축하여 표현한 것이라고 평가할 수 있고 표현도 지나치게 모욕적이거나 악의적이지 않은** 경우 → 지역버스노동조합 조합원인 피고인이 자신의 페이스북에 집회 일정을 알리면서 **노동조합 집행부인 피해자 甲과 乙을 지칭하며 "버스노조 악의 축, 甲과 乙 구속수사하라!!"라는 표현**을 적시하여 피해자들을 모욕하였다는 내용으로 기소된 사안(대법원 2022.10.27, 2019도14421) [경찰채용 23-2]

02 | 신용·업무와 경매에 관한 죄

	신용훼손죄	
조문정리	제313조【신용훼손】 허위의 사실을 유포하거나 기타 위계로써 사람의 신용을 훼손한 자는 5년 이하의 징역 또는 1천 500만 원 이하의 벌금에 처한다.	
보호법익	사람의 신용 : 사람의 **지급능력 또는 지급의사에 대한 사회적 신뢰**(대법원 1969.1.21, 68도1660; 2008.7.10, 2006도6264) [법원9급 12·14] → 추상적 위험범	
구성요건	① 허위사실의 유포 　㉠ 객관적 사실과 다른 과거 또는 현재의 사실을 불특정 또는 다수인에게 전파하는 것 　　[판례] "집도 남편도 없는 과부" → 허위사실 ✕(대법원 1983.2.8, 82도2486) 　㉡ 단순한 의견이나 가치판단 → (구체적) 사실 ✕ 　　[판례] "계주로서 계불입금을 모아서 도망가더라도 책임지고 도와 줄 사람이 없다" → 신용훼손죄 ✕ 　　　(대법원 1983.2.8, 82도2486) [법원9급 14] 　㉢ 유포 : **전파될 가능성**이 있으면 유포행위로 인정 ② 위계 : 사람의 착오·부지를 이용하거나 기망·유혹의 수단을 사용하는 일체의 행위 ③ 신용훼손 : 사람의 지급능력 또는 지급의사에 관한 사회적 신뢰를 저하시키는 것, 신용훼손의 결과 발생 不要(추상적 위험범) ④ 고의 : 허위사실의 유포의 고의로서 **허위라는 점과 전파가능성에 대한 인식·인용과 같은 내심의 의사 要**(대법원 2006.5.25, 2004도1313, 업무방해죄의 허위사실의 유포에서도 同)	
죄 수	① 공연히 허위사실을 유포하여 신용훼손과 명예훼손을 실현한 경우 : 상상적 경합설 vs 신용훼손죄설 ② **위계**를 사용하여 명예와 신용을 훼손한 경우 : **신용훼손죄만 성립** ③ **진실한 사실**을 적시하여 명예와 신용을 훼손한 경우 : **명예훼손죄만 성립**	
	업무방해죄	
조문정리	제314조【업무방해】 ① 제313조의 방법 또는 위력으로써 사람의 업무를 방해한 자는 5년 이하의 징역 또는 1천 500만 원 이하의 벌금에 처한다.	

보호법익	사람의 업무 → 직업 또는 계속적으로 종사하는 사무나 사업, **타인의 위법한 행위에 의한 침해로부터 보호할 가치 要, 업무의 기초가 된 계약 또는 행정행위 등의 적법성 不要**
구성요건	① 업 무 　㉠ 공무 : 공무집행방해죄(§136, §137)가 규정되어 있는 이상 **공무 ✕(多·判)** [경찰채용 14] 　　→ 허위사실유포 또는 위력에 의한 공무방해는 무죄 　㉡ 타인의 업무일 것 : **지방공사 사장이 신규직원 채용권한 행사** → 공사의 업무이므로 **타인의 업무에 해당** ○(대법원 2007.12.27, 2005도6404) ② 허위사실유포 : 객관적으로 진실에 일치하지 않는 사실을 불특정·다수인에게 전파 가능하게 알리는 것, **중요부분이 객관적 사실에 합치되면 허위 ✕**(대법원 2006.9.8, 2006도1580) ③ 위계 : 상대방에게 오인, 착각 또는 부지를 일으키게 하여 이를 이용하는 것(대법원 1992. 6.9, 91도2221) → **허위신청 시 업무담당자가 충분히 심사하였으나 허위임을 발견하지 못한 경우 위계** ○(대법원 2004.3.26, 2003도7927) [경찰승진 23] ④ 위력 : 사람의 의사를 제압할 만한 유형·무형의 세력을 이용하는 것, 피해자의 의사가 실제로 제압되는 결과 不要 **예** 음식점·다방에서 고함을 지르고 난동, 점포에서 영업을 못하도록 단전조치 ⑤ 업무방해 : 업무방해 우려 상태 시 기수, **방해결과의 현실적 발생은 不要**(추상적 위험범)

컴퓨터 등 장애 업무방해죄

조문정리	제314조【업무방해】② 컴퓨터 등 정보처리장치 또는 전자기록 등 특수매체기록을 손괴하거나 정보처리장치에 허위의 정보 또는 부정한 명령을 입력하거나 기타 방법으로 정보처리에 장애를 발생하게 하여 사람의 업무를 방해한 자도 제1항의 형과 같다.
구성요건	① 행위객체 : 컴퓨터 등 정보처리장치 또는 전자기록 등 특수매체기록 　㉠ 정보처리장치 : '자료입력 + 프로그램 = 작업결과'를 얻는 기술적 과정 수행도구 **예** 컴퓨터 　㉡ 특수매체기록 : 광기술이나 레이저기술을 이용한 광학기록 등이 포함되며, 본죄에서 특수매체기록은 컴퓨터 등 정보처리장치에 사용되는 기록만을 의미 **예** 반도체집적회로, 자기디스크, 자기테이프 등 전자기록, CD, 메모리디스크 등 　　*cf.* 영상기록물은 재물, 마이크로필름은 문서 또는 재물이므로 ✕ 　㉢ 관공서의 정보처리장치나 특수매체기록 : 공무도 포함 ○(多) 　㉣ 가정이나 개인의 PC : 업무와 무관한 취미·오락용 컴퓨터 ✕ ② 행위유형 　㉠ 컴퓨터 등 정보처리장치 또는 전자기록 등 특수매체기록을 '**손괴**' 　㉡ 정보처리장치에 허위의 정보 또는 부정한 명령을 '**입력**' : 부정한 명령이란 사무처리 과정에서 해서는 안 되는 명령을 하는 것 **예** 권한 없이 전자기록을 삭제 또는 변경시키는 프로그램을 실행시키거나 전자기록이 삭제·변경되는 컴퓨터바이러스를 입력하는 행위 등 　㉢ '기타 방법' **예** 대량의 spam-mail을 보내거나 전원을 고의로 단절하여 작업 중인 자료를 일실하게 하거나 통신회선을 절단하는 행위, **비밀번호를 무단으로 변경**하는 행위(대법원 2007.3.16, 2006도6663) 등 [경찰채용 13] ≠ **후임자에게 비밀번호를 알려주지 않은 것**은 ✕(대법원 2004.7.9, 2002도631) ③ 결과 : 정보처리의 장애발생(결과범)과 이로 인한 업무방해 不要(추상적 위험범) 　㉠ 결과범 : 정보처리장치가 그 사용목적에 부합하는 기능을 하지 못하거나 사용목적과 다른 기능을 하는 등 **정보처리의 장애가 현실적으로 발생하였을 것 要**(대법원 2004.7.9, 2002도631) 　㉡ 추상적 위험범 : **업무방해(법익침해)의 결과발생 不要**

| 죄 수 | ① 정보처리장치 · 특수매체기록에 대한 손괴와 컴퓨터장애업무방해죄의 관계 : 상상적 경합설 vs 본죄에 흡수된다는 설(多) |
| | ② 업무방해의 고의 없이 타인의 컴퓨터 내의 전자기록 삭제 : 전자기록 등 손괴죄(§366)만 성립 |

경매방해죄 · 입찰방해죄

조문정리	제315조【경매, 입찰의 방해】위계 또는 위력 기타 방법으로 경매 또는 입찰의 공정을 해한 자는 2년 이하의 징역 또는 700만 원 이하의 벌금에 처한다.
보호법익	① 법익 : 경매 또는 입찰의 공정성
	② 추상적 위험범 : 경매 또는 입찰의 공정성을 해친 현실적 결과발생 不要
구성요건	위계 · 위력 기타 방법으로 경매 또는 입찰을 방해하는 것
담합행위	① 위계 ○ : **단독입찰을 경쟁입찰인 것처럼 가장**(대법원 1988.3.8, 87도2646; 1994.11.8, 94도2142), **담합은 일부와의 사이에서만 이루어져도 위계 ○**(대법원 2006.12.22, 2004도2581) [경찰채용 12]
	② 위계 ✕
	㉠ **무모한 출혈경쟁을 방지하기 위한 적정선에서의 담합**(대법원 1994.12.2, 94다41454)
	㉡ **주문자의 예정가격 안에서 무모한 경쟁을 방지하고자 담합**(대법원 1971.4.20, 70도2241; 1982.11.9, 81도537) [경찰채용 12]
	㉢ **담합을 시도하였으나 실제로 담합이 이루어지지 못한 경우 → 미수 처벌 ✕**(대법원 2003.9.26, 2002도3924)

 한줄판례 Summary

신용훼손죄 부정
퀵서비스 운영자가 배달업무를 하면서 손님의 불만이 예상되는 경우 **평소 경쟁관계에 있는 피해자 운영의 퀵서비스 명의로 된 영수증을 작성 · 교부**함으로써 손님들로 하여금 불친절하고 배달을 지연시킨 사업체가 피해자 운영의 퀵서비스인 것처럼 인식하게 한 경우 → **신용훼손 ✕**(대법원 2011.5.13, 2009도5549) [법원9급 14]

 한줄판례 Summary

업무방해죄의 업무 인정
1. **상사의 명령에 의해 경비업무** 등 노무를 제공하는 경비원이 상사의 명령에 의해 해당 직무를 수행하고 있는 경우(대법원 1971.5.24, 71도399) [경찰채용 14]
2. **무효인 계약에 근거하여 토지를 경작**하고 있는 경우(대법원 1969.5.27, 65도572; 1980.11.25, 79도1956)
3. **건물의 전차인이 임대인의 승낙 없이 전차**하였으나 전차인이 불법침탈 등 방법으로 건물의 점유를 개시한 것이 아니고 그동안 평온하게 음식점 등 영업을 하면서 점유를 계속해 온 경우(대법원 1986.12.23, 86도1372)
4. **공장의 조업이 끝난 후 공장 정문을 개폐**하는 등의 관리사무(대법원 1992.2.11, 91도1834)
5. **종중 정기총회를 주재하는 종중 회장의** 의사진행업무(대법원 1995.10.12, 95도1589) [법원9급 13]
6. 선착장에 대한 **공유수면점용허가를 받지 아니하고 선박으로 폐석을 운반**하는 경우(대법원 1996.11.12, 96도2214) [법원9급 17]
7. **일련의 경영상 계획의 일환으로서 일정 기간의 소요가 예상되는 사업장 이전**을 추진 · 실시하는 경우(대법원 2005.4.15, 2004도8701)
8. **아파트관리사무실 경리가 관리단 총회에서 선임된 관리인에 의해 재임명되어 경리업무**를 수행하고 있는데, 위 경리를 재임명한 **관리인 선임절차에 무효사유**가 있었던 경우, 경리의 아파트관리업무(대법원 2006.3.9, 2006도382)

9. 입찰에 참가한 회사의 하이패스 시스템이 시험에 관한 기본가정 내지 도로공사의 제안요청서상 요구되는 기술적 조건을 충족하지 못하였고 입찰참여조건을 위반하여 **성능시험 자체가 부적합한 것으로 드러났다고 하더라도 이것이 반사회성을 띠는 데까지 이르지 못한 경우**(도로공사의 성능시험업무)(대법원 2010.5.27, 2008도2344)
10. **무자격자가 개설한 의료기관에 고용된 의료인의 진료업무**(대법원 2023.3.16, 2021도16482) [경찰채용 24-2]

업무방해죄의 업무 부정

1. **점유자의 승낙을 얻거나 합법적인 절차에 의함이 없이 강제 경작하는 경우**(대법원 1975.12.23, 74도3255)
2. **자기소유의 토지에다 타인이 가옥을 신축하려고 기초를 판 것을 메워버린 경우, 타인이 기초를 판 것**(대법원 1985.10.22, 85도1597)
3. **구청장의 조경공사 촉구지시에 따라 건물임대인이 임대 건물 앞에서 1회적인 조경공사를 한 경우**(대법원 1993.2.9, 92도2929)
4. 피해자의 **새로운 전자부품 제조업무를 준비하기 위한 일시적인 공장이전사무**(대법원 1989.9.12, 88도1752)
5. **의료인 아닌 자의 의료기관 개설행위**(대법원 2001.11.30, 2001도2015) [법원9급 12]
6. **법원의 직무집행정지 가처분결정에 의해 직무집행이 정지된 자의 직무수행**(대법원 2002.8.23, 2001도5592) [법원9급 17]
7. **주주가 주주총회에서의 의결권 등을 행사하는 경우**(대법원 2004.10.28, 2004도1256) [국가7급 17, 법원9급 13·17, 법원승진 10·14]
8. 동업관계의 종료로 공인중개사가 부동산중개업을 그만두기로 한 경우, **공인중개사가 아닌 자의 중개업**(대법원 2007.1.12, 2006도6599) [국가7급 17]
9. **회사운영권의 양도·양수 합의의 존부 및 효력에 관한 다툼이 있는 상황**에서 양수인이 회사의 임원변경등기를 마친 경우 → 양도인에 대한 관계에서 보호할 가치 있는 업무 ✕(대법원 2007.8.23, 2006도3687)
10. **경찰청 민원실에서 말똥을 책상 및 민원실 바닥에 뿌리고 소리를 지르는 등 난동을 부린 경우, 경찰관의 민원접수업무 → 공무는 업무방해죄의 업무에 포함 ✕**(대법원 2009.11.19, 2009도4166 전원합의체) [법원9급 13, 법원승진 10·14, 변호사 24]
11. **도로관리청으로부터 권한을 위임받아 과적단속업무를 담당하는 피해자의 적재량 재측정을 거부하면서 재측정의 목적으로 피고인의 차량에 올라탄 피해자를 그대로 둔 채 차량을 진행한 경우**(대법원 2010.6.10, 2010도935)
12. **성매매업소 운영업무**(대법원 2011.10.13, 2011도7081) [경찰승진 23, 법원9급 13·17, 법원승진 14]
13. **초등학생들이 학교에 등교하여 교실에서 수업을 듣는 경우**(대법원 2013.6.14, 2013도3829) [경찰승진 16]

🔗 한줄판례 Summary

업무방해죄의 위계 인정

1. 대학원 신입생 전형시험문제를 제출하는 교수가 **시험문제를 알려주고** 학생들이 답안지에 그대로 베껴 써서 그 정을 모르는 시험감독관에게 제출한 경우(대법원 1991.11.12, 91도2211) = 대학교 총장이 신입생을 추가로 모집하면서 기부금을 낸 학부모나 교직원 자녀들의 **성적 또는 지망학과를 고쳐 입학사정**하게 한 경우(대법원 1993.5.11, 92도255; 1993.12.28, 93도2669)
2. **노동조합이 회사와의 협의 없이 일방적으로 휴무를 결정**하여 유급휴일로 오인한 근로자들이 출근하지 않아 공장 가동을 불능케 한 경우(대법원 1992.3.31, 92도58)
3. 대학교에 입학한 학력과 국가보안법위반죄의 처벌전력 때문에 쉽사리 입사할 수 없음을 알고, **타인 명의로 허위의 학력과 경력을 기재한 이력서를 작성하고 동인의 고등학교 생활기록부 등 서류를 작성·제출하여 위장취업**한 경우(대법원 1992.6.9, 91도2221)
4. 단기금융회사의 **가명개설 어음보관계좌**에 CD를 보관하며 실명계좌에 보관된 것처럼 조작한 경우(대법원 1995.11.14, 95도1729)
5. 업무담당자가 관계규정이 정한 바에 따라 그 요건의 존부에 관하여 **나름대로 충분히 심사를 하였으나 신청사유 및 소명자료가 허위임을 발견하지 못하여** 그 신청을 수리하게 될 정도에 이른 경우(주한외국영사관 비자발급 신청 수리, 대법원 2004.3.26, 2003도7927)

6. 대한주택공사가 시행하는 택지개발사업의 공동택지용지 수의공급업무와 관련하여 **신청자격이 없는 자가 매매계약일자를 허위기재한 소유토지조서 등 신청자격이 있는 것처럼 보이는 자료를 첨부하여 수의공급신청을 한 경우**(대법원 2007.12.27, 2007도5030)

7. 한국자산관리공사가 공적자금 투입업체의 출자전환주식을 매각하기로 하고 그 매각업무의 주간사를 선정하는 과정에서 공사 내부구성원들이 **평가표의 평가항목별 배점을 임의로 수정하여 특정 업체를 1순위로 선정한 다음 2차 선정위원회에 제출**한 경우(대법원 2008.1.17, 2006도1721)

8. 수산업협동조합의 신규직원 채용에 응시한 자가 필기시험에서 합격선에 못 미치는 점수를 받게 되자 **점수조작행위를 통하여 이들을 필기시험에 합격시킴으로써 필기시험 합격자를 대상으로 하는 면접시험에 응시**할 수 있도록 한 경우(대법원 2010.3.25, 2009도8506)

9. 특정 회사가 제공하는 게임사이트에서 **사설 프로그램('한도우미 프로그램')을 이용하여 약관상 양도가 금지되는 포커머니를 약속된 상대방에게 이전**해 준 경우 → 컴퓨터업무방해죄 ✕, 위계에 의한 업무방해죄 ○(대법원 2009.10.15, 2007도9334)

10. 상품권 발행업체로 지정되기 위하여 A주식회사의 가맹점보유실적을 허위로 만드는 방법으로 한국게임산업개발원에 신청하였고, 이에 한국게임산업개발원의 업무담당자는 그 요건의 존부에 관하여 **나름대로 충분히 심사를 하였으나 신청사유 및 소명자료가 허위임을 발견하지 못하고** A주식회사를 경품용 상품권 발행업체로 지정해 준 경우(대법원 2010.3.25, 2008도4228)

11. 정당의 비례대표 후보자 추천을 위한 당내 경선과정에서 **선거권자들로부터 인증번호만을 전달받은 뒤 그들 명의로 특정 후보자에게 전자투표를 한 경우**(대법원 2013.11.28, 2013도5117) [경찰간부 24]

12. **190여 대의 일반전화를 각 개설한 후 B후보의 지지자들의 휴대전화로 착신전환**하여 서울 乙선거구 야권단일후보 ACS여론조사에서 착신전환을 받은 휴대전화의 소지자들이 **B를 지지하는 내용을 응답**하게 한 경우(대법원 2013.11.28, 2013도5814)

13. 사립대학교 대학원생이 **석사학위 취득을 목적으로 타인에게 전체 논문의 초안작성을 의뢰하고, 그에 따라 작성된 논문의 내용에 약간의 수정만**을 가하였으면서도 자신이 직접 작성한 것처럼 속이고 지도교수에게 논문을 제출하여 심사를 통과한 경우(대법원 1996.7.30, 94도2708)

14. 甲과 乙이 공모하여, 甲은 **A고등학교의 학생 丙이 약 10개월 동안 총 84시간의 봉사활동을 한 것처럼 허위로 기재된 봉사활동확인서를 발급받아** 乙에게 교부하고, 乙은 이를 丙의 담임교사를 통하여 A학교에 제출하여 丙이 **학교장 명의의 봉사상을 수상**하게 한 경우(대법원 2020.9.24, 2017도19283) [경찰채용 22-2]

업무방해죄의 위계 부정

1. **공장을 양도한 후 계약을 위배하여 외상채무자로부터 외상대금을 수령**한 경우(대법원 1984.5.9, 83도2270) [경찰간부 14]

2. 기존의 비실명예금을 **합의차명에 의해 명의대여자의 실명으로 전환**한 경우(대법원 1997.4.17, 96도3377)

3. 신규직원 채용권한을 가지고 있는 지방공사 사장이 시험업무 담당자들에게 지시하여 상호 양해가 이루어진 상태에서 시험 부정이 일어난 경우(대법원 2007.12.27, 2005도6404) [경찰채용 13]

4. **인터넷 자유게시판에 실제의 객관적 사실을 게시하는 경우**(대법원 2007.6.29, 2006도3839) [경찰간부 24]

5. 담당자가 신청인이 제출한 허위의 신청서류를 **충분히 확인하지 않은 채 교수로 채용**한 경우(위조서류를 제출하지는 않고 미국 비인증대학 졸업자라고 하여 교수 채용된 경우)(대법원 2007.12.27, 2007도5030)

6. **허위학력이 기재된 이력서를 이화여자대학교에 제출하여 시간강사로 임용**된 경우(대법원 2009.1.30, 2008도6950) [경찰승진 20]

7. 전화금융사기 조직의 현금 수거책인 피고인이 무매체 입금거래의 '1인 1일 100만 원' 한도제한을 회피하기 위하여 **은행 자동화기기에 제3자의 주민등록번호를 입력하는 방법으로 이른바 '쪼개기 송금'을 한 경우**(대법원 2022.2.11, 2021도12394) [법원9급 22]

8. 대작한 박사학위 논문 예비심사용 자료를 마치 자신이 작성한 것처럼 발표하여 **예비심사**에 합격한 경우(대법원 2023.9.14, 2021도13708)

업무방해죄의 위력 인정

1. 피해자가 시장번영회를 상대로 잦은 진정을 하고 협조를 하지 않는다는 이유로 시장번영회 총회결의에 의하여 피해자 소유점포에 대하여 **정당한 권한 없이 단전조치**한 경우(대법원 1983.11.8, 83도1798)
2. **회사로 통하는 모든 출입문에 바리케이드 등을 설치**하고 다수의 근로자들로 하여금 위 회사의 관리직 사원을 포함한 **모든 출입자의 출입을 통제**한 경우(대법원 1991.6.11, 91도753)
3. **정리해고 자체를 전혀 수용할 수 없다는 쟁의**행위(대법원 2001.4.24, 99도4893)
4. **임대인이 임차인의 물건을 임의로 철거·폐기할 수 있다는 임대차계약 조항**에 따라 임대인이 임차인의 점포의 간판을 철거하고 출입문을 봉쇄한 경우(대법원 2005.3.10, 2004도341) [경찰채용 13]
5. **대부업체 직원의 과다한 전화공세에 의한 채권추심행위**(대법원 2005.5.27, 2004도8447) [국가7급 17, 법원승진 10]
6. 피해자가 운영하고 있는 학원이 자신의 명의로 등록되어 있는 지위를 이용하여 **임의로 폐원신고**를 한 경우(대법원 2005.3.25, 2003도5004)
7. 공사감독자로서 ㉠ 벽돌납품업체를 선정함에 있어 A가 운영하는 연와의 조적번호를 전달받았음에도 **공평하게 평가하는 척하면서 B 연와의 적벽돌을 지목하여 추천**하고(위계), ㉡ **공사감독자로서의 사회적 지위와 권세에 의한 압박**을 통하여 甲자신이 추천하는 하도급업체, 납품업체 또는 감리원을 선정하게 하거나 현장소장을 교체하도록 한 경우(위력)(대법원 2007.6.14, 2007도2178)
8. **개별적 업무복귀 확인신고에 관한 회사의 지시를 집단적으로 어기고 이를 지체**한 경우 → 항공기 운항의 정상화를 진행하려던 일정이 순연되었고, 결과적으로 항공기 운항이 늦어지는 등 그 정상화에 차질 발생(대법원 2010.4.8, 2007도6754)
9. **수십 명의 당권파 중앙위원들 및 당원들과 공모**하여 X당 중앙위원회 회의가 진행되는 단상 앞으로 진출을 시도하면서 이를 제지하는 질서유지인 등을 몸으로 밀치거나 그 단상을 점거하는 등의 행위를 하여 그 **회의를 중단시키고 회의가 속개하지 못하도록 막아 결국 무기한 정회**가 선포되도록 한 경우(대법원 2013.11.28, 2013도4430)
10. 피고인들이 마이크를 빼앗으며 **유림총회의 회의를 진행하지 못하게** 하고 피해자를 비방하면서 걸려 있는 현수막을 제거하고 회의장에 들어가려는 대의원들을 회의에 참석하지 못하게 한 경우(대법원 1991.2.12, 90도2501) [국가7급 17]

업무방해죄의 위력 부정

1. **만 74세를 넘긴 노인 1명**이 종중의 위토에 대한 현황측량을 방해한 경우(대법원 1999.5.28, 99도495)
2. 임대인으로부터 건물을 임차하여 학원을 운영하던 자가 건물을 인도한 후에도 자신의 명의로 된 학원설립등록을 말소하지 않고 **휴원신고를 연장**함으로써 새로운 임차인이 그 건물에서 학원설립등록을 하지 못하게 된 경우 → 휴원연장신고와 학원설립등록을 하지 못한 점 사이에 인과관계가 있다고 단정하기 어렵고, 자유의사를 제압·혼란케 할 정도의 위력 해당 ✕(대법원 2010.11.25, 2010도9186) [경찰채용 13]
3. 인터넷카페의 운영진인 피고인들이 카페 회원들과 공모하여, 특정 신문들에 광고를 게재하는 **광고주들에게** 불매운동의 일환으로 지속적·집단적으로 항의전화를 하거나 항의글을 게시하는 등의 방법으로 광고중단을 압박함으로써 위력으로 광고주들 및 신문사들의 업무를 방해하였다는 내용으로 기소된 경우 → 광고주들에 대하여는 업무방해죄의 위력에 해당하지만, **신문사들에 대하여는 직접적인 위력의 행사가 있었다고 보기에 부족**(대법원 2013.3.14, 2010도410) [경찰채용 13]

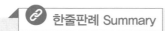
업무방해죄의 업무방해의 위험 긍정

1. **특정 종교를 비방하는 영문종교전단**을 회사 서류의 포장에 넣어 발송한 경우(대법원 1999.5.14, 98도3767) [경찰채용 13]

2. 회사의 소방사업부장이 직원들에게 허위사실을 유포하여 **집단사표를 제출받은** 경우(대법원 2002.3.29, 2000도3231)

3. 다른 사람이 작성한 논문을 피고인 단독 혹은 공동으로 작성한 논문인 것처럼 학술지에 제출하여 발표한 논문 연구실적을 **부교수 승진심사 서류에 포함하여 제출**한 경우 → 당해 논문을 제외한 다른 논문만으로도 부교수 승진 요건을 월등히 충족하고 있었다 하더라도 업무방해 위험성 긍정(대법원 2009.9.10, 2009도4772)

업무방해죄의 업무방해의 위험 부정

1. 농장 내 작업도로를 사용하지 못하게 하였으나 **기존 도로를 이용하여 종전과 같은 경작은 할 수 있었던** 경우(대법원 2005.10.27, 2005도5432)

2. 도로를 폐쇄하였으나 **대체도로를 이용하여 종전과 같이 조경수 운반차량 운행이 가능**하였던 경우(대법원 2007.4.27, 2006도9028)

3. 노동부장관의 적법한 긴급조정결정 공표 이후 **자택 복귀 도중에 위 결정 규탄대회에 참가**한 경우 → 업무시간이 아닌 자택에 복귀하던 도중에 이루어진 것일 뿐이므로 이로써 회사의 업무방해 ✕(대법원 2010.4.8, 2007도6754)

 한줄판례 Summary

업무방해의 위법성 조각

1. 논의 소유권을 취득하였다는 이유로 적법절차에 의한 인도를 받지 아니한 채 묘판을 설치하려 하여 그 **묘판을 허물어뜨린 경우** → 정당방위(대법원 1980.9.9, 79도249)

2. **계주 업무대행 승인·묵인** → 피해자의 승낙(대법원 1983.2.8, 82도2486)

3. **업무개시 전이나 점심시간에 현관에서 시위** → 법령에 의한 행위(대법원 1992.12.8, 92도1645)

4. **근무시간 중 노조 임시총회를 개최하고 3시간 정도 투표를 실시**한 후 끝낸 경우 → 이하 사회상규에 위배되지 않는 행위(대법원 1994.2.22, 93도613)

5. **매장 내 점거농성만 하면서 임의로 전선을 연결하여 각종 전열기구를 사용하여 단전조치**(대법원 1995.6.30, 94도3136)

6. **칸막이를 천장에까지 설치한 점포에 대한 단전조치**(대법원 1994.4.15, 93도2899)

7. **관리비(임대료) 연체 시 단전·단수조치**(대법원 2000.3.10, 2000도257; 2004.8.20, 2003도4732)

 ≠ [비교] 차임이나 관리비를 단 1회도 연체한 적이 없는 피해자가 임대차계약의 종료 후 임대료와 관리비를 인상하는 내용의 갱신계약 여부에 관한 의사표시나 명도의무를 지체하고 있다는 이유만으로 그 **종료일로부터 16일 만에 피해자의 사무실에 대하여 단전조치**를 취한 경우 → 업무방해 ○(대법원 2006.4.27, 2005도8074)

8. 아파트의 입주자대표회의로부터 새롭게 관리업무를 위임받은 A주식회사의 직원들이 **저수조 청소를 위하여 중앙공급실에의 출입**을 시도하여 오다가, 기존 B주식회사의 직원들로부터 계속 출입을 제지받은 경우에 **출입문에 설치된 자물쇠를 손괴하고 중앙공급실에 침입**한 경우 → 정당행위 ○(대법원 2006.4.13, 2003도3902)

 ≠ [비교] 같은 사안에서 B주식회사의 직원들로부터 관리비 고지서를 빼앗고 사무실의 집기 등을 들어 낸 경우 → 정당행위 ✕(대법원 2006.4.13, 2003도3902)

 한줄판례 Summary

입찰방해죄 인정

1. **입찰장소의 주변을 에워싸고 사람들의 출입을 막는 등 위력을 사용하여 입찰에 참가하려는 사람을 참석하지 못하도록 한 경우**(대법원 1993.2.23, 92도3395)

2. **입찰가가 입찰예정가보다 높아 낙찰시행자에게 유리하게 결정**되었다 하더라도 공정을 해하는 행위를 한 경우(대법원 1994.5.24, 94도600)

3. **담합하여 투찰행위를 한 경우** → 담합하여 투찰행위를 하였다면 결과적으로 투찰에 참여한 업체의 수가 많아서 **실제로 가격형성에 부당한 영향을 주지 않아도 입찰방해죄 성립**(대법원 2009.5.14, 2008도11361) [경찰 채용 22-2]

4. 입찰자들 상호 간에 특정업체가 낙찰받기로 하는 **담합이 이루어진 상태에서** 그 특정업체를 포함한 다른 입찰자들은 당초의 합의에 따라 입찰에 참가하였으나 일부 입찰자는 **자신이 낙찰받기 위하여 당초의 합의에 따르지 아니한 채 오히려 낙찰받기로 한 특정업체보다 저가로 입찰**한 경우(대법원 2010.10.14, 2010도4940)
[경찰채용 22-2]

5. 경매부동산이 낙찰되지 않게 하기 위하여 **감정가와 현저하게 차이가 나는 금액으로 입찰하는 행위를 반복**함으로써 제3자 명의로 매각허가결정을 받은 후 **매각대금을 납부하지 않은** 경우(경매방해 긍정, 대법원 2023. 12.21, 2023도10254)

입찰방해죄 부정

1. 고철을 매수하는 입찰장소에서 다른 입찰참가자들에게 조직폭력배 두목이 보내서 왔다며 양보를 종용함으로써 응찰을 포기하도록 하게 했으나, 이 입찰절차가 이전의 제1차 입찰 후 실시된 재입찰절차이었으며 **제1차 입찰절차에 의하여 이미 확정·종료**되었던 경우 → 처음부터 재입찰절차가 존재하였다 할 수 없어 입찰방해죄 성립 ✕(대법원 2005.9.9, 2005도3857)

2. 공정한 자유경쟁을 통한 적정한 가격형성을 목적으로 하는 입찰절차가 아니라 **공적·사적 경제주체의 임의의 선택에 따른 계약체결의 과정**에 공정한 경쟁을 해하는 행위가 개재된 경우(대법원 2008.5.29, 2007도5037)

3. 한국토지공사 지사가 폐기물최종처리시설 부지를 분양하면서 일정 요건을 갖춘 **분양신청자를 대상으로 추첨을 통해 1인의 분양대상자를 선정**하는 방식으로 분양절차를 진행한 경우 → 입찰방해죄의 입찰절차에 해당 ✕(대법원 2008.12.24, 2007도9287)[경찰채용 22-2]

CHAPTER 04 사생활의 평온에 대한 죄

01 비밀침해의 죄

	비밀침해의 죄
조문정리	제316조【비밀침해】① 봉함 기타 비밀장치한 사람의 편지, 문서 또는 도화를 개봉한 자는 3년 이하의 징역이나 금고 또는 500만 원 이하의 벌금에 처한다. ② 봉함 기타 비밀장치한 사람의 편지, 문서, 도화 또는 전자기록 등 특수매체기록을 기술적 수단을 이용하여 그 내용을 알아낸 자도 제1항의 형과 같다. 제318조【고소】본장의 죄는 고소가 있어야 공소를 제기할 수 있다.
보호법익	<u>개인의 비밀</u> : 본인이 비밀유지를 원하고(주관설), 객관적인 비밀유지이익(객관설)이 있어야 함(절충설)
구성요건	① 객체 : 봉함 기타 비밀장치한 타인의 편지·문서·도화, 전자기록 등 특수매체기록 　㉠ 전자기록 등 특수매체기록 : ⓐ <u>2단 서랍의 아래 칸에 잠금장치 有</u>(대법원 2008.11.27, 2008도9071), ⓑ <u>아이디·비밀번호 등</u> → 전자방식에 의하여 피해자의 노트북 컴퓨터에 저장된 기록으로서 **§316②의 '전자기록 등 특수매체기록'** ○(대법원 2022.3.31, 2021도8900) [경찰채용 23-2] 　㉡ 객체 ✕-봉함 기타 비밀장치 되어 있지 않은 경우 : ⓐ 봉함되지 않은 우편엽서, ⓑ 비밀번호 설정이 되지 않은 컴퓨터시스템, ⓒ **비밀장치 되어 있지 아니한 아이디 등은 기술적 수단을 동원해서 알아냈더라도 전자기록등내용탐지죄 ✕**(대법원 2022.3.31, 2021도8900) [경찰채용 23-2] ② 행위 : 개봉하거나 기술적 수단을 이용하여 그 내용을 알아내는 것 　㉠ 개봉(제1항) : 편지 등을 개봉하여 내용을 알 수 있는 상태에 둔 때 기수 　㉡ 기술적 수단을 이용한 내용탐지(제2항) : 기술적 수단(예 투시기, 약물, 해킹), 그 내용을 지득했을 때 기수(침해범설, 多)
위법성	① 정당행위 　㉠ 통신비밀보호법 §3 등에 의한 감청 → 위법성 조각 　㉡ 제3자가 전화통화자 중 일방만의 동의를 얻어 통화 녹음 → 위법(대법원 2002.10.8, 2002도123) 　㉢ 회사의 이익을 지키기 위해 회사원의 개인용 컴퓨터 하드디스크를 **열람범위를 범죄혐의 관련 범위로 제한하여 검색** → 위법성 조각(사회상규 위배 ✕, 대법원 2009.12.24, 2007도6243) ② 피해자의 동의 : '양해'로서 구성요건해당성 조각(多) ③ 가족관계 : 미성년 자녀에게 온 편지의 개봉은 친권행사에 의한 정당행위, 부부 사이에는 상대방의 추정적 승낙이 있음을 조건으로 위법성 조각(多)

소추조건	본죄는 **친고죄**. 발신인·수신인 모두 피해자(多)

	업무상 비밀누설죄
조문정리	제317조 【업무상 비밀누설】① 의사, 한의사, 치과의사, 약제사, 약종상, 조산사, 변호사, 변리사, 공인회계사, 공증인, 대서업자나 그 직무상 보조자 또는 차등의 직에 있던 자가 그 업무처리 중 지득한 타인의 비밀을 누설한 때에는 3년 이하의 징역이나 금고, 10년 이하의 자격정지 또는 700만 원 이하의 벌금에 처한다. ② 종교의 직에 있는 자 또는 있던 자가 그 직무상 지득한 사람의 비밀을 누설한 때에도 전항의 형과 같다.

객관적
구성요건
	① 주체 : 의사, 한의사, 치과의사, 약제사, 약종상, 조산원, 변호사, 변리사, 공인회계사, 공증인, 대서업자나 그 직무상 보조자(간호사, 사무장 등) 및 이러한 직에 있던 자, 종교의 직에 있는 자 또는 있던 자에 국한되어 제한적으로 열거(진정신분범·자수범, 多)
	  ≠ *cf.* 세무사, 법무사, 변호사 아닌 변호인 : ×, **공무원**은 공무상 비밀누설죄(§ 127)가 될 뿐 본죄 ×
	② 객체 – 업무처리 중 또는 직무상 지득한 타인의 비밀 : **업무처리·직무 관계없이 지득 사실** ×
	③ 행위 : 누설
	  ㉠ 의의 : 비밀을 모르는 사람에게 이를 알게 하는 것
	    ≠ *cf.* 분실한 자료의 일부를 법원에 증거로 제출하는 것은 업무상 비밀누설에 해당 ×(대법원 1992.5.22, 91다39320)
	  ㉡ 기수시기 : 고지로써 상대방에게 도달하면 되고 현실적 인식은 不要
	  ㉢ 상대방의 공범 성부 : 편면적 대향범의 내부관여자에 해당하므로 공범 ×

위법성	① 정당행위 : 법령에 의한 비밀고지의무이행(감염병예방법 §4, 후천성면역결핍증예방법 §5①), 변호인의 변호권 행사(업무로 인한 정당행위) 등 ② 증언거부권자의 증언 : 증언거부권(형소§149, 민소§286)을 행사하지 않고 타인의 비밀을 누설하는 증언을 하였을 경우, 공익을 위한 부분이 더욱 크다면 위법성 조각(多)
소추조건	**친고죄**(§318)

02 주거침입의 죄

보호법익	① 주거권설 : '집에 대한 권리'(형식적 주거개념)를 보호법익이라고 보는 견해(少) ② 사실상 평온설 : '주거의 사실상 평온 상태'(실질적 주거개념)로 파악하는 견해(多·判) → ∴ 주거에 대한 사실상의 지배가 있으면 정당한 권원이 없더라도 보호됨 [예] 임대차계약 소멸 뒤 임대인이 임차인의 의사에 반하여 주거에 들어가는 것 → 주거침입 ○

	주거침입죄
조문정리	제319조 【주거침입, 퇴거불응】① 사람의 주거, 관리하는 건조물, 선박이나 항공기 또는 점유하는 방실에 침입한 자는 3년 이하의 징역 또는 500만 원 이하의 벌금에 처한다.

<table>
<tr>
<td rowspan="1">구성요건</td>
<td>

① 객체-사람의 주거, 관리하는 건조물·선박·항공기 또는 점유하는 방실 : '건조물'이라 함은 위요지를 포함하는데, '**위요지**'가 되기 위해서는 **건조물에 인접한 그 주변 토지로서 관리자가 외부와의 경계에 문과 담 등을 설치하여 그 토지가 건조물의 이용을 위하여 제공되었다는 것이 명확히 드러나야 함**(대법원 2010.3.11, 2009도12609)

② 행위 : 침입
  ㉠ 의의 : 거주자가 주거에서 누리는 **사실상의 평온상태를 해치는 행위태양으로 주거에 들어가는 것**
      ⓐ 원칙 : **출입 당시 객관적·외형적으로 드러난 행위태양을 기준**으로 판단
      ⓑ 거주자의 의사 : **거주자의 의사에 반한다는 주관적 사정만으로 바로 침입에 해당하는 것은 아님**
  ㉡ 임대차기간 종료 이후 임차인이 건물을 계속 점유하고 있는 경우
      ⓐ 임대인 침입 시 : 사실상의 주거의 평온이 보호법익 → 임대인(소유자)이 임차인의 허락을 받지 않고 출입하면 주거침입죄 성립
      ⓑ 임차인 출입 시 : 소유자가 폐쇄한 출입구를 임차인이 뜯고 그 건물에 들어가는 경우 주거침입 ✕(대법원 1989.9.12, 89도889)
  ㉢ 공동거주자의 출입
      ⓐ 공동거주자 중 1인의 승낙을 받은 경우 : **외부인이 주거 내에 현재하는 거주자의 현실적인 승낙을 받아 통상적인 출입방법에 따라 공동주거에 들어간 경우** → 그것이 **부재중인 다른 거주자의 추정적 의사에 반하는 경우에도 주거침입 ✕**(대법원 2021.9.9, 2020도12630 전원합의체) [경찰간부 22, 경찰승진 23, 경찰채용 22-1, 국가9급 23]
      ⓑ 공동거주자 중 1인이 정당한 이유 없이 다른 공동거주자의 출입을 금지한 경우 : **다른 공동거주자가 이에 대항하여 공동생활의 장소에 들어간 경우** → **주거침입 ✕** (대법원 2021.9.9, 2020도6085) [경찰간부 22, 경찰채용 22-1, 국가7급 23]
  ㉣ 일반인의 출입이 허용되는 장소에의 출입 : **영업주의 승낙을 받아 통상적인 출입방법으로 들어간 경우** → **범죄 목적**이 있거나 **영업주가 행위자의 실제 출입 목적을 알았더라면 출입을 승낙하지 않았을 것이라는 사정이 인정**되더라도 → **주거침입 ✕**(대법원 2022.3.31, 2018도15213) [경찰간부 22, 경찰승진 23, 국가7급 22, 국가9급 23]
  ㉤ 해고된 근로자의 회사 건물의 출입
      ⓐ **노조사무실 출입 목적으로 경비원의 제지를 뿌리치고 회사 내로 들어간 경우 : 건조물침입 ✕**(대법원 1991.11.8, 91도326),
      ⓑ **해고근로자가 경비원들의 제지를 뿌리치고 회사 내로 들어간 후 식당에서 유인물을 배포한 경우 : 건조물침입 ○**(위 판례)
      ⓒ 해고근로자가 회사 내 **조합대의원 회의에 함부로 들어가 경비원들의 출입통제업무를 방해한 경우 : 건조물침입죄와 업무방해죄 성립**(대법원 1991.9.10, 91도1666)
      ⓓ **노조가 회사 건물을 점거하는 상황에서 노조임시사무실에 들어간 경우 : 건조물침입 ○**(대법원 1994.2.8, 93도120)

③ 착수시기·기수시기·계속범
  ㉠ 착수 : 주거로 들어가는 **문의 시정장치를 부수거나 문을 여는 등 침입을 위한 구체적 행위를 시작**한 경우 → 현실적 위험성 있는 행위를 한 것이므로 실행의 착수 ○(실질적 객관설 내지 밀접행위설, 대법원 2003.10.24, 2003도4417; 2006.9.14, 2006도2824) [법원9급 15, 법원승진 14]
      ⓐ 출입문이 열려 있으면 안으로 들어가겠다는 의사 아래 **출입문을 당겨보는 경우 : 실행의 착수 ○**(대법원 2008.4.10, 2008도1464) [경찰채용 12]

</td>
</tr>
</table>

구성요건	ⓑ **초인종을 누른 경우** : **실행의 착수** ×(대법원 2008.4.10, 2008도1464) ⓛ 기수 : **신체의 일부만 들어갔더라도 주거의 평온을 해할 수 있는 정도**가 되었다면 　**기수** ○(일부침입설 내지 보호법익기준설, 대법원 1995.9.15, 94도2561) [법원9급 15] 　≠ *cf.* 전부침입설(通) ⓒ 계속범 : 주거에서 퇴거해야 위법행위 종료 ④ 고의 : **신체의 일부라도 타인의 주거 안으로 들어간다는 인식이 있으면 족함**(대법원 　1995.9.15, 94도2561) ∴ **신체의 전부가 들어간다는 인식은 不要**
위법성	① 정당행위 : 법령에 의한 정당행위 ⓐ 형소법상의 구속·압수·수색·검증, 민소법상의 강제집행을 위한 경우 : 위법성 　조각 ⓑ **사인이 현행범체포를 위해서 타인의 주거에 들어가는** 경우 : ×(대법원 1965.12.21, 　65도899) ⓒ 노동쟁의행위 : **사용자의 직장폐쇄가 정당한 쟁의행위가 아닌 경우**에는 근로자의 출 　입행위는 무죄(대법원 2002.9.24, 2002도2243) ≠ but **사용자와 공동으로 관리·사 　용하는 공간을 점거**한 행위는 제3자의 승낙이 없는 이상 **정당한 쟁의행위로 볼 수 　없음**(유죄, 대법원 2010.3.11, 2009도5008) ⓓ 사회상규 위배 여부 : 채권자가 채무변제를 독촉하기 위해 채무자의 집에 임의로 　들어간 것은 위법(대법원 1985.3.26, 85도122) ② 긴급피난 : 강도를 피하기 위해 타인의 집으로 들어간 경우 → 긴급피난 ○

퇴거불응죄

조문정리	제319조【주거침입, 퇴거불응】② 전항의 장소에서 퇴거요구를 받고 응하지 아니한 자도 전 　항의 형과 같다.
구성요건	① 주체 : 타인의 주거에 적법하게 또는 과실로 들어간 후 퇴거요구를 받고 퇴거하지 않은 　자 ≠ **처음부터 거주자의 의사에 반하여 들어가면 주거침입죄만 성립** ② 행위 : 퇴거요구를 받고 퇴거하지 아니한 것(**진정부작위범·거동범·계속범**) ⓐ **적법하게 직장폐쇄**를 단행한 사용자로부터 퇴거요구를 받고도 불응한 채 직장점거 　계속 : **퇴거불응** ○(대법원 2005.6.9, 2004도7218) [법원9급 09] ⓑ 퇴거요구를 받고 **퇴거하면서 가재도구 등을 남겨둔** 경우 : **퇴거불응** ×(대법원 2007. 　11.15, 2007도6990) [법원9급 09] ③ 죄수 : 다른 사람의 주택에 무단침입한 범죄사실로 이미 무죄판결을 받은 사람이 그 　판결이 확정된 후에도 퇴거하지 않은 채 계속하여 당해 주택에 거주한 경우 → **판결 　확정 이후의 행위는 별도의 주거침입죄** ○(대법원 2008.5.8, 2007도11322) [경찰채용 10]
미수범	**미수범 처벌규정 有**(§322) [경찰채용 10, 법원9급 09]

특수주거침입죄

조문정리	제320조【특수주거침입】단체 또는 다중의 위력을 보이거나 위험한 물건을 휴대하여 전조 　의 죄를 범한 때에는 5년 이하의 징역에 처한다. 흉기 휴대 침입은 **직접 건조물에 들어간 범인 기준**(대법원 1994.10.11, 94도1991)

주거·신체수색죄	
조문정리	제321조【주거·신체 수색】 사람의 신체, 주거, 관리하는 건조물, 자동차, 선박이나 항공기 또는 점유하는 방실을 수색한 자는 3년 이하의 징역에 처한다. ① 신체, 자동차 : 수색죄의 객체 ○ ≠ 주거침입죄 ② 주주총회에 참석한 주주가 '강제로 사무실을 뒤져 회계장부를 찾아낸 경우' → 정당행위 　　×, 건조물수색죄 ○(대법원 2001.9.7, 2001도2917)

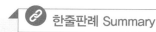 한줄판례 Summary

사실상 평온설

1. 사법상의 불법점유와 주거침입죄 성립은 무관하므로 **사법상 불법점유가 되더라도 주거침입죄 성립**(대법원 1983.3.8, 82도1363)
2. **위요지**에 침입하여도 주거침입죄 성립(대법원 2001.4.24, 2001도1092)
3. 비닐하우스의 소유자라도 **타인이 인도받아 점유하는 상황**에서 비닐하우스의 열쇠를 손괴하고 들어간 행위는 손괴죄 및 주거침입죄 성립(대법원 2007.3.15, 2006도7044)
4. 법원의 출입방해금지가처분결정을 받았으나 **정당한 절차에 의하지 아니하고 물리력으로 침입**한 행위는 주거침입죄 성립(대법원 2007.7.27, 2006도3137)

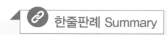 한줄판례 Summary

주거침입죄의 객체 긍정

1. 난입의 대상이 된 월정사 경내(대법원 1983.3.8, 82도1363)
2. **골리앗크레인**(대법원 1991.6.11, 91도753) [법원승진 14]
3. **정부 세종로 청사 앞마당**(대법원 2002.9.24, 2002도959)
4. 한양대학교 종합운동장(대법원 2004.6.10, 2003도6133)
5. 저당부동산의 종물이 아닌 소독시설(대법원 2007.12.13, 2007도7247)
6. 다가구용 단독주택이나 다세대주택·연립주택·아파트 등 공동주택 안에서 **"공용으로 사용하는 계단과 복도"** (대법원 2009.8.20, 2009도3452) [경찰채용 12, 법원9급 12·15, 법원승진 14]
7. **사드기지 내부** 1km 지점(대법원 2020.3.12, 2019도16484)
8. 다가구용 단독주택이나 다세대주택·연립주택·아파트와 같은 공동주택 내부의 **엘리베이터, 공용계단, 복도 등** 공용부분(대법원 2022.8.25, 2022도3801) [경찰채용 23-1]

주거침입죄의 객체 부정

1. **타워크레인이나 공사현장의 구내**(대법원 2005.10.7, 2005도5351) [경찰채용 15, 법원승진 14]
2. 물탱크시설(대법원 2007.12.13, 2007도7247)
3. **인적 또는 물적 설비 등에 의한 구획 내지 통제가 없어 통상의 보행으로 그 경계를 쉽사리 넘을 수 있는 정도의 구역**(대법원 2010.4.29, 2009도14643)
4. 관리자가 일정한 토지와 외부의 경계에 인적 또는 물적 설비를 갖추고 외부인의 출입을 제한하고 있더라도 그 토지에 인접하여 건조물로서의 요건을 갖춘 구조물이 존재하지 않는 장소(대법원 2017.12.22, 2017도690)
[경찰채용 23-1]

1. **관리자에 의해 출입이 통제되는 건조물에 관리자의 승낙을 받아 건조물에 통상적인 출입방법으로 들어갔다**
면, 이러한 승낙의 의사표시에 기망이나 착오 등의 하자가 있더라도 특별한 사정이 없는 한 건조물침입죄 ✕
→ 관리자의 <u>현실적인 승낙</u>이 있었으므로 가정적·추정적 의사는 고려 ✕, 단순히 승낙의 동기에 착오가 있어
도 <u>승낙 유효</u>(대법원 2022.3.31, 2018도15213) [국가9급 23]
2. 피고인이 피해자의 안방에 <u>CCTV 카메라와 동영상 저장장치를 부착한 TV인 사실을 숨기고</u> 피해자에게 TV
를 <u>설치해주겠다면서 안방까지 들어가</u> 피해자의 주거에 침입한 경우 → 주거침입죄 ✕(대법원 2022.4.28,
2022도1717) [경찰채용 23-2]

CHAPTER 05 재산에 대한 죄

01 재산죄의 일반이론

I 재산죄의 분류

분류기준	분 류	해당 범죄
보호법익	소유권	절도죄 · 횡령죄 · 손괴죄
	전체로서의 재산권	강도죄 · 사기죄 · 공갈죄 · 배임죄 · 장물죄(견해대립)
	소유권 이외의 물권과 채권	권리행사방해죄
침해방법	탈취죄	절도죄 · 강도죄 · 장물죄
	편취죄	사기죄 · 공갈죄
	신임관계위반죄	횡령죄 · 배임죄
	훼기죄	손괴죄
객 체	재물죄	절도죄 · 횡령죄 · 장물죄 · 손괴죄
	재물죄인 동시에 이득죄	강도죄 · 사기죄 · 공갈죄 · 배임수재죄
	이득죄	배임죄 · 컴퓨터사용사기죄 · 부당이득죄
재물죄의 영득의사	영득죄	절도죄 · 강도죄 · 사기죄 · 공갈죄 · 횡령죄 · 장물죄(견해대립)
	비영득죄(내지 훼기죄)	손괴죄 · 자동차 등 불법사용죄 · 권리행사방해죄

II 재 물

개 념	유체성설(少)	① 재물이란 일정한 공간을 차지하고 있는 유체물(有體物) ② §346의 동력재물간주규정은 특별 · 예외규정
	관리가능성설 (多 · 判)	① 무체물(無體物)도 관리가 가능하면 재물에 포함 ② 관리의 의미 : **물리적 관리가능성**(재물 ○ : 인공냉기, 전력)을 의미하며, **사무적 · 법률적 관리가능성**[재물 × : 전파, 전화서비스(역무, 대법원 1998.6.23, 98도700) [법원승진 09], 채권, 정보]은 제외 ③ §346는 당연 · 주의 · 예시규정

가치성		객관적·경제적 가치 不要, 주관적·소극적 가치이면 충분
가동성	사기·공갈·횡령	동산·부동산 모두 재물 ○
	절도죄 강도죄	부동산은 그 성질상 점유배제와 점유확립이 불가능하므로 절도죄·강도죄의 객체에서 제외(多) → 타인의 부동산을 무단점거하는 것은 경계침범(§307) → 부동산절도 X
적법성	금제품 (禁制品)	몰수하기 전까지 점유가 보호되어야 하므로 **재물 긍정**(위조된 리프트탑승권)(判) ≠ cf. 다수설은 상대적 금제품은 긍정, 절대적 금제품은 부정(구분설)
	신체·사체	① 원칙 : 신체나 사체는 원칙적 재물 부정 ② 예외 : 신체로부터 분리되거나 사체가 매장용도에서 벗어나 별도의 목적을 가지게 된 경우에는 재물 긍정
정 보		사무적 관리의 대상에 불과하므로 **재물 부정**

 한줄판례 Summary

재물 긍정

1. <u>발행자가 회수하여 세 조각으로 찢어 버림으로써 폐지로 되어 쓸모없는 것처럼 보이는 약속어음</u>(대법원 1976.1.27, 74도3442)
2. 사원이 사실상 퇴사하면서 회사 승낙 없이 가지고 간 **회사의 목적업무상 기술 분야에 관한 문서 사본**(대법원 1986.9.23, 86도1205)
3. 백지의 자동차 출고의뢰서 용지(대법원 1996.5.10, 95도3057)
4. <u>작성권한 없는 자에 의하여 위조된 유가증권</u>(대법원 1998.11.24, 98도2967)
5. 법원으로부터 송달된 심문기일소환장(대법원 2000.2.25, 99도5715)
6. 회사의 부동산매매계약서(대법원 2007.8.23, 2007도2595)

재물 부정

1. 회사 직원이 업무와 관련하여 다른 사람이 작성한 회사의 문서를 복사기를 이용하여 **복사한 후 원본은 제자리에 갖다 놓고 그 사본만 가져간** 경우 → 그 회사 소유의 문서의 '사본' 절취 X(대법원 1996.8.23, 95도192)
2. **컴퓨터에 저장되어 있는 정보 그 자체**는 유체물이라고 볼 수도 없고, 물질성을 가진 동력도 아니므로 재물이 될 수 없다 할 것이며, 또 이를 **복사하거나 출력**하였다 할지라도 그 정보 자체가 감소하거나 피해자의 점유 및 이용가능성을 감소시키는 것이 아님 → 복사·출력행위는 절도 X(대법원 2002.7.12, 2002도745) [법원승진 09]

Ⅲ 재산상의 이익

재산개념	경제적 재산설
내 용	**권리가 아니라도 경제적 가치가 있으면 재산상 이익 ○**(경제적 재산설, 少·判) cf. 다수설 : 법질서에 의하여 인정되는 경제적 가치 있는 재산(법률적·경제적 재산설)

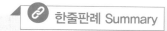

1. 사기죄의 객체가 되는 재산상의 이익이 반드시 **사법상 보호되는 경제적 이익만을 의미하지 않고,** 부녀를 **기망하여 성행위 대가의 지급을 면하는 경우에도 사기죄 성립**(대법원 2001.10.23, 2001도2991)
2. 배임죄에 있어서 재산상 손해의 유무에 대한 판단은 **경제적 관점에서 파악**하여야 하며, 본인에게 현실적인 손해를 가하였거나 재산상 손해발생의 위험으로 초래한 경우에는 재산상의 손해를 가한 때에 해당(대법원 1992.5.26, 91도2963).

Ⅳ 점 유

1. 서 설

개 념	재물에 대하여 사실상의 지배를 하고 있는 상태 예 점유(§319, §323 등), 보관(§355①, §362) 등
민법상의 점유와의 차이	① 민법상의 점유는 규범적 개념으로서의 점유권, 형법상의 점유는 사실상의 지배 ② **민법상 점유보조자는 민법상 점유를 할 수 없으나, 형법상 점유의 주체 가능**(대법원 1970.5.12, 70도649) ③ **민법에서는 상속에 의한 점유의 이전(민§193)이 인정되나, 형법에서는 인정되지 않음**
형법상의 점유	① 침해대상으로서의 점유 : 절도죄(§329)를 포함한 탈취죄 등의 점유 ② 보호객체로서의 점유 : 권리행사방해죄(§323)의 점유 ③ 침해주체로서의 점유 : 횡령죄(§355①)의 점유

🔎 퍼써 정리 | **절도죄 · 횡령죄 · 점유이탈물횡령죄 · 권리행사방해죄의 점유 비교**

구 분	절도 · 강도 · 사기 · 공갈	횡 령	점유이탈물횡령	권리행사방해
소 유	타인	타인	타인 ∴ 무주물 ×	자기 공동소유물 ×
점 유	• 타인 • 침해대상 • 사실상의 점유 ○ • 절도범인의 점유 ○	• 자기 • 침해주체 · 신분요소 • 부동산은 법률상의 보관 • 처분권능	×	• 타인 • 보호대상(법익) • 형법상 보호가치 要 • 절도범인의 점유 ×

2. 침해대상으로서의 점유

침해대상으로서의 점유의 요소
① 객관적 · 물리적 요소 – 점유의 사실 : 사실적 처분가능성 존재하면 인정(법적 처분권 不要) → **절도범에게도 절취장물에 대한 점유가 인정되므로 그 물건을 타인이 다시 절취하였다면 절도죄 ○**
② 주관적 · 정신적 요소 – 점유의 의사
　　㉠ 사실상의 지배의사 : 유아 · 정신병자의 점유도 인정

ⓛ 일반적 지배의사 : 개개의 재물의 소재에 대한 인식 不要 예 유가증권이 위조된 것이라 하더라
도 정상적 절차에 의하여 몰수되기 전까지는 형법상 재물이라고 보아야 하며 그 **점유도 일반적
으로 판단**됨(무주리조트 리프트탑승권 사건, 대법원 1998.11.24, 98도2967)
ⓒ 잠재적 지배의사 : 현실적 지배의사 不要 예 수면자나 일시적 의식상실자의 점유 인정, 사자(死
者)의 점유에 대해서는 학설이 대립하나 판례는 인정
③ 사회적 · 규범적 요소 – 거래상의 경험칙
㉠ 정신적 점유가 인정되는 경우 예 **강간을 당한 피해자가 도피하면서 현장에 두고 간 손가방**은 사회
통념상 피해자의 지배하에 있는 물건이라고 보아야 할 것이므로 피고인이 그 손가방 안에 들어
있는 피해자 소유의 물건을 꺼낸 행위는 절도죄 ○(대법원 1984.2.28, 84도38)
㉡ 유류물 · 분실물에 대한 점유 예 **당구장 · PC방**에서 잃어버린 물건은 관리자의 점유에 속함(대법
원 2002.1.11, 2001도6158; 2007.3.15, 2006도9338) [경찰채용 22-2, 법원승진 16] ≠ **고속버스 · 지하
철** 선반 위에 승객이 잊고 내린 물건에 대해서는 관리자가 현실적으로 발견하지 않는 한 점유이
탈물횡령죄의 객체에 불과(대법원 1993.3.16, 92도3170; 1999.11.26, 99도3963)

점유의 타인성	공동 점유	① 대등관계에 의한 공동점유 : 공동점유자 중 1인이 다른 점유자의 동의 없이 자신의 단독점유로 옮기면 절도죄 ○ 예 타인과 공유관계에 있는 물건, 동업 관계인 조합원의 합유물(대법원 1982.12.28, 82도2058) 등 ② 상하관계의 공동점유 ㉠ 비독립적 점유 : **소규모 상점**의 주인과 종업원의 상점 안의 물건에 대한 점유는 주인의 단독점유(多數說, 判例) ≠ *cf.* 다만, 상위점유자로부터 하위점유자에게 특별한 위탁이 있다면 하위점유자의 점유가 됨 [판례] **다방 종업원이 수표를 현금으로 바꾸어 오라는 주인의 심부름에 그대로 달아난 경우 → 절도죄 ✕, 횡령죄 ○**(대법원 1986.8.19, 86도1093) [경찰채용 22-2, 법원승진 10 · 16] ㉡ 독립적 점유 : 종업원의 단독점유 인정 예 은행원이 보관 중인 금전을 영득한 경우 ③ 재물의 운반자와 위탁자 간의 점유 : 재물운반자가 당해 재물을 영득한 경우 → **위탁자가 운반자에 대하여 현실적인 감독 · 통제가 가능한가에 따라 가능하다면 절도죄 ○, 통제가 어렵다면 횡령죄 ○**(현실적 감독 · 통제설, 多 · 判) ∴ **지게꾼**(대법원 1982.11.23, 82도2394)이나 **화물자동차 운전수**(대법원 1977.9.20, 4290형상281) → **횡령죄 ○, 철도승무원인 열차사무소 취급수**(대법원 1969.7.8, 65도798) → **절도죄 ○**
	임치된 포장물	포장물 전체에 대해서는 수탁자 점유, 그 내용물은 위탁자 점유 ∴ **내용물을 영득하면 절도죄** [판례] 정부 소유의 미곡 가마니에서 삭대를 사용하여 약간 양씩을 발취한 것은 절도 ○ (대법원 1956.1.27, 4288형상375) ≠ *cf.* 다수설 : 위탁관계 성질 기준설에 의하여 **형식적 위탁관계인 때에는 위탁자 점유, 실질적 위탁관계인 때에는 수탁자 점유**
점유의 주체	자연인	자연인만이 점유(사실상 지배)의 주체, **법인의 점유는 부정**
	사자의 점유	① 소극설(多) : 사자의 점유 부정 ∴ 사자의 재물취거는 절도 ✕, 점유이탈물횡령 ○ ② 적극설(少 · 判) : **사망한 후에도 사자의 생존 시의 점유는 계속**(상속인의 점유 ✕, **사자 자신의 점유** ○, 대법원 1993.9.28, 93도2143) → 일정 시간 내 사자의 재물절취는 절도 ○

3. 보호객체로서의 점유

권리행사방해죄의 점유(보호법익)를 말함

4. 침해주체로서의 점유

횡령죄의 점유(신분요소)를 말함

점유 부정

종전 점유자의 점유가 그의 사망으로 인한 상속에 의하여 당연히 그 상속인에게 이전된다는 민법 제193조는 절도죄의 요건으로서의 '타인의 점유'와 관련하여서는 적용의 여지가 없고, 재물을 점유하는 소유자로부터 이를 상속받아 그 소유권을 취득하였다고 하더라도 **상속인이 그 재물에 관하여 사실상의 지배를 가지게 되어야만 이를 점유하는 것**으로서 그때부터 비로소 상속인에 대한 절도죄 성립 미(대법원 2012.4.26, 2010도6334) [법원9급 14]

V 불법영득의사

1. 불법영득의사

의 의	권리자를 배제하고 타인의 재물을 자기의 소유물처럼 그 경제적 용법에 따라 이용·처분할 의사
성 격	영득죄에 있어서 **고의 이외에 요구되는 초과주관적 구성요건요소**
요 부	필요설(通·判) _cf._ 불요설(少)
내 용	① 영득의사의 요소 　㉠ 배제의사 – 영득의사의 소극적 요소 : 배제의사 있으면 절도, 배제의사 없으면 사용절도 　　_cf._ 예외적으로 자동차 등 사용절도는 처벌(§ 331의2) 　㉡ 이용의사 – 영득의사의 적극적 요소 : 타인의 재물을 소유권자처럼 이용하겠다는 적극적 요소 　　ⓐ 이용의사 ○ : 사용으로 인하여 **물건 자체가 가지는 경제적 가치가 상당한 정도로 소모**되거나 또는 **상당한 장시간 점유**하고 있거나 **본래의 장소와 다른 곳에 유기**하는 경우(대법원 2012.7.12, 2012도1132) [법원9급 14·17] 　　ⓑ 이용의사 × : 절도죄 등 영득죄 불성립, 손괴죄(§366) ○ ② 영득의사의 대상 　㉠ 학설·판례 　　ⓐ 물체설 : 물체 그 자체 　　　[비판] 영득죄의 범위가 지나치게 협소 　　ⓑ 가치설 : 물체 속에 화체된 경제적 가치 　　　[비판] 이득죄와 구별 ×, 영득죄의 범위가 너무 확대

내용	ⓒ 결합설 : **물체 자체 또는 그 물체가 가지고 있는 경제적 가치**(물체 또는 가치설, 通 · 判) ⓛ 가치의 범위 ⓐ **예금통장의 예금인출 후 통장을 반환**한 경우 : 예금통장 자체가 가지는 예금액 증명 **기능의 경제적 가치에 대한 불법영득의 의사를 인정**할 수 있으므로 **절도죄** ○(대법원 2010.5.27, 2009도9008)[경찰채용 24-2, 국가7급 12·16, 법원승진 12] ⓑ **주민등록증이나 도장** 사용 후 반환의사로 가져온 경우 : **불법영득의사** ×(대법원 1971.10.19, 70도1399; 2000.3.28, 2000도493)[경찰간부 17, 국가7급 12, 법원승진 10·16] ⓒ **현금카드** 사용 후 반환의사로 가져온 경우 : **현금카드 절도죄** ×(대법원 1998.11. 10, 98도2642)[법원승진 12] ⓓ **신용카드나 직불카드** 현금인출 후 반환의사로 가져온 경우 : **카드 자체 절도죄** × (대법원 1999.7.9, 99도857; 2006.3.9, 2005도7819)[국가7급 22, 법원승진 12] ③ 영득의 불법의 의미 ㉠ 의의 : 반환청구권 있는 자가 임의로 가져온 경우, 영득의 불법설(通)과 절취의 불법 설(判) 대립 ㉡ 판례 : 점유취거 당시 점유자의 의사에 반하였다면 반환청구권 있어도 영득의사 인정

2. 사용절도

의의	타인의 재물을 일시적으로 사용한 후에 소유자에게 반환할 의사로 가져오는 행위
절도와 사용절도의 한계	① 반환의사 있으면 사용절도, 반환의사 없으면 절도 ② 반환의사 있어도 재물의 가치 소멸 내지 현저한 감소 있으면 불법영득의사 인정 ③ 구체적 적용 ㉠ 사용절도 ○ : 평소 친분 있는 자의 차량을 **잠시 사용하고 원래 주차된 곳에 갖다 놓아 반환**(대법원 1992.4.24, 92도118) ㉡ 사용절도 × : 해변의 배를 절취하여 볼일을 마치고 **다른 곳에 방치**(대법원 1961.6.28, 4294형상179), **승낙 없이 오토바이를 사용한 후 본래 있던 곳에서 약 7~8m 되는 장소에 방치**(대법원 1981.10.13, 81도2394)[경찰채용 14, 법원승진 12]

🔗 한줄판례 Summary

불법영득의사 긍정

1. 매매계약의 해제가 있고 동 외상 매매물품의 **반환청구권이 있다고 하여도 점유자의 의사에 의하지 아니하고 그 점유를 취득한 경우** → 절도죄 ○(대법원 1973.2.28, 72도2538)
2. **후일 변제할 의사가 있었다 하더라도 당시에 피해자의 승낙을 받지 않은 경우**(대법원 1999.4.9, 99도519)[법원승진 16]
3. **양도담보권이 설정되어 있다 하여도 담보권자가 쇄석장비를 임의로 분해하여 가지고 간 경우** → 절도죄 ○(대법원 2005.6.24, 2005도2861)
4. 피고인이 피해자의 영업점 내에 있는 **甲 소유의 휴대전화를 허락 없이 가지고 나와 사용한 다음 약 1~2시간 후 위 영업점 정문 옆 화분에 놓아두고 간 경우**(대법원 2012.7.12, 2012도1132)[국가7급 22, 법원9급 16·17]

불법영득의사 부정

1. **국가에 반납하기 위하여** 타인이 점유하는 총기를 절취한 경우(대법원 1977.6.7, 77도1038)
2. **피해자의 전화번호를 알아두기 위하여** 피해자가 떨어뜨린 전화요금 영수증을 습득한 후 돌려주지 않은 경우(대법원 1989.11.28, 89도1679)
3. **내연관계 회복을 위해 잠시 재물을 가져온 경우**(대법원 1992.5.12, 92도280) [법원승진 12·16]
4. 상사와의 의견충돌 끝에 **항의의 표시로 사표를 제출**한 다음 평소 피고인이 전적으로 보관·관리해오던 이른바 비자금 관계서류 및 금품이 든 가방을 들고 나온 경우(대법원 1995.9.5, 94도3033)
5. 살해된 피해자의 주머니에서 꺼낸 **지갑을 다른 증거품들과 함께 태워버린** 경우(대법원 2000.10.13, 2000도3655) [법원9급 17]

VI 친족상도례

조문정리

> 제328조【친족 간의 범행과 고소】① 직계혈족, 배우자, 동거친족, 동거가족 또는 그 배우자간의 제323조의 죄는 형을 면제한다. → 형법 제328조 제1항은 헌재 2024.6.27, 2020헌마468에 의하여 **헌법불합치 결정**되었음(현재 적용중지 상태)
> ② 제1항 이외의 친족 간에 제323조의 죄를 범한 때에는 고소가 있어야 공소를 제기할 수 있다.
> ③ 전2항의 신분관계가 없는 공범에 대하여는 전2항을 적용하지 아니한다.

의의 성질	① 재산죄에 있어서 일정한 친족관계가 있음으로써 적용되는 특례규정 ② 인적 처벌조각사유 내지 상대적 친고죄
내용	① 적용범위 　㉠ 적용 ○ : 형법상 **권리행사방해죄**, **절도·사기·공갈·횡령·배임·장물죄**, 특별법상 재산죄인 산림절도(산림법 §116·117), **특경법상 사기**(대법원 2000.10.13, 99오1)·**횡령**(대법원 2013.9.13, 2013도7754) [법원9급 14, 법원승진 13], **폭처법상 흉기 휴대 공갈죄**(대법원 1994.5.27, 94도617; 2010.7.29, 2010도5795) 　㉡ 적용 × : 형법상 **강도·손괴·점유강취·강제집행면탈죄** [법원승진 14] ② 친족의 범위 　㉠ 의의 : 배우자, 8촌 이내 혈족, 4촌 이내 인척(민§767), 인척(姻戚)이란 혈족의 배우자, 배우자의 혈족, 배우자의 혈족의 배우자(민§769) 　㉡ 직계혈족 : 동거 유무나 자연혈족·법정혈족 여부 불문, 양자의 생가와의 관계도 단절되지 않음 　㉢ 배우자 : 법률혼상의 배우자만을 의미, **사실혼 ×** 　㉣ 동거친족 : 직계혈족과 배우자를 제외한 동일한 주거에서 일상생활을 같이하는 친족 ∴ **일시적 숙박 ×** 　㉤ 동거가족 : 가족은 민법상 개념(민§779) 　㉥ **혈족의 배우자의 혈족 : 인척 ×** → 사기죄의 피고인과 피해자가 **사돈**지간인 경우 친고죄 ×(대법원 2011.4.28, 2011도2170) [국가9급 23, 법원승진 13] 　㉦ 혼인이 무효인 경우 : 사기죄를 범하는 자가 금원을 편취하기 위한 수단으로 피해자와 혼인신고를 한 것이어서 그 **혼인이 무효인 경우라면 친족상도례 ×**(대법원 2015.12.10, 2014도11533)

내용		③ 친족관계의 존재시기
		   ⑦ 원칙 : **행위 시 존재 要**
		   ⓵ 예외 : **인지의 소급효는 친족상도례 규정에 영향을 미침**(대법원 1997.1.24, 96도1731) [법원
		      9급 14, 법원승진 13]

효과	원 칙	① 직계혈족·배우자·동거친족·동거가족 또는 그 배우자 간의 범죄 : **형면제**
		   (§328 ①) → 형법 제328조 제1항은 헌재 2024.6.27, 2020헌마468에 의하여
		   헌법불합치 결정되었음(현재 적용중지 상태)
		② 그 밖의 친족 간의 범죄 : **고소 要**(상대적 친고죄, §328②)

	장물죄의
	특칙
		① 장물범과 피해자 사이에 §328①·②의 신분관계가 있는 경우 : 형면제 or 고
		   소 要(§365①)
		② 장물범과 본범 사이에 §328①의 신분관계가 있는 경우 : 형을 필요적으로 감
		   면(§365② 본문)

💡 **퍼써 정리 | 친족관계의 존재가 요구되는 범위**

친족관계 요구범위	절도	절도죄의 법익은 **소유권 및 점유권이므로 소유자·점유자·가해자 사이에 모두 친 족관계가 있으면 친족상도례 적용**(소유자·점유자설, 多·判, 대법원 1980.11.11, 80도131) [경찰간부 17, 법원승진 13] *cf.* 소유자설(少)
	사기	**피해자(소유자)와만 있으면 됨**(피기망자와는 不要) [국가9급 14]
	공갈	피공갈자, 교부자 모두와
	횡령·배임	**소유자, 위임자 모두와** [국가9급 14]

💡 **퍼써 정리 | 형법상 친족관계의 취급 개관**

구 분	범죄례	친족관계의 성질
처벌되지 않는 경우	범인은닉죄, 증거인멸죄	책임조각
형면제 or 친고죄	친족상도례	인적 처벌조각사유(헌법불합치 → 현재 적용중지 상태) or 친고죄
형이 가중되는 경우	존속살해죄 등	책임가중

🔗 **한줄판례 Summary**

친족상도례 부정 및 헌법불합치
1. 컴퓨터사용사기죄와 관련하여 손자가 할아버지 소유 농업협동조합 예금통장을 절취하여 이를 현금자동지급
   기에 넣고 조작하는 방법으로 예금잔고를 자신의 거래 은행계좌로 이체한 경우 → **농업협동조합이 컴퓨터
   등 사용사기 범행 부분의 피해자 ∴ 친족상도례 적용 ✕**(대법원 2007.3.15, 2006도2704) [국가9급 23,
   법원승진 15]
2. 직계혈족, 배우자, 동거친족, 동거가족 또는 그 배우자 간의 권리행사방해죄(등 재산범죄)는 그 형을 면제하도
   록 한 형법 제328조 제1항은 헌법불합치(적용중지, 헌재 2024.6.27, 2020헌마468)

02 절도의 죄

보호법익	타인의 소유권 및 점유(少·判) *cf.* 多 : 소유권설), 침해범

<table>
<tr><td colspan="2" align="center">절도죄</td></tr>
<tr><td>조문정리</td><td>제329조【절도】타인의 재물을 절취한 자는 6년 이하의 징역 또는 1천만 원 이하의 벌금에 처한다.</td></tr>
<tr><td rowspan="2">구성요건</td><td>

① 객체 : 타인이 점유하는 타인 소유의 재물
② 행위－절취 : 타인 점유의 재물을 점유자의 의사에 반하여 그 점유를 배제하고 자기 또는 제3자의 점유하로 옮기는 것
   ㉠ 점유의 배제 : 점유자의 재물에 대한 사실상의 지배를 점유자의 의사에 반하여 또는 그의 동의 없이 제거하는 것
   ㉡ 점유의 취득 : 행위자가 재물에 대하여 방해받지 않는 사실상의 지배를 갖는 것
③ 착수시기 : **사실상의 지배를 배제하는 데 밀접한 행위(물색·접근·접촉)를 한 때**(밀접행위설, 실질적 객관설, 判)
   cf. 多 : 주관적(개별적) 객관설

 한줄판례 Summary

절도죄의 실행의 착수 인정
1. 주간에 절도의 목적으로 **방 안까지 들어갔다가 절취할 재물을 찾지 못하여 거실로 돌아나온** 경우(대법원 2003.6.24, 2003도1985,2003감도26)
2. 양손으로 승합차량의 운전석 **문의 손잡이를 잡고 열려고** 하던 중 경찰관에게 발각된 경우(대법원 2009.9.24, 2009도5595) [경찰간부 17]
3. 소매치기가 피해자의 양복 상의 주머니로부터 금품을 절취하려고 그 **호주머니에 손을 뻗쳐 그 겉을 더듬은** 경우(대법원 1984.12.11, 84도2524) [국가9급 20]

절도죄의 실행의 착수 부정
1. 노상에 세워 놓은 자동차 안에 있는 물건을 훔칠 생각으로 **자동차의 유리창을 통하여 그 내부를 손전등으로 비추어 본 경우**(대법원 1985.4.23, 85도464) [경찰승진 20]
2. 소를 흥정하고 있는 피해자의 뒤에 접근하여 가방으로 돈이 들어 있는 피해자의 **하의 뒤쪽 주머니를 스치면서 지나간** 경우(대법원 1986.11.11, 86도1109) [경찰간부 16]

④ 기수시기 : 취득설(通)

 한줄판례 Summary

절도죄의 기수 인정
1. **타인의 집에서 라디오와 탁상시계를 가지고 나오다가** 집주인의 소리에 놀라 탁상시계는 그 집 방문 밖에 떨어뜨리고 라디오는 방에 던진 채 달아난 경우(대법원 1964.4.22, 64도112)
2. **물건을 밖으로 들고 나와 운반해 가다가** 방범대원들에게 발각되어 체포된 경우(대법원 1984.2.14, 83도3242)
3. 입목을 절취하기 위하여 **캐낸 경우** → 입목을 절취하기 위하여 캐낸 때에 소유자의 입목에 대한 점유가 침해되어 범인의 사실적 지배하에 놓이게 되어 절도기수 ○, 이를 운반하거나 반출하는 등의 행위는 필요 ×(대법원 2008.10.23, 2008도6080) [경찰채용 22－1, 국가7급 17]

⑤ 고의 및 불법영득의사

</td></tr>
</table>

죄수 및 다른 범죄와의 관계	① 죄수판단의 기준 : 절취의 수, 즉 점유침해의 수에 따라 결정
	② 주간에 타인의 주거에 침입하여 재물을 절취하는 경우
	   ㉠ 절취행위가 실행에 착수한 경우 : 주거침입죄와 절도죄(미수 or 기수)
	   ㉡ 절취행위가 실행에 착수하지 못한 경우 : **주거침입죄만 성립** → 이때 주인에게 발각되어 체포면탈 목적으로 그를 폭행하더라도 준강도죄 ✕, 주거침입죄와 폭행죄의 경합범 ○ [법원9급 13]
	③ 야간에 절도의 고의로 타인의 주거에 침입하는 경우 : 주거에 침입함으로써 야간주거침입절도죄(미수 or 기수) 성립 → 이때 주인에게 발각되어 체포면탈 목적으로 그를 폭행하면 준강도죄(미수 or 기수) ○
	④ 교사자가 피교사자로부터 절취한 장물을 취득한 경우에 교사자의 죄책
	   ㉠ 교사자가 절도를 교사하고 피교사자가 절도를 하여 절취한 장물을 교사자가 취득한 경우 : 절도죄의 교사범과 장물취득죄의 실체적 경합
	   ㉡ 교사자가 강도를 교사하였는데 피교사자가 절도를 하여 절취한 장물을 교사자가 취득한 경우 : 절도교사와 강도예비·음모의 상상적 경합과 장물취득죄의 경합범

야간주거침입절도죄

조문정리	제330조 【야간주거침입절도】 야간에 사람의 주거, 관리하는 건조물, 선박, 항공기 또는 점유하는 방실(房室)에 침입하여 타인의 재물을 절취(竊取)한 자는 10년 이하의 징역에 처한다. [전문개정 2020.12.8.]
구성요건	① 야간 : 행위지의 일몰 후부터 일출 전까지를 의미 ② 착수시기 : **주거침입(침입을 위한 구체적 행위) 시** ③ 성립요건 : 야간에 주거침입할 것 ∴ **'주간에'** 사람의 주거 등에 침입하여 **'야간에'** 타인의 재물을 절취한 경우 야간주거침입절도 ✕(대법원 2011.4.14, 2011도300, 2011감도5) [국가9급 14]

특수절도죄

조문정리	제331조 【특수절도】 ① 야간에 문이나 담 그 밖의 건조물의 일부를 손괴하고 제330조의 장소에 침입하여 타인의 재물을 절취한 자는 1년 이상 10년 이하의 징역에 처한다. ② 흉기를 휴대하거나 2명 이상이 합동하여 타인의 재물을 절취한 자도 제1항의 형에 처한다. [전문개정 2020.12.8.]
제1항	**건조물 등의 일부를 '손괴'하기 시작한 때** 실행에 착수

제2항	① 흉기 휴대 절도 : '휴대'는 반드시 몸에 지니지 않더라도 **사용할 수 있는 상태**이면 족함. **흉기 휴대사실에 대하여 행위자는 인식 要**, 피해자는 인식 不要
	② 합동절도
	   ㉠ 합동하여 : 다수인의 현장에서의 시간적·장소적 협동 要(현장설)
	   ㉡ 착수시기 : §331②의 특수절도 실행의 착수시기 = 단순절도 실행의 착수시기(밀접행위설)
	      ⓐ 착수 ○ : 피고인들이 함께 담을 넘어 회사 마당에 들어가 그중 1명이 **그곳에 있는 구리를 찾기 위하여 담에 붙어 걸어가다가** 잡힌 경우(대법원 1989.9.12, 89도1153) [경찰승진 16, 경찰채용 11]
	      ⓑ 착수 ✕ : 아파트 신축공사 현장 안에 있는 건축자재 등을 훔칠 생각으로 공범과 함께 위 공사현장 안으로 들어간 후 **창문을 통하여 신축 중인 아파트의 지하실 안쪽을 살펴보다가 잡힌 경우**(대법원 2010.4.29, 2009도14554) [법원행시 13]

제2항	③ **합동범의 공범의 성부** 　㉠ **합동범의 공동정범** : 甲·乙·丙이 절도를 공모하고 乙·丙이 현장에서 절도한 경우, 　　甲에게 공모공동정범이 인정된다면 **특수절도죄(합동범)의 공동정범** ○(判, 대법원 1998. 　　5.21, 98도321, *cf.* 多 : ×) 　㉡ **합동범의 교사범·방조범** : **합동범의 외부관여자는 교사범·방조범 성립** ○ ④ **주거침입 + §331② 특수절도** = '**주거침입**'과 특수절도의 **실체적 경합**(대법원 2008.11.27, 　2008도7820) [경찰승진 14, 법원9급 10, 변호사 16]

<table>
<tr><td colspan="2" align="center">(자동차·선박·항공기·원동기장치자전거)불법사용죄</td></tr>
<tr><td>조문정리</td><td>제331조의2【자동차 등 불법사용】권리자의 동의 없이 타인의 자동차, 선박, 항공기 또는 원동기장치자전차를 일시 사용한 자는 3년 이하의 징역, 500만 원 이하의 벌금, 구류 또는 과료에 처한다.</td></tr>
<tr><td>구성요건</td><td>① 객체 : 동력기관을 장치한 자동차, 선박, 항공기 또는 원동기장치자전거 ≠ 동력 없는 자전거 ×(유추해석금지원칙), 중기(重機) 등 건설기계 ×(자동차관리법 §2 1.)
② 행위 : 일시사용(사용절도) → 시간적으로 영득의사를 인정할 수 없을 만큼 짧은 시간 내에 '본래의 용도에 따라' 사용 要(대법원 2002.9.6, 2002도3465)</td></tr>
<tr><td colspan="2" align="center">상습절도죄</td></tr>
<tr><td>조문정리</td><td>제332조【상습범】상습으로 제329조 내지 제331조의2의 죄를 범한 자는 그 죄에 정한 형의 2분의 1까지 가중한다.</td></tr>
<tr><td>내 용</td><td>① 포괄일죄(집합범)이므로 일부에 대한 확정판결이 있으면 확정판결 전에 범한 나머지 범죄에 대해서도 기판력 ○(대법원 1990.2.13, 89도2377; 1991.10.8, 91도1874)
② 전과사실의 유무와 상습성 인정 여부는 일치하지 않을 수 있음
③ 상습으로 절도를 반복한 경우 : 상습절도의 포괄일죄
④ 상습으로 절도·야간주거침입절도·특수절도를 반복한 경우 : 상습특수절도의 포괄일죄(대법원 1975.5.27, 75도1184)
⑤ 자동차불법사용도 상습절도와는 포괄일죄 ○(대법원 2002.4.26, 2002도429) [경찰채용 22-1]</td></tr>
</table>

 **한줄판례 Summary**

절도죄의 타인 소유 인정

1. **권원 없이 식재한 감나무의 감을 수확**한 경우(대법원 1998.4.24, 97도3425)
2. 명의대여자가 **명의대여 약정에 따라 발급된 영업허가증과 사업자등록증을** 가지고 간 경우(대법원 2004. 3.12, 2002도5090)
3. 돈사에서 대량 사육되는 **돼지에 대한 이중의 동산양도담보**설정계약이 체결되었는데, **뒤에 양도담보설정계약을 체결한 이중양수채권자가 임의로 가져간** 경우(대법원 2007.2.22, 2006도8649)
4. 사원이 회사를 퇴사하면서 **회사의 영업비밀에 해당하는 자료를 가지고 간** 경우(대법원 2008.2.15, 2005도6223)

절도죄의 타인 소유 부정

1. **회사에 지입한 차량을 회사 측에서 가져간** 경우 → 대외적으로 그 소유권이나 운행관리권이 그 회사에 귀속되는 것이어서 지입차주는 그 차량의 소유자라고 할 수 없음(대법원 1987.9.8, 87다카1026)

2. **동산의 양도담보권자**가 채무자의 점유 아래 있는 담보목적물을 매각하고 **목적물반환청구권을 양도한 다음 매수인으로 하여금 목적물을 취거**하게 한 경우(대법원 2008.11.27, 2006도4263) [경찰간부 17] → 목적물반환청구권 양도 - 절도죄 불성립
3. **두 사람으로 된 생강농사 동업관계**에 불화가 생겨 그중 **1인이 나오지 않자, 남은 동업인**이 혼자 생강 밭을 경작하여 생강을 반출한 경우(대법원 2009.2.12, 2008도11804)
4. 어업권자와 어업권행사계약을 체결하고 어업권을 행사하는 타인의 양식장에서 **'자연산' 모시조개를 무단 채취**한 경우(대법원 2010.4.8, 2009도11827)

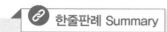 **한줄판례 Summary**

절도죄의 점유배제 인정

1. 굴착기 매수인이 채무를 불이행하자 약정에 근거하여 **판매회사 담당자가 굴착기를 임의로 취거**하여 매도한 경우(대법원 2001.10.26, 2001도4546)
2. **절취·강취한 현금카드**를 사용하여 현금자동인출기에서 **현금을 인출**한 경우 → 인출한 현금에 대한 절도 ○ (대법원 2007.4.13, 2007도1377) [법원승진 10·11·16]

절도죄의 점유배제 부정

1. **사취·갈취한 현금카드**를 사용하여 현금자동지급기에서 **현금을 인출**한 경우 → **인출한 현금에 대한 절도 ✕, 공갈죄의 포괄일죄 ○**(대법원 2005.9.30, 2005도5869; 2007.5.10, 2007도1375) [국가7급 23, 법원승진 11·16]
2. 임차인이 임대계약 종료 후 식당건물에서 퇴거하면서 **종전부터 사용하던 냉장고의 전원을 켜 둔 채 그대로 두었다가** 약 1개월 후 철거해 가는 바람에 **그 기간 동안 전기가 소비**된 경우(대법원 2008.7.10, 2008도3252) [국가7급 14]

한줄판례 Summary

야간주거침입절도죄의 실행의 착수 인정

1. 야간에 아파트에 침입하여 물건을 훔칠 의도하에 아파트의 베란다 철제난간까지 올라가 유리창문을 열려고 시도한 경우(대법원 2003.10.24, 2003도4417) [국가9급 17, 법원9급 17]
2. **야간**에 출입문이 열려 있으면 안으로 들어가겠다는 의사로 **출입문을 당겨보는** 경우(대법원 2006.9.14, 2006도2824)

야간주거침입절도죄의 실행의 착수 부정

1. **주거침입은 주간에** 이루어지고 **재물절취는 야간에** 이루어진 경우(대법원 2011.4.14, 2011도300; 2011.4.14, 2011감도5)
2. **05:30경 주거지에 침입**하여 지갑과 카드 등을 절취한 사례에서 **범행 당일의 일출시각은 05:17경**이었던 경우(대법원 2015.8.27, 2015도5381)

한줄판례 Summary

특수절도죄의 실행의 착수 인정

1. **야간**에 절도의 목적으로 출입문에 장치된 **자물통 고리를 절단하고 출입문을 손괴**한 뒤 집안으로 침입하려다가 발각된 경우(대법원 1986.9.9, 86도1273)
2. **야간에 출입문을 발로 걷어차 잠금장치가 손괴되어 출입문이 열리자** 상점 안으로 침입하여 재물을 절취한 경우(대법원 2004.10.15, 2004도4505)

특수절도죄의 실행의 착수 부정

1. **2인 이상이 합동**하여 야간이 아닌 **주간**에 절도의 목적으로 타인의 주거에 침입하였다 하여도 아직 절취할 물건의 **물색행위를 시작하기 전**인 경우(대법원 2009.12.24, 2009도9667)[경찰간부 17]
2. **야간**에 甲이 운영하는 식당의 **창문과 방충망을 창틀에서 분리**하고 침입하여 현금을 절취한 경우(대법원 2015.10.29. 2015도7559)

03 강도의 죄

보호법익	재산권(主)과 의사결정·의사활동의 자유(副), 침해범

	강도죄
조문정리	제333조 【강도】 폭행 또는 협박으로 타인의 재물을 강취하거나 기타 재산상의 이익을 취득하거나 제3자로 하여금 이를 취득하게 한 자는 3년 이상의 유기징역에 처한다.
구성요건	① 객체 : 타인의 재물 또는 재산상 이익 [판례] 적법성·유효성을 따지지 않으므로 **외견상 재산상 이익을 얻을 수 있는 사실관계**만 있으면 인정(경제적 재산개념) → **매출전표에 허위서명한 경우에도 강도죄 O**(대법원 1997.2.25, 96도3411)) ② 행위 : **폭행·협박 + 재물·이익 강취** 　㉠ 폭행·협박의 정도 : 상대방의 반항을 불가능하게 하거나 **억압할 정도(최협의의 폭행·협박)** 　　∴ 강도고의이나 객관적으로 폭행·협박의 정도가 공갈의 정도인 경우 → 강도 ✕, 공갈 O 　㉡ 폭행·협박과 재산취득 간의 인과관계 要 　　ⓐ 강간고의로 폭행·협박하고 강간하여 상대방이 항거불능의 상태에 빠진 후 재물강취의 고의가 생겨 피해자인 부녀의 재물을 취득한 경우 → **강간(미수)죄와 강도죄의 경합범**(대법원 1977.9.28, 77도1350) 　　ⓑ **강간범인**이 폭행·협박에 의한 반항억압 상태가 계속 중임을 이용하여 재물을 탈취하는 경우 → **강도죄의 성립을 위하여 새로운 폭행·협박을 요하는 것은 아님**(대법원 1985.10.22, 85도1527; 2010.12.9, 2010도9630), 야간에 甲의 주거에 침입하여 드라이버를 들이대며 협박하여 甲의 반항을 억압한 상태에서 강간행위의 실행 도중 범행현장에 있던 乙 소유의 핸드백을 가져간 후 강간을 계속한 경우 → 특수강도가 강간한 것이므로 성폭법상 **특수강도강간 O** 　　ⓒ 강도의 폭행·협박을 하여 피해자가 '공포심은 느꼈으나 반항이 억압되지 않은 상태에서'(또는 공포심을 느끼지 않고 연민의 정으로) 재물을 교부한 경우 → 강도기수 ✕, 강도미수 O 　　ⓓ (강도의 고의 없이) 폭행·협박을 하였으나 **우발적으로 재물을 취거**한 경우 → **인과관계가 없어 강도죄 불성립**(대법원 2009.1.30, 2008도10308)[국가7급 13] ③ 주관적 구성요건 : 고의 + 불법영득의사(재물) 내지 불법이득의사(재산상 이익)

죄수 및 다른 범죄와의 관계	죄 수	① 죄수판단의 기준 : **피해자의 수** ∵ 의사결정의 자유는 일신전속적 법익 ② **1인이 점유**하는 수인의 소유물을 1개의 행위로 강취한 경우 → **강도죄의 1죄** ③ 1개의 폭행으로 **수인**으로부터 재물을 강취한 경우 → **수개의 강도죄의 상상적 경합** ④ 피해자가 **동일 가족** 내의 수인인 경우 → **강도죄의 1죄**(법익표준설)
	다른 범죄와의 관계	① 주거침입죄와의 관계 : 타인의 주거에 침입하여 강도한 경우에는 주거침입죄와 강도죄의 경합범 ≠ cf. 다만 야간에는 특수강도죄 ○(§ 334①) ② 체포·감금죄와의 관계 : 감금이 강도를 위한 수단으로 이용된 경우에는 감금죄와 강도죄의 상상적 경합, 감금 중에 강도를 하면 실체적 경합

특수강도죄

조문정리	제334조【특수강도】① 야간에 사람의 주거, 관리하는 건조물, 선박이나 항공기 또는 점유하는 방실에 침입하여 제333조의 죄를 범한 자는 무기 또는 5년 이상의 징역에 처한다. ② 흉기를 휴대하거나 2인 이상이 합동하여 전조의 죄를 범한 자도 전항의 형과 같다.
제1항	① 실행의 착수시기 　㉠ 주거침입시설 : 야간주거침입절도죄처럼 **주거침입 시**(일부 判, 대법원 1992.7.28, 92도917) 　㉡ 폭행·협박시설 : **폭행·협박 시**에 본죄의 실행의 착수가 있다고 보는 입장(多, 일부 判, 대법원 1991.11.22, 91도2296) ∴ 甲이 乙(女)의 집에 야간에 강도의 고의로 침입하였다가 乙을 보고 강도는 하지 않고 강간을 실행한 경우 → (특수)강도강간 ✕, 주거침입·강도예비·강간죄의 실체적 경합 ○ 　　cf. 다만, 현행 성폭법에 의하면 주거침입강간죄 성립 ② §334①의 특수강도 + 상해 = 강도상해 ○, 이 경우 **주거침입 ✕**(대법원 2012.12.27, 2012도12777)
제2항	흉기휴대강도 또는 합동강도

준강도죄

조문정리	제335조【준강도】절도가 재물의 탈환에 항거하거나 체포를 면탈하거나 범죄의 흔적을 인멸할 목적으로 폭행 또는 협박한 때에는 제333조 및 제334조의 예에 따른다. [전문개정 2020.12.8]
구성요건	① 주체 : 절도 - 단순절도·야간주거침입절도·특수절도 등의 절도범인, 기수·미수 불문 [판례] 피고인이 술집 운영자 甲으로부터 **술값의 지급을 요구받자 甲을 유인·폭행**하고 도주함으로써 술값의 지급을 면한 경우 → (절도 ✕) 준강도죄 ✕(대법원 2014.5.16, 2014도2521) [경찰채용 15, 국가9급 15] ② 행위 : (사후적인) 폭행·협박 　㉠ 폭행·협박의 정도 : **사람의 반항을 억압할 정도**(최협의) 　㉡ 폭행·협박의 시기와 장소 : **절도의 기회 - 절도와의 시간적·장소적 근접성** 　㉢ 폭행·협박의 상대방 : 재물의 소유자·점유자 ○, **제3자** ○ 　　ⓐ 야간주거침입**절도**를 하려 침입한 후 발각되어 밖으로 도주하다가 체포하려는 경찰관과 직면하자 그에게 **폭행**을 한 경우 → **준강도미수죄와 공무집행방해죄의 상상적 경합** [경찰채용 14]

구성요건	⑤ 강도범이 경찰관에게 폭행을 한 경우 : 강도죄와 공무집행방해죄의 실체적 경합 [법원9급 13] ⓔ 미수·기수 : **절도가 기수이어야 준강도도 기수(절취행위기준설, 判)** → 절도미수 + 체포 면탈 목적 폭행 = 준강도 '미수'(대법원 2004.11.18, 2004도5074 전원합의체) [법원9급 13] *cf.* 폭행·협박기준설(少) ⓕ **단순절도에서 특수강도의 준강도가 되는 경우** : 절도범인이 처음에는 흉기를 휴대하지 아니하였으나, **체포를 면탈할 목적으로 폭행 또는 협박을 가할 때에 비로소 흉기를 휴대· 사용**한 경우 → 특수강도의 준강도(대법원 1973.11.13, 73도1553) [법원9급 13] ③ 주관적 구성요건 : 고의, **재물탈환항거·체포면탈·죄적인멸의 목적 要(목적범)**
공동정범	절도의 공동정범 가운데 1인이 준강도를 범한 경우 나머지 공범자의 공동정범의 성부 ① 긍정설 : **예견이 가능하였다면 준강도죄의 공동정범** ○(少·判, 대법원 1972.1.31, 71도2073; 1984.10.10, 84도1887; 1984.12.26, 84도2552; 1988.2.9, 87도2460; 1989.12.12, 89도1991) ② 부정설 : (준)강도죄의 공동정범이 되려면 준강도행위에 대한 공동의사 필요(多)
다른 범죄와의 관계	① 강도범이 특수강도의 준강도를 범한 경우 : 단순강도가 체포면탈 등 목적으로 흉기휴대 폭행한 경우 → 준특수강도죄(특수강도의 준강도) ○ ② 준(특수)강도 + 상해·살인·강간 = 강도상해·강도살인·강도강간죄 ○ ③ 절도범이 자신을 체포하려는 2명에게 체포면탈의 목적으로 같은 기회에 폭행을 하여 **그중 1인에게 고의적인 상해**를 가한 경우 : **강도상해죄의 1죄**(判, 대법원 2001.8.21, 2001도3447) [법원승진 13]

인질강도죄

조문정리	**제336조【인질강도】** 사람을 체포, 감금, 약취 또는 유인하여 이를 인질로 삼아 재물 또는 재산 상의 이익을 취득하거나 제3자로 하여금 이를 취득하게 한 자는 3년 이상의 유기징역에 처한다.
구성요건	① 인질강요죄와의 차이 : 인질강요는 석방감경(§324의6)이 있으나 인질강도는 없고, 인질강 요는 예비죄 처벌규정이 없으나 인질강도는 있음(§343) ② 착수시기 : 석방 내지 안전보장의 대가로 재물 또는 재산상의 이익을 요구하는 시점(多) ≠ 체포·감금·약취·유인만으로는 인질강도 미수 ×, 영리 목적 약취·유인(§288①) 기수 ○

강도상해·치상죄

조문정리	**제337조【강도상해, 치상】** 강도가 사람을 상해하거나 상해에 이르게 한 때에는 무기 또는 7년 이상의 징역에 처한다.

구성요건	① 주체 : 강도 – 단순강도·특수강도·준강도·인질강도, **기수·미수 불문** → 강도의 기회에
	상해하면 되는 것이고, **재물탈취의 목적달성은 不要**(대법원 1988.2.9, 87도2492)
	② 행위 : 사람을 상해하거나 상해에 이르게 하는 것
	  ㉠ 상해 : 강도가 고의로 상해행위를 하는 경우(고의 + 고의 = 결합범) but **이마 부분이
	    긁혀서 경도의 부종**이 있는 정도로는 **상해(생리적 기능훼손) ×**(대법원 2002.1.11, 2001
	    도4389)
	  ㉡ 상해에 이르게 하는 것 : 결과적 가중범, 중한 결과에 대한 예견가능성(과실) 要(§15②)
	    → **폭행·협박행위를 피하려다 상해 시 강도치상** ○(대법원 1996.7.12, 96도1142)
	  ㉢ 상해·치상의 발생원인 : 폭행·협박에서 야기 不要, 강도의 기회에 발생하면 충분
	    (通·判)

구성요건	**🔗 한줄판례 Summary** **강도의 기회 인정** 1. <u>강취현장에서 피고인의 발을 붙잡고 늘어지는 피해자를 30m쯤 끌고 가서 폭행함으로써</u> 상해한 경우(강도상해, 대법원 1984.6.26, 84도970) 2. <u>택시요금의 지급을 면할 목적으로 과도로 협박</u>만 하였는데 이에 놀란 운전수가 급회전하다가 과도에 찔린 경우(강도치상, 대법원 1985.1.15, 84도2397) [국가7급 12] 3. <u>채권자로부터 외상물품 대금채권의 회수를 의뢰받은 자</u>가 추심과정에서 채무자의 반항을 억압할 정도의 폭행과 협박을 가하여 재물·이익을 취득하며 상해한 경우(강도상해, 대법원 1995.12.12, 95도2385) 4. 甲이 공범들과 함께 乙을 혼내주기 위하여 乙을 추적하여 폭행을 하던 중 바닥에 쓰러진 乙의 바지 뒷주머니에서 장지갑을 꺼내갔는데, 그동안 **공범들은 乙을 폭행하였고, 이 과정에서 乙은 상해를 입은 경우**(대법원 2013.12.12, 2013도11899) 5. 강도범행 이후에도 피해자를 계속 끌고 다니거나 차량에 태우고 함께 이동하는 등으로 강도범행으로 인한 **피해자의 심리적 저항불능 상태가 해소되지 않은 상태**에서 강도범인의 상해행위가 있었던 경우(강도상해, 대법원 2014.9.26, 2014도9567)
공 범	강도의 공동정범(내지 합동강도) 중 1인이 상해·치상 시 다른 공범자의 공동정범의 성부 ① 부정설 : 강도상해죄는 부정하고, 강도치상죄는 단독정범의 차원에서 제한적으로 긍정(多) ② 긍정설 : **기본범죄에 대한 공동과 상해의 결과에 대한 예견가능성**이 인정되면 강도상해·치상의 공동정범이 된다는 입장(少·判, 대법원 1998.4.14, 98도356)

강도살인·치사죄

조문정리	제338조 【강도살인, 치사】 강도가 사람을 살해한 때에는 사형 또는 무기징역에 처한다. 사망에 이르게 한 때에는 무기 또는 10년 이상의 징역에 처한다.
구성요건	강도의 기회 : 재산상 이익강취의 경우 → **재산상 이익이 사실상 피해자로부터 범인 또는 제3자 앞으로 이전된다고 볼 만한 상태일 것**(대법원 2004.6.24, 2004도1098)

강도강간죄

조문정리	제339조 【강도강간】 강도가 사람을 강간한 때에는 무기 또는 10년 이상의 징역에 처한다.
구성요건	① 주체 : 강도 – 단순강도·특수강도·준강도·인질강도, 기수·미수 불문 ㉠ 강간범이 **강간행위 후**에 강도의 범의를 일으켜 그 부녀의 재물을 **강취**하는 경우 → 강간죄와 강도죄의 경합범 ○ ㉡ 강간범이 **강간행위 종료 전(실행행위의 계속 중)** 강도의 행위를 하고 그 기회에 강간을 한 경우 → 강도강간죄 ○(대법원 1988.9.9, 88도1240) ㉢ 특수강간 미수 + 특수강도 기수 + (그 기회에) 강간 기수 = 성폭법상 특수강도강간죄 ○(대법원 2010.7.15, 2010도3594; 2010.12.9, 2010도9630) ㉣ 강간범이 **강간의 범행 후**에 특수강도의 범의를 일으켜 부녀의 재물을 강취한 경우 → 성폭법상 특수강도강간죄 ✕(대법원 2002.2.8, 2001도6425) [국가7급 23] ② 행위 : 사람을 강간하는 것 ㉠ 강간의 시기 : **강취의 전후 불문**, 강도의 기회에 행해지면 됨 ㉡ 미수·기수시기 : **미수·기수는 강간의 미수·기수에 따라 결정**

죄 수	강도가 사람을 강간하여 치상·치사케 한 경우 : **강도강간죄와 강도치사상죄의 상상적 경합**(判) *cf.* 강도강간죄와 강도치사상죄 내지 강간치사상죄의 상상적 경합범설(多)

해상강도(상해·치상·살인·치사·강간)죄

조문정리	**제340조【해상강도】** ① 다중의 위력으로 해상에서 선박을 강취하거나 선박 내에 침입하여 타인의 재물을 강취한 자는 무기 또는 7년 이상의 징역에 처한다. ② 제1항의 죄를 범한 자가 사람을 상해하거나 상해에 이르게 한 때에는 무기 또는 10년 이상의 징역에 처한다. ③ 제1항의 죄를 범한 자가 사람을 살해 또는 사망에 이르게 한 때에는 사형 또는 무기징역에 처한다. [판례] 페스카마호 사례 → **해상강도살인죄와 사체유기죄의 경합범**(대법원 1997.7.25, 97도1142)

상습강도죄

조문정리	**제341조【상습범】** 상습으로 제333조, 제334조, 제336조 또는 전조 제1항의 죄를 범한 자는 무기 또는 10년 이상의 징역에 처한다.
내 용	① 강도상해·치상죄, 강도살인·치사죄, 강도강간죄 : §341의 상습범 처벌규정 대상 × ② **상습강도 + 강도상해 = 상습강도죄와 강도상해죄의 경합범**(대법원 1990.9.28, 90도1365) ③ **강도가 피해자에게 상해**를 입혔으나 재물의 강취에는 이르지 못하고 **그 자리에서 항거불능 상태에 빠진 피해자를 간음**한 경우 → **강도상해죄와 강도강간죄의 실체적 경합 ○**, 강도미수에 대한 특가법 §5의4③에 의한 상습범 가중처벌규정 적용 ×(대법원 1988.6.28, 88도820; 2010.4.29, 2010도1099)

강도예비·음모죄

조문정리	**제343조【예비, 음모】** 강도할 목적으로 예비 또는 음모한 자는 7년 이하의 징역에 처한다.
성립요건	예비·음모자에게 미필적으로라도 '강도할 목적' 要, 단순히 **준강도의 미필적 인식만으로는 부족** (대법원 2006.9.14, 2004도6432) [변호사 24]

 한줄판례 Summary

준강도죄의 폭행·협박 인정

1. 추격한 피해자의 얼굴을 **주먹으로 때리고 놓아주지 아니하면 죽여 버리겠다**고 한 경우(대법원 1983.3.8, 82도2838)
2. 피고인이 절도의 목적으로 타인이 경영하는 자동차수리공장의 담을 넘으려다가 방범대원에게 발각되어 추격을 받자 체포를 면탈할 양으로 **수권으로 동인의 안면을 1회 강타하여 지면에 전도케** 하는 등 폭행을 가한 경우(대법원 1968.4.23, 68도334)

준강도죄의 폭행·협박 부정

1. 체포에 필요한 정도를 넘는 심한 폭력에 대항하기 위하여 절도범이 **엉겁결에 솥뚜껑을 들어** 위 폭력을 막아내려다가 체포자에게 상해를 입힌 경우(대법원 1990.4.24, 90도193)
2. 절도범인이 피해자로부터 옷을 잡히자 체포를 면하려고 **충동적으로 저항을 시도하여 피해자에게 잡힌 손을 뿌리친 정도**의 폭행을 가한 경우(대법원 1985.5.14, 85도619) [국가7급 13]

절도의 기회 긍정

1. 야간에 절도의 목적으로 피해자의 집에 담을 넘어 들어갔다가 피해자에게 발각되자 **범행현장으로부터 200미터 떨어진 곳에서 계속 추격당하거나 체포를 면탈하고자** 피해자에게 폭행을 가한 경우(대법원 1984.9.11, 84도1398)
2. 절도범인이 **일단 체포되었으나 아직 신병확보가 확실하지 않은 단계**에서 체포상태를 면하기 위해 폭행하여 상해를 가한 경우 → 준강도가 상해한 경우로서 강도상해 성립(대법원 2001.10.23, 2001도4142)

절도의 기회 부정

피해자의 집에서 **절도범행을 마친 지 10분쯤 지나 피해자의 집에서 200m가량 떨어진 버스정류장**이 있는 곳에서 피해자에게 붙잡혀 피해자의 집에 돌아왔을 때 비로소 피해자를 폭행한 경우(대법원 1999.2.26, 98도3321)
[법원9급 13]

날치기 판례 중 준강도 부정

피해자의 상해가 날치기 수법의 절도 시 **점유탈취의 과정에서 우연히 가해진 것**에 불과한 경우(대법원 2003.7.25, 2003도2316)

날치기 판례 중 강도 긍정

날치기 수법의 점유탈취의 과정에서 이를 알아채고 재물을 뺏기지 않으려는 피해자의 반항에 부딪혔음에도 계속하여 **피해자를 끌고 가면서 억지로 재물을 빼앗은** 경우(대법원 2007.12.13, 2007도7601) [경찰간부 24, 경찰채용 14]

강도살인죄의 강도의 기회 인정

1. **택시요금을 요구하는 택시기사의 추급을 벗어나고자 그를 살해**한 직후 피해자의 주머니에서 택시열쇠와 돈을 꺼내어 그 택시를 운전해서 간 경우(대법원 1985.10.22, 85도1527) → 강도살인 ○
2. **강도범행 직후 경찰관에게 붙잡혀 파출소로 연행되던 자가 체포를 면하기 위하여 과도로 경찰관을 찔러 사망**케 한 경우(대법원 1996.7.12, 96도1108) → 강도살인 ○
3. **술값을 내지 않으려고 술값의 지급을 요구하는 술집 주인을 살해**하고 곧바로 피해자가 소지하던 현금을 탈취한 경우(대법원 1999.3.9, 99도242) → 강도살인 ○

강도살인죄의 강도의 기회 부정

1. 남편이 생명보험에 가입된 것을 기화로 남편을 죽여 **생명보험금을 타려고 남편을 살해**한 경우 → 강도살인 ✕
2. 채무를 면탈하고자 채권자를 살해하였다 하더라도 채무자가 **일시적으로 채권자 측의 추급을 면하기 위해 살해한 경우로서 채무의 존재가 명백**하고 **채권자의 상속인이 존재**하여 살해행위로 인하여 **재산상 이익의 지배가 채권자 측으로부터 범인에게 이전되었다고 보기 어려운** 경우(대법원 2004.6.24, 2004도1098; 2010.9.30, 2010도7405) → 강도살인 ✕

04 사기의 죄

보호법익	재산권 및 거래의 신의성실(少·判), 침해범 *cf.* 순수하게 재산권(多) ∴ 국가 또는 지방자치단체의 권력작용, 조세 ✕
재산상의 손해	재산상 손해발생 不要(少·判) : 배임죄와는 달리 사기죄에 있어서는 재산상의 손해발생 不要 → 대가가 일부 지급된 경우에도 그 편취액은 **피해자로부터 교부된 재물의 가치로부터 그 대가를 공제한 차액이 아니라 교부받은 재물 전부**(대법원 2000.7.7, 2000도1899) *cf.* 재산상 손해발생 필요설(多), 이분설(少)

	사기죄
조문정리	제347조【사기】① 사람을 기망하여 재물의 교부를 받거나 재산상의 이익을 취득한 자는 10년 이하의 징역 또는 2천만 원 이하의 벌금에 처한다. ② 전항의 방법으로 제3자로 하여금 재물의 교부를 받게 하거나 재산상의 이익을 취득하게 한 때에도 전항의 형과 같다.
구성요건	① 객체 : **타인이 점유하는 타인의 재물 또는 재산상의 이익**(재물죄이면서 이득죄) ㉠ 재 물 ⓐ 부동산 ○(多) ⓑ 사기 범행의 **피해자로부터 현금을 예금계좌로 송금받은 경우**에 사기죄의 객체 : '재산상의 이익'이 아니라 '**재물**'(피해자 기준 판단, 대법원 2010.12.9, 2010도6256) [국가9급 17] ㉡ 재산상의 이익 : 소유권 등의 권리의 취득, 노무·담보의 제공, 연고권의 취득, 채권추심의 승인(이상 적극적 이익), 채무의 면제, 채무변제의 유예(이상 소극적 이익) 등 ② 행위 – 기망행위 ㉠ 의의 : 거래관계에서 지켜야 할 신의칙에 반하는 행위로서 사람으로 하여금 착오를 일으키게 하는 것 ㉡ 기망의 대상 : 사실 ∴ 순수한 주관적인 의견진술이나 판단 ✕ 한줄판례 Summary **기망행위의 대상 부정** 1. 연립주택의 서비스면적으로 포함하여 평형을 과장한 광고(대법원 1995.7.28, 95도19515, 19522) 2. **순수한 미래예측, 상품광고에 있어서의 약간의 과장적 주장**(대법원 1983.8.23, 83도1447) 3. **만성피로증후군의 진단** 및 처방 자체에 기망이 없는 경우(대법원 2006.10.27, 2004도6083) ㉢ 기망의 수단 ⓐ 작위에 의한 기망행위 • 명시적 기망행위 : 언어·문서에 의하여 허위의 주장을 하는 것 예 계기의 조작, 문서의 위조 등 • 묵시적 기망행위 : 행동에 의하여 허위의 주장을 하는 것 – 무전취식·무전숙박 : 처음부터 지급능력·지급의사가 없으면서도 취식·숙박을 청약한 경우에는 묵시적 기망행위 ○, 취식·숙박 후 지급능력이 없음을 알고 도망한 경우에는 기망행위 ✕

- 절취한 장물을 담보로 제공하고 금원을 차용한 경우 → 기망 ○
- 절취한 예금통장으로 예금을 청구하는 경우 → 기망 ○
- 지급의사·지급능력이 없음에도 불구하고 어음·수표를 발행하는 경우 → 기망 ○

  cf. 단, 어음발행인들이 서로 동액의 융통어음을 발행·교환한 경우 : 기망 ✕

> **🔗 한줄판례 Summary**
>
> **기망행위 긍정**
> 1. <u>헌금하지 않으면 영생할 수 없다</u>고 기망하여 신도들로부터 헌금 명목으로 금원을 교부받은 경우(승리제단 사건, 대법원 1995.4.28, 95도250)
> 2. <u>휴대폰으로 메시지가 도착한 것으로 오인하게 하여 정보이용료가 부과</u>되게 한 경우(대법원 2004.10.15, 2004도4705)
> 3. <u>개정 후 기업회계기준을 적용한 재무제표를 금융기관에 제출하여 대출</u>받은 경우(대법원 2007.6.1, 2006도1813)
> 4. <u>비의료인이 개설한 의료기관이 마치 의료법에 의하여 적법하게 개설된 요양기관인 것처럼 국민건강보험공단에 요양급여비용의 지급을 청구하는 경우</u>(대법원 2015.7.9, 2014도11843)
>   [법원9급 16·17]
> 5. 보험계약자가 보험계약 체결 시 <u>보험금액이 목적물의 가액을 현저하게 초과하는 초과보험 상태를 의도적으로 유발</u>한 후 보험사고가 발생하자 초과보험 사실을 알지 못하는 보험자에게 목적물의 가액을 묵비한 채 보험금을 청구하여 보험금을 교부받은 경우(대법원 2015.7.23, 2015도6905) [법원9급 16·17]
> 6. <u>회사를 고의로 부도 내려고 준비한 사실 등을 숨긴 채</u> 회사 명의로 대한주택보증주식회사와 임대보증금보증약정을 체결해 보증서를 발급받은 경우(대법원 2013.11.28, 2011도7229)

ⓑ 부작위에 의한 기망행위
  - 성립요건 : 상대방이 <u>그 사실을 알았더라면 당해 법률행위를 하지 않았을 것이 거래의 경험칙상 명백한 경우</u>에 그 사실에 대한 고지의무가 있고, 이러한 <u>고지의무를 위반</u>한 때 인정
  - 소위 거스름돈사기의 문제
    - 과다한 거스름돈을 주는 것을 알고 수령한 경우 : 점유이탈물횡령죄설(多) vs <u>사기죄설</u>(판례의 입장으로 설명되는 경향)
    - 과다한 거스름돈의 수령 후에야 비로소 이를 알았으나 묵비하고 영득한 경우 : 기망 ✕, 점유이탈물횡령죄 ○
  - <u>부동산매매계약</u>에 있어서 매도인의 고지의무 위반
    - 매매목적물의 <u>소유권귀속에 관한 재심소송 계속사실</u>을 알리지 않고 부동산을 매도한 경우(대법원 1986.9.9, 86도956) → ○
    - 매도인이 부동산에 대한 <u>명도소송이 계속 중이고 점유이전금지가처분</u>까지 되어 있는 사실을 알리지 않고 매도한 경우(대법원 1985.3.26, 84도301) → ○
    - 부동산의 매도인이, 부동산매매목적물이 <u>유언으로 재단법인에 출연된 사실</u>을 숨기고 매도하여 대금을 교부받은 경우(대법원 1992.8.14, 91도2202) → ○
    - 토지에 <u>도시계획이 입안되어 있어 협의매수 또는 수용될 것</u>이라는 점을 고지하지 않고 매도한 경우(대법원 1993.7.13, 93도14) → ○

ⓔ 기망의 정도
  ⓐ 의의 : 거래관계에 있어서의 신의칙에 반하는 정도
  ⓑ 과장광고 : <u>원칙적으로 사기죄 성립 ✕</u>

구성요건

ⓒ **부동산이중매매(저당)** : 매도인이 제2매수인에게 매각한 행위는 사기죄 ✕, (제1매수인에 대한) 배임죄 ○ ≠ *cf.* 다만, 처음부터 이중매매를 의도한 경우 → (제1매수인에게 계약금을 받으면) 사기 기수 ○

ⓓ **부동산명의신탁** : 명의수탁자의 매각행위는 사기죄 ✕(명의신탁자에 대한 횡령죄도 원칙적 부정)

ⓜ 기망의 상대방 – 피기망자

ⓐ 요건 : 처분행위를 할 수 있는 지위에 있는 자일 것

ⓑ **삼각사기** : 피기망자(처분행위자)와 재산상 피해자가 다른 경우

- 성립요건 : 사실상 처분할 수 있는 지위 필요(사실상 지위설, 通·判) 예 **피해자의 의사에 기하여 재산을 처분할 수 있는 서류 등이 교부된 경우** ○(대법원 1994.10.11, 94도1575), 소송사기의 법원, **분실물을 습득한 매장 주인**(대법원 2022.12.29, 2022도12494) ≠ 피기망자가 **등기공무원(법원공무원)**인 경우에는 형식적 심사권밖에 부여되어 있지 않으므로 **허위서류를 제출하여 이전등기를 하였다 하여도 사기죄는 불성립** [법원9급 16, 법원승진 15]

- 사실상 지위가 인정되는 경우 → 사기죄 ○, 인정되지 않는 경우 → (간접정범에 의한) **절도죄(책략절도)** ○

ⓒ 소송사기

- 주체 : **민사소송의 원고** ○, **피고** ○ [법원9급 12·15], 소송사기의 **간접정범** ○(대법원 2007.9.6, 2006도3591) [경찰간부 24, 법원9급 15]

- 법원에 대한 기망행위와 그 인식 : **적극적인 허위의 주장과 입증으로 법원 기망 要** (대법원 2004.3.12, 2003도333)
  - 반드시 **허위의 증거를 이용하지 않더라도** 당사자의 **주장이 법원을 기망하기에 충분한 경우** → **사기** ○(대법원 2011.9.8, 2011도7262) [법원9급 15]
  - 상대방에게 유리한 증거를 제출하지 않거나 상대방에게 유리한 사실을 진술하지 **않는** 경우 → 소송사기의 **기망** ✕(대법원 2002.6.28, 2001도1610) [법원승진 13]

- **판결의 효력발생** : 법원의 판결이 처분행위이므로 효력이 있어야 소송사기 성립
  - **사망한 자를 상대로 하는 제소** : 사기 ✕(대법원 1997.7.8, 97도632) [경찰채용 10, 법원9급 15, 법원승진 13]
  - **재판상 화해** : 사기 ✕(대법원 1987.8.18, 87도1153)
  - **소유권자 아닌 자 내지 아무런 권한이 없는 사람을 상대로 하는 제소** : 사기 ✕(대법원 1985.10.8, 84도2642)
  - **공모자를 상대로 제소** : 사기 ✕(대법원 1997.12.23, 97도2430)

- 실행의 착수 : 원칙적으로 **법원에 소장을 제출한 때**(피고는 허위서류 제출 시) → 소장의 유효한 송달은 不要(대법원 2006.11.10, 2006도5811)

- 기수시점 : **승소판결이 확정된 때** [법원9급 12, 법원승진 14]

- 다른 죄와의 관계 : 법원을 기망하여 승소판결을 받고 그 확정판결에 의하여 소유권이전등기를 경료한 경우 → 사기죄와 별도로 공정증서원본부실기재죄 ○(실체적 경합)

③ 피기망자의 착오

㉠ 의의 : 착오는 사실에 관한 인식(의식)과 현실의 불일치

㉡ 동기의 착오 : 착오는 **법률행위의 중요부분에 관한 착오 不要** ∴ **동기의 착오도 포함**

[판례] 그린벨트 해제를 위한 접대비용이라는 용도로 속이고 돈을 빌린 경우 → 사기 ○(대법원 1996.2.27, 95도2828)

㉢ 기망행위와 착오의 인과관계 : **인과관계가 없다면 사기 미수**

구성요건

ⓔ 피해자가 법인인 경우의 착오와 인과관계 : 사기죄의 피해자가 법인이나 단체인 경우
　　　→ 법인이나 단체의 대표 등 **실질적으로 법인의 의사를 결정하고 처분을 할 권한을 가지고**
　　　있는 사람을 기준으로 판단

> [판례] 피해자 법인이나 단체의 대표자 또는 최종결재권자 등이 **기망행위자와 동일인이거나 기망행**
> **위임을 알고 있었던 경우** → 기망행위로 인한 착오 ×, 재물교부 등의 처분행위가 있었더라
> 도 기망행위와 인과관계 × ∴ (업무상 횡령죄 또는 업무상 배임죄 등이 성립하는 것은 별론
> 으로 하고) **사기죄 ×**(대법원 2017.9.26, 2017도8449)

④ 처분행위

　　㉠ 의의 : 직접 재산상의 손해를 초래하는 작위 또는 부작위 또는 피해자의 자유로운 의사
　　　에 따른 수인(受忍)과 같은 재산적 처분행위

　　㉡ 처분의사 : 피기망자가 자신의 작위 또는 부작위에 따른 결과까지 인식하여야 처분의사
　　　를 인정할 수 있는 것은 아님(**처분결과 인식 불요설**, 대법원 2017.2.16, 2016도13362 전
　　　원합의체)

　　㉢ **처분행위자 : 피기망자와 동일인 要**, 재산상 피해자와 일치 不要(삼각사기) [법원승진 10]

　　㉣ 피기망자의 착오와 처분행위 간의 인과관계 : **必要**, if not → 사기 미수

　　㉤ 처분행위의 직접성 : 처분행위가 직접 재산상의 손해를 초래하여야 함(**자전거 시운전**
　　　빙자 취거는 사기, 대법원 1968.5.21, 68도480) ∴ if **직접성 × → (책략)절도(금목걸이**
　　　착용 도주는 절도, 대법원 1994.8.12, 94도1487) [변호사 24]

⑤ 재산상의 손해 : 不要(判) *cf.* 多 : 必要

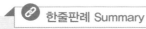

사기죄의 재산상 손해발생 不要

1. 피해자가 피고인의 **기망에 의하여 부동산을 매수**하였는데, **후에 피해자의 소송으로 소유권이전**
　등기를 경료받아 재산상의 손해가 없게 된 경우 → 사기죄 ○(대법원 1994.10.21, 94도2048)
2. **분식회계에 의해 금융기관을 기망해 대출을 받았는데**, **충분한 담보가 제공**되어 피해자의 전
　체 재산상 손해가 없고 **대출금이 상환된 경우** → **사기죄 ○**(대법원 2005.4.29, 2002도
　7262)
3. 교통사고로 일부 경미한 상해를 입고 이를 기화로 병원에 장기간 입원하여 다액의 보험금을
　받은 경우 → **보험금 전체에 대해 사기죄 ○**(대법원 2005.9.9, 2005도3518; 2011.2.24,
　2010도17512) [국가7급 16]

⑥ 재물 또는 재산상 이익의 취득 : 피기망자의 처분행위로 인하여 자기 또는 제3자가 재물
　또는 재산상 이익을 취득하여야 함

한줄판례 Summary

사기죄의 재산상 이익

1. 어음수표 할인에 의한 사기죄의 재산상의 이익액은 **어음·수표의 액면금이 아니라 피고인이**
　수령한 현금액(대법원 1998.12.9, 98도3282)
2. **채무이행을 연기받는 것도 재산상 이익**(채무변제기를 늦출 목적으로 어음 발행)(대법원
　2007.3.30, 2005도5972)
3. 유동적 무효의 상태인 부동산 매매계약이라 하더라도 매수인이 제3자로부터 금전을 융자받
　을 목적으로 매도인을 기망하여 **매도인 소유의 부동산에 제3자 앞으로 근저당권을 설정하**
　게 한 경우 → 재산상 이익 취득 ○, 사기죄 성립(대법원 2008.2.14, 2007도10658)

구성요건

구성요건		4. <u>신용보증기금의 신용보증서 발급</u>으로 인한 신용보증금액 상당액은 재산상 이익(대법원 2008.2.28, 2007도10416) 5. <u>甲이 乙에게 이중매도한 택지분양권을 순차 매수한 丙·丁에게 이중매도 사실을 숨긴 채 자신의 명의로 형식적인 매매계약서를 작성</u>해 준 경우 → 기망행위를 통해 스스로 재물을 취득하지 않고 제3자에게 재물을 교부받게 하더라도, **이익이 결과적으로 누구에게 귀속하는지에 관계없이 사기죄** ○(甲이 직접 매매대금을 수령하지 않았더라도 丙·丁에 대한 사기죄 ○, 대법원 2009.1.30, 2008도9985) ⑦ 착수시기 : 기망행위를 개시한 때 예 보험사기는 보험금 지급청구 시, 소송사기는 소 제기 시 ⑧ 기수시기 : 재물 또는 재산상 이익의 취득 시(判, *cf.* 多 : 재산상 손해발생 시) ▶ 🔗 한줄판례 Summary 1. 수표를 스스로 교부하고서도 제권판결을 받고 그 판결을 제출하여 은행으로부터 수표금 상당액을 수령한 경우 → **제권판결을 선고받아 확정된 때**(대법원 2003.12.26, 2003도4914) 2. 타인의 명의를 빌려 예금계좌를 개설한 후, 통장과 도장은 명의인에게 보관시키고 자신은 계좌의 현금인출카드를 소지한 채 명의인을 기망하여 위 예금계좌로 돈을 송금하게 한 경우 → 기망을 통하여 **통장으로 돈을 송금받은 때**(대법원 2003.7.25, 2003도2252) 3. 허위의 내용으로 지급을 신청한 경우 → **신청한 지급명령이 그대로 확정된 때**(대법원 2004. 6.24, 2002도4151) [경찰채용 15, 국가7급 13] ⑨ 주관적 구성요건 : 고의 + 불법영득·이득의 의사
위법성		① 문제의 소재 : 권리자가 자신의 청구권 등의 권리실현의 수단으로 기망에 의하여 재물을 교부받거나 재산상의 이익을 취득하는 경우, 사기죄의 구성요건해당성과 위법성의 조각 여부 ② 편취의 불법설(少·判) : 기망수단을 사용하면 구성요건에 해당하고, 정당행위 등의 요건을 갖추었는가에 따라 위법성 조각 여부 판단 　*cf.* 多 : 구성요건해당성 조각(영득의 불법설)
죄수 및 다른 범죄와의 관계	**사기죄의 죄수**	① 수인의 피해자에 대하여 1개의 기망행위를 한 경우 : 포괄일죄 ✕, **피해자별로 독립한 사기죄** ○ ② 1인의 피해자에 대하여 수개의 기망행위를 한 경우 : **포괄일죄** ○ ≠ *cf.* 단, 범의의 단일성이 인정되지 않는 경우에는 수개의 사기죄
	불가벌적 사후행위	편취금을 재투자 형식으로 다시 편취한 경우, '<u>현실적으로 수령</u>'한 다음 일정 기간 후 이를 가지고 다시 물품을 구매하는 형식으로 재투자하였다면 이는 **새로운 법익의 침해** 발생 ○(불가벌적 사후행위 ✕, 대법원 2006.2.10, 2005도8995)
	불법원인급여	① 문제의 소재 : 甲이 乙을 기망하여 자신에게 뇌물을 제공하게 하는 등의 불법원인급여를 하게 한 경우, 甲에게 반환청구권이 없음에도 불구하고 사기죄가 인정되는지 여부 ② 긍정설 : **횡령죄의 경우와는 달리 민법상 반환청구권이 본죄의 요건이 될 수는 없음** → ∴ 사기죄 성립(通·判 : 대법원 2004.5.14, 2004도677; 2006.11.23, 2006도6795)
	친족 상도례	① 삼각사기에 있어서 **기망행위자와 재산상 피해자 간에 친족관계**가 있으면 친족상도례 적용(피기망자의 친족 신분 不要)(대법원 1976.4.13, 75도781) ② **특경법상 사기죄(특경§3①)에도 적용**(대법원 2010.2.11, 2009도12627) [법원승진 11]

죄수 및 다른 범죄와의 관계	다른 범죄와의 관계	① 공무원이 **직무에 관하여** 타인을 기망하여 재물을 편취한 경우 → **수뢰죄와 사기죄의 상상적 경합** 성립, 상대방은 증뢰죄 성립 ≠ cf. if 직무관련성 × → 사기죄만 성립, 상대방은 무죄 ② 위조통화를 행사하여 타인의 재물을 편취한 경우 → **위조통화행사죄와 사기죄의 실체적 경합**(判, 대법원 1979.7.10, 78도840) cf. 多 : 상상적 경합 ③ 자기가 보관하는 타인의 소유물을 기망에 의해 편취한 경우 → **횡령죄만 성립** (∵ 사기죄의 행위객체는 타인점유) ④ 타인의 사무처리자가 본인을 기망하여 재산상 이익을 취득한 경우 → **배임죄와 사기죄의 상상적 경합**(대법원 2002.7.18, 2002도669 전원합의체) cf. **본인 이외의 제3자를** 기망한 경우 : 배임죄와 사기죄의 실체적 경합(대법원 2010.11.11, 2010도10690) ⑤ 사기도박 : 도박죄 ×, **사기죄만 성립**

컴퓨터 등 사용사기죄

조문정리	제347조의2【컴퓨터 등 사용사기】 컴퓨터 등 정보처리장치에 허위의 정보 또는 부정한 명령을 입력하거나 권한 없이 정보를 입력·변경하여 정보처리를 하게 함으로써 재산상의 이익을 취득하거나 제3자로 하여금 취득하게 한 자는 10년 이하의 징역 또는 2천만 원 이하의 벌금에 처한다.
구성요건	① 객체 : 재산상의 이익(순수한 이득죄) ㉠ 타인의 현금카드로 타인의 계좌에서 권한 없이 **현금을 인출**하는 경우 → **컴퓨터 등 사용사기죄 ×, 절도죄 ○**(判例, 대법원 2003.5.13, 2003도1178) ㉡ 예금주인 현금카드 소유자로부터 일정액의 현금을 인출해 오라는 부탁과 함께 현금카드를 건네받아 그 **위임받은 금액을 초과한 현금을 인출**한 경우 → **위임받은 금액을 넘는 부분의 비율에 상당하는 재산상 이익**을 취득한 것 ∴ **컴퓨터 등 사용사기죄 ○**(대법원 2006.3.24, 2005도3516) [국가9급 24] ② 행위 : 컴퓨터 등 정보처리장치에 허위의 정보나 부정한 명령을 입력하여 재산상의 이득을 취하는 것 ㉠ 허위의 정보나 부정한 명령의 입력 또는 권한 없이 정보를 입력·변경 ㉡ 권한 없이 정보를 입력·변경하는 것 ㉢ 정보처리를 하게 함 ⓐ 의의 : 정보처리장치를 실행하여 진실에 반하는 계산이나 데이터의 처리가 이루어지도록 하는 것 ⓑ 정보처리의 직접성 : **정보처리는 사기죄의 처분행위에 상응** ∴ **입력된 정보 등에 의하여 계산이나 데이터의 처리가 이루어짐으로써 직접적 재산처분 결과 초래 要**(대법원 2014.3.13, 2013도16099) [국가9급 12] ③ 기수시기 : **재산상 이익을 취득한 때**(입금절차를 완료한 때, 대법원 2006.9.14, 2006도4127) ④ 주관적 구성요건 : 고의 및 불법이득의사

신용카드 관련범죄	구 분		자기명의 신용카드	타인명의 신용카드
	발급신청·부정취득		사기죄	사문서위조·동행사+사기 [국가9급 14]
	부정사용	기계	사기죄	(현금서비스 시) 신용카드부정사용+절도
		가맹점(사람)		신용카드부정사용+사기

핵심판례	① 신용카드는 **유가증권** ×(대법원 1999.7.9, 99도857) ② 카드채무 이행의사·능력 없이 현금대출도 받고 가맹점을 통한 물품구입대금대출도 받은 경우 　→ **사기죄의 포괄일죄**(피기망자·처분행위자·피해자는 모두 카드회사, 대법원 1996.4.9, 95 　도2466) ③ **타인의 명의를 모용하여 발급받은 신용카드**로 현금자동지급기에서 **현금을 인출**한 경우 → 　**(신용카드부정사용 ×) 절도** ○(대법원 2006.7.27, 2006도3126) [국가9급 24] ④ **절취한 신용카드**로 가맹점에서 물품을 구입한 경우 → **절도, 신용카드부정사용, 사기**(대법원 　1996.7.12, 96도1181; 1997.1.21, 96도2715) ⑤ 신용카드회원이 **결제하라고 건네준 신용카드**를 사용한 경우 → **신용카드부정사용 ×**(대법원 　2006.7.6, 2006도654) ⑥ 절취한 **직불카드**를 온라인 현금자동지급기에 넣고 **예금을 인출**한 경우 → 직불카드의 본래 　의 용법을 벗어난 것 ∴ **직불카드부정사용 ×**(대법원 2003.11.14, 2003도3977) ⑦ 타인의 명의를 모용하여 발급받은 신용카드를 이용하여 **ARS 전화서비스 등으로 신용대출**을 　받은 경우 → **(컴퓨터 등 사용사기 ○) 카드회사에 대한 사기 ×**(대법원 2006.7.27, 2006도 　3126) ⑧ 신용카드를 부정사용하는 과정에서 **신용카드 매출전표에 카드명의인의 명의를 모용**한 경우 　→ **사문서위조·동행사는 신용카드부정사용에 흡수**(불가벌적 수반행위, 대법원 1992.6.9, 92 　도77) ⑨ 절취한 신용카드로 대금을 결제하기 위해 제시하였으나 **도난카드임이 밝혀져 거래가 종결**된 　경우 → **신용카드부정사용 미수이나 처벌규정 無** ∴ **신용카드부정사용은 무죄**(대법원 2008. 　2.14, 2007도8767) ⑩ 용역의 제공을 가장한 허위의 매출전표를 신용카드회사에 제출하고 대금을 청구하여 지급 　받은 **여관 업주(가맹점주)**의 행위 → 사기죄 ○(대법원 1999.2.12, 98도3549) ⑪ **여신전문금융업법상 불법자금융통죄**를 다수인을 상대로 수회 범한 경우 → 자금융통행위 1회 　마다 하나의 죄씩 성립 ∴ **포괄일죄 ×**(대법원 2001.6.12, 2000도3559)

준사기죄

조문정리	제348조 【준사기】 ① 미성년자의 사리분별력 부족 또는 사람의 심신장애를 이용하여 재물을 교 　부받거나 재산상 이익을 취득한 자는 10년 이하의 징역 또는 2천만 원 이하의 벌금에 처한다. 　② 제1항의 방법으로 제3자로 하여금 재물을 교부받게 하거나 재산상 이익을 취득하게 한 경우에 　도 제1항의 형에 처한다. 　[전문개정 2020.12.8.] 　→ 적극적 기망을 사용하면 사기죄만 성립 ∴ 준사기죄는 사기죄의 보충적 구성요건

편의시설부정이용죄

조문정리	제348조의2 【편의시설부정이용】 부정한 방법으로 대가를 지급하지 아니하고 자동판매기, 공중 　전화 기타 유료자동설비를 이용하여 재물 또는 재산상의 이익을 취득한 자는 3년 이하의 징역, 　500만 원 이하의 벌금, 구류 또는 과료에 처한다.
의 의	공중전화 기타 유료자동설비의 이용에 그치는 경우 → 재물취득 없어 절도죄 ×, 사람에 대한 기망 없어 사기죄 ×(1995년 개정형법에서 신설)

PART 01

개인적 법익에 대한 죄

구성요건	① 객체 : 재물 또는 재산상 이익 ② 행위 : 부정한 방법으로 대가를 지급하지 아니하고 편의시설을 이용하여 재물 또는 재산상 이익 취득 ㉠ 요금자동설비를 비정상적인 방법으로 이용하는 경우 → (편의시설 '이용'이 아니므로) 절도죄 ○ 예 공중전화기 등을 손괴하여 그 안의 돈을 가져가는 행위 ㉡ 대가를 지급하지 않음 : **타인의 후불식 전화카드를 절취하고 이를 전화통화에 이용**한 경우 → (피해자가 그 통신요금을 납부하게 되므로) **편의시설부정이용죄** ✕ (대법원 2001.9. 25, 2001도3625) ③ 미수 : 위조주화를 공중전화기 등에 투입하였으나 전화통화가 이루어지지 않은 경우 → 미수 ○

부당이득죄

조문정리	제349조 【부당이득】 ① 사람의 곤궁하고 절박한 상태를 이용하여 현저하게 부당한 이익을 취득 한 자는 3년 이하의 징역 또는 1천만 원 이하의 벌금에 처한다. ② 제1항의 방법으로 제3자로 하여금 부당한 이익을 취득하게 한 경우에도 제1항의 형에 처한다. [전문개정 2020.12.8.]
구성요건	① 객체 : 재산상의 이익(순수한 이득죄) ② 궁박상태 : 경제적 곤궁상태 ○, 정신적·육체적·사회적 궁박상태 ○, 자초한 궁박상태 ○ ③ 현저하게 부당 : **통상적 거래수준에 비추어 과도한 불균형** ④ **미수범 처벌규정 無** : 사기와 공갈의 죄 중 미수범 처벌규정이 없는 유일한 범죄

상습사기죄

조문정리	제351조 【상습범】 상습으로 제347조 내지 전조의 죄를 범한 자는 그 죄에 정한 형의 2분의 1까지 가중한다.

 한줄판례 Summary

사기죄의 보호법익 부정

1. 국가 또는 지방자치단체의 직접적인 권력작용을 사기죄의 보호법익인 재산권과 동일하게 평가할 수 없으므
로, **기망행위에 의하여 조세를 포탈하거나 조세의 환급·공제를 받은 것은 사기죄의 기망행위에 해당 ✕**(대법
원 2008.11.27, 2008도7303)[법원9급 16]
2. ① **기망행위에 의하여 국가적 또는 공공적 법익을 침해하는 경우라도 그와 동시에 형법상 사기죄의 보호법익
인 재산권을 침해하는 것과 동일하게 평가할 수 있는 때 → 사기죄 성립 가능**, ② 다만, **침해행정 영역에서
일반 국민이 담당 공무원을 기망하여 권력작용에 의한 재산권 제한을 면하는 경우** → 부과권자의 직접적인
권력작용을 사기죄의 보호법익인 재산권과 동일하게 평가할 수 없으므로 **사기죄 성립 ✕**(대법원 2019.12.24,
2019도2003)[경찰승진 22]
3. 도급계약이나 물품구매조달계약 체결 당시 관련 영업 또는 업무를 규제하는 **행정법규나 입찰 참가자격, 계약
절차 등에 관한 규정을 위반한 사정**이 있는 경우 → 그러한 사정만으로 도급계약을 체결한 행위가 **기망행위
해당 ✕**(대법원 2023.1.12, 2017도14104)[경찰채용 23-2]

 한줄판례 Summary

부작위에 의한 기망행위 인정

1. **토지소유자로 등기된 자가 자신이 진정한 소유자가 아님을 알고서도 기업자나 공탁공무원에게 그 사실을 고지
하지 아니한 채** 수용보상금이 공탁된 공탁금의 출급을 신청하여 수령한 경우(대법원 1994.10.14, 94도1911)

2. 임대인이 임대차계약을 체결하면서 임대목적물이 경매진행 중인 사실을 알리지 아니한 경우(대법원 1998. 12.8, 98도3263) [법원9급 20]

3. 특정 시술을 받으면 아들을 낳을 수 있을 것이라는 착오에 빠져 있는 피해자들에게 그 시술의 효과와 원리에 관하여 사실대로 고지하지 아니한 채 아들을 낳을 수 있는 시술인 것처럼 가장하여 일련의 시술과 처방을 행한 경우(대법원 2000.1.28, 99도2884)

4. 명의상의 학원 원장에 불과한 자가 외환위기 후 신규 창업자금을 지원하기 위한 **생계형 창업특별보증제도의 목적 및 대출금의 용도에 반하여** 창업자금 대출금 중 일부를 개인적인 용도로 사용할 생각이었음에도 불구하고 **대출금을 학원 운전자금 용도로 사용하겠다면서 보증을 신청**한 행위(대법원 2003.12.12, 2003도4450)

5. **근저당권에 기한 경매신청이 있을 것임을 고지하지 않고** 건물을 임대해 준 경우(대법원 2004.10.27, 2004도4974)

6. **자동차할부금융대상이 되지 아니함에도 사채업자가 대출금을 신청**한 경우(대법원 2004.4.9, 2003도7828) [법원승진 10]

7. 주식 매도인이 매수인에게 주식거래의 목적물이 **증자 전의 주식이 아니라 증자 후의 주식이라는 점을 제대로 알리지 않은** 경우(대법원 2006.10.27, 2004도6503)

8. 분양 중도금을 금융기관으로부터 대출받으면서 **비정상적인 이면약정이 있음을 고지하지 않은** 경우(대법원 2006.2.23, 2005도8645)

9. **특정 질병을 앓고 있는 사람이 이를 고지하지 아니한 채** 그 사실을 모르는 보험회사와 그 질병을 담보하는 보험계약을 체결한 다음 보험금을 청구한 경우(대법원 2007.4.12, 2007도967) [경찰간부 24]

10. 주식회사 대표이사가 피해자와 전기공사업 양도계약을 체결함에 있어 **전기공사공제조합 대출금액을 축소하고, 대출금 연체 사실 및 공제조합출자증권에 대한 가압류 사실을 숨기고** 고지하지 않아서 계약금을 송금받은 경우(대법원 2010.2.25, 2009도1950)

11. **국가연구개발사업의 연구책임자가 처음부터 소속 학생연구원들에게 학생연구비를 개별 지급할 의사 없이 공동관리 계좌를 관리하면서 사실상 그 처분권을 가질 의도하에 이를 숨기고 산학협력단에 연구비를 신청하여 지급받은 경우**(대법원 2021.9.9, 2021도8468) [경찰채용 22-2]

부작위에 의한 기망행위 부정

1. 식육점과 그에 딸린 식당의 매매에 있어서 매도인이 **식당영업 무허가를 고지하지 않은** 경우(대법원 1983. 6.14, 83도575)

2. 자동차 매도인이 제3자와의 사이에 **대물변제의 예약이 되어 있는 사실을 고지하지 않고** 매도한 경우(대법원 1989.10.24, 89도1397)

3. **중고매매에 있어서 승용차 할부금이 남아 있는 사실을 고지하지 않고 매도한 경우** → 매도인의 할부금융회사 또는 보증보험에 대한 할부가 매수인에게 당연히 승계되는 것은 아님(대법원 1998.4.14, 98도231) [국가7급 13]

4. 부동산중개인이 매매계약을 중개함에 있어 **매도인이 전매인이라는 사정과 매도인과 원소유자 사이의 매매대금의 액수에 관하여 고지하지 않은** 경우(대법원 2004.4.27, 2004도1232)

5. 매수인이 매도인에게 매매잔금을 지급함에 있어 착오에 빠져 지급해야 할 금액을 **초과하는 돈을 교부**하는 때에 (매도인이 **매매잔금을 교부받기 전 또는 교부받던 중에 그 사실을 알았음에도 매수인이 건네주는 돈을 그대로 수령한 경우에는 사기죄에 해당**하나) 그 사실을 미리 알지 못하고 **매매잔금을 교부받은 이후 비로소 알게 되었을 경우** → 사기죄 ×, 점유이탈물횡령죄만 ○(대법원 2004.5.27, 2003도4531)

6. 상법상 고지의무 위반의 요건 : 보험사고가 이미 발생하였음에도 이를 묵비한 채 보험계약 체결, 보험사고 발생의 개연성이 농후함을 인식하면서도 보험계약 체결, 보험사고를 임의로 조작하려는 의도를 가지고 보험계약 체결을 하는 등 '보험사고의 우연성'이라는 보험의 본질을 해할 정도에 이르러야 비로소 **보험금 편취를 위한 기망행위 ○** → ∴ 이 정도에 이르지 아니하면 기망행위 ×(대법원 2017.4.26, 2017도1405)

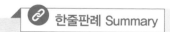

기망행위의 정도 긍정

1. <u>녹동달오리골드가 성인병 치료에 특별한 효능이 있는 좋은 약</u>이라는 허위광고를 하여 노인들에게 고가로 판매한 경우(대법원 2004.1.15, 2001도1429)
2. <u>산삼의 종자인지 여부가 불분명한 삼의 종자</u>를 뿌려 이식하면서 인공적으로 재배한 삼이라는 사실을 알면서도 감정인의 감정을 받은 것처럼 허위광고를 한 경우(대법원 2002.2.5, 2001도5789)
3. <u>신생 수입브랜드의 시계를 오랜 전통을 지닌 명품인 것처럼</u> 허위광고한 경우(대법원 2008.7.10, 2008도1664)
4. 판매하다 남은 식품에 부착된 바코드와 비닐랩 포장을 뜯어내고 다시 포장하면서 <u>가공일이 당일로 기재된 바코드와 상표를 부착하여 진열대에 진열</u>한 경우(대법원 1996.2.13, 95도2121) [법원승진 16]
5. 용도를 속이고 돈을 빌린 경우에 있어 <u>만일 진정한 용도를 고지하였더라면 상대방이 돈을 빌려 주지 않았을 것</u>이라는 관계에 있는 경우(대법원 1995.9.15, 95도707) [법원승진 12]
6. <u>비의료인이 개설한 의료기관</u>이 마치 의료법에 의하여 적법하게 개설된 요양기관인 것처럼 <u>국민건강보험공단에 요양급여비용의 지급을 청구</u>하는 경우(대법원 2015.7.9, 2014도11843) [법원9급 20]

기망행위의 정도 부정

1. 토지의 매수를 권유하면서 <u>객관적 사실에 부합하거나 연구용역보고서나 신문스크랩 등에 기초한 내용을 언급</u>한 경우(대법원 2007.1.25, 2004도45) [법원9급 16]
2. <u>명의신탁받은 자동차를 명의수탁자가 처분</u>한 경우(대법원 2007.1.11, 2006도4498)
3. <u>노골적인 포르노를 볼 수 있을 것 같은 광고와 실제 제공된 성인영화 영상물이 다소 차이</u>가 있었던 경우(대법원 2008.6.12, 2008도76)
4. 상해를 입은 것은 사실이나 <u>상해를 입은 경위에 대해서 거짓말</u>을 하여 건강보험급여처리를 한 경우(대법원 2010.6.10, 2010도1777)
5. 기획부동산업자가 도시계획시설 사업으로 수용되는 철거주택의 입주권을 받게 해 줄 의사·능력이 없는데도 '구청 공무원들에게 <u>이미 작업을 해놓아 입주권이 나올 것이 확실하다.</u>'는 취지로 말하여 입주권 매매대금을 교부받았는데, 위에 언급한 내용은 <u>객관적 사실에 부합</u>하였던 경우(대법원 2010.9.9, 2010도7298)
6. 송금의뢰인이 원인되는 법률관계 없이 수취인의 예금계좌에 계좌이체 등을 한 이후 <u>수취인이 은행에 대하여 예금반환을 청구함에 따라 은행이 수취인에게 그 예금을 지급</u>한 경우(대법원 2010.5.27, 2010도3498)
7. <u>남편의 폭행으로 목을 다쳤을 뿐인데도 교통사고로 상해를 입었다는 취지로 보험금을 청구</u>하여 다수의 보험회사들로부터 보험금을 교부받은 경우(대법원 2011.2.24, 2010도17512)
8. 매도인이 <u>자동차에 GPS를 미리 부착</u>해 놓는 방법으로 자동차를 다시 절취할 의사가 있었음에도 이를 숨긴 채 자동차를 매도하고 소유권이전등록에 필요한 서류를 교부하여 매매대금을 받은 경우(대법원 2016.3.24, 2015도17452) [법원9급 20]
9. <u>의료인</u>으로서 자격과 면허를 보유한 사람이 <u>다른 의료인의 명의로 개설·운영되어 의료법 제4조 제2항을 위반하는 의료기관</u>에서 건강보험의 가입자 또는 피부양자에게 국민건강보험법에서 정한 요양급여를 실시하고 국민건강보험공단으로부터 <u>요양급여비용을 지급받은</u> 경우(대법원 2019.5.30, 2019도1839) [경찰채용 21-1, 법원9급 21]
10. 공사도급계약 당시 관련 영업 또는 업무를 규제하는 <u>행정법규나 입찰 참가자격, 계약절차 등에 관한 규정을 위반</u>한 사정이 있는 경우 → 그러한 사정만으로 공사도급계약을 체결한 행위가 기망행위에 해당한다고 단정할 수 없음(대법원 2019.12.27, 2015도10570) [법원9급 21]

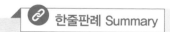 한줄판례 Summary

소송사기 긍정

1. <u>채권이 소멸된 판결정본에 의한 강제집행</u>(대법원 1992.12.22, 92도2218)
2. 부동산시효 취득과 관련하여 <u>자주점유의 권원에 관한 처분문서위조 및 위증교사</u>(대법원 1997.10.14, 96도1405)

3. 허위의 분실사유로 자기앞수표(내지 가계수표)에 대해 제권판결을 받은 경우(대법원 2003.12.26, 2003도 4914) [국가7급 12]

4. 자신이 토지의 소유자라고 허위의 주장을 하면서 **소유권보존등기말소소송을 제기하여** 이에 의한 판결이 확정된 경우(소송사기 기수, 대법원 2006.4.7, 2005도9858 전원합의체) [법원승진 12]

5. 근저당권자의 대리인인 피고인이 채무자 겸 소유자 명의의 위임장을 위조하여 법원에 제출하는 방법으로 **경 매개시결정 정본을 교부받은** 경우(대법원 2009.7.9, 2009도295) [법원승진 10]

6. 허위채권에 기한 공정증서를 집행권원으로 하여 채무자의 소유권이전등기청구권에 대하여 압류신청을 한 경우 (대법원 2015.2.12, 2014도10086) [법원승진 16]

소송사기 부정

1. **기한 미도래의 채권을 즉시 지급받기 위하여 지급명령을 신청**한 경우(대법원 1982.7.27, 82도1160)

2. **가압류·가처분의 신청**행위(대법원 1982.10.26, 82도1529) [법원9급 12, 법원승진 13]

3. 피고인이 타인과 공모하여 그 **공모자를 상대로 제소**하고 의제자백의 판결을 받아 이에 기하여 부동산의 소유 권이전등기를 한 경우(대법원 1983.10.25, 83도1566) [법원9급 12·14, 법원승진 13]

 한줄판례 Summary

처분행위 긍정

1. 배당이의소송의 제1심에서 패소판결을 받고 항소한 자가 **항소를 취하**한 행위(대법원 2002.11.22, 2000도 4419)

2. 작가가 **인세청구권을 행사하지 않는** 행위(대법원 2007.7.12, 2005도9221) → 부작위에 의한 처분행위

3. 가압류채권자가 기망을 당하여 부동산**가압류를 해제**한 행위(대법원 2007.9.20, 2007도5507)

4. **무효인 가등기를 말소**한 행위(대법원 2008.1.24, 2007도9417) [경찰승진 20]

5. **출자금 지급을 면제**하는 행위(대법원 2009.3.26, 2008도6641) [국가7급 16]

6. **처분의사**는 착오에 빠진 피기망자가 어떤 행위를 한다는 인식이 있으면 충분하고, **그 행위가 가져오는 결과에 대한 인식 不要** → '서명사취' 사기의 경우 피기망자가 착오에 빠져 처분문서에 대한 자신의 서명 또는 날인행 위가 초래하는 결과를 인식하지 못하여도 **처분의사 O, 사기 O**(대법원 2017.2.16, 2016도13362 전원합의체) [변호사 24]

처분행위 부정

1. 화재보험주식회사의 **보험가입사실증명원 발급**행위(대법원 1997.3.28, 96도2625)

2. 피고인이 피해자에게 **부동산매도용인감증명** 및 등기의무자본인확인서면의 진실한 **용도를 속이고** 그 서류들 을 교부받아 피고인 등 명의로 위 **부동산에 관한 소유권이전등기를 경료**한 경우(대법원 2001.7.13, 2001도 1289) [법원9급 16]

3. 양도증서 등 특허 관련 명의변경 서류를 위조하여 **일본국 특허청 공무원에게 제출함으로써 특허의 출원자를 자신의 명의로 변경**한 경우 → (일본국 특허청 공무원에게 이 사건 특허를 받을 수 있는 권리의 처분권한이 있다고도 볼 수 없기 때문에) 사기 X(대법원 2007.11.16, 2007도3475)

4. 자신(채무자)의 기계들에 은행에 양도담보권을 설정해 주었음에도 이를 다른 채권자에 알리지 않고 그 채권자 에 대한 **차용금의 변제에 갈음하여 양도**해 주었고, 이후 위 채권자가 담보의 제공을 요구하여 지급받은 돈 중 일부를 차용 원리금 채무 중 일부에 변제충당한 경우 → 기존의 **채무를 확정적으로 면제·소멸시키는 처분 행위가 존재하지 않으므로** 사기죄 X(대법원 2009.2.12, 2008도10971)

5. 피해자들을 기망하여 투자금 명목의 돈을 편취하는 과정에서 **이자지급약정하에 대여금을 교부받았으나 이자 를 지급하지 않은 경우**(대법원 2011.4.14, 2011도769)

사기죄의 실행의 착수 인정

1. 부동산등기부상 소유자로 등기된 적이 있는 자가 자기 이후에 소유권이전등기를 경료한 등기명의인들을 상대로 허위의 사실을 주장하면서 소유권이전등기의 말소를 구하는 소송을 제기한 경우 → 그 소송에서 승소한다면 등기명의인들의 등기가 말소됨으로써 소송을 제기한 자의 등기명의가 회복되는 것이므로 사기죄의 실행의 착수 ○(대법원 2003.7.22, 2003도1951)
2. 법원을 기망한다는 인식을 가지고 소를 제기하면서 제소자가 상대방의 주소를 허위로 기재함으로써 그 허위 주소로 소송서류가 송달되어 그로 인하여 상대방 아닌 다른 사람이 그 서류를 받아 소송이 진행된 경우(대법원 2006.11.10, 2006도5811)
3. 사기도박에서 사기적인 방법으로 도금을 편취하려고 하는 자가 상대방에게 도박에 참가할 것을 권유하는 등 기망행위를 개시한 때('사기도박을 위한 기망행위를 개시한 때'이지 도박이 시작된 때가 아님)(대법원 2011.1.13, 2010도9330) [경찰채용 22-2, 국가9급 17, 법원9급 17]
4. 공사대금채권을 실제와 달리 허위로 크게 부풀려 유치권에 의한 경매를 신청한 경우(대법원 2012.11.15, 2012도9603) [경찰채용 13, 법원9급 14, 법원승진 15·16]

사기죄의 실행의 착수 부정

1. 피고인이, 甲이 "부동산을 매수한 일이 없음"에도 매수한 것처럼 허위의 사실을 주장하여 위 부동산에 대한 소유권이전등기를 거친 사람을 상대로 그 이전등기의 원인무효를 내세워 그 이전등기의 말소를 구하는 소송을 甲 명의로 제기한 경우(대법원 1981.12.8, 81도1451; 2009.4.9, 2009도128)
2. 태풍 피해복구 보조금에 관해 허위로 피해신고한 경우(대법원 1999.3.12, 98도3443)
3. 장애인단체 보조금 정산보고서를 허위내용으로 제출한 경우(대법원 2003.6.13, 2003도1279) [경찰간부 21]
4. 예고등기로 인한 경매대상부동산의 경매가격 하락 등을 목적으로 허위의 채권을 주장하며 채권자대위의 방식에 의한 원인무효로 인한 소유권보존등기말소청구소송을 제기한 경우(대법원 2009.4.9, 2009도128)
5. 유치권자가 부동산 경매절차에서 허위공사대금채권을 근거로 유치권신고를 한 경우(대법원 2009.9.24, 2009도5900) [법원승진 11]

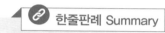

사기죄의 고의 긍정

1. 체계적인 사업계획 없이 무리하게 쇼핑몰 상가 분양을 강행한 경우(대법원 2005.4.29, 2005도741)
2. 시세조종된 주식임을 잘 알면서도 이를 숨긴 채 담보로 제공한 경우(대법원 2004.5.28, 2004도1465; 2006.3.24, 2006도282)
3. 이미 과다한 부채가 누적되었는데도 신용카드를 계속 사용한 경우(대법원 2005.8.19, 2004도6859)
4. 대출 조건·용도가 임야매수자금으로 한정된 정책자금을 대출받음에 있어 임야매수자금을 실제보다 부풀린 허위계약서를 제출한 경우(대법원 2007.4.27, 2006도7634)
5. 파산신청 2년 전부터 40여 일 전까지 여러 사람들로부터 돈을 빌린 경우(대법원 2007.11.29, 2007도8549)

사기죄의 고의 부정

1. 법률 문외한인 자가 두 개의 각 근저당권의 피담보채권이 별개의 것이라고 여겨 각각 배당을 요구하여 배당받은 경우(대법원 2007.4.13, 2005도4222)
2. 차용인이 대여인으로부터 관광버스 구입자금을 차용한 후 계속된 사업실패로 파산신청을 하여 면책허가결정이 확정된 경우(대법원 2008.2.14, 2007도10770)
3. 소비대차거래에서 차주가 빌린 돈을 제대로 변제하지 못하였지만 대주가 차주의 신용상태를 인식하고 있어 장래의 변제불능에 대한 위험을 예상하고 있었던 경우(대법원 2016.4.28, 2012도14516) [법원9급 17]

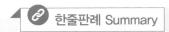 **한줄판례 Summary**

사기죄의 위법성 긍정

1. <u>자기앞수표를 갈취당한 자라도 이를 분실하였다고 허위로 공시최고신청을 하여 제권판결</u>을 선고받은 경우(대법원 2003.12.26, 2003도4914) [국가7급 13]

2. <u>특정 일자에 업무상 재해를 입은 사실이 없음</u>에도 허위의 목격자진술서를 첨부하는 방법으로 요양신청을 하여 <u>산업재해보상보험급여</u>를 지급받은 경우(대법원 2003.6.13, 2002도6410)

3. 입원필요성이 적은 환자들에게 입원을 권유하고 퇴원을 만류하는 등 <u>장기간의 입원을 유도하여 국민건강보험공단에 과다한 요양급여비를 청구</u>한 경우(대법원 2009.5.28, 2008도4665)

사기죄의 위법성 부정

1. 공사대금채권과 대여금채권을 합산하여 임대차보증금반환채권으로 전환하기로 합의하여 임대차계약을 체결하고 <u>실제로 임차인이 임대차목적물에 거주하면서 주민등록전입신고를 하고 확정일자를 받은 경우</u>(대법원 2004.7.22, 2003도6412)

2. 임대차계약을 체결한 <u>임차인의 처가 전입신고</u>를 마친 후 경매절차에서 배당을 받기 위해 <u>임대차계약서상 임차인 명의를 처로 변경하여 배당요구</u>를 한 경우(불능미수의 위험성이 없다는 판례이기도 함, 대법원 2002.2.8, 2001도6669)

 한줄판례 Summary

사기죄의 포괄일죄 긍정

피해자들이 '하나의 동업체'를 구성하는 등 <u>피해법익이 동일</u>하다고 볼 수 있는 사정이 있는 경우 → <u>피해자가 복수이더라도 사기죄의 포괄일죄 O</u>(대법원 2011.4.14, 2011도769)

사기죄의 수죄 긍정

1. 허위의 바코드를 부착해 <u>많은 백화점 고객들</u>에게 판매한 경우 → 수인에 대한 사기죄의 실체적 경합(대법원 1996.2.13, 95도2121)

2. <u>다수의 계</u>를 조직하여 <u>수인의 계원들</u>을 개별적으로 기망하여 계불입금을 편취한 경우 = <u>수인의 피해자</u>에 대하여 '단일한 범의하에 동일한 방법으로' <u>각 피해자별로 기망행위를 하여 재물을 편취</u>한 경우 → 수개의 사기죄의 실체적 경합(대법원 2010.4.29, 2010도2810)

3. 사기죄 <u>피해자들의 피해법익이 동일하다고 볼 근거가 없는데도</u> 피해자들이 '<u>부부</u>'라는 사정만으로 이들에 대한 각 사기행위가 <u>포괄하여 일죄가 된다고 볼 수 없음</u>(대법원 2011.4.14, 2011도769)

 한줄판례 Summary

부당이득죄 인정

공동주택신축사업을 <u>미리 알고</u> 토지소유자를 회유하여 해당 토지를 자신에게 팔게 한 후 비싼 값에 재매도한 경우(대법원 2008.5.29, 2008도2612)

부당이득죄 부정

1. 채무액의 2배를 대물변제로 취득한 경우(대법원 1972.10.31, 72도1803)

2. 토지지분을 시가의 약 10배에 해당하는 가격으로 매도한 경우(대법원 2006.9.8, 2006도3366)

3. 미리 알고 부동산을 매수한 것이 아니라 아파트 건축 추진 수년 전부터 일부 부동산을 소유해 온 경우(대법원 2009.1.15, 2008도8577)

4. 알박기의 목적을 가지지 않은 자가 일부 부동산을 매수하였다가 사업시행사에 주변 부지의 평당 매매가보다 약 2.4배 이상 비싼 금액에 다시 매도한 경우(대법원 2010.5.27, 2010도778)

	공갈죄
조문정리	제350조【공갈】① 사람을 공갈하여 재물의 교부를 받거나 재산상의 이익을 취득한 자는 10년 이하의 징역 또는 2천만 원 이하의 벌금에 처한다. ② 전항의 방법으로 제3자로 하여금 재물의 교부를 받게 하거나 재산상의 이익을 취득하게 한 때에도 전항의 형과 같다.
보호법익	재산권과 의사결정의 자유, 침해범
구성요건	① 객체 : 타인이 점유하는 타인의 재물 또는 재산상의 이익(사기죄와 동일) → **타인 소유 要** ∴ **자기의 재물을 공갈하여 교부받는 경우 → 공갈죄 ×**(대법원 2012.8.30, 2012도6157) [법원9급 15] ② 행위와 결과-폭행·협박으로 공포심을 일으켜 재물 또는 재산상 이익을 교부받아 취득하는 것 　㉠ 폭행·협박의 정도 : 사람의 의사결정과 의사활동의 자유를 제한하는 정도(광의의 폭행, 협의의 협박) ∴ **상대방의 반항을 억압할 정도 不要** 　㉡ 협박의 해악의 내용 : 고지하는 해악의 내용에 제한 無 　㉢ 처분행위 　　ⓐ 처분행위의 범위 : **상대방이 외포심을 일으켜 '묵인'하고 있는 동안 공갈자가 직접 재물을 탈취한 때에도 공갈죄 ○**(通·判, 대법원 1960.2.29, 4292형상997) [법원승진 12] 　　ⓑ 처분행위가 없는 경우 : 택시요금의 지급을 요구하는 택시기사를 폭행하고 달아난 경우 → 처분행위가 없으므로 공갈죄 ×(대법원 2012.1.27, 2011도16044) 　　ⓒ 삼각공갈 : 처분행위자는 재산상 피해자와 일치할 필요가 없음, 다만 **재물 또는 재산상의 이익을 처분할 수 있는 사실상 지위 要**(사실상 지위설, 대법원 2005.9.29, 2005도738) [법원9급 14] ∴ **룸살롱의 여종업원**을 협박해 주류를 제공받은 경우 → 공갈죄 ○(대법원 2005.9.29, 2005도738). 　㉣ 재물 또는 재산상 이익의 취득 : **금품이 전제되지 않은 부녀와의 정교**는 재산상 이익 × ∴ 유흥업소의 접대부에게 식품위생법 위반사실을 고발하겠다고 하여 성관계를 맺은 경우 → 금품이 전제된 성관계가 아니므로 공갈죄 ×(대법원 1983.2.8, 82도2714) [국가7급 14] 　㉤ 재산상 손해 : **피해자의 전체 재산의 감소 不要**(재산상 손해발생 불요설, 少·判, 대법원 2013.4.11, 2010도13774) [법원9급 17] 　　*cf.* 多 : 재산상 손해발생 필요설 ③ 착수와 기수 　㉠ 착수시기 : **갈취의 의사로 공갈을 개시한 때**(대법원 1969.7.29, 69도894) 　㉡ 기수시기 : 재물·이익을 취득한 때 → 부동산에 대한 공갈죄는 그 부동산에 관하여 **소유권이전등기를 경료받거나 인도를 받은 때**(서류를 교부받은 때 ×, 대법원 1992.9.14, 92도1506) [법원9급 15·16] ④ 주관적 구성요건 : 고의 및 불법영득·이득의 의사
위법성	① 문제의 소재 : 정당한 청구권자가 권리실현수단으로 공갈행위를 사용한 경우, 위법성 조각 여부 ② 공갈죄·무죄설 : 권리행사라 할지라도 **권리남용인 경우 공갈죄가 성립하고**, 반대로 **권리남용이 아닌 경우 위법성 조각**(判) 　*cf.* 多 : 불법영득의사가 부정되므로 폭행죄·협박죄 성립

죄수 및 다른 범죄와의 관계	① 1개의 공갈행위로 동일인으로부터 수회 재물을 갈취 : 포괄1죄 예 '가루로 만들어버리겠다.'고 하여 현금카드를 교부받아 수차례 현금인출한 행위(대법원 1996.9.20, 95도1728) [법원9급 17] ② 1개의 공갈행위로 수인을 공갈하여 재물을 갈취 : 수개의 공갈죄의 상상적 경합 ③ 공갈죄와 수뢰죄의 관계 　㉠ 공무원이 **직무집행을 빙자하여** 타인을 공갈하여 재물을 교부하게 한 경우 → **공갈죄만 성립**, 상대방은 **공갈죄의 피해자이므로 뇌물공여죄 ✕**(대법원 1969.7.22, 65도1166) [법원승진 12, 법원9급 14] 　㉡ 공무원이 **직무집행과 관련하여** 타인을 공갈하여 뇌물을 교부하게 한 경우 → **공갈죄와 수뢰죄의 상상적 경합**, 상대방은 **뇌물공여죄 ○** ④ 부동산중개업법 위반죄와의 관계 : 피해자를 협박하여 부동산중개업법상 법정중개수수료 상한을 초과하는 금액을 취득한 경우 → 공갈죄와 부동산중개업법 위반죄의 상상적 경합 (대법원 1996.10.15, 96도1301)

	특수공갈죄
조문정리	제350조의2【특수공갈】단체 또는 다중의 위력을 보이거나 위험한 물건을 휴대하여 제350조의 죄를 범한 자는 1년 이상 15년 이하의 징역에 처한다. [본조신설 2016.1.6.]

	상습공갈죄
조문정리	제351조【상습범】상습으로 제347조 내지 전조의 죄를 범한 자는 그 죄에 정한 형의 2분의 1까지 가중한다. 제352조【미수범】제347조 내지 제348조의2, 제350조, 제350조의2와 제351조의 미수범은 처벌한다. 제353조【자격정지의 병과】본장의 죄에는 10년 이하의 자격정지를 병과할 수 있다.

 한줄판례 Summary

공갈죄의 해악의 고지 긍정

1. **간통을 한 다음 이러한 비밀을 폭로하겠다**고 한 경우(대법원 1984.5.9, 84도573)
2. 방송사 기자가 건설회사에게 **부실공사를 보도하겠다**고 한 경우(대법원 1991.5.28, 91도80)
3. 부실공사 신문보도에 대한 해당 업체의 반박광고에 대하여 신문사 측에서 **기자들의 격앙된 분위기를 전하여 사과광고를 게재토록 하여 과다한 광고료를 받은** 경우(대법원 1997.2.14, 96도1959)

공갈죄의 해악의 고지 부정

조상천도제를 지내지 않으면 좋지 않은 일이 생긴다고 한 경우(대법원 2002.2.8, 2000도3245)

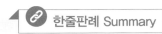 한줄판례 Summary

권리남용이므로 공갈죄 긍정

1. 피고인이 피해자와의 동거를 정산하는 과정에서 피해자에 대하여 **금전채권이 있다**고 하더라도, 그 권리행사를 빙자하여 **사회통념상 용인되기 어려운 정도를 넘는 협박을 수단으로 사용**한 경우(대법원 1996.9.24, 96도2151) [법원9급 17]
2. 피해자의 **정신병원에서의 퇴원요구를 거절**해 온 피해자의 배우자가 피해자에 대하여 **재산이전요구**를 한 경우 (대법원 2001.2.23, 2000도4415)

권리남용이 아니므로 공갈죄 부정

1. 손해배상을 청구하면서 고소하겠다고 한 경우(대법원 1984.1.24, 83도3023)
2. 보증금을 환불하지 않으면 구속시키겠다고 한 경우(대법원 1977.6.7, 77도1107)
3. 공사한 건물의 대장상의 평수보다 실제상의 평수가 많아 **실제상의 평수에 따른 공사금의 지급을 요구**하면서 그렇지 않으면 구청장에게 진정하여서라도 대장상의 건물평수가 부족함을 밝히겠다고 한 경우(대법원 1979. 10.30, 79도1660)
4. 다소 시위를 할 듯한 태도를 보이는 경우(대법원 1980.11.25, 79도2656)

06 횡령의 죄

구 분	월권행위설	영득행위설(通·判)
횡령죄의 본질	위탁물에 대한 권한을 초과하는 행위를 함으로써 신뢰관계를 깨뜨림	위탁된 타인의 재물에 대한 불법영득
불법영득의사 요부	불법영득의사 不要	불법영득의사 必要
일시적 무단사용·손괴	**횡령죄 성립**	**횡령죄 불성립**
배임죄의 본질과의 관계	권한남용설과 관련	배신설과 관련
횡령죄와 배임죄의 구별	사실행위 vs 법률행위	**특별법 vs 일반법**

	횡령죄
조문정리	제355조【횡령】① 타인의 재물을 보관하는 자가 그 재물을 횡령하거나 그 반환을 거부한 때에는 5년 이하의 징역 또는 1천 500만 원 이하의 벌금에 처한다.
보호법익	① 보호법익 : 소유권 　*cf.* 단, 위탁관계도 중시되므로 친족상도례 적용하려면 소유자·위임자 모두와 신분관계 要 ② 보호정도 : **위험범**(少·判) 　*cf.* 多 : 침해범설
구성요건	① 주체 : 위탁관계에 의하여 타인의 재물을 보관하는 자(진정신분범) 　㉠ 보관 　　ⓐ 의의 : **점유 또는 소지(신분요소)** → 민법상 점유를 가지지 않는 점유보조자(민§195)도 별도의 위탁관계가 존재하는 경우에는 보관자 ○(대법원 1986.8.19, 86도1093) 　　ⓑ **부동산의 보관** : 사실상 점유의 개념 ✕, **법률상 점유**의 개념 ○ = 부동산을 제3자에게 **유효하게 처분할 수 있는 권능**(대법원 1996.1.23, 95도784) [법원9급 16] 예 부동산의 등기명의인(내지 건축허가명의인), 은행예금증서의 소지인, 화물상환증 등 유가증권의 소지인 　㉡ 위탁관계 : **형법적으로 보호할 만한 위탁신임관계**에 의한 것이어야 함 → **조리·신의칙**에 의한 위탁관계도 인정

② 객체 : 자기가 보관하는 타인의 재물(재물죄)

　　⊙ 재물 : 동산·부동산 → **유가증권**도 당연히 포함(대법원 2006.8.25, 2006도3631) ≠

　　　　cf. **광업권**(대법원 1994.3.8, 93도272)이나 **상법상 주식**(대법원 2005.2.18, 2002도2822),

　　　　전자채권(대법원 2014.2.27, 2011도832) : 재물 ✕

　　⊙ 타인의 재물 : 공동소유물(공유물·합유물)도 타인의 재물

 한줄판례 Summary

타인의 재물이므로 횡령죄 성립

1. 수개의 회사 소유 자금을 **지분비율을 알 수 없는 상태**로 구분 없이 함께 보관하던 사람이 일부를 횡령한 경우 → **수개의 회사는 모두 횡령죄의 피해자**(대법원 2007.6.1, 2006도1813)

2. 다이아몬드를 잠시 빌려 보관하던 중 돌려달라는 요청을 받고도 그 **반환을 거부**한 경우(**되돌이** 사례, 대법원 2002.3.29, 2001도6550)

3. 감정평가**법인의 지사**에서 근무하는 감정평가사들이 접대비 명목 등에 사용할 목적으로 감정평가법인을 위하여 보관 중이던 돈의 일부를 비자금으로 조성한 경우 → 주식회사의 지점이나 합명회사의 분사무소가 보유한 재산은 그 주식회사 또는 합명회사의 소유(대법원 2010.5.13, 2009도1373) [경찰채용 14]

4. 타인의 재물에 속하는 이상 **구체적으로 누구의 소유인지는 횡령죄의 성립 여부에 영향 ✕** → 피고인이 피해 회사의 자회사 계좌를 이용하여 피해 회사의 납품대금을 횡령한 경우, 법인격 부인 여부에 따라 횡령죄의 성립이 좌우되지 않음(대법원 2019.12.24, 2019도9773; 2022.4.28, 2022도1271)

③ 재물의 타인성에 관련된 구체적 검토

구성요건		
	불법원인 급여	① 원칙 : 불법원인급여물은 급여자에게 민법상 반환청구권이 없고 수익자 자기소유이므로 **횡령 ✕**(횡령죄 소극설, 多·判) *cf.* 적극설(少), 절충설(少) ② 예외 : **수익자의 불법이 현저히 큰 경우에는 횡령 ○**
	부동산 양도담보 매도담보	**채권자**(매도담보권자. 자기소유·타인사무)가 제3자에게 근저당권 설정 → **배임** ○(대법원 2007.1.25, 2005도 7559; 1995.5.12, 95도283; 1992.7.14, 92도753) *cf.* 通 : 가등기담보법에 의해 횡령 ○
	부동산 양도담보 양도담보	① 채권자의 처분행위 　⊙ 채권담보 목적 부동산소유권이전등기를 받은 **채권자**(자기소유·타인사무)가 임의로 처분한 경우 → **배임** ○(대법원 1989.11.28, 89도1309; 1987.4.28, 87도265) 　⊙ **변제기 이후 채권자**가 담보 목적 부동산을 처분하고 나머지를 채무자에게 반환하지 않은 경우 → 정산의무는 자기사무 ∴ **배임 ✕**(대법원 1985.11.26, 85도1493 전원합의체) ② 채무자의 처분행위 : 채권자에게 자기소유 부동산을 양도담보 설정한 **채무자**가 이전등기 경료 전에 임의로 처분한 경우 → 자기 재산을 채무변제 담보로 제공한 채무자는 타인의 사무처리자가 아니므로 **배임 ✕**(대법원 2020.6.18, 2019도14340 전원합의체)
	가등기 담보	담보 목적으로 가등기가 경료된 부동산에 대하여 채무자 측의 변제공탁 후 **채권자**가 자기 앞으로 본등기를 경료함과 동시에 제3자 앞으로 가등기 경료 → **배임** ○
	대물변제 예약	**채무자**가 대물변제하기로 한 부동산을 제3자에게 처분한 경우 → 채무변제가 본질이므로 **배임 ✕**(대법원 2014.8.21, 2014도3363 전원합의체) [국가9급 15·16]

구성요건	동산 양도담보	① 양도담보목적물의 소유권자 : 대내적 채무자, 대외적 채권자 ② **채무자**(동산양도담보권설정자)의 임의처분 : 타인의 사무처리자가 아니므로 **배임 ✕**(대법원 2020.2.20, 2019도9756 전원합의체) ③ **채권자**(동산양도담보권자)의 임의적 처분 : **횡령 ○**(대법원 1989.4.11, 88도906) ④ 채권자로부터 **목적물반환청구권을 양도받은** 자가 목적물 취거 : (권리행사 방해하는 별론) **절도 ✕**(대법원 2008.11.27, 2006도4263) ⑤ **후순위채권자**의 임의적 절취 : **절도 ○**(돈사 돼지, 대법원 2007.2.22, 2006도8649)
	소유권 유보부 매매	① 할부판매약관에 의한 할부판매매수인이 임의처분 : 횡령 ○ ② 자동차 할부대금 완납 전 임의처분 : 횡령 ✕ ③ 할부판매약관에 기하지 않고 할부판매된 동산처분 : 횡령 ✕
	부동산 이중매매	① **제1매수인으로부터 중도금을 수령한 매도인이 임의처분 : 배임 ○** ② 매도인은 제1매수인에 대해 횡령 ✕, 제2매수인에 대해 사기 ✕ ③ 매도인이 처음부터 이중매매를 의도하고 계약금 수령 : 사기 ○
	동산 이중매매	동산매매계약의 매도인은 매수인의 사무처리자 ✕ ∴ **매도인의 임의처분 : 배임 ✕**(대법원 2011.1.20, 2008도10479 전원합의체) [국가9급 15, 법원승진 14]
	부동산 명의신탁	명의신탁받은 부동산을 임의로 처분한 명의수탁자의 죄책 ① 2자 간 명의신탁 : 명의수탁자 **횡령 ✕**(대법원 2021.2.18, 2016도18761 전원합의체) ≠ *cf.* 종중 · 배우자 명의신탁은 유효하므로 명의수탁자 횡령 ○ ② 3자 간 명의신탁(중간생략등기형) : 명의수탁자 **횡령 ✕**(대법원 2016.5.19, 2014도6992 전원합의체) [국가9급 15, 법원9급 17, 법원승진 10 · 14] ③ 계약명의신탁(매수위임형) ㄱ 매도인 악의 : 명의수탁자 **횡령 ✕, 배임 ✕**(대법원 2012.11.29, 2011도7361) [법원9급 13] ㄴ 매도인 선의 : 명의수탁자 **횡령 ✕, 배임 ✕**(대법원 2000.3.24, 98도4347; 2006.9.8, 2005도9733; 2010.11.11, 2008도7451) [법원승진 10]
	목적 용도 특정위탁 대체물	① 위탁자 · 위임자 소유 ∴ 수탁자 용도 외 사용은 횡령 ○(대법원 2002.8.23, 2002도366) ② 횡령 ○ : ㉠ **당좌수표 할인대금**(대법원 1998.4.10, 97도3057), ㉡ **문화예술진흥기금**(대법원 1997.3.28, 96도3155), ㉢ **양곡구입대금**(대법원 1982.3.9, 81도572), ㉣ **정부출연금**(대법원 1999.7.9, 98도4088), ㉤ **사립학교법상 교비회계에 속하는 금원**(대법원 2002.5.10, 2001도1779; 2010.3.11, 2009도6482), ㉥ **부동산의 매매계약금으로 수령한 돈**(대법원 2004.3.12, 2004도134), ㉦ **특별수선충당금**(일반경비 사용, 대법원 2004.5.27, 2003도6988), ㉧ **수분양자들을 기망하여 편취한 분양대금**(대법원 2005.4.29, 2005도741), ㉨ **조합원들의 출퇴근 편의를 위한 통근차량의 구입 및 유지자금**(대법원 2007.2.22, 2006도2238), ㉩ **회사의 경영권 방어 또는 회사의 매각 등을 위하여 위탁받은 주식과 현금**(대법원 2008.5.8, 2008도1652), ㉪ **임차인의 수도요금 납부용도 위탁자금**(대법원 2008.10.9, 2008도3787), ㉫ **대표자 개인의 위법행위에 대한 소송사건의 변호사 비용을 단체의 비용으로 지출**(대법원 2006.10.26, 2004도6280)

구성요건	목적 용도 특정위탁 대체물	③ 횡령 × : ㉠ **물건납품을 위한 선매대금**(감자 선매대금, 대법원 1986.6. 24, 86도631), ㉡ **이사직무집행정지가처분결정에 대한 소송비용을 법인경** **비로 지출**(원칙적 횡령 ×, 대법원 2003.5.30, 2003도1174), ㉢ **전체 공동** **운영자들을 위한 경비로 사용**(대법원 2003.7.25, 2003도2331), ㉣ **보험회** **사 시책비**(대법원 2006.3.9, 2003도6733), [국가9급 12] ㉤ **건축비 상환 목** **적 법인회계자금 사용**(대법원 2006.4.28, 2005도4085), ㉥ **자신의 명의** **로 배당받은 공탁금의 반환 거부**(대법원 2007.7.26, 2007도1840), ㉦ **보** **관 중인 금전용도가 추상적으로만 정해져 있고 광범위한 재량권이 부여된** **경우**(대법원 2010.6.24, 2007도5899) [국가7급 17], ㉧ **특별수선충당금을** **아파트 구조진단 견적비 및 시공사에 대한 손해배상청구소송의 변호사 선임** **료로 사용**(대법원 2017.2.15, 2013도14777) ④ 약속어음을 그 할인을 위하여 교부받은 수탁자(대법원 1983.4.26, 82도 3079) ㉠ 배서양도형식으로 위탁된 약속어음을 **자기채무 변제에 충당 : 횡령 ○** ㉡ **당초부터 피해자를 기망하여 약속어음을 교부받은** 수탁자 : 사기 ○, 횡령 ×
	담보수표	**채권담보로 수표**를 발행·교부받아 소지한 채권자는 횡령 ×(대법원 2000. 2.11, 99도4979)
	위탁매매	위탁매매인이 위탁판매대금 소비하면 **횡령 ○**(대법원 1990.8.28, 90도1019)
	조합 동업체	① **횡령 ○**(대법원 1989.11.14, 89도17; 2004.7.9, 2004도810; 2011.5.26, 2011 도1904) ② 조합관계 **탈퇴** 시 남은 자의 단독소유 ∴ **횡령 ×**(대법원 2005.7.15, 2003 도6934)
	채권양도	① 채권양도인이 양도통지받지 못한 채무자로부터 금전 수령 : 사기죄 × ② **채권양도인이 채무자로부터 채권을 추심하여 금전 수령·소비 : 횡령 ×**(대 법원 2022.6.23, 2017도3829 전원합의체) [경찰승진 23, 경찰채용 23-2, 국가 9급 24]
	1인 회사	① 1인 주주가 회사 금원 업무상 보관 중 임의처분 : **업무상 횡령 ○**(대법원 1989.5.23, 89도570; 1995.3.14, 95도59; 2010.4.29, 2007도6553) [법원 승진 14·16] ② 1인 주주가 회사 금원 개인채무 변제, 회사 손해 : **업무상 배임 ○**(대법원 1983.12.13, 83도2330 전원합의체)
	복 권	**공동의 복권당첨금**은 공동소유 ∴ 반환거부 **횡령 ○**(대법원 2000.11.10, 2000도 4335)
	공동 임대인	보증금반환채무는 불가분채무, 임대보증금은 공동임대인의 공동소유 ∴ 임 의처분하면 횡령 ○(대법원 2001.10.30, 2001도2095)
	낙찰 부동산	입찰 목적 부동산의 소유권은 경락대금을 실질적으로 부담한 자와 관계없이 **낙찰명의인이 취득**하므로 임의처분하여도 **횡령 ×**(대법원 2000.9.8, 2000 도258)
	수개의 학교법인	각 학교법인은 별개의 법인격을 가진 소유의 주체 ∴ **각 학교법인의 금원을** **다른 학교법인을 위해 사용**하면 업무상 횡령 ○(대법원 2000.12.8, 99도214)

구성요건	프랜차이즈	프랜차이즈계약은 각 독립된 상인 간의 계속적 물품공급계약에 불과하고 동업계약으로 볼 수 없음 ∴ **물품판매대금을 가맹점주가 임의소비해도 횡령** ✕ (대법원 1998.4.14, 98도292)
	채권 상계충당	① 위임취지에 반하여 위임자에 대한 **채권 상계충당 : 횡령** ○(대법원 2002. 9.10, 2001도3100) ② **회사에 채권을 가진 대표이사**의 상계충당 : **횡령** ✕(대법원 2002.7.26, 2001도5459) [법원9급 16, 법원승진 14]
	지입료 유용	**지입료는 지입회사 소유** ∴ 지입차주들이 낸 보험료·세금을 회사가 항목유용해도 **횡령** ✕(대법원 1997. 9. 5. 선고 97도1592)
	예금 명의신탁	① 타인 금전을 위탁받은 자가 보관방법으로 금융기관에 자신 명의 예치 시 횡령죄의 보관자 ○ ∴ **예금명의수탁자의 반환거부는 횡령** ○(대법원 2000. 8.18, 2000도1856) ② 공동명의예금채권자가 **다른 채권의 집행확보를 위해** 초과입금된 돈의 반환거부 시 불법영득의사 부정되어 **횡령** ✕(대법원 2008.12.11, 2008도8279)

④ 행위 – 횡령 또는 반환거부 : **불법영득의사를 표현**하는 행위(多·判), **사실행위·법률행위 불문** → 처분행위에 의해 **영득의사가 객관적으로 인식될 수 있도록 외부에 표현된 때** 횡령죄 **기수**(표현설, 多·判) → **소유권침해의 결과발생은 요건이 아님**(위험범설, 대법원 2009. 2.12, 2008도10971)

⑤ 주관적 구성요건 : 고의 및 불법영득의사 → **사후에 반환·변상·보전하는 의사가 있다 하더라도 불법영득의사 인정**(대법원 2006.11.10, 2004도5167 등) → 사후에 변상하거나 보전한 금액을 **횡령금액에서 공제하지 않음**(대법원 2010.5.27, 2010도3399)

불가벌적 사후행위	① 횡령의 의사가 표현된 행위가 있은 **이후의 행위는 불가벌적 사후행위**(대법원 2010.2.25, 2010도93) ② 불가벌적 사후행위 ○ : 공동상속인 중 1인이 상속재산 보관 중 다른 상속인들로부터 매도후 분배 또는 소유권이전등기를 요구받고도 그 **반환을 거부** + 그 후 그 임야에 관하여 다시 제3자 앞으로 **근저당권설정등기를 경료**해 준 경우 → 근저당권설정행위는 불가벌적 사후행위(대법원 2010.2.25, 2010도93) ③ 불가벌적 사후행위 ✕ 　㉠ 재물을 횡령한 자가 회사장부를 허위로 기재하여 국가로부터 세금을 포탈한 경우 → 별도의 조세포탈죄 성립(대법원 1992.3.10, 92도147) 　㉡ 명의수탁자가 신탁받은 부동산의 일부에 대한 **토지수용보상금의 일부를 소비**하고 이어 **수용되지 않은 나머지 부동산 전체에 대한 반환을 거부**한 경우 → 별도의 횡령죄 구성(대법원 2001.11.27, 2000도3463)
친족상도례	**횡령범인과 피해물건의 소유자 및 위탁자 쌍방 사이**에 친족관계가 있는 경우에만 친족상도례 적용(대법원 2008.7.24, 2008도3438)

업무상 횡령죄	
조문정리	제356조 【업무상의 횡령과 배임】 업무상의 임무에 위배하여 제355조의 죄를 범한 자는 10년 이하의 징역 또는 3천만 원 이하의 벌금에 처한다. → **범죄구성적 신분 + 형벌가중적 신분 = 이중적 신분범**

	점유이탈물횡령죄
조문정리	제360조【점유이탈물횡령】 ① 유실물, 표류물 또는 타인의 점유를 이탈한 재물을 횡령한 자는 1년 이하의 징역이나 300만 원 이하의 벌금 또는 과료에 처한다. ② 매장물을 횡령한 자도 전항의 형과 같다
내 용	① 점유침해가 없다는 점에서 절도죄와 구별, 위탁관계가 없다는 점에서 횡령죄와 구별 [국가 9급 17] ② 객체 : 유실물·표류물·매장물 기타 점유이탈물 → 착오로 인하여 점유한 물건이나 타인이 놓고 간 물건, 일실한 가축도 점유이탈물에 포함(通) [국가9급 17] ≠ 무주물 ✕ ③ 영득죄 : 고의 이외에 불법영득의사 要 ④ 횡령과 배임의 죄 중 유일하게 미수범 처벌규정을 두지 않은 죄(§359), 다만 친족상도례와 동력재물 간주규정은 준용(§361)

 한줄판례 Summary

보관자 인정

1. 소유권보존등기가 되어 있지 않은 건물이 실제로 피해자가 재료의 주요부분과 노력을 제공하여 건축한 피해자의 소유로서 **건축허가명의만을 甲회사에게 신탁한 경우의 甲회사**(대법원 1990.3.23, 89도1911)
2. **미등기부동산**에 대해서 위탁관계에 의하여 **현실적으로 부동산을 관리·지배하는 자**(대법원 1993.3.9, 92도2999) [법원승진 09·10]
3. **등기부상 소유명의인의 '배우자'**로서 소유명의인의 위임에 의하여 그 부동산의 실질적인 지배·관리권 및 대외적인 처분권을 갖고 있는 경우(대법원 2010.1.28, 2009도1884)
4. **주주나 대표이사 또는 그에 준하여 회사 자금의 보관이나 운용에 관한 사실상의 사무를 처리하는 자**가 회사 소유 재산을 제3자의 자금조달을 위하여 담보로 제공하는 등 사적인 용도로 임의처분한 경우 → 주주총회나 이사회의 결의가 있었는지 여부와는 관계없이 횡령죄 구성 ○(대법원 2005.8.19, 2005도3045; 2011.3.24, 2010도17396; 2019.12.24, 2019도9773) [경찰채용 24-1, 법원9급 21]
5. 사용자가 근로자의 임금에서 **국민연금보험료 중 근로자가 부담하는 기여금을 원천공제**한 뒤 국민연금관리공단에 납부하지 않고 개인적 용도로 사용한 경우(대법원 2011.2.10, 2010도13284)
6. **소유권의 취득에 등록이 필요한 타인 소유의 차량을 인도받아 보관**하는 경우(대법원 2015.6.25, 2015도1944 전원합의체) [법원9급 17, 법원승진 16]

보관자 부정

1. 액면을 보충·할인하여 달라는 의뢰를 받고 액면 백지인 약속어음을 교부받은 자가 **보충권의 한도를 넘어 보충하여 임의로 사용**한 경우 → 발행인으로 하여금 제3자에 대하여 어음상의 채무를 부담하는 손해를 입게 한 데에 대한 배임 ○, 보관자의 지위가 없으므로 횡령 ✕(대법원 1995.1.20, 94도2760)
2. **다른 공유자의 지분을 임의로 처분한 부동산 공유자 중 1인**(대법원 2004.5.27, 2003도6988) [법원9급 15, 법원승진 10]
3. **부동산을 공동으로 상속한 자들 중 1인**(대법원 2000.4.11, 2000도565; 2006.6.30, 2005도5338) [경찰채용 09, 국가7급 23]
4. **원인무효인 소유권이전등기의 명의자** → 물품제조 회사가 농지를 매수하여 피고인 명의로 소유권이전등기를 마쳤는데, 피고인이 이를 타인에게 처분한 경우(대법원 2010.6.24, 2009도9242) [법원승진 10]
5. 甲교육청이 乙주식회사가 사용해 오던 교육청 토지를 매도하면서 乙회사의 직원인 **피고인을 낙찰자로 선정**한 다음 매수인을 피고인으로 명시한 계약서를 작성하고 甲교육청 교육장과 피고인이 기명날인하였는데, **피고인이 그 토지의 보상금을 임의로 소비**한 경우(대법원 2010.1.28, 2009도11868)

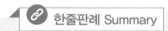
한줄판례 Summary

위탁관계 긍정

1. **송금절차의 착오**로 자기의 계좌에 잘못 입금된 돈을 소비한 경우(**단순계좌명의인은 조리·신의칙에 의한 위탁관계에 의한 보관자** O, 대법원 1968.7.24, 66도1705) = 송금인과 피고인 사이에 별다른 거래관계가 없다고 하더라도 마찬가지(대법원 2010.12.9, 2010도891) [법원9급 16, 법원승진 09·16]
2. 채권자가 채무자에게 액면금액을 확인할 수 있도록 **가계수표를 건네주자 채무자가 이를 찢은** 경우(대법원 1996.5.14, 96도410)
3. 피고인이 제3자로부터 **피해자의 몫이 포함된 주식양도대금을 지급받고 이를 소비**한 경우(대법원 2006.1.12, 2005도7610)
4. 타인을 위하여 금전 등을 보관하는 자가 개인적 용도로 사용할 자금을 마련하기 위하여 **적정한 금액보다 과다하게 부풀린 금액으로 공사계약을 체결**하기로 공사업자 등과 사전에 약정하고 **그에 따라 과다지급된 공사대금 중의 일부를 공사업자로부터 되돌려 받는** 경우(대법원 2007.10.12, 2005도7112; 2010.5.27, 2010도3399) [경찰승진 23]

위탁관계 부정

1. 부동산의 소유명의 및 관리를 위탁받은 자가 **자기명의로의 소유권이전등기를 생략한 채 그 子에게 소유권이전등기를 하여 주고 사망**한 경우(대법원 1987.2.10, 86도2349)
2. **전기통신금융사기 공범인 계좌명의인**이 자신이 개설한 예금계좌에 사기피해자가 사기피해금을 송금·이체하자 그 돈을 영득할 의사로 인출한 경우(대법원 2018.7.19, 2017도17494 전원합의체) [국가9급 21]
3. **무자격자들끼리 노인요양병원을 설립·운영**하기로 한 약정에 따라 투자금을 교부받은 경우(대법원 2022.6.30, 2017도21286) [경찰채용 24-2]

한줄판례 Summary

불법원인급여 관련 횡령 부정

1. **반사회질서적인 조건** 또는 금전적 대가가 결부됨으로써 반사회질서적 성질을 띠게 되는 경우 및 표시되거나 상대방에게 알려진 **법률행위의 동기가 반사회질서적**인 경우도 불법원인급여에 해당될 수 있음(대법원 1999.6.11, 99도275; 2002.4.12, 2002도53) [국가7급 17]
2. **조합장이 조합으로부터 공무원에게 뇌물로 전달하여 달라고 금원을 교부받은 것**은 불법원인으로 인하여 지급받은 것으로서 이를 뇌물로 전달하지 않고 타에 소비하였다고 해서 타인의 재물을 보관 중 횡령하였다고 볼 수 없음(대법원 1988.9.20, 86도628)
3. **성매매알선 등 행위**에 관하여 동업계약을 체결한 당사자 일방이 상대방에게 동업계약에 따라 **성매매의 권유·유인·강요의 수단으로 이용되는 선불금 등 명목으로 사업자금**을 제공한 경우 → 그 사업자금은 불법원인급여(대법원 2013.8.14, 2013도321)
   cf. 단, 성매매알선을 위한 사업자금이 아니라면 횡령 O
4. 피고인이, 甲 등이 **금융다단계 사기 범행을 통하여 취득한 범죄수익 등인 무기명 양도성예금증서**를 乙로부터 건네받아 현금으로 교환한 후 임의로 소비한 경우 → 피고인이 乙로부터 범죄수익 등의 은닉을 위해 교부받은 무기명 양도성예금증서는 불법원인급여(대법원 2017.10.26, 2017도9254) [국가7급 23]

불법원인급여 관련 횡령 긍정

1. 병원에서 의약품 선정·구매업무를 담당하는 약국장이 **병원을 대신하여 제약회사로부터 의약품 제공의 대가로 기부금 명목의 돈을 받아 보관 중 임의소비**한 경우 → 병원이 약국장에게 불법원인급여를 한 것에 해당하지 않아 여전히 반환청구권을 가짐(대법원 2008.10.9, 2007도2511) [경찰간부 24]
2. **포주가 윤락녀와 사이에 윤락녀가 받은 화대를 포주가 보관**하였다가 분배하기로 약정하고도 보관 중인 화대를 임의로 소비한 경우(대법원 1999.9.17, 98도2036)

고의·불법영득의사 긍정

1. A주식회사 대표이사 甲이 A회사의 주식을 매도하는 과정에서 1차 중도금 50억 원 마련을 위하여 위 회사 소유의 양도성예금증서를 대출금의 담보로 제공해 달라는 **매수인 측의 요청을 받아들여 위 회사의 재산인 양 도성예금증서를 담보로 제공**한 경우(그 거래의 형식은 LBO방식에 의한 M&A계약의 외양을 갖춤)(대법원 2005.8.19, 2005도3045) [국가7급 17]

2. 회사의 대표이사가 **이자나 변제기의 약정 없이 이사회 결의 등 적법한 절차를 거치지 아니하고 회사를 위한 지출 이외의 용도로 거액의 회사 자금을 가지급금 등의 명목으로 인출·사용**한 경우(대법원 2006.4.27, 2003도135; 2010.5.27, 2010도3399)

3. 주식회사의 대표이사가 회사의 금원을 인출하여 사용하면서 **그 사용처에 관한 증빙자료를 제시하지 못하는** 경우(대법원 2008.3.27, 2007도9250)

4. 자신이 위탁받아 보관하고 있던 재물(금제삼존불상)이 없어졌는데도 **그 행방이나 사용처를 제대로 설명하지 못하는** 경우(대법원 2009.12.10, 2008도10669)

5. 사립학교의 교비회계에 속하는 위탁받은 비자금을 이용하여 친지들 명의로 부동산을 구입하여 이를 개인적으로 관리하면서도 그 부동산 구입에 관하여 **납득할 만한 합리적인 설명을 하지 못하고 오히려 개인적인 목적으로 부동산을 구입하였다는 점에 대한 신빙성 있는 자료가 많은** 경우(대법원 2009.12.24, 2008도11967)

6. **지방자치단체의 조례상 보조금**을 전용한 경우 → 위 조례상의 보조금은 그 용도가 엄격히 제한된 자금 ∴ 자기 자신의 이익을 위한 것이 아니고 경비부족을 메우기 위하여 보조금을 전용하였더라도 불법영득의사 인정 (대법원 2002.8.23, 2002도366; 2008.9.25, 2006도5636; 2010.9.30, 2010도987)

7. 상품을 양도받으며 그 대금지급에 관하여 매일 그날의 매출액 전부를 회사에 송금하되 **대금완납 전에는 회사가 상품소유권을 가지는 상품거래계약** 시 상품판매대금 중 일부만 송금하고 나머지는 매장 인테리어 비용, 홍보비용으로 사용한 경우 → 공급가만 횡령한 것이 아니라 판매대금 전액을 횡령한 것(대법원 2010.1.14, 2009도7737)

8. 마을 이장이 **경로당 화장실 개·보수 공사를 위하여 업무상 보관 중이던 공사비**를 그 용도 외에 다른 용도로 사용한 경우(대법원 2010.9.30, 2010도7012)

9. 근로자가 운송회사로부터 일정액의 급여를 받으면서 당일 운송수입금을 전부 운송회사에 납입하고 운송회사는 이를 월 단위로 정산하여 급여의 증감 여부를 결정하기로 하는 약정이 체결되었는데, **근로자가 운송수입금을 회사에 납입하지 않고 임의로 소비**한 경우(대법원 2014.4.30, 2013도8799) [국가7급 17]

고의·불법영득의사 부정

1. 임대인이 피고인의 처이고, 정식으로 임대차계약이 체결되기 전에 사단법인 소유의 임차보증금 명목의 돈을 일부 지급하였는데, **사용처, 사용목적, 경위, 결과 등에 관하여 불법영득의사의 존재를 인정하기 어려운 사유를 들어 납득할 만한 합리적인 설명을 하고 충분한 증빙자료를 제출**하고 있는 경우(대법원 2009.4.23, 2009도495)

2. 동업재산에 해당하는 부가가치세 환급금을 **조합사업과 직·간접적으로 관련된 비용에 지출**한 경우(대법원 2011.5.26, 2011도1904)

3. A 주식회사의 사내이사인 피고인이 피해자를 상대로 주류대금 청구소송을 제기한 민사분쟁 중 **피해자가 착오로 피고인이 관리하는 A 회사명의 계좌로 금원을 송금**하여 피고인이 이를 보관하게 되었는데(피고인은 피해자로부터 위 금원이 착오송금된 것이라는 사정을 문자메시지를 통해 고지받음) 피해자와 상계정산에 관한 합의 없이 피고인이 주장하는 **주류대금 채권액을 임의로 상계정산한 후 반환을 거부**한 경우 → 횡령 ✕(대법원 2022.12.29, 2021도2088)

배임죄의 본질	권한남용설	① 배임행위는 **법적 대리권의 남용** → 법적 대리권 있는 자만 배임죄의 주체 ○, 권한의 행사(남용)에 의하여만 배임죄 성립, 배임행위는 법률행위로 제한 ② 권한남용설에 의하면 횡령죄는 사실행위, 배임죄는 법률행위로 구분 ③ 비판 : 다양한 배임행위의 태양 포섭 不可
	배신설	① 배임행위는 **신의성실의무의 위배 내지 신임관계의 침해** → 본인과의 신임관계에 근거한 재산상의 이익을 보호할 의무를 위배하는 데에 배임죄의 본질이 있음(通·判) ② 배임죄의 성립에 **적법한 대리권 不要**(대법원 1999.9.17, 97도3219 등), **사실행위** ○ ③ 배신설의 보완 : 단순한 민사상 채무불이행은 배임 ×, 타인의 재산을 관리하는 의무가 그 신임관계의 전형적·본질적인 내용을 이루는 경우에만 배임죄 성립 可

배임죄	
조문정리	제355조【배임】② 타인의 사무를 처리하는 자가 그 임무에 위배하는 행위로써 재산상의 이익을 취득하거나 제3자로 하여금 이를 취득하게 하여 본인에게 손해를 가한 때에도 전항의 형과 같다.
보호법익	재산권, **(구체적) 위험범**(少·判, 대법원 2015.9.10, 2015도6745) *cf.* 多 : 침해범설
구성요건	① 주체 : 신임관계에 의하여 타인의 재산상 사무를 처리하는 자(진정신분범) 　⊙ 사무처리의 근거 : 법령, **계약 등 법률행위**(위임·고용·임치 등 대리권 수여 내용 계약), 관습, 사무관리 등 → **적법한 대리권이 없어도 사실상 신임관계가 존재하면 타인의 사무처리자** ○(미성년자와 친생자 관계가 없으나 **가족관계등록부상 친모로 등재되어 있는 자** ○, 대법원 2002.6.14, 2001도3534) 　⊙ **재산상의 사무** 要(通·判) → 타인의 재산의 보호가 신임관계의 전형적·본질적인 재산상 사무에 한함 예 계주(대법원 1995.9.29, 95도1176), 부동산양도담보권자인 채권자, 소유권이전등기 소요서류를 임치받은 채권자 등 　⊙ **타인의 사무** 要 → 타인의 재산의 보호·관리에 관한 의무를 본질적 내용으로 하는 사무[법원승진 14] ② 객체 : **재산상의 이익**(순수한 이득죄) ≠ 횡령죄는 순수한 재물죄 ③ 행위 : 임무에 위배하는 행위로써 재산상 이익을 취득하여 본인에게 손해를 가하는 행위 　⊙ 배임행위 : 사무처리의 신뢰관계에 위배하는 행위 → 법률행위·사실행위·작위·부작위 불문 　⊙ 재산상 손해의 발생 　　ⓐ 피해자의 전체 재산가치의 감소가 **경제적 관점**에서 있어야 함(判例 : 사기-不要, 배임-要) 　　ⓑ 현실적인 손해, 부실대출이나 담보권 상실과 같은 재산상 실해발생의 위험 ○ 　　ⓒ 재산상 실해발생의 위험 : 손해가 발생할 **막연한 위험이 있는 것만으로는 부족**, 경제적인 관점에서 보아 본인에게 **손해가 발생한 것과 같은 정도로 구체적인 위험** 의미 (대법원 2017.10.12, 2017도6151)

구성요건	ⓓ 재산상 손해가 없는 경우 : <u>재산상의 손실을 야기한 임무위배행위가 동시에 그 손실을 보상할 만한 재산상의 이익을 준 경우</u> ⓒ 재산상 이익의 취득 要 → <u>재산상 이익을 취득하지 않으면 배임 ✕</u>, 재산상 이익의 취득과 임무위배행위 사이에 인과관계 要(대법원 1984.12.26, 84도2127; 1987.4.28, 86도2490; 2007.7.26, 2005도6439) ▶ 📎 **한줄판례 Summary** **재산상 이익의 취득 부정** 1. 고의로 기계제작의무를 이행하지 않아 **계약이 해제됨으로써 상대방이 보증보험회사로부터 보험금을 수령**한 경우(자신이 재산상 이익을 취득한 것은 아님, 대법원 2007.7.26, 2005도6439) 2. **입주자대표회의 회장이 열사용 요금납부 지출결의서 날인을 거부**함으로써 아파트 입주자들에게 그 **연체료**를 부담시킨 경우(대법원 2009.6.25, 2008도3792) 3. 전산상 회사의 체인점들에 대한 **외상대금채권이 줄어든 것으로 전산조작**한 경우(대법원 2006.7.27, 2006도3145) 4. **군수가 축협 정기예금을 해지하고 농협에 재예치**한 경우(대법원 2022.8.25, 2022도3717) 5. 회사의 승낙 없이 **임의로 지정할인율보다 더 높은 할인율을 적용**하여 회사가 지정한 가격보다 낮은 가격으로 제품을 판매하는 경우(대법원 2009.12.24, 2007도2484) ⓓ 착수시기는 배임행위를 개시한 때, 기수시기는 재산상의 손해가 발생한 때 ④ 주관적 구성요건 : 고의 및 불법이득의사
이중매매 이중저당	① 부동산이중매매 ㉠ 타인의 사무 : 매수인의 소유권이전에 필요한 매도인의 등기협력의무 ㉡ 타인의 사무처리자 : 등기협력의무를 가진 자 　ⓐ 계약금만 수령한 경우 : 타인의 사무처리자 ✕ → 계약금이 다소 과하다 하더라도 이를 모두 지급받지 못한 상태의 매도인은 타인의 사무처리자 ✕(대법원 2007.6.14, 2007도379) 　ⓑ **제1매수인으로부터 중도금을 수령한 경우 : 타인의 사무처리자 ○ = 서면으로 부동산 증여의 의사를 표시한 자**는 타인의 사무처리자 ○(대법원 2018.12.13, 2016도19308) 　[경찰채용 21-1] 　ⓒ 제1차 매매계약의 유효성 : **제1매매계약이 사법적으로 유효하여야만 등기협력의무 ○** ▶ 📎 **한줄판례 Summary** **제1 매매계약이 무효이어서 타인의 사무처리자가 되지 않는 경우** 1. 농가가 아니고 종지를 지정하거나 자영할 의사도 없어 농지개혁법상 **농지를 취득할 수 없는 자에 대하여 농지를 매도하는 계약**(대법원 1960.2.10, 4292형상958; 2011.1.27, 2009도10701) 2. **사회질서에 반하는 계약**(내연관계 유지목적 증여)(대법원 1986.9.9, 86도1382) 3. **통정허위표시에 해당하는 계약**(대법원 1983.7.12, 82도2941) 4. **토지거래허가지역 내의 토지에 대하여 토지거래허가가 없는 경우**(대법원 1996.8.23, 96도1514) ㉢ 배임행위 : 제1매수인에게 등기협력의무를 가지는 매도인이 제2매수인에게 임의로 매도하는 행위 ≠ cf. 단, <u>매도인이 선매수인에게 소유권이전의무를 이행하면 후매수인에 대한 배임죄 ✕</u>(대법원 2009.2.26, 2008도11722; 2010.4.29, 2009도14427)

이중매매 이중저당	㉣ 배임죄의 실행의 착수와 기수 　ⓐ 착수시기 : 매도인이 제2매수인과 매매계약을 체결하고 계약금과 **중도금을 수령한 때**(대법원 1983.10.11, 83도2057; 2003.3.25, 2002도7134; 2010.4.29, 2009도 14427) [국가9급 17] ≠ *cf.* 등기이전착수시설 有 　ⓑ 기수시기 : 제2매수인에게 **소유권이전등기 등을 마치거나** 제1매수인 이외의 제3자에 게 채권담보 목적 등의 **가등기를 마친 때**(대법원 1985.10.8, 83도1375) ≠ *cf.* 단, 매도 인이 자신의 명의로 가등기를 마친 경우에는 제1매수인의 재산을 해할 위험이 없어 배임 × (대법원 1985.8.20, 84도2109) ㉤ 매도인의 제1매매계약 해제 후 처분 시 배임의 고의 여부 : ⓐ 매도인이 그 해제가 적법 한 것으로 믿고 그 믿음에 **정당한 사유가 있다면 범의 ×**, ⓑ **정당한 사유가 없다면(인정 되지 않으면) 범의** ○(대법원 2006.5.12, 2006도1140; 2007.3.29, 2006도6674) ㉥ 제2매수인의 죄책 　ⓐ 선의의 제2매수인 : 배임죄 등의 죄책 ×(대법원 1992.12.24, 92도1223) 　ⓑ 악의의 후매수인 　　• 배임죄의 성부 : 단순히 이중매매라는 사실을 알고 있는 것만으로는 부족하고(원 칙), **제1매수인을 해할 목적으로 매도인을 교사하거나 매도인과 적극 공모하여 이중 매수한 경우에만 배임죄의 교사범·공동정범** ○ [법원승진 14] 　　• 장물취득죄의 성부 : **이중매매된 부동산은 재산범죄로 인하여 영득한 재물이 아니라 제공된 재물이므로 매수인에게는 장물취득죄 ×** [법원승진 14] ② **부동산의 이중저당** : **채무담보** 목적 자신의 부동산에 저당권을 설정해 주기로 약정한 **채무자** 가 이중저당을 한 경우 → **타인의 사무처리자가 아니므로 배임 ×**(대법원 2020.6.18, 2019 도14340 전원합의체) [경찰승진 23] ③ **동산이중매매** : 매도인이 매수인으로부터 중도금을 수령한 이후에 매매목적물인 '동산'을 제3자에게 양도하는 경우 → **동산인도채무는 매도인 자기의 사무 ∴ 배임 ×**(대법원 2011. 1.20, 2008도10479 전원합의체) [법원승진 11]
죄수 및 다른 범죄와의 관계	① 죄수판단의 기준 : 신임관계에 기초한 임무위배의 수 ∴ 신임관계가 다수인 때 수개의 배임죄 ○ 🔗 **한줄판례 Summary** **배임죄의 죄수** 1. **대출에 있어 부실한 담보를 받고** 대출한도 거래약정 또는 여신한도 거래약정을 체결한 다 음 그 약정에 기해 **수차에 걸쳐 대출금인출이 이루어진 경우** → 단순일죄(대법원 2001. 2.9, 2000도5000) 2. **아파트의 각 세대를 분양받은 각 피해자**에 대하여 소유권이전등기절차를 이행하여 주어야 할 업무상의 임무가 있는 경우 → 피해자별로 독립한 수개의 업무상 배임(대법원 1994. 5.13, 93도3358) ② 횡령죄와의 관계 : 특별관계로서 횡령죄만 성립 ③ 사기죄와의 관계 : 별죄이므로 **상상적 경합**(대법원 2002.7.18, 2002도669 전원합의체) 　*cf.* 실체적 경합인 경우도 있음 ③ 장물취득죄와의 관계 : **배임행위에 제공된 물건**은 재산범죄로 인하여 '영득'한 재물이 아니 라 **제공된 재물에 불과** ∴ 이를 취득하여도 장물취득죄 × [법원승진 14]

	업무상 배임죄
조문정리	제356조【업무상의 횡령과 배임】업무상의 임무에 위배하여 제355조의 죄를 범한 자는 10년 이하의 징역 또는 3천만 원 이하의 벌금에 처한다.
주 체	① 범죄구성적 신분 + 형벌가중적 신분 = **이중적 신분범** ② 업무담당자의 상급기관 : 실행행위자의 배임행위를 교사하거나 또는 전 과정에 관여하는 등 **배임행위에 적극 가담한 경우**에는 배임죄의 주체 ○(대법원 2004.7.9, 2004도810)
업무상 배임 긍정	① **경쟁업체에 영업비밀을 유출**하는 경우(대법원 2001.1.19, 2000도2914) ② **회사회생절차 진행 중인 회사**를 인수하면서 **그 회사의 자산을 주식인수자금 대출담보로 제공**한 경우(대법원 2006.11.9, 2004도7027) ③ **영업비밀 유출·무단반출·미반환·미폐기**(대법원 2008.4.24, 2006도9089) ④ 주식회사 이사가 **약속어음 지급능력이 없음을 알고 회사 명의로 배서한 경우** → 사실상 대주주의 양해를 얻었거나 이사회의 결의를 거쳤다고 하여 배임행위가 정당화될 수 없음(대법원 2000.5.26, 99도2781) ⑤ 이사가 회사에 필요한 물품을 **할인된 가격으로 납품받을 수 있었음**에도 자신이 이익을 취득할 의도로 납품업자에게 가공의 납품업체를 만들게 한 뒤 그 납품업체로부터 **할인되지 않은 가격으로 납품을 받은 경우**(대법원 2009.10.15, 2009도5655)
공 범	① 공범이 성립하는 경우 　㉠ **회사의 대주주**가 된 자가 **회사 임원 등의 배임행위를 교사하거나 배임행위의 전 과정에 관여하는 등으로 적극 가담**한 경우 → 업무상 배임죄의 공동정범 ○(대법원 2007.2.8, 2006도483) 　㉡ **신분관계 없는 자**가 신분관계 있는 자와 공모하여 **업무상 배임죄를 저질렀다면**(§33 본문), 그러한 신분관계 없는 자에 대하여는 **§33 단서에 의하여 단순배임죄에 정한 형으로 처단**(§33 단서)(대법원 1999.4.27, 99도883) ② 공범이 성립하지 않는 경우 　㉠ **이미 업무상 배임죄의 기수에 이른 후**에 위 직원과 접촉하여 영업비밀을 취득하려고 한 경우 → 업무상 배임죄의 공동정범 ×(삼성전자 연구원 스카우트 사건, 대법원 2003.10.30, 2003도4382) 　㉡ **퇴사**한 회사직원이 영업비밀 등을 경쟁업체에 **유출**한 경우 업무상 배임 × → **제3자가 위 유출 내지 이용행위에 공모·가담**한 경우 공범 ×(대법원 2017.6.29, 2017도3808) [경찰채용 23-2]
	배임수재죄
조문정리	제357조【배임수증재】① 타인의 사무를 처리하는 자가 그 임무에 관하여 부정한 청탁을 받고 재물 또는 재산상의 이익을 취득하거나 제3자로 하여금 이를 취득하게 한 때에는 5년 이하의 징역 또는 1천만 원 이하의 벌금에 처한다. 〈개정 2016.5.29.〉 ③ 범인 또는 그 사정을 아는 제3자가 취득한 제1항의 재물은 몰수한다. 그 재물을 몰수하기 불가능하거나 재산상의 이익을 취득한 때에는 그 가액을 추징한다. 〈개정 2016.5.29, 2020.12.8.〉
구성요건	① 주체 : 타인의 사무를 처리하는 자(진정신분범, 증재죄와는 필요적 공범) 　㉠ 대외적 관계에서 **사무에 관한 권한의 존재 不要** [법원9급 12] = 배임죄 　㉡ **재산상 사무 不要** ≠ 배임죄의 사무

구성요건	예 배임수재죄의 타인의 사무처리자 : 점포 등의 임대·관리를 담당하는 자, 방송국 소속 가요담당 프로듀서, 신문사 직원, 은행 등 금융기관 임직원, 종합병원 의사, 대학교수, A감정평가법인의 지점을 독립채산제로 운영하는 자, 재건축현장의 철거 공사 사무를 처리하는 재건축조합장 등 ② 객체 : 재물(배임죄와의 차이)과 재산상의 이익 ③ 행위 : 임무에 관하여 부정한 청탁을 받고 재물 또는 재산상 이익을 취득 또는 제3자 취득 　㉠ 임무에 관하여 : 고유의 권한으로 처리를 하는 자에 한하지 않고, **보조기관으로서 직접 또는 간접으로 사무를 담당하는 자도 포함** 　㉡ 부정한 청탁 　　ⓐ **업무상 배임에 이르는 정도 不要, 사회상규 또는 신의성실의 원칙에 반하는 것** ○(대법원 1989.12.12, 89도495) [법원9급 16] 예 회수불능이 예상되는 회사로부터 거액의 불량대출을 청탁받은 경우 등 　　ⓑ **타인의 사무처리자의 지위를 취득하기 전에 부정한 청탁을 받은 경우 → 구성요건상** 배임수재는 타인의 사무를 처리하는 지위를 가진 자에게 부정한 청탁을 행하여야 하므로, **배임수재 ✕**(대법원 2009.5.28, 2009도991; 2010.7.22, 2009도12878) 　㉢ 재물 또는 재산상 이익의 취득 　　ⓐ 재물 또는 재산상 이익의 **현실적인 취득 要** → 요구·약속은 미수범에 불과 [법원9급 13] 　　　cf. 수뢰죄 　　ⓑ 배임행위 不要 : 재물 또는 재산상 이익의 취득만 있으면 되고, **(업무상) 배임행위까지 할 필요 ✕**(대법원 2011.2.24, 2010도11784) 　　　cf. 배임행위까지 한 때 → 배임수재죄와 배임죄의 실체적 경합 　　ⓒ 제3자 취득 : **제3자가 취득한 경우에도 배임수재 성립**(2016.5.29. 개정) → **제3자에는 사무처리를 위임한 본인은 포함 ✕** 　　　[판례] 형법 제357조 제1항의 '제3자'에는 사무처리를 위임한 '타인'이 포함되지 않음 → 신문사 기자들이 홍보성 기사를 게재하는 대가로 기자들이 소속된 신문사들이 피고인으로부터 돈을 교부받은 행위는 형법 제357조 제1항의 사무처리자 또는 제3자가 돈을 교부받은 경우가 아님(배임수재·배임증재 모두 ✕, 대법원 2021.9.30, 2020도2641) 　　ⓓ 사직 후 취득 : 임무에 관한 부정한 청탁을 받은 후 **사직한 다음 재물 등 취득 → 부정한 청탁과 관련된다면 배임수재 ○**(대법원 1997.10.24, 97도2042) [법원9급 13] 　　ⓔ 재산상 손해의 발생 요부 : **배임죄와는 달리, 본인에게 재산상 손해발생 不要**(대법원 1980.10.14, 79도190; 2011.2.24, 2010도11784) ④ 주관적 구성요건 : 고의 및 불법영득·이득의 의사
죄 수	① 포괄일죄 ○ : 타인의 사무를 처리하는 자가 **동일인으로부터** 그 직무에 관하여 부정한 청탁을 받고 여러 차례에 걸쳐 금품을 수수하였는데, 그것이 **단일하고도 계속된 범의 아래 반복하여 이루어진 것**이고 피해법익도 동일한 경우 → **포괄일죄** ○(대법원 1999.1.29, 98도3584; 2000.6.27, 2000도1155) ② 포괄일죄 ✕ : **여러 사람에게 각각 부정한 청탁을 받고 그들로부터 각각 금품을 수수한 경우** → **청탁이 동종의 것이라고 하더라도** 단일하고 계속된 범의 아래 이루어진 범행으로 보기 어려워 **포괄일죄 ✕**(대법원 2008.12.11, 2008도6987)
필요적 몰수·추징	① 범인 또는 정을 아는 제3자가 취득한 제1항의 재물은 몰수(필요적), 몰수하기 불가능하거나 재산상의 이익을 취득한 경우에는 추징(§357③ : 필요적) ② 배임수재의 목적물만 한정 ✕ ∴ 배임수재자가 받은 재물을 그대로 증재자에게 반환한 경우 → 증재자로부터 몰수·추징 要(대법원 2017.4.7, 2016도18014) ③ 배임증재에 제공하려 한 재물 : 필요적 몰수 ✕, 임의적 몰수 ○(§48① 1.)

배임증재죄	
조문정리	제357조 【배임수증재】 ② 제1항의 재물 또는 재산상 이익을 공여한 자는 2년 이하의 징역 또는 500만 원 이하의 벌금에 처한다. 〈개정 2020.12.8.〉 ③ 범인 또는 그 사정을 아는 제3자가 취득한 제1항의 재물은 몰수한다. 그 재물을 몰수하기 불가능하거나 재산상의 이익을 취득한 때에는 그 가액을 추징한다. 〈개정 2020.12.8.〉

내 용	① 배임증재죄는 배임수재죄와 필요적 공범 중 대항범
	   [판례] 배임수재죄와 배임증재죄는 통상 필요한 공범관계에 있기는 하나, 이것은 반드시 수재자와 증재자가 같이 처벌받아야 하는 것은 아니고, 증재자에게는 정당한 업무에 속하는 청탁이라도 수재자에게는 부정한 청탁이 될 수도 있음(대법원 1991.1.15, 90도2257) [법원9급 12·16]
	② 공범규정의 적용
	   ㉠ 내부관여자 : 총칙상 공범 ✕
	   ㉡ 배임수재를 한 자가 나아가 배임행위까지 범한 경우 : 배임행위에 대하여는 배임증재를 범한 자도 공범 ○(대법원 1999.4.27, 99도883)

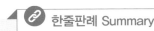 한줄판례 Summary

타인의 사무처리자 긍정

1. 부동산양도담보권자인 채권자 : 부동산에 가등기를 해 둔 가등기권리자나 소유권이전등기에 필요한 서류를 임치받고 있는 채권자(대법원 1990.8.10, 90도414)
2. 계주(대법원 1995.9.29, 95도1176)
3. 1인 회사의 1인 주주(대법원 1983.12.13, 83도2330 전원합의체)
4. 타인의 사무처리자의 보조기관으로서 사무처리를 담당하는 자(대법원 2004.6.24, 2004도520)
5. 종중의 임원(대법원 2009.5.14, 2007도6564)
6. 부동산이중매매의 매도인 : 매도인과 매수인 사이에 소유권이전등기절차를 이행하기로 하는 재판상 화해가 성립한 경우의 매도인(대법원 2007.7.26, 2007도3882)
7. 토지를 매수하여 먼저 소유권이전등기를 넘겨받은 다음 매매대금 지급을 담보하기 위해 이를 신탁회사에 처분신탁하고 신탁계약상의 수익권에 관하여 매도인에게 권리질권을 설정해 준 경우 → 매수인이 매매대금 일부 미지급 상태에서 일부 토지에 관한 신탁계약을 해지하고 이를 제3자에게 처분한 경우(대법원 2010.8.26, 2010도4613)
8. 영화제작사 대표이사가 투자자 회사 부담의 영화 현상료 등을 자신이 변제하지 못하면 장래에 발생할 영화사의 예금으로써 변제에 충당할 의사로 영화사 명의의 은행통장 등을 투자자 회사에 건네 준 경우 → 이후 위 통장계좌에 입금된 예금을 출금·소비한 경우(대법원 2010.8.19, 2010도6280)
9. 지입계약관계에서 지입회사 운영자가 임의로 지입차량에 저당권을 설정한 경우(대법원 2021.6.30, 2015도19696)

타인의 사무처리자 부정

1. 변제기 이후의 부동산양도담보권자 : 부동산양도담보권자가 담보권의 실행으로 담보목적물을 환가처분하는 경우(대법원 1985.11.26, 85도1493 전원합의체: 1989.10.24, 87도126: 1997.12.23, 97도2430)
2. 음식점임대차계약에 의하여 임차인의 지위를 양도한 자(대법원 1991.12.10, 91도2184)
3. 월부상환 중인 자동차를 타인에게 매도한 자동차등록명의인(대법원 1983.11.8, 83도2493)
4. 부동산을 경락받은 자(대법원 1969.2.25, 69도46) [법원승진 14]
5. 청산회사의 대표청산인(대법원 1990.5.25, 90도6) [법원9급 24, 법원승진 14]
6. 일반회원들을 위한 회원의 날을 없앤 골프시설운영자(대법원 2003.9.26, 2003도763)
7. 분양수입금으로 공사대금 등을 지급하기로 특약을 한 아파트 건축공사 시행사(대법원 2008.3.13, 2008도373) [법원승진 13]

8. 보통예금 계좌에서 예금을 인출한 금융기관의 임직원(대법원 2008.4.24, 2008도1408)
9. 신탁회사와 신축아파트에 대한 부동산관리처분 신탁계약을 체결하고 소유권이전등기까지 경료해 준 **아파트 건축분양회사**가 임의로 신탁목적물인 아파트를 제3자에게 매도하여 제3자로 하여금 아파트를 임대하고 보증금을 받게 한 경우 → 신탁목적물에 대한 보존·관리·비용부담 등 사무는 위탁자인 건축분양회사 자신의 사무(대법원 2009.2.26, 2008도11722)
10. **신주발행에 있어 가장납입을 한** 주식회사의 대표이사(대법원 2009.5.14, 2007도6564)
11. **채무자가 제3자 소유의 부동산을 채무의 담보로 제공하기로 한 약정**에 따라 채권자를 위하여 그 부동산에 근저당권설정등기를 경료하여 준 경우 → 그 후 채무자가 등기관계서류를 위조하여 근저당권설정등기를 말소한 경우(대법원 2007.8.24, 2007도3408; 1987.8.18, 87도201)
12. **선지급받은 분양대금 명목의 토지를 담보로 대출받아 사용**한 경우(대법원 2007.10.11, 2007도6161)
13. **정산의무를 불이행한 부동산양도담보권자**(대법원 1985.11.26, 85도1493)
14. **일반주주들에 대하여 신주발행을 함에 있어 대표이사**(대법원 2004.5.13, 2002도7340; 2010.10.14, 2010도387)
15. 낙찰계의 계주가 **계원들에게서 계불입금을 징수하지 않은 상태**에서 부담하는 계금지급의무(대법원 2009.8.20, 2009도3143)
16. 조합이 아닌 **조합 임원들을 상대로 한 직무집행정지가처분 등이 있는 경우, 위 가처분에 따르지 않은 조합장**(대법원 2009.9.10, 2009도4987)
17. **부동산매매에서 미리 소유권을 이전받은 매수인**이 목적물을 담보로 제공하는 방법으로 매매대금을 마련하여 매도인에게 제공하기로 약정한 경우의 매수인(대법원 2011.4.28, 2011도3247)
18. 계약내용(피고인이 임차인 甲과 아파트에 관한 임대차계약을 체결하면서 자신이 소유권을 취득하는 즉시 甲에게 알려 甲이 **전입신고를 하고 확정일자를 받아** 1순위 근저당권자 다음으로 대항력을 취득할 수 있도록 하기로 약정)을 위배하여 타인에게 근저당권을 설정해 준 경우(대법원 2015.11.26, 2015도4976)
19. **투자금반환채무의 변제를 위하여** 의류매장에 관한 임차인 명의와 판매대금의 입금계좌 명의를 유지해야 할 의무(대법원 2015.3.26, 2015도1301)
20. **주권발행 전 주식에 대한 양도계약**에서 양도인이 양수인으로 하여금 회사 이외의 제3자에게 대항할 수 있도록 확정일자 있는 증서에 의한 양도통지 또는 승낙을 갖추어 주는 경우 → 해당 의무는 민사상 자신의 채무이고 이를 타인의 사무로 볼 수 없음(대법원 2020.6.4, 2015도6057) [법원9급 22]
21. 동산양도담보의 채무자 : **신용장대금 변제 전 양도담보목적물인 수입물품을 임의처분한 수입업자**(대법원 2020.2.20, 2019도9756 전원합의체) [경찰간부 22, 법원9급 22]
22. **동산담보권설정자**(대법원 2020.6.4, 2015도6057)
23. **저당권이 설정된 자동차를 임의처분**한 경우(대법원 2020.10.22, 2020도6258 전원합의체) [경찰승진 22·23, 경찰채용 23-1]
24. **아파트수분양권 매도인**(대법원 2021.7.8, 2014도12104) [법원9급 24]
25. **채권양도담보계약을 체결한 채무자**가 채권자에게 담보 목적 채권에 관한 대항요건을 갖추어 주기 전에 이를 이중으로 양도하고 제3채무자에게 그 채권양도통지를 한 경우(대법원 2021.7.14, 2015도5184)
26. **알 수 없는 경위로 자신의 계정으로 이체된 비트코인**을 자신의 다른 계정으로 이체한 경우(대법원 2021.12.16, 2020도9789) [경찰간부 22]
27. **자동차에 관하여 양도담보설정계약을 체결한 채무자**(대법원 2022.12.22, 2020도8682) [경찰채용 24-1, 변호사 24]

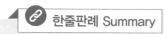 한줄판례 Summary

배임행위 인정

1. 교수가 학교 법인으로부터 교부받아 소지하고 있던 **판공비 지출용 법인신용카드를 업무와 무관하게 개인적 용도(지인들과의 식사대금)로 사용**한 경우(대법원 2006.5.26, 2003도8095)
2. **고등학교 교장이 학교법인 부지를 시세보다 저렴하게 임대한** 경우(대법원 2000.3.14, 99도457)
3. 甲 회사와 乙 회사의 주식매수청구권계약과 관련하여 **이사회의 결의 없이 甲 회사와 동일 기업집단 내 계열사 명의의 손실보상각서를 작성하여 준** 계열사 대표이사(대법원 2009.10.29, 2009도7783)

4. 종중 소유이나 종원 5명의 공유로 명의신탁된 토지를 매도하는 계약의 이행 등 종중사무를 총괄하는 자가 **종중의 '유효한 결의'를 받지 못하였음에도 그 임무에 위배하여 등기이전을 거부하는 공유자들에게 매매대금 중 일부를 지급**한 경우(대법원 2010.9.9, 2010도7380)

5. 甲 회사 및 乙 회사 모두의 자산관리인인 丙 회사의 대표이사 丁이 **甲 회사의 1인 사원의 동의를 얻어 甲 회사의 수익을 乙 회사에 불법적으로 이전**한 경우(대법원 2011.3.10, 2008도6335)

6. **직무발명에 대한 특허를 받을 수 있는 권리 등을 사용자 등에게 승계한다는 취지를 정한 약정 또는 근무규정의 적용을 받는** 종업원 甲이 직무발명의 완성사실을 사용자 등에게 알리지 않은 채 그 발명에 대한 특허를 받을 수 있는 권리를 제3자에게 이중으로 양도한 경우(대법원 2012.11.15, 2012도6676) [법원승진 13]

배임행위 부정

1. **이해관계가 충돌하는 복잡한 사안에서 담당 공무원이 직무범위 내에서 가장 합리적인 방안을 강구하여 직무처리**하였음에도 불구하고 결과적으로 국가에 손해를 야기한 경우(대법원 2008.6.26, 2006도2222) ≒ 공무원이 공공기관 등으로부터 보유주식의 매각협상 등에 대한 위임을 받아 그 위임사무 및 직무의 본지에 적합하다는 판단하에 이를 처리하고 그 내용이 그 위임사무 및 직무범위 내에 속하는 경우(론스타 사건, 대법원 2008.6.26, 2006도2222: 2010.10.14, 2010도387)

2. 전환사채 발행을 위한 이사회 결의에는 하자가 있었다 하더라도 **실권된 전환사채를 제3자에게 배정하기로 의결한 이사회 결의에는 하자가 없는 경우**의 이사(에버랜드 사건, 대법원 2009.5.29, 2007도4949 전원합의체)

3. 乙회사와 동일 기업집단 내 계열사인 甲회사의 이사가 乙회사의 보유주식 매각과 관련하여 乙회사로부터 乙회사 이사회의 결의 없이 작성된 **손실보상각서를 받고 위 손실보상약정을 승인하는 이사회의 결의가 있었는지를 확인함이 없이** 위 주식의 매수인인 丙과 주식매수청구권부여계약(풋옵션계약)을 체결한 경우(대법원 2009.5.14, 2007도6564)

🔗 **한줄판례 Summary**

재산상 손해 인정

1. 부동산 매도인이 매수인 앞으로 소유권이전등기를 경료하기 이전에 제3자로부터 금원을 차용하고 그 담보로 근저당권설정등기를 해준 경우(**피담보채무 상당액**의 손해, 대법원 1998.2.10, 97도2919)

2. **상호저축은행**의 실질적 사주의 지시에 따라 대출명의자에 대한 **기본적인 신용조사절차 없이 별도의 상당한 채권회수조치가 강구되지도 않은 채 대출한도를 초과한 신용대출**이 이루어진 경우(대법원 2010.9.9, 2010도5972)

3. 타인에게 종중의 자금을 대여함에 있어 **충분한 담보를 제공받는 등 상당하고도 합리적인 채권회수조치를 취하지 아니한 채 만연히 대출**해 준 경우(대법원 2007.12.28, 2007도6554)

4. 실제로 만기에 여신지원된 돈이 상환된 것이 아니라 **만기연장을 거듭**하다가 피고인의 일부 채무가 출자전환 방식으로 채무가 변제된 것으로 정리된 경우(대법원 2004.3.26, 2003도7878)

5. **실제로 거래처에게 대출금을 새로 교부**한 경우 → 새로운 대출금이 기존 대출금의 원리금으로 상환되도록 약정되어 있어도 재산상 손해 인정(대법원 2003.10.10, 2003도3516) = **금융기관이 실제로 거래처에 대출금을 새로 교부**한 경우(대법원 2010.1.28, 2009도10730)

6. LBO 방식의 기업인수 과정에서 행한 **피인수회사 재산을 상당한 대가 없이 담보로 제공**한 인수자(대법원 2008.2.28, 2007도5987)

7. **신협** 이사장이 **비조합원·무자격자에게 대출**해 준 경우(대법원 2001.11.30, 99도4587)

8. 재단법인 불교방송의 이사장 직무대리의 **후원회 기부금 대여**(이후 이자지급·원금상환을 하여도 이미 재산상 위험 발생, 대법원 2000.12.8, 99도3338)

9. **특정 목적을 위하여 조성된 자금**(수산업 경영개선자금)을 **지원한도를 초과하여 대출**한 경우(대법원 2007.4.27, 2007도1038)

10. 비상장주식을 적정가격으로 매입하였으나 **그 목적이 매도인의 자금조달에 있는 경우**(대법원 2005.4.29, 2005도856)

11. 타인의 채무에 대하여 보증을 하였는데, **피보증인이 변제자력이 없는 상태에서 보증인이 피보증인에게 신규로 자금을 제공한 경우**(이것이 기보증채무 변제에 사용되지 않은 경우, 대법원 2004.11.26, 2003도1791)

12. 보증회사가 **채무변제능력이 없는 피보증회사에 대하여 합리적인 채권회수책 없이 새로 금원을 대여**한 경우(대법원 2004.7.9, 2004도810)

13. 회사의 이사가 회사에 손해가 발생하리라는 점을 충분히 알면서 **채무변제능력을 상실한 계열회사에 회사 자금을 대여하거나 회사 이름으로 지급보증을 한 경우**(대법원 2010.11.25, 2009도9144, 2009도1149)

14. 채권담보의 목적으로 부동산의 소유권이전등기를 넘겨받은 채권자가 **변제기 이전에 제3자에게 소유권이전청구권 보전을 위한 가등기를** 해준 경우(대법원 1989.11.28, 89도1309)

15. **위조된 문서에 의해 대출**해 준 경우(대법원 1983.2.8, 81도3190)

16. **1번 저당권을 의뢰받고 2번 저당권을 설정**한 경우(사문서위조·동행사도 성립하는 사안, 대법원 1982.11.9, 81도2501)

17. 마을의 물류창고 신축 회사로부터 공사에 따른 피해보상 예치금을 받아 보관하던 마을 이장이 탄핵으로 사임한 후에도 후임 이장에게 위 예치금을 인계하지 않고 계속 보관하다가 **예치금 반환기간이 종료되자 마을 주민들의 동의 없이 회사에 반환**한 경우(대법원 2009.2.12, 2008도10915)

18. 아파트 건축공사의 시행사가 수분양자들에게 소유권이전등기절차를 이행하지 않은 채 **분양계약서에 기재된 대출한도금액을 초과한 근저당권설정등기를 경료**한 경우 → 수분양자들에 대한 업무상 배임죄 성립(대법원 2009.5.28, 2009도2086)

19. 甲 주식회사의 실질적 경영자인 피고인이 자신의 개인사업체가 甲 회사에 골프장 조경용 수목을 매도하였다는 허위의 매매계약을 체결하고 그 매매대금 채권과 甲 회사의 피고인에 대한 채권을 상계처리한 경우 → 피고인의 수목 매매대금 채권이 존재하지 아니하여 **상계가 법률상 무효라고 하더라도 재산상 실해발생의 위험 인정**(대법원 2012.2.23, 2011도15857)

재산상 손해 부정

1. **형식상 신규대출을 하는 것처럼 서류상 정리를 하였을 뿐** 실제로 거래처에게 교부한 것이 아닌 경우(대법원 2000.6.27, 2000도1155)

2. **담보교체행위로** 선행 담보제공으로 인한 기존의 위험과는 별개로 새로운 위험을 초래하였다고 보기 어려운 경우(대법원 2008.5.8, 2008도484)

3. **새마을금고** 임·직원이 동일인 대출한도 제한규정을 위반하여 초과대출행위를 한 경우(대법원 2008.6.19, 2006도4876 전원합의체) [법원9급 24]

4. **회수할 수 없게 된 은행채권을 회수하기 위해 신규대출**해 준 경우(대법원 2008.2.14, 2007도7716)

5. **대표이사가 개인명의로 작성·교부한 차용증에 회사 법인인감을 날인**해 준 경우(대법원 2004.4.9, 2004도771)

6. 타인의 사무처리자가 임무에 위배하여 채무자에게 **기존 대출금에 대한 대출기한을 연장**해준 경우(**기한연장으로 인한 새로운 손해가 발생한 사정이 밝혀지지 않을 경우**, 대법원 1999.7.9, 99도1864)

7. **전세권설정의무자의 근저당권설정행위**(대법원 2006.6.15, 2004도5102; 1990.4.24, 89도2281)(대법원 2020.6.18, 2019도14340 전원합의체 판례에 의하여 전세권설정의무자는 배임죄의 주체 부정 여지 큼)

8. 보증인이 변제자력이 없는 피보증인에게 신규자금을 제공하거나 신규자금 차용에 관한 담보를 제공하면서 **이미 보증을 한 채무의 변제에 사용되도록 한 경우**(대법원 2009.7.23, 2007도541; 2010.11.25, 2009도9144)

9. **양도담보로 제공된 동산**에 관하여 공장근저당권을 설정해 준 경우(대법원 2009.2.12, 2008도10971)

10. 법인의 대표자 또는 피용자가 그 법인 명의로 한 채무부담행위가 **관련 법령에 위배되어 법률상 효력이 없는** 경우(대법원 2004.4.9, 2004도771; 2009.8.20, 2009도4120; 2010.3.25, 2009도14585; 2010.9.30, 2010도6490)

11. A회사의 대표이사 甲이 **대표권을 남용**하여 자신의 개인채무에 대하여 **A회사 명의의 차용증을 작성**하여 주었는데, 그 **상대방 乙이 이와 같은 진의를 알았거나 알 수 있었던 경우**(대법원 1993.6.25, 93다13391; 2005.7.28, 2005다3649 등; 2010.5.27, 2010도1490)

13. 甲 주식회사 대표이사인 피고인이, 자신이 별도로 대표이사를 맡고 있던 乙 주식회사의 丙 은행에 대한 채무를 담보하기 위해 丙 은행에 甲 회사 명의로 약속어음을 발행하여 주었는데, 피고인이 **대표권을 남용하여 약속어음을 발행**하였고 당시 **상대방인 丙 은행이 그러한 사실을 알았거나 알 수 있었던** 때에 해당하는 경우 → 아직 **재산상 실해발생의 위험 ✕(배임 미수)** but 만약 약속어음이 **실제로 제3자에게 유통되었다면** 회사에게 어음채무 부담위험이 구체적으로 발생한 것이므로 **실제 어음채무 이행 전이라도 배임 기수**(대법원 2017. 7.20, 2014도1104 전원합의체)

 한줄판례 Summary

(업무상) 배임죄의 고의 긍정

1. 대기업의 회장 등이 경영상의 판단이라는 이유로 **甲 계열회사의 자금으로 재무구조가 불량한 상태에 있는 乙 계열회사가 발행하는 신주를 액면가격으로 인수**한 경우 → 본인의 이익을 위한다는 의사는 부수적일 뿐이고 이득 또는 가해의 의사가 주된 것임이 판명(대법원 2004.6.24, 2004도520)
2. **경영자 개인이 정치적인 이유 등으로 곤란함을 겪고 있는 상황에서 벗어나기 위해서** 특정 회사의 주식을 매입하게 한 경우(대법원 2007.3.15, 2004도5742)
3. **회사의 이사가 채무변제능력을 상실한 계열회사에게 회사자금을 대여하거나 그의 채무를 지급보증**한 경우(대법원 1999.6.25, 99도1141)
4. K자동차 회장이 **경영권 보전 목적**으로 경영발전위원회에 자금을 지원한 경우(대법원 1999.6.25, 99도1141)
5. 법인의 임원이 **회계처리를 적정하게 하지 아니함으로써 다른 법인에 자금을 대여한 사실 자체를 은폐**한 경우 → 부적정한 회계처리는 자금대여와 관련된 배임행위의 고의를 뒷받침하는 유력한 요소(대법원 2010.10.28, 2009도1149)

(업무상) 배임죄의 고의 부정

1. 담보물에 대한 일체의 권한을 위임받은 자가 **대위변제를 한 후 그 명의로 소유권이전등기를 경료받은** 경우(대법원 1983.9.13, 82도2613)
2. 보증보험회사의 경영자가 경영상의 판단에 따라 **보증보험회사의 영업으로 행한 보증보험계약의 인수**가 임무위배행위에 해당하지 않는 경우(대법원 2004.7.22, 2002도4229)
3. 甲 회사가 부실회사인 乙 회사를 인수할 당시 **이미 검토되었던 투자의 실행으로서 이루어진 유상증자 참여결정에 따라 乙 회사의 발행주식을 적정가액보다 고가로 인수**한 경우, 乙 회사 유상증자에의 참여를 결정한 甲 회사의 대표이사 및 이사(대법원 2010.1.14, 2007도10415)
4. **회사의 설립등기절차·증자등기절차를 마친 직후 이를 인출하여 위 차용금채무의 변제에 사용**한 경우 → 불법이득의사 부정(대법원 2005.4.29, 2005도856)
5. 퇴사한 전직 동료의 편의를 위하여 회사 컴퓨터에 저장된 **개인파일 등을 복사해 준** 경우(대법원 2009.5.28, 2008도5706)

 한줄판례 Summary

배임수증재죄에 있어서 타인의 사무처리자 인정

1. **A감정평가법인의 B지점을 독립채산제로 운영하는 자**가 감정평가업무를 수주하여 그 업무를 처리하는 경우(대법원 2004.10.27, 2003도7340)
2. **특정학원 소속 강사만 채용하고 특정회사 출판 교재만 채택하는 수능과외방송협약을 체결한 주식회사의 이사**(대법원 2002.4.9, 99도2165)
3. 방송국에 소속되어 가요프로그램의 제작연출 등의 사무를 처리하는 **가요담당 프로듀서**(대법원 1991.6.11, 91도688)
4. 인수·합병 추진계획이 있는 **피인수회사의 이사로 취임한 甲이 미리 인수회사 그룹에 피인수회사의 매각업무에 관한 정보를 제공하고 인수회사의 대표이사 乙로부터 거액의 재산상 이익을 취득**한 경우(대법원 2010. 4.15, 2009도6634)

5. 노동조합과는 별개의 사업장 내 단체인 이른바 '**현장조직의 간부**'가 회사 측으로부터 부정한 청탁을 받고 금품을 받은 경우(대법원 2010.9.9, 2009도10681)

배임수증재죄에 있어서 타인의 사무처리자 부정

1. **수급인이 신축공사에 대한 일괄 하도급계약을 체결**하는 경우 → 타인을 위한 사무처리가 아니라 바로 수급인 자신의 사무처리에 해당(대법원 2002.4.9, 99도2165)
2. 한국야구위원회 사무총장이 잠실야구장의 광고권자 선정업무와 관련하여 부정한 청탁을 받은 경우(대법원 2006.3.24, 2005도6433)
3. **지역별 수산업협동조합의 총대가 조합장선거와 관련하여 금원을 교부받은 경우**(대법원 1990.2.27, 89도970) → 총대는 스스로의 권한으로 총회에서 임원선거에 참여하고 의결권을 행사하는 등 자주적으로 업무를 수행
4. **교사에게 전입학 업무에 대해 부정한 청탁을 한 경우**(대법원 2005.11.10, 2003도7970) ≒ **대학의 편입학사무와 관련이 없는 학교법인의 상무이사**(대법원 1982.4.13, 81도2646)

🔗 한줄판례 Summary

배임수증재죄에 있어서 부정한 청탁 인정

1. 납품계약과 위탁관리계약의 당사자로부터 **경쟁업체들보다 상대적으로 유리하도록 영향력을 행사하여 달라는** 취지의 묵시적인 청탁을 받고 금원을 수령한 경우(대법원 2004.3.26, 2002도4131)
2. KOC 위원으로 선임해 달라는 등의 부탁을 받고 금원을 수령한 경우(대법원 2005.1.14, 2004도6646)
3. **투자대상회사의 기금을 운영하는 자가 그 투자대상회사의 전환사채에 관한 청탁을 받고 금원을 취득**한 경우(대법원 2006.5.12, 2004도491)
4. 부킹대행업자의 청탁에 따라 **회원에게 제공해야 하는 주말부킹권을 부킹대행업자에게 판매**하고 그 대금 명목의 금품을 받은 경우(대법원 2008.12.11, 2008도6987)
5. **장래에 담당할 임무에 관하여 부정한 청탁을 받고** 재물 또는 재산상 이익을 취득한 후 그 임무를 현실적으로 담당하게 된 경우 → 그 청탁 당시 **장래에 담당할 것이 합리적으로 기대되었던 임무**라고 볼 수 있음(대법원 2010.4.15, 2009도4791)
6. 주택조합아파트 시공회사 직원들이 조합장으로부터 **조합의 이중분양에 관한 민원을 회사에 보고하지 않고 묵인하거나, 이중분양에 대한 조치를 강구할 때 조합의 입장을 배려하여 달라는 청탁**을 받고 위 아파트 분양권을 취득한 경우(대법원 2011.2.24, 2010도11784)
7. 기자 甲이 K국가산업단지 내 기업체들로부터 **묵시적으로 부정적인 기사를 자제해 달라는 취지의 청탁**을 받고 그와 관련한 돈을 공동광고비 명목으로 받거나 적정한 광고비의 **1.5배에서 4.5배에 이르는 금액을 개별광고비 명목으로 받은** 경우(대법원 2014.5.16, 2012도11259)
8. **언론사 기자에 대한 유료기사 게재청탁**(대법원 2021.9.30, 2019도17102)

배임수증재죄에 있어서 부정한 청탁 부정

1. 공사대금 중 수급인이 **학교법인 부담부분 상당액을 학교법인에게 기부하는 것을 조건으로 공사계약을 체결**한 후(수의계약) 공사를 완성하여 이 부분에 대한 공사대금 지급의무를 면제받은 행위(대법원 2001.2.9, 2000도4700)
2. **특정 가수의 노래만을 자주 방송하여 달라는 청탁**에 대하여 (방송국 PD에게는 부정한 청탁이지만) **해당 가수 또는 그 매니저의 경우** → 배임증재죄 ✕(대법원 1991.6.11, 91도688) = **처분금지가처분등기**된 토지를 매수하려는 자가 가처분을 **취하해 달라는 청탁**을 한 경우 → 매수자는 정당한 청탁이므로 배임증재 ✕(대법원 2011.10.27, 2010도7624)
3. **'타인의 사무를 처리하는 자'의 지위를 취득하기 전에 부정한 청탁을 받은 경우**(대법원 2009.5.28, 2009도991; 2010.7.22, 2009도12878)
4. 학교법인의 운영권을 양도하고 양수인으로부터 양수인 측을 학교법인의 임원으로 선임해 주는 대가로 양도대금을 받기로 하는 내용의 '청탁'(대법원 2014.1.23, 2013도11735) [법원9급 16]

08 장물의 죄

의의 성격	① 재산범죄의 유인범죄·비호범죄 ② **절도죄·횡령죄보다 장물죄를 무겁게 처벌**
보호법익	**재산권** / 보호정도 → 침해범설(多) vs. 위험범설
본 질	① 추구권설 : 피해자의 반환청구권 행사의 곤란 → 불법원인급여물은 장물 아님 ② 유지설 : 위법한 재산상태의 유지·존속 → 불법원인급여물은 장물 인정 ③ 결합설 : 유지설을 기본으로 추구권설과 조화(多) → **불법원인급여물은 장물**이며, 수렵법위반으로 획득한 조수는 장물 ×

장 물	① 재물
	 ㉠ 장물은 '재산범죄에 의하여 영득한 재물'이므로 장물은 **재물**이어야 함, 동산·부동산 불문, 관리 가능한 동력 포함(多)
	 ㉡ 재산상의 이익·권리 : 장물 × ∴ **전화가입권 ×**(대법원 1971.2.23, 70도2589)
	② 재산범죄(본범)
	 ㉠ 절도·강도·사기·공갈·횡령·장물(연쇄장물) 등 ○ [법원9급 12]
	 ㉡ 특별법상 재산범죄(산림법위반) ○
	 ㉢ 재산범죄인 경우, **불가벌적 사후행위 ○**
	 ㉣ **우리 형법이 적용되지 아니하는 경우에도 우리 형법을 기준**으로 재산죄이면 됨(횡령한 미국 리스차량을 수입한 행위는 장물취득 ○) [국가9급 14]
	 ㉤ 본범의 실현 정도
	  ⓐ 구성요건에 해당하는 위법한 행위이면 되고 책임은 不要 ∴ 형사미성년자가 절취한 재물도 장물 ○
	  ⓑ 처벌조건·소추조건 구비 不要
	  ⓒ 본범이 공소시효가 완성되더라도 장물이 됨
	  ⓓ 횡령행위에 가공하면서 이를 구입한 경우 : 횡령(본범)의 기수와 장물취득죄 성립 (대법원 2004.12.9, 2004도5904)
	 ㉥ 장물죄의 본범에 해당하지 않는 경우
	  ⓐ **손괴·배임·컴퓨터사용사기**(대법원 2004.4.16, 2004도353 : **권한 없이 계좌이체한 후 자기점유 계좌의 돈을 인출하고 그 정을 아는 타인이 위 돈을 취득한 행위**는 장물취득 ×) [국가7급 23]
	  ⓑ 비재산범죄 : 수뢰죄의 뇌물, 도박죄의 도박금액, 통화위조죄의 위조통화, 수렵법 위반 포획 조수
	③ 영득한 재물 : 영득하여야 하므로 재산범죄의 수단으로 제공된 재물은 장물 × 예 이중매매된 부동산, 양도담보로 제공된 부동산 등은 장물 ×
	④ 재물의 동일성
	 ㉠ 의의 : 장물은 **재산범죄에 의해서 영득된 재물 그 자체 or 동일성 인정되는 것**
	 ㉡ 대체장물 : 장물의 매각대금 내지 장물인 금전으로 구입한 물건 등
	  ⓐ 대체장물은 **장물성 부정** → 장물 그 자체가 아니므로
	  ⓑ 단, 절도범이 도품을 선의의 제3자에게 판매하고 취득한 대금 등 물건 : 절도죄에 관해서는 대체장물이나, 선의의 제3자를 피해자로 하는 사기죄가 성립하므로 사기죄로 영득한 재물이 되어 장물 ○
	 ㉢ **환전통화 및 수표와 교환된 현금** : 장물 ○(물리적 동일성이 아니라 **가치의 동일성** 중시, 대법원 2000.3.10, 98도2579)

	장물취득·양도·운반·보관·알선죄
조문정리	제362조【장물의 취득, 알선 등】 ① 장물을 취득, 양도, 운반 또는 보관한 자는 7년 이하의 징역 또는 1천 500만 원 이하의 벌금에 처한다. ② 전항의 행위를 알선한 자도 전항의 형과 같다.

구성요건	① 주체
	 ㉠ **본범의 정범**(간접정범, 공동정범, 합동범) : 장물죄의 주체 ✕
	 ㉡ 본범의 교사범·종범 : 장물죄의 주체 ○ ∴ **절도를 교사한 자가 장물을 취득한 경우 → 절도교사와 장물취득의 실체적 경합**
	② 객체 : 장물(재물죄)
	③ 행위 : 장물을 취득·양도·운반·보관·알선하는 것
	 ㉠ 취득
	  ⓐ 점유를 이전받아 재물에 대한 **사실상 처분권을 얻는 것**(대법원 2003.5.13, 2003도1366)
	  ⓑ 단순히 본범을 위하여 장물을 일시 사용하는 것 : 장물취득 ✕
	  ⓒ **사기방조범이 자기 계좌에 입금된 돈을 인출 : 장물'취득' ✕**
	 ㉡ 양도 : 장물인 정을 알지 못하고 취득 후 그 정을 알면서 제3자에게 수여하는 것
	 ㉢ 운반 : 장물을 장소적으로 이전하는 것
	  ⓐ **절취한 차량을 강도목적으로 운전해 준 경우 : (강도예비와) 장물운반죄(의 상상적 경합)**(대법원 1999.3.26, 98도3030) [법원9급 15]
	  ⓑ **타인이 절취·운전하는 승용차의 뒷좌석에 편승한 경우 : 장물운반 ✕**(대법원 1983.9.13, 83도1146)
	 ㉣ 보관 : 위탁을 받아 장물을 자기의 점유하에 두는 것 → **적법한 점유권원 있으면 장물보관 ✕**
	 ㉤ 알선 : 장물의 취득·양도·운반·보관을 매개·주선하는 행위 → **알선행위만 있으면 되고 계약성립이나 점유이전 不要**(대법원 2009.4.23, 2009도1203) [경 12]
	④ 고의 : **장물취득 등 행위 당시**에 있어야 함(대법원 1971.4.20, 71도468)

죄수 등	① 장물인 정을 알면서 보관하다가 취득한 경우, 혹은 장물을 취득한 자가 이를 양도·운반·보관한 경우 : 장물취득죄만 성립 ② 장물을 운반한 후에 계속하여 보관하는 경우 : 장물운반죄의 포괄일죄 ③ 장물을 절취·강취·편취·갈취한 경우 : 상대방과의 합의가 없으므로 장물죄는 성립하지 않고 위의 범죄만 성립(多) ④ **장물보관자가 그 장물을 횡령한 경우** : 횡령행위는 불가벌적 사후행위 ∴ **장물보관죄만 성립** (업무상 과실장물보관의 경우에도 同)(대법원 2004.4.9, 2003도8219) [국가7급 11, 법원9급 15, 법원승진 09]
친족 상도례	제365조【친족 간의 범행】 ① 전3조의 죄를 범한 자와 피해자 간에 제328조 제1항(**헌법불합치 결정**), 제2항의 신분관계가 있는 때에는 동조의 규정을 준용한다. ② 전3조의 죄를 범한 자와 본범 간에 제328조 제1항의 신분관계가 있는 때에는 그 형을 감경 또는 면제한다. 단, 신분관계가 없는 공범에 대하여는 예외로 한다.

	상습장물취득·양도·운반·보관·알선죄
조문정리	제363조【상습범】① 상습으로 전조의 죄를 범한 자는 1년 이상 10년 이하의 징역에 처한다. ② 제1항의 경우에는 10년 이하의 자격정지 또는 1천 500만 원 이하의 벌금을 병과할 수 있다.

	업무상 과실·중과실 장물취득·양도·운반·보관·알선죄
조문정리	제364조【업무상 과실, 중과실】업무상 과실 또는 중대한 과실로 인하여 제362조의 죄를 범한 자는 1년 이하의 금고 또는 500만 원 이하의 벌금에 처한다. ① 업무상 과실장물죄 : 장물죄의 과실범의 기본적 구성요건(업무 : 가중적 신분 ✕, 진정신분범) ② 원칙 : 매도인의 사업자등록증과 주민등록증을 확인하고 이를 장부에 기재한 경우 업무상 과실 ✕(대법원 1991.11.26, 91도2332) ③ 예외 : **장물인지 의심할 만한 특별한 사정이 있는 경우** → 신분증 확인 정도로는 불충분, 당해 물건의 매수경위 등을 문의해야 함(대법원 2003.4.25, 2003도348)

🔗 한줄판례 Summary

1. 대한민국 국민 또는 외국인이 미국 캘리포니아 주에서 미국 리스회사와 미국 캘리포니아 주의 법에 따라 차량 이용에 관한 리스계약을 체결하였는데, 이후 자동차수입업자인 甲이 리스기간 중 위 리스이용자들이 임의로 처분한 위 차량들을 수입한 경우, 甲에게 장물취득죄가 성립한다(대법원 2011.4.28, 2010도15350). [국가9급 14]

2. 본인 명의의 예금계좌를 양도하는 방법으로 본범의 사기 범행을 용이하게 한 **방조범이 본범의 사기행위 결과 그의 예금계좌에 입금된 돈을 인출한 경우 장물취득죄 ✕**(대법원 2010.12.9, 2010도6256) [국가7급 11, 국가9급 17, 법원9급 13·15, 법원승진 12]

3. 장물인 정을 모르고 **채권담보로써 수표**를 교부받았다가 그 정을 알고서도 계속 보관한 경우 : 보관할 적법한 권원이 있으므로 장물보관죄 ✕(대법원 1986.1.21, 85도2472).

4. 전당포영업자가 보석들을 전당잡으며 **인도받을 당시 장물이라는 정을 알았다는 증거가 없다면**, 그 후 장물일지 모른다고 의심하면서 소유권포기각서를 받았다 해도 장물취득죄 ✕(또한 적법한 보관 권원이 있으므로 장물보관죄도 불성립)(대법원 2006.10.13, 2004도6084)

09 손괴의 죄

	재물·문서손괴죄
조문정리	제366조【재물손괴 등】타인의 재물, 문서 또는 전자기록 등 특수매체기록을 손괴 또는 은닉 기타 방법으로 그 효용을 해한 자는 3년 이하의 징역 또는 700만 원 이하의 벌금에 처한다.
구성요건	① 객체 : 타인의 재물·문서 또는 전자기록 등 특수매체기록(재물죄) 　㉠ 재물 　　ⓐ 관리할 수 있는 동력 포함(§372), 동산·부동산 불문, 동물도 해당

<table>
<tr>
<td rowspan="1">구성요건</td>
<td>

ⓑ 공익건조물 : 파괴(§367)의 정도에 이르지 않을 때에는 본죄의 대상

ⓒ 공용건조물 : 공용물파괴죄(§141②) 내지 공용서류등무효죄(§141①)의 객체이므로 본죄의 객체 ✕

ⓛ 문서

    ⓐ 공용서류(§141①)에 해당되지 않는 모든 문서

    ⓑ 표시된 내용이 적어도 **법률상·사회생활상 중요한 사항에 관한 것**이어야 함 → 잘못 기재된 부분을 찢어버린 행위는 손괴 ✕

ⓒ 전자기록 등 특수매체기록 : 타인의 컴퓨터 파일 무단삭제도 손괴죄 ○

ⓛ 타인성

    ⓐ 타인의 소유 : 자기점유이거나(대법원 1984.12.26, 84도2290) 작성명의인(대법원 1987.4.14, 87도177)은 문제되지 않음

    ⓑ **채무자가 타인에게 교부한 자기 명의 차용증서의 액면금액 변경** : (사문서변조 ✕) 문서손괴죄 ○

② 행위 : 손괴·은닉·기타 방법으로 그 효용을 해하는 것

    ㉠ 손괴 : 재물·문서에 직접 유형력을 행사하여 그 이용가능성을 침해하는 것 예 한적한 곳에 주차한 차의 타이어 바람을 빼는 것

    ㉡ 은닉 : 타인 명의의 등기권리증을 민사사건에 **증거로 제출한 것은 은닉 ✕**(대법원 1979. 8.28, 79도1266)

    ㉢ 기타의 방법 : 사실상·감정상 본래의 사용목적에 제공할 수 없는 상태로 만드는 것, 일시적인 경우도 포함

③ 고의 : 타인의 재물·문서 또는 전자기록 등 특수매체기록을 손괴·은닉 기타 방법으로 그 효용을 해한다는 사실에 대한 인식과 의사

④ 영득의사·이득의사 : 不要(훼기죄, 비영득죄)

</td>
</tr>
<tr>
<td>다른
범죄와의
관계</td>
<td>

① **타인 명의**의 문서의 내용을 변경한 경우 : **(사)문서변조죄**(§231)

② **자기 명의**의 문서의 내용을 변경한 경우 : **타인 소유라면 문서손괴죄**

③ 전자기록을 손괴하여 업무를 방해한 경우 : 흡수관계로서 컴퓨터장애업무방해죄만 성립(多)

</td>
</tr>
</table>

공익건조물파괴죄

<table>
<tr>
<td>조문정리</td>
<td>

제367조 【공익건조물파괴】 공익에 공하는 건조물을 파괴한 자는 10년 이하의 징역 또는 2천만 원 이하의 벌금에 처한다.

</td>
</tr>
</table>

중손괴죄·손괴치사상죄

<table>
<tr>
<td rowspan="1">조문정리</td>
<td>

제368조 【중손괴】 ① 전2조의 죄를 범하여 사람의 생명 또는 신체에 대하여 위험을 발생하게 한 때에는 1년 이상 10년 이하의 징역에 처한다.

② 제366조 또는 제367조의 죄를 범하여 사람을 상해에 이르게 한 때에는 1년 이상의 유기징역 에 처한다. 사망에 이르게 한 때에는 3년 이상의 유기징역에 처한다.

→ 제1항(중손괴죄)은 생명·신체에 대한 구체적 위험을 발생시킨 경우에 성립하는 부진정결 과적 가중범이고, 제2항(손괴치사상죄)은 진정결과적 가중범

</td>
</tr>
</table>

특수손괴죄	
조문정리	제369조【특수손괴】① 단체 또는 다중의 위력을 보이거나 위험한 물건을 휴대하여 제366조의 죄를 범한 때에는 5년 이하의 징역 또는 1천만 원 이하의 벌금에 처한다. ② 제1항의 방법으로 제367조의 죄를 범한 때에는 1년 이상의 유기징역 또는 2천만 원 이하의 벌금에 처한다. 위험한 물건인 자동차를 이용하여 타인의 자동차 손괴 : 자동차의 소유자 등이 실제로 해를 입거나 해를 입을 만한 위치에 있지 아니하였다고 하더라도 특수손괴 ○(대법원 2003.1.24, 2002도5783)

경계침범죄	
조문정리	제370조【경계침범】 경계표를 손괴, 이동 또는 제거하거나 기타 방법으로 토지의 경계를 인식불능하게 한 자는 3년 이하의 징역 또는 500만 원 이하의 벌금에 처한다. ① 경계 　⊙ 법률상의 정당한 경계인지 여부 불문(실체법상 권리와의 일치 不要) 　ⓒ 종래부터 경계로서 일반적으로 승인되어 왔거나 이해관계인들의 명시적·묵시적 합의가 존재하는 등 어느 정도 객관적으로 통용되어 오던 사실상의 경계 ○ 　ⓒ 주관적으로만 경계라고 생각한 것(일방적 경계측량에 의해 설치한 계표) : 경계 ✕(대법원 1986.12.9, 86도1492) ② 토지경계의 인식불능의 결과 필요 : 경계침범죄는 미수 無

 한줄판례 Summary

손괴죄의 객체 부정
이미 작성되어 있던 장부의 기재를 새로운 장부로 이기하는 과정에서 **누계 등을 잘못 기재하다가 그 부분을 찢어버리고 계속하여 종전 장부의 기재내용을 모두 이기한 행위** → 손괴 ✕(대법원 1989.10.24, 88도1296)

 한줄판례 Summary

손괴죄의 재물의 타인성 인정
구 도시재개발법에 의한 관리처분계획의 인가·고시 이후 분양처분의 고시 이전에 **재개발구역 안의 무허가 건물을 제3자가 임의로 손괴할 경우**(대법원 2004.5.28, 2004도434)

손괴죄의 재물의 타인성 부정
수확되지 아니한 농작물에 있어서는 명인방법을 실시함으로써 소유권을 취득하는데 **쪽파의 매수인이 명인방법을 갖추지 않은 상태**에서 제3자가 매도인의 동의하에 쪽파를 손괴한 경우(대법원 1996.2.23, 95도2754)

 한줄판례 Summary

손괴행위 인정
1. 회사의 경리사무처리상 필요불가결한 매출계산서·매출명세서 등의 반환을 거부하는 것(대법원 1971.11.23, 71도1576)
2. **래커 스프레이**를 이용하여 회사 건물 외벽과 1층 벽면 등에 낙서한 행위(대법원 2007.6.28, 2007도2590)
3. 자동문을 수동으로만 개폐되도록 하여 자동잠금장치로서 역할을 할 수 없게 한 경우(대법원 2016.11.25, 2016도9219) [경찰승진 23]

손괴행위 부정

1. 어느 문서에 대한 종래상태를 제거하거나 변경시키는 것에 불과하고 새로이 **문서 소유자의 사용에 지장을 초래하지 않는** 경우(아파트관리사무소장이 회신 문서 수취인들의 동의를 받지 아니한 채 아파트 벽면에 게시한 문서 1부를 임의로 제거한 경우, 대법원 2015.11.27, 2014도13083) [법원9급 17]
2. **타인 소유 토지의 이용을 방해할 목적으로 권한 없이 건물을 신축**한 경우 : 소유자로 하여금 효용을 누리지 못하게 한 것일 뿐 토지의 효용을 해하지 않았음(대법원 2022.11.30, 2022도1410, 영득의사 인정되면 손괴 X) [경찰채용 23-2]
3. **계란 30여 개를 건물에 투척한 행위**(대법원 2007.6.28, 2007도2590) [법원승진 13]
4. 유색 페인트와 래커 스프레이를 이용하여 회사 소유의 **도로 바닥에 직접 문구를 기재**하거나 도로 위에 놓인 현수막 천에 문구를 기재하여 **페인트가 바닥으로 배어 나와 도로에 배게 한 경우**(대법원 2020.3.27, 2017도20455) [경찰채용 22-2]
5. 환경운동가들이 석탄화력발전소 건설에 문제를 제기하기 위하여 글씨 모양 조형물에 녹색 수성스프레이를 분사한 경우(분사한 직후 미리 준비한 물과 스펀지로 이 사건 조형물을 세척, 대법원 2024.5.30, 2023도5885)

 한줄판례 Summary

손괴의 고의 인정
철거 최고의 적법조치 없이 일방적으로 철거한 경우(대법원 1990.5.22, 90도700)

손괴의 고의 부정
1. 공중전화기가 고장난 것으로 생각하고 파출소에 신고하기 위해 전화선코드를 빼고 떼어낸 경우(대법원 1986.9.23, 86도941)
2. (영업을 방해하기 위하여 철조망을 설치하려 하자) **타인 소유 철조망을 가까운 곳에 마땅한 장소가 없어 약 200 내지 300미터 떨어진 곳에 옮겨 놓은 경우**(대법원 1990.9.25, 90도1591)

 한줄판례 Summary

경계침범죄 부정
설령 법률상의 정당한 경계를 침범하는 행위가 있었다 하더라도 그로 말미암아 **토지의 사실상의 경계에 대한 인식 불능의 결과가 발생하지 않는 한** 경계침범 X(대법원 1991.9.10, 91도856; 1992.12.8, 92도1682) [법원9급 12]

10 권리행사를 방해하는 죄

권리행사방해죄	
조문정리	제323조【권리행사방해】 타인의 점유 또는 권리의 목적이 된 자기의 물건 또는 전자기록 등 특수매체기록을 취거, 은닉 또는 손괴하여 타인의 권리행사를 방해한 자는 5년 이하의 징역 또는 700만 원 이하의 벌금에 처한다.
의 의	① 법익 : 자기소유의 재물에 대한 다른 사람의 (소유권 이외의) 재산권(제한물권·채권) 내지 의사결정·의사활동의 자유 ② 보호정도 : **추상적 위험범**(判)

구성요건	① 객체 : 타인의 점유·권리의 목적이 된 자기의 물건 또는 전자기록 등 특수매체기록 　　㉠ 자기의 물건 : **자기소유** ∴ **타인소유** × ∴ 공동소유물 ×(대법원 1984.6.26, 83도2413) 　　㉡ 전자기록 등 특수매체기록 　　㉢ 타인의 점유 또는 권리의 목적 　　　　ⓐ 점유 : 보호법익이므로 **적법한 권원에 기초한 점유 要** 　　　　ⓑ 권리 : 자기의 소유물에 대한 타인의 제한물권이나 채권 → **점유를 수반하지 않는 채권인 원목 인도청구권** ○(대법원 1991.4.26, 90도1958), 임대인과 임차인 간 계약이 해지 등으로 종료된 경우에도 전차인이 가지고 있는 점유사용권 ○(대법원 2001.9.14, 2001도3454) ② 행위 : 취거·은닉·손괴하여 타인의 권리행사를 방해하는 것 ③ 고의 要, **불법영득의사 不要**(∵ 자기소유)
친족 상도례	① 직계혈족, 배우자, 동거친족, 동거가족 또는 그 배우자 간 **형면제**(§328①) → 헌법재판소 2024.6.27, 2020헌마468에 의하여 **헌법불합치 결정**(현재 적용중지 상태) ② 이외의 친족 간 : **상대적 친고죄**(동②)

점유강취죄·준점유강취죄

조문정리	제325조【점유강취, 준점유강취】① 폭행 또는 협박으로 타인의 점유에 속하는 자기의 물건을 강취(強取)한 자는 7년 이하의 징역 또는 10년 이하의 자격정지에 처한다. ② 타인의 점유에 속하는 자기의 물건을 취거(取去)하는 과정에서 그 물건의 탈환에 항거하거나 체포를 면탈하거나 범죄의 흔적을 인멸할 목적으로 폭행 또는 협박한 때에도 제1항의 형에 처한다. [전문개정 2020.12.8.] ① 자기의 물건에 대한 강도죄·준강도죄의 성격 ② 미수 처벌(§325③)

중권리행사방해죄

조문정리	제326조【중권리행사방해】제324조 또는 제325조의 죄를 범하여 사람의 생명에 대한 위험을 발생하게 한 자는 10년 이하의 징역에 처한다. 💡 퍼써 정리 ㅣ **중(重)~죄 개관** | 중상해	생명에 대한 위험	불구	불치·난치의 질병
중유기	생명에 대한 위험		
중강요	생명에 대한 위험		
중권리행사방해	생명에 대한 위험		
중손괴	생명·신체에 대한 위험		
중체포·감금	가혹한 행위 [경찰승진 10·11]			
---	---

강제집행면탈죄

조문정리	제327조【강제집행면탈】강제집행을 면할 목적으로 재산을 은닉, 손괴, 허위양도 또는 허위의 채무를 부담하여 채권자를 해한 자는 3년 이하의 징역 또는 1천만 원 이하의 벌금에 처한다.

의 의	① 법익 : 채권자의 **정당한 권리행사** + **강제집행기능** ② 채권자의 채권의 존재 : 본죄의 성립요건(대법원 1982.10.26, 82도2157) ③ 법익보호의 정도 : 채권자를 해할 위험이 있으면 됨(위험범)

구성요건	① 주체 : 채무자, 제3자(通·判) 예 채무자의 법정대리인, 법인의 기관, 기타 제3자
	② 객체 – 강제집행의 대상이 될 수 있는 재산
	③ 행위
	    ㉠ 은닉·손괴·허위양도·허위채무부담
	        ⓐ 은닉 : 재산의 소유관계를 불명하게 하는 행위로서, **선순위가등기권자 앞으로 소유
	            권이전의 본등기를 하는 경우 포함**(대법원 1983.5.10, 82도1987)
	        ⓑ 손괴
	        ⓒ 허위양도 : **진실한 양도인 때에는 (강제집행을 면할 목적이 있는 경우에도) ×**(교회
	            소유의 대지에 대해 강제집행의 우려가 있자 명의신탁 해지 후 다른 교회 임원 앞
	            으로 명의신탁한 경우, 대법원 1983.7.26, 82도1524)
	        ⓓ 허위채무부담 : 진실한 양도가 아님에도 불구하고 액면상 진실한 양도인 것처럼
	            가장하여 재산의 명의를 변경하는 것(대법원 1987.9.22, 87도1579) → **진실한 채무
	            부담인 때에는 ×**
	    ㉡ 채권자를 해하는 것 : **위태범이므로 채권자를 해하는 결과 不要**(대법원 2012.6.28, 2012
	       도3999) [법원9급 16]
	④ 상황 – **강제집행을 받을 위험이 있는 객관적 상태**
	    ㉠ 현실적인 민사소송의 제기나 강제집행 등의 개시가 없을지라도 채권자들이 채권확보
	       를 위하여 '**소송을 제기할 기세**'를 보이면 충분(대법원 2008.6.26, 2008도3184)
	    ㉡ 광의의 강제집행인 의사의 진술에 갈음하는 판결의 강제집행 포함(대법원 2015.9.15,
	       2015도 9883)
	⑤ 고의 및 **강제집행을 면할 목적(목적범)**

기수 종료	허위의 채무를 부담하는 내용의 채무변제계약 공정증서를 작성한 후 이에 기하여 '**채권압류 및 추심명령을 받은 때**' → 강제집행면탈죄가 성립함과 동시에 종료되어 공소시효 기산(대법 원 2009.5.28, 2009도875)

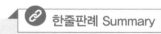
한줄판례 Summary

권리행사방해죄의 객체 인정
회사에 지입한 자동차를 회사 대표이사가 취거한 경우(대법원 1992.1.21, 91도170)

권리행사방해죄의 객체 부정
1. 회사 과점주나 부사장이 회사명의 등기의 선박을 취거한 경우(대법원 1984.6.26, 83도2413)
2. 선의의 매도인과의 계약명의신탁이 아닌 **부동산 명의신탁에 있어서 명의수탁자가 임의로 명의신탁목적물을 처분**한 경우(대법원 2005.11.10, 2005도6604)
3. 甲이 A회사가 유치권 행사 중인 건물을 강제경매를 통하여 자신의 아들 乙 명의로 매수한 후 甲이 그 잠금장치를 변경한 경우 → 부동산경매절차에서 부동산을 매수하려는 사람이 타인과의 명의신탁약정 아래 타인 명의로 매각허가결정을 받아 자신의 부담으로 매수대금을 완납한 때에는 **경매목적 부동산의 소유권은 매수대금의 부담 여부와는 관계없이 그 명의인이 취득**(대법원 2019.12.27, 2019도14623)

권리행사방해죄의 타인의 점유 인정

1. 적법한 권원에 의하여 점유된 이상 설령 그 후에 그 점유물을 소유자에게 명도해야 할 사정이 발생하였다고 할지라도 점유자가 임의로 명도를 하지 않고 계속 점유하고 있는 경우에는 본죄의 점유로 보호(대법원 1977.9.13, 77도1672)
2. **동시이행항변권 등에 기한 점유**(무효인 경매절차에서 경락받은 자의 점유, 대법원 2003.11.28, 2003도4257)

권리행사방해죄의 타인의 점유 부정

1. **단순한 채권적인 사용관계**(변소를 사용하는 관계, 대법원 1971.6.29, 71도926)
2. 본권을 갖지 아니하는 절도범인의 점유(대법원 1994.11.11, 94도343)

강제집행면탈죄의 보호법익이자 필수요건인 채권 부정

상계로 인하여 소멸하게 되는 채권의 경우, **상계의 효력발생 이후에는 강제집행면탈죄 불성립**(대법원 2012.8. 30, 2011도2252)

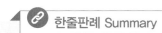

강제집행면탈죄의 객체인 재산 인정

1. **장래 조건부로 발생할 채권**(대법원 2000.12.26, 99도5562)
2. 재산적 가치가 있어 민사집행법에 의한 강제집행 또는 보전처분이 가능한 **특허 내지 실용신안 등을 받을 수 있는 권리**(대법원 2001.11.27, 2001도4759)

강제집행면탈죄의 객체인 재산 부정

1. 민사집행법상 강제집행·보전처분의 대상이 될 수 없는 **'가압류채권자의 지위' 자체**(가압류채무자가 가압류해 방금을 공탁한 경우에도 부정, 대법원 2008.9.11, 2006도8721) [법원9급 12]
2. **계약명의신탁**의 방식으로 명의수탁자가 당사자가 되어 소유자와 부동산에 관한 매매계약을 체결하고 그 명의로 소유권이전등기를 마친 경우의 부동산에 대한 **명의신탁자의 관계**(대법원 2009.5.14, 2007도2168) [경찰채용 13]
3. 지하 4층, 지상 12층으로 건축허가를 받았으나 건축주 명의를 변경한 당시 **지상 8층까지 골조공사가 완료된 채 공사가 중단**되었던 경우(대법원 2014.10.27, 2014도9442)
4. 의료법에 의하여 **적법하게 개설되지 아니한 의료기관에서 요양급여**가 행하여진 경우, 국민건강보험법상 요양 급여비용청구 등의 채권(대법원 2017.4.26, 2016도19982)

강제집행면탈죄의 은닉 인정

1. 채권자에 의하여 압류된 채무자 소유의 유체동산을 **채무자의 모(母) 소유인 것으로 사칭하면서 모의 명의로 제3자 이의의 소를 제기하고 집행정지결정을 받아** 그 집행을 저지한 경우(대법원 1992.12.8, 92도1653)
2. 사업자등록의 사업자 명의를 변경함이 없이 사업장에서 사용하는 **금전등록기의 사업자 이름만을 변경**한 경우 (대법원 2003.10.9, 2003도3387)
3. 청산절차도 거치지 않은 채 의제자백판결을 통하여 **선순위 가등기권자인 피고인 앞으로 본등기를 경료함과 동시에 가등기 이후에 경료된 가압류등기 등을 모두 직권말소**하게 한 경우(대법원 2000.7.28, 98도4558)

강제집행면탈죄의 은닉 부정

회사 대표가 **계열회사들 소유 자금 중 일부를 임의로 빼돌려 자기소유 자금과 구분 없이 거주지 안방에 보관**한 경우(대법원 2007.6.1, 2006도1813)

한줄판례 Summary

강제집행면탈죄의 허위채무부담 부정

소유권이전청구권 보전을 위한 가등기만으로는 원래 순위보전의 효력밖에 없는 것(대법원 1987.8.18, 87도1260)

강제집행을 받을 위험이 있는 객관적 상황 인정

1. 약속어음 부도 후 다른 약속어음 지급기일 이전에 재산을 허위양도한 경우(약속어음이 부도가 난 이상 강제집행을 당할 구체적인 위험이 있는 상태 인정)(대법원 1999.2.9, 96도3141)
2. 채권자가 이행청구의 소 또는 그 보전을 위한 가압류, 가처분신청을 제기하거나 제기할 기세를 보인 경우(대법원 1986.10.28, 86도1553)
3. 이혼을 요구하는 처로부터 재산분할청구권에 근거한 가압류 등 강제집행을 받을 우려가 있는 상태에서 남편이 이를 면탈하고자 허위의 채무를 부담하고 소유권이전청구권보전가등기를 경료한 경우(대법원 2008.6.26, 2008도3184)

강제집행면탈죄의 위험 인정

1. 은닉·허위양도한 부동산의 시가액보다 그 부동산에 의하여 담보된 채무액이 더 많다고 하여 그 허위양도로 인하여 채권자를 해할 위험이 없다고 할 수 없음(대법원 2008.5.8, 2008도198; 2006.12.21, 2006도4775; 1999.2.12, 98도2474)
2. 약간의 잉여재산이 있더라도 본죄 성립(대법원 2008.4.24, 2007도4585)

채권에 아무런 영향을 주지 않아 강제집행면탈죄 부정

1. 가압류 후에 목적물의 소유권을 취득한 제3취득자가 다른 사람에 대한 허위의 채무에 기하여 근저당권설정등기 등을 경료해 준 경우(대법원 2008.5.29, 2008도2476)
2. 토지 소유자가 그 지상 건물 소유자에 대하여 건물철거 및 토지인도청구권을 갖고 있는데, 건물 소유자가 허위채무로 위 건물에 근저당권설정등기를 경료한 경우(대법원 2008.6.12, 2008도2279)
3. 채무자가 제3자 명의로 되어 있던 사업자등록을 또 다른 제3자 명의로 변경한 경우(대법원 2014.6.12, 2012도2732)

강제집행면탈죄와 불가벌적 사후행위 부정

A가 자신의 부동산에 甲 명의로 허위의 금전채권에 기한 담보가등기를 설정하고 이를 乙에게 양도하여 乙 명의의 본등기를 경료하게 한 경우 → 甲 명의 담보가등기 설정행위로 인하여 강제집행면탈죄가 성립하게 되는데, 그 이후 乙 명의로 이루어진 가등기 양도 및 본등기 경료행위는 강제집행면탈죄의 불가벌적 사후행위가 될 수 없음(대법원 2008.5.8, 2008도198)

MEMO

2 PART

사회적 법익에 대한 죄

CHAPTER 01 공공의 안전과 평온에 대한 죄

01 안전을 해하는 죄

	범죄단체조직죄
조문정리	제114조【범죄단체의 조직】사형, 무기 또는 장기 4년 이상의 징역에 해당하는 범죄를 목적으로 하는 단체 또는 집단을 조직하거나 이에 가입 또는 그 구성원으로 활동한 사람은 그 목적한 죄에 정한 형으로 처벌한다. 다만, 형을 감경할 수 있다. [전문개정 2013.4.5.]
구성요건	① **사형, 무기 또는 장기 4년 이상의 징역**에 해당하는 범죄 　㉠ 형법상의 범죄 不要, 특별법상 범죄 포함 　㉡ 단체의 조직·가입 그 자체를 처벌하는 조직범죄(국가보안법상 반국가단체구성·가입, 폭처법상 폭력단체구성·가입) 제외, 경범죄처벌법상 경범죄 제외 ② 단체 또는 집단(필요적 공범 중 집합범) 　㉠ 단체 : 특정 다수인의 범죄수행이라는 공동목적 아래 이루어진 계속적인 결합체로서 최소한도의 통솔체계 要(대법원 1976.4.13, 76도340; 1977.5.24, 77도1015) 　㉡ 집단 : 범죄의 계획과 실행을 용이하게 할 정도의 조직적 구조 필요 but '단체'의 **최소한의 통솔체계' 不要**(대법원 2020.8.20, 2019도16263) [경찰간부 22, 경찰승진 23] ③ 조직, 가입, 구성원으로 활동 : **즉시범**(判) ④ 고의·목적 : 사형, 무기 또는 장기 4년 이상의 징역에 해당하는 범죄를 범할 목적 要(목적범)
미 수	공공의 안전을 해하는 죄는 미수범 처벌규정 ×
석방감경	임의적 감경(§114但)
	소요죄
조문정리	제115조【소요】① 다중이 집합하여 폭행, 협박 또는 손괴의 행위를 한 자는 1년 이상 10년 이하의 징역이나 금고 또는 1천 500만 원 이하의 벌금에 처한다.
	① 주체 – 다중 　㉠ '**집합한 다중**'(필요적 공범 중 집합범) → 한 지방의 평온·안전을 해할 수 있는 정도의 다수인(通) 　㉡ 집합범 : 다중 구성원 사이에서는 총칙상 공범 ×, 외부 관여자는 ○ ② 행위 : 폭행·협박·손괴 → 폭행·협박 : 사람·물건에 대한 유형력 행사(최광의의 폭행) 및 공포심을 일으키게 할 만한 해악의 고지(광의의 협박), 재물 등에 대한 손괴 ③ 추상적 위험범 : 한 지방의 공공의 안전을 해할 수 있는 정도의 위험성이 있는 행위가 있는 때 기수 → 현실적 결과 발생 不要

구성요건		④ 고의 : 다중의 합동력으로 폭행·협박 또는 손괴한다는 **공동의사(소요의사)** 要(通·判) → **공동의사가 없으면 (소요 ×) 특수폭행·특수협박 ○**
죄수 등	내란죄	내란죄가 성립하면 소요죄는 흡수됨(법조경합)
	다른 범죄	① 소요죄보다 중한 살인·방화는 상상적 경합 ② 소요죄보다 형이 경한 공무집행방해·주거침입은 소요죄에 흡수됨(多)

다중불해산죄

조문정리	제116조【다중불해산】 폭행, 협박 또는 손괴의 행위를 할 목적으로 다중이 집합하여 그를 단속할 권한이 있는 공무원으로부터 3회 이상의 해산명령을 받고 해산하지 아니한 자는 2년 이하의 징역이나 금고 또는 300만 원 이하의 벌금에 처한다.
구성요건	① 주체 : 다중(필요적 공범 중 집합범) ② 행위 : 3회 이상 해산명령을 받고 해산하지 않는 것(**진정부작위범**) → 최종해산명령 시를 기준으로 판단 ∴ 3회 후의 해산명령에 따라 해산한 때에는 다중불해산죄 ×(通) ③ 소요죄와의 관계 : **다중불해산(소요죄의 예비단계) + 소요 = (다중불해산 ×) 소요죄 ○** ④ 고의 및 폭행·협박·손괴의 목적(**목적범**)

전시공수계약불이행죄

조문정리	제117조【전시공수계약불이행】 ① 전시, 천재 기타 사변에 있어서 국가 또는 공공단체와 체결한 식량 기타 생활필수품의 공급계약을 정당한 이유 없이 이행하지 아니한 자는 3년 이하의 징역 또는 500만 원 이하의 벌금에 처한다. ② 전항의 계약이행을 방해한 자도 전항의 형과 같다. 국가 또는 공공단체의 기능 보호를 목적으로 하는 국가적 법익에 대한 죄

공무원자격사칭죄

조문정리	제118조【공무원자격의 사칭】 공무원의 자격을 사칭하여 그 직권을 행사한 자는 3년 이하의 징역 또는 700만 원 이하의 벌금에 처한다.
자격사칭 직권행사	① 공무원의 자격 사칭 + 사칭한 권한 행사 ② **사칭한 자격에 해당하는 '그' 직권의 행사 필요** → 직권 행사 없는 단순한 공무원자격의 사칭은 공무원자격사칭죄 ×(경범죄처벌법 §3①7. 참조)

 한줄판례 Summary

범죄단체조직죄 관련

1. 범죄단체를 구성하거나 이에 가입한 자가 더 나아가 구성원으로 활동하는 경우 → **포괄일죄**(대법원 2015.9. 10, 2015도7081)
2. 사기범죄를 목적으로 구성된 다수인의 계속적인 결합체로서 총책을 중심으로 간부급 조직원들과 상담원들, 현금인출책 등으로 구성되어 내부의 위계질서가 유지되고 조직원의 역할 분담이 이루어지는 최소한 통솔체계를 갖추고 있는 경우 → **보이스피싱 사기조직으로서 범죄단체 ○**(대법원 2017.10.26, 2017도8600) [경찰 승진 23]
3. 범죄단체 가입행위 또는 범죄단체 구성원으로서 활동하는 행위와 사기행위 → 각각 별개의 범죄구성요건을 충족하는 독립된 행위로서 (법조경합 ×) **범죄단체가입·활동죄와 사기죄의 실체적 경합**(대법원 2017.10.26, 2017도8600)

공무원자격사칭죄가 성립하지 않는 경우

1. 청와대 민원비서관을 사칭하여 전화국장에게 시외전화 노선 고장수리를 하라고 한 경우(대법원 1972.12.26, 72도2552)
2. 위임받은 채권을 용이하게 추심하는 방편으로 합동수사반원임을 사칭하고 협박한 경우(대법원 1981.9.8, 81도1955)
3. 중앙정보부원임을 사칭하고 대통령 사진이 든 액자가 파손되었다는 자인서를 쓰라고 한 경우(대법원 1977.12.13, 77도2750)

02 폭발물에 관한 죄

<table>
<tr><th colspan="2">폭발물사용죄</th></tr>
<tr><td rowspan="2">조문정리</td><td>제119조【폭발물 사용】① 폭발물을 사용하여 사람의 생명, 신체 또는 재산을 해하거나 그 밖에 공공의 안전을 문란하게 한 자는 사형, 무기 또는 7년 이상의 징역에 처한다.
③ 제1항과 제2항의 미수범은 처벌한다. [전문개정 2020.12.8.]</td></tr>
<tr><td>① 구체적 위험범(多)
② 오락용 폭약, 화염병 : 폭발물 ✕(대법원 1968.3.5, 66도1056)
③ 고의 : 폭파 시 신체를 해한다는 등의 고의(대법원 1969.7.8, 69도832) 등 사람의 생명·신체·재산을 해하거나 공공의 안전을 문란하게 한다는 인식 필요</td></tr>
<tr><th colspan="2">전시폭발물사용죄</th></tr>
<tr><td>조문정리</td><td>제119조【폭발물 사용】② 전쟁, 천재지변 그 밖의 사변에 있어서 제1항의 죄를 지은 자는 사형이나 무기징역에 처한다.</td></tr>
<tr><th colspan="2">폭발물사용예비 · 음모 · 선동죄</th></tr>
<tr><td rowspan="2">조문정리</td><td>제120조【예비·음모·선동】① 전조 제1항, 제2항의 죄를 범할 목적으로 예비 또는 음모한 자는 2년 이상의 유기징역에 처한다. 단, 그 목적한 죄의 실행에 이르기 전에 자수한 때에는 그 형을 감경 또는 면제한다.
② 전조 제1항, 제2항의 죄를 범할 것을 선동한 자도 전항의 형과 같다.</td></tr>
<tr><td>① 예비·음모·선동의 세 가지를 처벌하는 형법상 유일한 규정
② 총칙상 자수는 임의적 감면사유이나, 예비죄의 자수(§120①但)는 필요적 감면사유
[정리] 내란·외환·외국사전·방화·폭발물사용·통화위조 등 죄의 예비·음모범이 실행착수 전 자수 : 필요적 감면</td></tr>
<tr><th colspan="2">전시폭발물제조 · 수입 · 수출 · 수수 · 소지죄</th></tr>
<tr><td rowspan="2">조문정리</td><td>제121조【전시폭발물제조 등】전쟁 또는 사변에 있어서 정당한 이유 없이 폭발물을 제조, 수입, 수출, 수수 또는 소지한 자는 10년 이하의 징역에 처한다.</td></tr>
<tr><td>미수범, 예비·음모 처벌 ✕</td></tr>
</table>

보호법익	① 법익 : 공공의 안전(主) + 개인의 재산(副)(**이중성격설** : 通·判) ② 추상적 위험범 위주이고, 구체적 위험범(자기소유/일반물건/폭발성물건/가스·전기)도 있음

현주건조물 등 방화죄

조문정리	**제164조【현주건조물 등 방화】** ① 불을 놓아 사람이 주거로 사용하거나 사람이 현존하는 건조물, 기차, 전차, 자동차, 선박, 항공기 또는 지하채굴시설을 불태운 자는 무기 또는 3년 이상의 징역에 처한다. [전문개정 2020.12.8.] **제174조【미수범】** 제164조 제1항, 제165조, 제166조 제1항, 제172조 제1항, 제172조의2 제1항, 제173조 제1항과 제2항의 미수범은 처벌한다.
구성요건	① 객체 − 현주·현존 건조물·기차·전차·자동차·선박·항공기·지하채굴시설 : 범인 이외의 모든 자연인(대법원 1948.3.19, 4281형상5)의 건조물 → ∴ 자기의 처와 함께 살고 있는 집 ○(通) ② 행위 : 불을 놓아 불태우는(소훼하는) 것 　㉠ 착수시기 : (매개물 포함) **발화 또는 점화 要**(형식적 객관설, 判例) 　㉡ 기수시기 − '불태운(소훼)'의 의미 − **독립연소설**(多·判) : **불이 매개물을 떠나 목적물에 독립하여 연소할 수 있는 상태에 이르렀을 때** 기수(대법원 1983.1.18, 82도2341)(반대견해는 효용상실설 등) ③ 고의 : 불을 놓아 현주건조물 등을 불태운다는 인식과 의사
죄수 등	① 죄수결정의 기준 : 행위객체의 수 ×, 공공위험죄이므로 공공의 안전기준 ○ → 1개의 방화행위로 수개의 현주건조물을 소훼한 때에도 1개의 현주건조물방화죄 성립 ② 피해자의 동의가 있는 경우 : 현주건조물 등 방화 → **자기소유일반건조물방화죄**(§166②)(通) ③ 내란죄의 실행 중 방화한 경우, 방화죄는 내란죄에 흡수 ④ 소요죄의 실행 중 방화한 경우, 방화죄와 소요죄의 상상적 경합(多)

현주건조물 등 방화치사상죄

조문정리	**제164조【현주건조물 등 방화】** ② 제1항의 죄를 지어 사람을 상해에 이르게 한 경우에는 무기 또는 5년 이상의 징역에 처한다. 사망에 이르게 한 경우에는 사형, 무기 또는 7년 이상의 징역에 처한다. [전문개정 2020.12.8.]
구성요건	① 인과관계 : 불을 피하여 뛰어내리다가 결과가 발생한 경우도 인정, **다만, 피해자가 진화작업에 열중하다가 화상을 입은 경우는 부정**(대법원 1966.6.28, 66도1) ② 부진정결과적 가중범 : 현주건조물방화에 대한 고의와 **사상의 결과에 대한 과실 내지 고의** (총론, 결과적 가중범 참조)

공용건조물 등 방화죄

조문정리	**제165조【공용건조물 등 방화】** 불을 놓아 공용(公用)으로 사용하거나 공익을 위해 사용하는 건조물, 기차, 전차, 자동차, 선박, 항공기 또는 지하채굴시설을 불태운 자는 무기 또는 3년 이상의 징역에 처한다. [전문개정 2020.12.8.] 추상적 위험범이므로 공공의 위험 및 이에 대한 고의 불요

	일반건조물 등 방화죄
조문정리	제166조【일반건조물 등 방화】① 불을 놓아 <u>제164조와 제165조에 기재한 외의</u> 건조물, 기차, 전차, 자동차, 선박, 항공기 또는 지하채굴시설을 불태운 자는 2년 이상의 유기징역에 처한다. ② 자기 소유인 제1항의 물건을 불태워 공공의 위험을 발생하게 한 자는 7년 이하의 징역 또는 1천만 원 이하의 벌금에 처한다. [전문개정 2020.12.8.] 제176조【타인의 권리대상이 된 자기의 물건】자기의 소유에 속하는 물건이라도 압류 기타 강제처분을 받거나 타인의 권리 또는 보험의 목적물이 된 때에는 본장의 규정의 적용에 있어서 타인의 물건으로 간주한다.
타인소유 (§ 166①)	① 법조경합 중 **명시적 보충관계** : 일반건조물등방화죄는 §164·165 성립하지 않을 때에만 성립 ② 압류 기타 강제처분을 받거나 타인의 권리 또는 **보험의 목적물이 된 때 : 타인소유물** 간주 (§176) → 甲이 화재보험금을 편취하기 위해 보험에 가입되어 있는 자신이 홀로 거주하는 가옥에 방화한 경우 : 타인소유일반건조물방화죄 ③ 추상적 위험범 : **공공의 위험 발생 및 이에 대한 고의 不要**
자기소유 (§ 166②)	① 소유자가 방화에 동의한 경우 및 무주물인 경우 : 자기소유 ② **구체적 위험범** : 자기소유일반건조물방화죄는 **공공의 위험 발생 및 이에 대한 인식 要**
	일반물건방화죄
조문정리	제167조【일반물건 방화】① 불을 놓아 제164조부터 제166조까지에 기재한 외의 물건을 불태워 공공의 위험을 발생하게 한 자는 1년 이상 10년 이하의 징역에 처한다. ② 제1항의 물건이 자기소유인 경우에는 3년 이하의 징역 또는 700만 원 이하의 벌금에 처한다. [전문개정 2020.12.8.] 제176조【타인의 권리대상이 된 자기의 물건】자기의 소유에 속하는 물건이라도 압류기타 강제처분을 받거나 타인의 권리 또는 보험의 목적물이 된 때에는 본장의 규정의 적용에 있어서 타인의 물건으로 간주한다. ① 법조경합 중 명시적 보충관계 : 일반물건방화죄는 §164·165·166 성립하지 않을 때에만 성립 ② **무주물**을 방화한 경우 : §166②의 **자기소유**일반물건방화죄 ③ **구체적 위험범** : 일반물건방화죄는 **공공의 위험이 발생해야 기수 → 자기소유일반건조물방화죄와 일반물건방화죄는 미수범 처벌규정 없음**
	연소죄
조문정리	제168조【연소】① 제166조 제2항 또는 전조 제2항의 죄를 범하여 제164조, 제165조 또는 제166조 제1항에 기재한 물건에 연소한 때에는 1년 이상 10년 이하의 징역에 처한다. ② 전조 제2항의 죄를 범하여 전조 제1항에 기재한 물건에 연소한 때에는 5년 이하의 징역에 처한다. 진정결과적 가중범 → **자기소유물방화(고의의 기본범죄)** + 타인소유물 등의 연소(과실의 중한 결과)
	방화예비 · 음모죄
조문정리	제175조【예비, 음모】제164조 제1항, 제165조, 제166조 제1항, 제172조 제1항, 제172조의2 제1항, 제173조 제1항과 제2항의 죄를 범할 목적으로 예비 또는 음모한 자는 5년 이하의 징역에 처한다. 단, 그 목적한 죄의 실행에 이르기 전에 자수한 때에는 그 형을 감경 또는 면제한다. 자기소유일반건조물방화죄나 일반물건방화죄는 예비·음모 ×(미수도 ×)

	진화방해죄
조문정리	제169조【진화방해】 화재에 있어서 진화용의 시설 또는 물건을 은닉 또는 손괴하거나 기타 방법으로 진화를 방해한 자는 10년 이하의 징역에 처한다. 화재 시에만 성립, 추상적 위험범으로서 미수 ×

	폭발성물건파열죄 및 폭발성물건파열치사상죄
조문정리	제172조【폭발성물건파열】 ① 보일러, 고압가스 기타 폭발성 있는 물건을 파열시켜 사람의 생명, 신체 또는 재산에 대하여 위험을 발생시킨 자는 1년 이상의 유기징역에 처한다. ② 제1항의 죄를 범하여 사람을 상해에 이르게 한 때에는 무기 또는 3년 이상의 징역에 처한다. 사망에 이르게 한 때에는 무기 또는 5년 이상의 징역에 처한다. 제174조【미수범】 제164조 제1항, 제165조, 제166조 제1항, 제172조 제1항, 제172조의2 제1항, 제173조 제1항과 제2항의 미수범은 처벌한다. ① 폭발성물건 : 폭발물(§119)은 아니지만 그와 유사한 폭발력을 지닌 물건 ② 구체적 위험범 : 사람의 **생명·신체·재산에 대한 위험**을 발생시킨 때 성립 ③ 폭발성물건파열치사죄는 **진정결과적 가중범**, 폭발성물건파열치상죄는 **부진정결과적 가중범**

	가스 · 전기 등 방류죄 및 가스 · 전기 등 방류치사상죄
조문정리	제172조의2【가스·전기 등 방류】 ① 가스, 전기, 증기 또는 방사선이나 방사성물질을 방출, 유출, 또는 산포시켜 사람의 생명, 신체 또는 재산에 대하여 위험을 발생시킨 자는 1년 이상 10년 이하의 징역에 처한다. ② 제1항의 죄를 범하여 사람을 상해에 이르게 한 때에는 무기 또는 3년 이상의 징역에 처한다. 사망에 이르게 한 때에는 무기 또는 5년 이상의 징역에 처한다.

	가스 · 전기공급방해죄 및 가스 · 전기공급방해치사상죄
조문정리	제173조【가스·전기 등 공급방해】 ① 가스, 전기 또는 증기의 공작물을 손괴 또는 제거하거나 기타 방법으로 가스, 전기 또는 증기의 공급이나 사용을 방해하여 공공의 위험을 발행하게 한 자는 1년 이상 10년 이하의 징역에 처한다. ② 공공용의 가스, 전기 또는 증기의 공작물을 손괴 또는 제거하거나 기타 방법으로 가스, 전기 또는 증기의 공급이나 사용을 방해한 자도 전항의 형과 같다. ③ 제1항 또는 제2항의 죄를 범하여 사람을 상해에 이르게 한 때에는 2년 이상의 유기징역에 처한다. 사망에 이르게 한 때에는 무기 또는 3년 이상의 징역에 처한다. 폭발성물건파열, 가스·전기 등 방류, 가스·전기 등 공급방해죄의 공통 특징 : 1. 구체적 위험범, 2. 과실범 처벌규정, 3. 예비·음모, 4. 결과적 가중범 규정

	실화죄
조문정리	제170조【실화】 ① 과실로 제164조 또는 제165조에 기재한 물건 또는 타인 소유인 제166조에 기재한 물건을 불태운 자는 1천 500만 원 이하의 벌금에 처한다. ② 과실로 **자기 소유인 제166조의 물건 또는 제167조에 기재한 물건**을 불태워 공공의 위험을 발생하게 한 자도 제1항의 형에 처한다. [전문개정 2020.12.8.] §170②의 "자기의 소유인 §166 또는 §167에 기재한 물건" : **§167의 일반물건이 자기의 소유에 속하는 물건이어야 하는 것은 아님**(判例)

업무상 실화죄 · 중실화죄

조문정리	**제171조【업무상 실화, 중실화】** 업무상 과실 또는 중대한 과실로 인하여 제170조의 죄를 범한 자는 3년 이하의 금고 또는 2천만 원 이하의 벌금에 처한다. ① 업무상 실화죄의 '업무' : 직무로서 화기로부터의 안전을 배려해야 할 사회생활상의 지위 ② **업무상 실화죄와 업무상 과실치사죄 : 하나의 사건에 관하여 동시에 성립할 수 있는 범죄**(대법원 1988.10.11, 88도1273) ③ 중실화죄의 중과실 : 행위자가 극히 작은 주의를 함으로써 결과발생을 예견할 수 있었는데도 부주의로 이를 예견하지 못하는 경우(대법원 1988.8.23, 88도855).

과실폭발성물건파열죄, 업무상 과실 · 중과실폭발성 물건파열죄

조문정리	**제173조의2【과실폭발물파열 등】** ① 과실로 제172조 제1항, 제172조의2 제1항, 제173조 제1항과 제2항의 죄를 범한 자는 5년 이하의 금고 또는 1천 500만 원 이하의 벌금에 처한다. ② 업무상 과실 또는 중대한 과실로 제1항의 죄를 범한 자는 7년 이하의 금고 또는 2천만 원 이하의 벌금에 처한다.

🔆 퍼써 정리 I

구 분	방화한 경우	파괴한 경우	손괴한 경우
공용건조물	공용건조물 등 방화(§165)	공용물파괴(§141②)	공용서류 등 무효(§141①)
공익건조물	공용건조물 등 방화(§165)	공익건조물파괴(§367)	재물손괴(§366)

🔗 한줄판례 Summary

방화죄의 착수시기

피고인이 방화의 의사로 뿌린 휘발유가 인화성이 강한 상태로 주택 주변과 피해자의 몸에 적지 않게 살포되어 있는 사정을 알면서도 **라이터를 켜 불꽃을 일으킴으로써 피해자의 몸에 불이 붙은 경우 → 실행의 착수** O(대법원 2002.3.26, 2001도6641) [경찰채용 12, 국가9급 12, 법원9급 15]

방화죄의 기수시기

피해자의 사체 위에 옷가지 등을 올려놓고 불을 붙인 천 조각을 던져서 그 **불길이 천장에까지 옮겨 붙었다면** 도중에 진화되었다 하더라도 **기수**(대법원 2007.3.16, 2006도9164) [경찰승진 24, 법원9급 15]

방화죄의 고의 부정

동거하던 피해자와 가정불화가 악화되어 **홧김에 서적 등을 뒷마당에 내어 놓고 불태우는 과정에서 건물에 불이 번진 때** → 현주건조물에 대한 방화의 고의 X(대법원 1984.7.24, 84도1245) [경찰채용 12·14]

자기소유일반물건방화죄 성립

노상에서 전봇대 주변에 놓인 **재활용품과 쓰레기 등에 불을 놓아 공공의 위험을 발생**하게 한 경우 → 제166조 제2항의 **자기소유일반물건방화죄** O(대법원 2009.10.15, 2009도7421) [경찰채용 10·12·14·22−1, 국가9급 12, 국가 7급 17]

일반물건방화죄의 미수범 처벌규정 없음

폐가의 내부와 외부에 쓰레기를 모아놓고 태워 그 **불길이 폐가 주변 수목 4～5그루를 태우고 폐가의 벽을 일부 그을리게 한 경우** → 건조물 X, §167의 일반물건 O, 공공의 위험 발생이 없으므로 일반물건방화 기수 X, 일반물건방화죄는 미수범 처벌규정 없음 ∴ 무죄(대법원 2013.12.12, 2013도3950) [경찰승진 24, 국가7급 23]

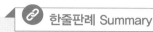
한줄판례 Summary

실화죄와 유추해석금지원칙

§170②의 "자기의 소유에 속하는 §166 또는 §167에 기재한 물건" : 자기의 소유에 속하는 §166에 기재한 물건 또는 **자기소유와 타인소유를 불문하고 §167에 기재한 물건**이라고 해석하는 것은 유추해석금지원칙에 위배되지 않는 정당한 해석(대법원 1994.12.20, 94모32 전원합의체)

중실화죄 인정

1. 연탄을 갈아 넣음에 있어서 **보일러로부터 5 내지 10cm의 거리에 가연물질을 그대로 두고 신문지를 구겨서 보일러의 공기조절구를 살짝 막아놓은 채 그 자리를 떠나** 화재가 발생한 경우(대법원 1988.8.23, 88도855)
2. **성냥불이 꺼진 것을 확인하지 아니한 채 플라스틱 휴지통에 던졌는데** 화재가 발생한 경우(대법원 1993.7.27, 93도135)

중실화죄 부정

1. **연탄아궁이로부터 80cm 떨어진 곳에** 쌓아둔 스펀지, 솜 등이 연탄아궁이 쪽으로 넘어지면서 화재현장에 의한 화재가 발생한 경우(대법원 1989.1.17, 88도643)
2. 호텔오락실의 경영자가 천장에 형광등을 설치하는 공사를 하면서 전기보안담당자에게 아무런 통고를 하지 아니한 채 **무자격 전기기술자로 하여금 전기공사를** 하게 하였는데 전선의 합선으로 화재가 발생한 경우(대법원 1989.10.13, 89도204)
3. **전기석유난로를 켜 놓은 채 귀가**하여 전기석유난로 과열로 화재가 발생한 경우(대법원 1994.3.11, 93도 3001)

(업무상) 과실폭발성물건파열죄

1. 임차인이 자신의 비용으로 설치·사용하던 **가스설비의 휴즈콕크를 아무런 조치 없이 제거하고 이사를 간 후** 가스공급을 개별적으로 차단할 수 있는 주밸브가 열려져 가스가 유입되어 폭발사고 발생 → **상당인과관계 O, 과실폭발성물건파열죄 O**(대법원 2001.6.1, 99도5086) [경찰채용 10]
2. 건설업자가 건설업법 소정의 건설기술자 현장배치의무를 위반한 과실과, 공사현장 인접 소방도로의 지반침하 방지를 위한 그라우팅공사 과정에서 발생한 **가스폭발사고 → 상당인과관계 O, 업무상 과실폭발성물건파열죄 O**(대법원 1997.1.24, 96도776)

04 일수와 수리에 관한 죄

🔅 퍼써 정리 | 방화죄와 일수죄의 구성요건체계 비교

방화죄	일수죄
현주건조물 등 방화죄	현주건조물 등 일수죄
공용건조물 등 방화죄	공용건조물 등 일수죄
일반건조물 등 방화죄	일반건조물 등 일수죄
진화방해죄	방수방해죄
실화죄	과실일수죄

[참고] 다만, 과실범에 있어서 일수죄(溢水罪)는 단순과실범만 규정(§181), 예비죄의 자수 감면규정은 방화예비에는 있으나 일 수예비에는 없음(§175와 §183의 비교)

	현주건조물 등 일수죄
조문정리	제177조【현주건조물 등에의 일수】① 물을 넘겨 사람이 주거에 사용하거나 사람이 현존하는 건조물, 기차, 전차, 자동차, 선박, 항공기 또는 광갱을 침해한 자는 무기 또는 3년 이상의 징역에 처한다. ② 제1항의 죄를 범하여 사람을 상해에 이르게 한 때에는 무기 또는 5년 이상의 징역에 처한다. 사망에 이르게 한 때에는 무기 또는 7년 이상의 징역에 처한다.

	공용건조물 등 일수죄
조문정리	제178조【공용건조물 등에의 일수】물을 넘겨 공용 또는 공익에 공하는 건조물, 기차, 전차, 자동차, 선박, 항공기 또는 광갱을 침해한 자는 무기 또는 2년 이상의 징역에 처한다.

	일반건조물 등 일수죄
조문정리	제179조【일반건조물 등에의 일수】① 물을 넘겨 전 2조에 기재한 이외의 건조물, 기차, 전차, 자동차, 선박, 항공기 또는 광갱 기타 타인의 재산을 침해한 자는 1년 이상 10년 이하의 징역에 처한다. ② 자기의 소유에 속하는 전항의 물건을 침해하여 공공의 위험을 발생하게 한 때에는 3년 이하의 징역 또는 700만 원 이하의 벌금에 처한다. ③ 제176조의 규정은 본조의 경우에 준용한다.

	일수예비 · 음모죄
조문정리	제183조【예비, 음모】제177조 내지 제179조 제1항의 죄를 범할 목적으로 예비 또는 음모한 자는 3년 이하의 징역에 처한다. **자수 감면규정** ✕ : 실행착수 전 자수 시 **필요적 형감면** ✕(§175의 **방화예비 · 음모죄와의 차이점**)

	방수방해죄
조문정리	제180조【방수방해】수재에 있어서 방수용의 시설 또는 물건을 손괴 또는 은닉하거나 기타 방법으로 방수를 방해한 자는 10년 이하의 징역에 처한다.

	과실일수죄
조문정리	제181조【과실일수】과실로 인하여 제177조 또는 제178조에 기재한 물건을 침해한 자 또는 제179조에 기재한 물건을 침해하여 공공의 위험을 발생하게 한 자는 1천만 원 이하의 벌금에 처한다. 단순과실범 처벌규정만 두고 있으며 업무상 과실범과 중과실범의 처벌규정 없음 [경찰채용 10]

	수리방해죄
조문정리	제184조【수리방해】둑을 무너뜨리거나 수문을 파괴하거나 그 밖의 방법으로 수리(水利)를 방해한 자는 5년 이하의 징역 또는 700만 원 이하의 벌금에 처한다. [전문개정 2020.12.8.] ① 수리권의 근거 : 법령 · 계약은 물론 **관습도 포함(관습법은 형법해석의 보충적 근거자료** ○) ② **하수 · 폐수의 처리 방해 : 수리방해죄** ✕(대법원 2001.6.26, 2001도404)

	일반교통방해죄
조문정리	제185조 【일반교통방해】 육로, 수로 또는 교량을 손괴 또는 불통하게 하거나 기타 방법으로 교통을 방해한 자는 10년 이하의 징역 또는 1천 500만 원 이하의 벌금에 처한다. ① 보호법익 : 일반 공중의 교통안전(대법원 1995.9.15, 95도1475) ② 육로(陸路) 　㉠ 의의 : 공중의 왕래에 사용되는 육상도로 = **사실상 불특정 다수인이나 차마의 자유로운 왕래에 사용되고 있는 공공성을 지닌 도로이면 충분** 　㉡ 도로법(§2, §11) 및 도로교통법(§2)의 적용을 받는 도로 不要 　㉢ **관리자·소유자 불문** ③ 추상적 위험범 : **교통방해의 현실적 결과 발생 不要**(대법원 2005.10.28, 2004도7545) [국가9급 15] ④ 미수·예비·음모 : 일반교통방해죄는 **미수를 처벌하나, 예비·음모는 처벌 ×**(≠ 기차·선박~) ⑤ **계속범** : 기수 이후 종료 이전 **공동정범 등 공범 성립 가능**
	기차 · 선박 등 교통방해죄
조문정리	제186조 【기차, 선박 등의 교통방해】 궤도, 등대 또는 표지를 손괴하거나 기타 방법으로 기차, 전차, 자동차, 선박 또는 항공기의 교통을 방해한 자는 1년 이상의 유기징역에 처한다.
	기차 등 전복 등 죄
조문정리	제187조 【기차 등의 전복 등】 사람의 현존하는 기차, 전차, 자동차, 선박 또는 항공기를 전복, 매몰, 추락 또는 파괴한 자는 무기 또는 3년 이상의 징역에 처한다. 파괴 : 단순한 손괴는 불포함(대법원 1970.10.23, 70도1611; 1983.9.27, 82도671)
	교통방해 등 예비 · 음모죄
조문정리	제191조 【예비, 음모】 제186조 또는 제187조의 죄를 범할 목적으로 예비 또는 음모한 자는 3년 이하의 징역에 처한다.
	교통방해치사상죄
조문정리	제188조 【교통방해치사상】 제185조 내지 제187조의 죄를 범하여 사람을 상해에 이르게 한 때에는 무기 또는 3년 이상의 징역에 처한다. 사망에 이르게 한 때에는 무기 또는 5년 이상의 징역에 처한다.
	과실교통방해죄 – 과실일반교통방해, 기차 · 선박 등 교통방해, 기차 등 전복죄
조문정리	제189조 【과실, 업무상 과실, 중과실】 ① 과실로 인하여 제185조 내지 제187조의 죄를 범한 자는 1천만 원 이하의 벌금에 처한다.
	과실교통방해죄 – 업무상 과실 · 중과실일반교통방해, 기차 · 선박 등 교통방해, 기차 등 전복
조문정리	제189조 【과실, 업무상 과실, 중과실】 ② 업무상 과실 또는 중대한 과실로 인하여 제185조 내지 제187조의 죄를 범한 자는 3년 이하의 금고 또는 2천만 원 이하의 벌금에 처한다.

일반교통방해죄의 육로 부정

1. 공로에 출입할 수 있는 다른 도로가 있는 상태에서 토지 소유자로부터 <u>일시적인 사용승낙을 받아 통행</u>하거나 토지 소유자가 개인적으로 사용하면서 <u>부수적으로 타인의 통행을 묵인한 장소</u>에 불과한 도로(대법원 1989.6. 27, 2016도12563)

2. 목장 소유자가 목장용지 내 임도를 개설하고 인근 주민들의 일부 <u>통행을 부수적으로 묵인한 데 불과한 경우</u>의 <u>임도</u>(대법원 2007.10.11, 2005도7573) [국가7급 22]

3. <u>자기소유의 임야 내 타인의 음식점으로 통하는 진입도로</u>(대법원 2010.2.25, 2009도13376)

일반교통방해죄 긍정

1. 불특정 다수인의 통행로로 이용되어 오던 도로의 <u>토지 일부의 소유자라 하더라도 그 도로의 중간에 바위를 놓아두거나 이를 파헤침</u>으로써 차량의 통행을 못하게 한 경우(대법원 2002.4.26, 2001도6903) → 일반교통방해죄 및 업무방해죄에 해당

2. 서울 중구 소공동의 <u>왕복 4차로의 도로 중 편도 3개 차로 쪽에 차량 2, 3대와 간이테이블 수십 개를 이용하여 길가 쪽 2개 차로를 차지하는 포장마차를 설치하고 영업행위</u>를 한 경우(대법원 2007.12.14, 2006도4662)

3. 육로인 도로를 침범한 상태로 자신의 <u>트랙터를 세워두거나 철책 펜스를 설치</u>해 차량들이 통행할 수 없도록 한 경우(대법원 2009.1.30, 2008도10560)

4. <u>깊이 1m 정도의 구덩이를 파는 등의 행위</u>를 한 경우(대법원 2007.3.15, 2006도9418)

5. <u>쇠파이프구조물</u>을 설치하거나 <u>화물차로 도로를 가로막는 경우</u>(대법원 2005.10.28, 2004도7545)

6. <u>골목길을 자신의 소유라는 이유로 약간의 공간만 남겨두고 담장을 설치</u>하여 주민들의 통행을 현저히 곤란하게 하는 경우(대법원 1994.11.4, 94도2112) [경찰채용 14]

7. <u>집회 또는 시위가 당초 신고된 범위를 현저히 일탈하거나 집시법 제12조에 의한 조건을 중대하게 위반</u>하여 도로교통을 방해함으로써 통행을 불가능하게 하거나 현저하게 곤란하게 하는 경우(대법원 2008.11.13, 2006도755) [경찰채용 14, 법원9급 09·16]

일반교통방해죄 부정

1. 차량들의 앞을 가로막고 <u>자신이 직접 앉아서 일시 통행하지 못하도록</u> 한 경우(대법원 2009.1.30, 2008도10560)

2. 도로변의 노상 주차장에 주차된 차량들 옆으로 바짝 붙여 주차시키기는 하였지만, <u>그 옆으로 다소 불편하기는 하겠으나 다른 차량들이 충분히 지나갈 수 있었을 것으로 보이는 경우</u>(대법원 2003.10.10, 2003도4485)

3. 약 600명의 노동조합원들이 <u>보도가 따로 마련되어 있지 아니한 도로 우측의 편도 2차선의 대부분을 차지하면서 행진</u>하는 방법으로 시위(대법원 1992.8.18, 91도2771) [경찰채용 14]

일반교통방해죄의 계속범적 성질

신고범위를 현저히 벗어나거나 집시법 §12에 따른 조건을 중대하게 위반함으로써 교통방해를 유발한 집회에 참가하였으나 참가 당시 이미 다른 참가자들에 의해 교통의 흐름이 차단된 상태였던 경우 → <u>교통방해를 유발한 다른 참가자들과 암묵적·순차적으로 공모하여 교통방해의 위법상태를 지속시켰다고 평가할 수 있다면 공동정범 성립</u>(계속범에서 기수 이후 종료 이전 공동정범 등 공범 성립 가능, 대법원 2018.5.11, 2017도9146)) [국가9급 21]

교통방해치사상죄 성립

피고인이 <u>고속도로 2차로를 따라 자동차를 운전하다가 1차로를 진행하던 甲의 차량 앞에 급하게 끼어든 후 곧바로 정차</u>하여, 甲의 차량 및 이를 뒤따르던 차량 두 대는 연이어 급제동하여 정차하였으나, 그 뒤를 따라오던 乙의 차량이 앞의 차량들을 연쇄적으로 추돌케 하여 乙을 사망에 이르게 하고 나머지 차량 운전자 등 피해자들에게 상해를 입힌 경우(대법원 2014.7.24, 2014도6206) [법원9급 16]

업무상 과실교통방해죄 성립

1. (성수대교 붕괴사고) 교량 건설회사의 트러스 제작 책임자, 교량공사 현장감독, 발주관청의 공사감독공무원 등에게는 **업무상 과실치사상죄, 업무상 과실일반교통방해죄, 업무상 과실자동차추락죄의 상상적 경합**(대법원 1997.11.28, 97도1740) [국가7급 22]

2. **인선 정기용선자의 현장소장** 甲은 **예인선 선장** 乙의 출항연기 건의를 묵살한 채 사고 위험성이 높은 해상에 예인선의 출항을 강행할 것을 지시하였고, 乙은 甲의 지시에 따라 사고의 위험성이 높은 시점에 무리하게 예인선을 운항한 결과 예인되던 선박에 적재된 물건이 해상에 추락하여 선박교통을 방해한 경우 → 甲과 乙은 **업무상 과실일반교통방해죄의 공동정범**(대법원 2009.6.11, 2008도11784) [국가7급 22]

업무상 과실항공기추락죄 성립

헬리콥터에 승객 3명을 태우고 운항하던 조종사가 엔진고장이 발생한 경우에 위 **항공기를 긴급 시의 항법으로서 정해진 절차에 따라 운항하지 못한 과실**로 말미암아 사람이 현존하는 위 항공기를 안전하게 비상착수시키지 못하고(항공법 §57④ 및 §132) **해상에 추락**시킨 경우(대법원 1990.9.11, 90도1486)

업무상 과실선박파괴죄의 파괴 부정

(태안반도 유조선 기름누출사고) 유류탱크 일부에 구멍이 생기는 등 파손된 것은 (**손괴에 불과하므로) 파괴가 아님**(대법원 2009.4.23, 2008도11921)

CHAPTER 02 공공의 신용에 대한 죄

01 통화에 관한 죄

	내국통화위조 · 변조죄	
조문정리	제207조【통화의 위조 등】① 행사할 목적으로 통용하는 대한민국의 화폐, 지폐 또는 은행권을 위조 또는 변조한 자는 무기 또는 2년 이상의 징역에 처한다.	
보호법익	**통화에 대한 거래상 신용과 안전**(사회적 법익, 通) → 보호정도 : 추상적 위험범	
구성요건	① 객체 – 통용하는 대한민국의 통화 : 화폐 · 지폐 · 은행권, 통용이란 **법률에 의하여 강제통용력이 인정**되는 것 → 사실상 국내에서 사용되고 있는 유통과 구별 ② 위조 : 통화발행권자가 아닌 자가 통화의 외관을 가지는 물건을 만드는 것 → **'일반인이 진화로 오인할 정도의 외관'**을 갖추면 충분 ③ 변조 : 진정한 통화에 가공하여 (동일성이 상실되지 않는 범위에서) 그 **가치를 변경**하는 것 ≠ 진화에 변경을 가하여 완전히 새로운 위화로 만든 행위는 변조 ×, 위조 ○ ④ 고의 및 행사할 목적(목적범) : **형법상 모든 위조 · 변조죄는 목적범** ≠ *cf.* 부수법상 수표위조 · 변조	
죄수 등	통화를 위조한 후 이를 행사한 경우 : 통화위조와 동행사죄의 경합범(多)	
	내국유통 외국통화위조 · 변조죄	
조문정리	제207조【통화의 위조 등】② 행사할 목적으로 내국에서 유통하는 외국의 화폐, 지폐 또는 은행권을 위조 또는 변조한 자는 1년 이상의 유기징역에 처한다.	
	① 내국(內國) : 북한도 포함(**북한에서 통용하는 소련군표** ○, 대법원 1948.3.24, 4281형상10) ② 유통 : 사실상 유통되고 있는 상태 = 사실상 거래대가의 '지급수단'이 되고 있는 상태	
	외국통용 외국통화위조 · 변조죄	
조문정리	제207조【통화의 위조 등】③ 행사할 목적으로 외국에서 통용하는 외국의 화폐, 지폐 또는 은행권을 위조 또는 변조한 자는 10년 이하의 징역에 처한다.	
	① 세계주의 : 외국통용 외국통화위조 · 변조행위도 우리 형법의 적용대상 ≒ 유가증권 · 우표 · 인지 ② 통용 : 실제로 그 외국에서 강제통용력을 가지는 것 ≠ **통용할 것으로 오인할 가능성** ×	
	통화위조 등 예비 · 음모죄	
조문정리	제213조【예비, 음모】제207조 제1항 내지 제3항의 죄를 범할 목적으로 예비 또는 음모한 자는 5년 이하의 징역에 처한다. 단, 그 목적한 죄의 실행에 이르기 전에 자수한 때에는 그 형을 감경 또는 면제한다.	

조문정리	① 예비·음모죄 ✕ : 위조통화행사죄, 위조통화취득죄, **위조통화취득후지정행사죄(는 미수도 없음)**, 통화유사물제조죄 ② **예비죄의 자수 감면특례** : 실행착수 전 자수(自首)한 때 예비·음모죄의 형에서 **필요적 감면** ≠ 유가증권·우표·인지(예비·음모는 처벌하나 자수감면은 없음)

위조·변조통화행사 등 죄

조문정리	제207조【통화의 위조 등】④ 위조 또는 변조한 전3항 기재의 통화를 행사하거나 행사할 목적으로 수입 또는 수출한 자는 그 위조 또는 변조의 각 죄에 정한 형에 처한다.
구성요건	① 행사 : 위조통화를 통화의 진정한 용도에 맞게 사용하는 것, 유상·무상 불문 ② 목적 : 위조통화수입·수출죄는 목적범이지만, **위조통화행사죄는 고의만 있으면 됨(목적범 ✕)**

죄수 등	① 통화위조죄와 위조통화행사죄의 관계 : 실체적 경합(多)
	② 위조통화취득죄와 위조통화행사죄의 관계
	  ㉠ **위조통화인 사실을 모르고 취득하였다가 이를 안 후에 행사 : 위조통화취득후지정행사죄** (§210)
	  ㉡ 위조통화인 사실을 알고 취득하여 행사한 경우 : 위조통화취득죄와 위조통화행사죄의 실체적 경합
	③ **위조통화행사죄와 사기죄**의 관계 : 상상적 경합설(多), **실체적 경합**설(判例, 법익표준설, 대법원 1979.7.10, 79도840) [경찰채용 23-1]

위조·변조통화취득죄

조문정리	제208조【위조통화의 취득】행사할 목적으로 위조 또는 변조한 제207조 기재의 통화를 취득한 자는 5년 이하의 징역 또는 1천 500만 원 이하의 벌금에 처한다. 취득 : 점유의 이전으로 사실상 처분권을 획득하면 되고, **범죄행위로 인하여 취득한 경우도 포함**

위조통화취득 후 지정행사죄

조문정리	제210조【위조통화 취득 후의 지정행사】제207조에 기재한 통화를 취득한 후 그 사정을 알고 행사한 자는 2년 이하의 징역 또는 500만 원 이하의 벌금에 처한다. [전문개정 2020.12.8.] ① 책임감경적 구성요건 : 위조통화행사죄보다 (적법행위의 기대가능성 감소로) 책임 감경 ② 미수 ✕ : 통화에 관한 죄 중 유일하게 미수를 처벌하지 않는 죄

통화유사물제조 등 죄

조문정리	제211조【통화유사물의 제조 등】① 판매할 목적으로 내국 또는 외국에서 통용하거나 유통하는 화폐, 지폐 또는 은행권에 유사한 물건을 제조, 수입 또는 수출한 자는 3년 이하의 징역 또는 700만 원 이하의 벌금에 처한다. ② 전항의 물건을 판매한 자도 전항의 형과 같다. 목적범 : 판매할 목적 要

통화위조죄 불성립

1. 10원짜리 주화의 표면에 하얀 약칠을 하여 100원짜리 주화와 유사한 색채를 갖도록 색채의 변경만을 한 경우 (대법원 1979.8.28, 79도639)
2. 지폐의 앞·뒷면을 전자복사기로 복사한 경우(대법원 1986.3.25, 86도255)

내국유통 외국통화위조죄 불성립

사실상 거래대가의 지급수단으로 사용되고 있지 못하고, 외국환매매거래의 대상으로서 상품과 유사한 것에 불과하다면 이는 국내에서 유통되고 있다고 볼 수 없음(스위스 화폐 사례, 대법원 2003.1.10, 2002도3340)

외국통용 외국통화위조죄 불성립

1. 한국은행 발행 500원짜리 주화의 표면 일부를 깎아내어 일본국의 500엔짜리 주화처럼 만든 경우 → 객관적으로 보아 일반인으로 하여금 오신케 할 정도에 이르렀다고 할 수 없음(대법원 2002.1.11, 2000도3950)
2. 일반인의 관점에서 통용할 것이라고 오인할 가능성이 있는 것은 불포함(유추해석금지원칙, 미합중국 100만 달러 지폐와 10만 달러 지폐 ×, 대법원 2004.5.14, 2003도3487)
3. 영국 중앙은행에서 발행한 5파운드화 권종을 스캐너 등을 사용하여 위조한 10만 파운드화를 행사한 경우 → 10만 파운드화는 외국에서 통용하는 외국의 화폐에 해당하지 않으므로 외국통용 외국통화위조죄 × → 위조사문서행사죄 또는 위조사도화행사죄 성립 가능(대법원 2013.12.12, 2012도2249)

통화위조예비죄 성립

통화위조를 위해 필름 원판 7매와 이를 확대하여 현상한 인화지 7매를 만들었음에 그쳤다면 실행의 착수에는 이르지 아니한 것으로서 그 예비단계에 불과(대법원 1966.12.6, 66도1317)

위조통화행사죄 성립

위조통화임을 알고 있는 자에게 그 위조통화를 교부하는 경우(대법원 2003.1.10, 2002도3340)

위조통화행사죄 불성립

단순히 자기의 신용력을 보이기 위해 위조통화를 제시하는 경우(대법원 2012.3.29, 2011도7704) [경찰채용 22-1, 국가9급 16]

02 유가증권 · 우표와 인지에 관한 죄

유가증권	① 의의 : 사법상의 재산권을 표창하는 증권으로서, 증권상에 표시된 재산상의 권리의 행사와 처분에 반드시 그 증권의 점유를 필요로 하는 것(대법원 1984.11.27, 84도2147) ② 요소 　㉠ 재산권의 화체 : 물권·채권·사원권 등 사법(私法)상 재산권이 증권에 화체될 것 ≠ 공법적 지위·권한을 표창하는 국적증서, 여권 등 × 　㉡ 증권의 점유 : 재산권의 행사와 처분에 증권의 점유 필요 　㉢ 유통성 : 위 두 가지 요소를 갖추면 되고, 유통성 不要(通·判, 대법원 1995.3.14, 95도20) [경찰채용 11] 　㉣ 유가증권 ○ : 어음, 회사채, 주권, 화물상환증, 창고증권, 선하증권, 각종 국·공채(산업금융채권, 지하철공채, 주택채권), 상품권, 할부구매전표, 리프트탑승권, 공중전화카드, 문방구용지로 작성한 약속어음, 구두를 구입할 수 있는 신용카드(구두상품권) 등

유가증권	⑩ 유가증권 ✕(단지 입증의 책임만 면제받는 면책증권 등은 유가증권 ✕) : 정기예탁금증서, 공중접객업소에서 발행하는 신발표, 철도화물상환증, 수리점의 물품보관증, 영수증, 일반적인 신용카드(대법원 1999.7.9, 99도857), [경찰채용 10] "COPY NON NEGOTIABLE"이라고 찍힌 선하증권의 사본임을 알 수 있어 **운송물 인도청구권이 화체되어 있다고 볼 수 없음이 명백**한 경우(대법원 2010.5.13, 2008도10678) 등

유가증권위조 · 변조죄

조문정리	제214조【유가증권의 위조 등】 ① 행사할 목적으로 대한민국 또는 외국의 공채증서 기타 유가증권을 위조 또는 변조한 자는 10년 이하의 징역에 처한다.
구성요건	① 객체 – 대한민국 또는 외국의 공채증서 기타의 유가증권 ㉠ 유가증권은 **일반인이 진정한 것으로 오신할 정도의 형식과 외관**을 갖추고 있으면 됨 ㉡ 사법상 유효할 것을 요하지 않으므로 **상법상 유가증권 성립의 필요적 기재사항인 대표자의 날인이 없는 주권도 유가증권** ○(대법원 1974.12.24, 74도294) ② 위조 ㉠ 의의 : 타인 명의를 사칭하거나 모용하여 그 명의의 유가증권을 발행하는 행위(명의모용) *cf.* 자격모용유가증권작성죄(§215) : (명의는 자기 명의인데) 타인의 자격 모용 ㉡ 해당되는 경우 : (타인의 명의를 권한 없이 직접 작성하는 행위에만 제한되지 않으므로) ⓐ **찢어진 약속어음을 조합**, ⓑ **약속어음의 액면란에 보충권의 범위를 초월한 금액을 기입**, ⓒ **타인이 위조한 백지(白地)의 약속어음을 완성**[백지위조(白地僞造), 대법원 1982.6.22, 82도677], [경찰채용 12] ⓓ **기간이 경과한 정기승차권의 종기를 변경하는 경우** 등 ㉢ 해당되지 않는 경우 : **회사의 대표이사직에 있는 자**가 은행과의 당좌거래 약정이 되어 있는 **종전 대표이사 명의를 변경함이 없이 그의 명의를 사용하여 회사의 수표를 발행**한 경우(회사 대표이사는 회사 명의 사용권한 있음, 대법원 1975.9.23, 74도1684) ㉣ 위조의 정도 : **일반인으로 하여금 유효한 유가증권이라고 오신할 수 있을 정도 → 허무인 명의로 작성되었거나 유가증권으로서의 요건의 흠결 등 사유로 무효한 것이라 하여도 유가증권위조죄 성립**(대법원 1979.9.25, 78도1980) [경찰채용 11] ③ 변조 : **동일성을 해하지 않는 범위 내에서 변경을 가하는 것**(예 발행일자·액면 등 임의 변경) → **이미 실효된 유가증권을 변경하여 새로운 유가증권을 만드는 것은 변조 ✕, 위조 ○** ④ 고의 및 행사할 목적(목적범) : '부정수표단속법상 수표위조·변조죄'는 목적범 ✕(대법원 2008.2.14, 2007도10100)
죄수 등	① 죄수판단의 기준 : **유가증권의 매수 → 약속어음 2매를 위조하면 포괄일죄 ✕, 실체적 경합 ○**(대법원 1983.4.12, 82도2938) ② 인장위조 + 유가증권위조 = **인장위조죄는 흡수되어 유가증권위조죄만 성립(불가벌적 수반행위)** ③ **위조약속어음을 진정어음이라 속여 물품대금채무 변제조로 채권자에게 교부** → (물품대금채무는 소멸되지 아니하므로) 위조유가증권행사죄만 성립, **사기죄는 불성립**(대법원 1983.4.12, 82도2938) ④ **세 조각으로 찢어진 약속어음용지를 절취하여 테이프로 조합 → 절도죄와 유가증권위조죄의 실체적 경합**(대법원 1976.1.27, 74도3442)

유가증권의 기재의 위조 · 변조죄

조문정리	제214조【유가증권의 위조 등】 ② 행사할 목적으로 유가증권의 권리의무에 관한 기재를 위조 또는 변조한 자도 전항의 형과 같다.

조문정리	① 유가증권의 권리·의무에 관한 기재의 변조 : 진정하게 성립된 유가증권의 부수적 증권행위에 관한 기재내용(배서 부분)에 작성권한이 없는 자가 변경을 가하는 것 ② **유가증권의 발행인도 배서가 이루어진 후 변경하면 유가증권의 기재의 변조죄 성립** ③ **수표의 배서를 위조·변조한 경우** : 수표의 권리의무에 관한 기재를 위조·변조한 것에 불과 ∴ 형법 §214② ○, **부정수표단속법위반죄** ✕(대법원 2019.11.28, 2019도12022)

자격모용에 의한 유가증권작성죄

조문정리	**제215조【자격모용에 의한 유가증권의 작성】** 행사할 목적으로 타인의 자격을 모용하여 유가증권을 작성하거나 유가증권의 권리 또는 의무에 관한 사항을 기재한 자는 10년 이하의 징역에 처한다.
자격모용	① 타인의 자격 모용 : 정당한 대표권 또는 대리권이 '없는' 자가 해당 자격 모용 ② 대리권·대표권자가 **권한을 남용하여 작성** : (배임·허위유가증권작성죄 ○) **자격모용작성 ✕** ③ 대리권·대표권자가 **권한범위 명백히 일탈·초과하여 작성** : **자격모용작성 ○**(通)

허위유가증권작성죄

조문정리	**제216조【허위유가증권의 작성 등】** 행사할 목적으로 허위의 유가증권을 작성하거나 유가증권에 허위사항을 기재한 자는 7년 이하의 징역 또는 3천만 원 이하의 벌금에 처한다. ① 허위의 유가증권 작성 : **작성권한 있는 자가 허위내용으로 유가증권을 작성**(무형위조) ② 고의와 목적(**목적범**) ③ 공동정범 : 유가증권의 허위작성행위 자체에는 직접 관여한 바 없다 하더라도 **타인에게 그 작성을 부탁하여 의사연락이 되고 그 타인이 허위유가증권작성을 한 경우 → 허위유가증권작성죄의 공모공동정범**(대법원 1985.8.20, 83도2575) [경찰채용 10]

위조 등 유가증권행사죄

조문정리	**제217조【위조유가증권 등의 행사 등】** 위조, 변조, 작성 또는 허위기재한 전3조 기재의 유가증권을 행사하거나 행사할 목적으로 수입 또는 수출한 자는 10년 이하의 징역에 처한다. ① 객체 : 위조 등이 된 유가증권의 <u>원본</u>을 진정한 유가증권처럼 사용 → **전자복사기 등을 사용하여 기계적으로 복사한 사본 ✕**(대법원 1998.2.13, 97도2922; 2007.2.8, 2006도8480) ② 행위 : 유통 不要 → **할인을 위한 제시·신용을 얻기 위하여 타인에게 제시하는 것도 행사 ○** (대법원 1966.9.27, 66도1011; 1970.2.10, 69도2070)(≠ 위조통화행사) ③ 상대방 　㉠ **위조유가증권임을 알고 있는 자에게 교부 : 행사 ○**(대법원 1983.6.14, 81도2492) 　㉡ **공범자에게 교부** : (행사죄의 전단계에 불과하므로) **행사 ✕**(대법원 2007.1.11, 2006도7120; 2010.12.9, 2010도12553) [경찰채용 12, 법원9급 13, 법원승진 13]

인지·우표 위조·변조죄

조문정리	**제218조【인지·우표의 위조 등】** ① 행사할 목적으로 대한민국 또는 외국의 인지, 우표 기타 우편요금을 표시하는 증표를 위조 또는 변조한 자는 10년 이하의 징역에 처한다.

	위조 · 변조 인지 · 우표행사 등 죄
조문정리	**제218조【인지·우표의 위조 등】** ② 위조 또는 변조된 대한민국 또는 외국의 인지, 우표 기타 우편요금을 표시하는 증표를 행사하거나 행사할 목적으로 수입 또는 수출한 자도 제1항의 형과 같다. **우표수집**의 대상으로 우표 매매 : 위조우표취득죄와 위조우표행사죄 ○(대법원 1989.4.11, 88 도1105)

	위조 · 변조 인지 · 우표취득죄
조문정리	**제219조【위조 인지·우표 등의 취득】** 행사할 목적으로 위조 또는 변조한 대한민국 또는 외국의 인지, 우표 기타 우편요금을 표시하는 증표를 취득한 자는 3년 이하의 징역 또는 1천만 원 이하의 벌금에 처한다.

	소인말소죄
조문정리	**제221조【소인말소】** 행사할 목적으로 대한민국 또는 외국의 인지, 우표 기타 우편요금을 표시하는 증표의 소인 기타 사용의 표지를 말소한 자는 1년 이하의 징역 또는 300만 원 이하의 벌금에 처한다. 유가증권 · 우표 · 인지에 관한 죄 중 유일하게 **미수범 처벌규정이 없는 죄**

	우표 · 인지 등 유사물 제조 등 죄
조문정리	**제222조【인지·우표유사물의 제조 등】** ① 판매할 목적으로 대한민국 또는 외국의 공채 증서, 인지, 우표 기타 우편요금을 표시하는 증표와 유사한 물건을 제조, 수입 또는 수출한 자는 2년 이하의 징역 또는 500만 원 이하의 벌금에 처한다. ② 전항의 물건을 판매한 자도 전항의 형과 같다.

	예비 · 음모죄
조문정리	**제224조【예비, 음모】** 제214조, 제215조와 제218조 제1항의 죄를 범할 목적으로 예비 또는 음모한 자는 2년 이하의 징역에 처한다. ① 예비죄 ○ : ~위조 · 변조죄, 자격모용~작성죄 ② 예비죄 ✕ : 허위~작성죄, 행사죄 ③ **예비죄의 자수 감면규정 : 無**(≠ 통화위조 등 예비 · 음모)

 한줄판례 Summary

유가증권변조죄 긍정

신용카드(구두를 구입할 수 있는 신용카드)를 제시받은 상점점원에게 그 카드의 금액란을 정정 기재하게 한 경우 (대법원 1984.11.27, 84도1862)

유가증권변조죄 부정

1. **백지 약속어음의 액면란 등을 부당보충하여 위조한 후** 위 금액란을 임의변경한 경우(대법원 2008.12.24, 2008도9494; 2006.1.26, 2005도4764) [경찰채용 10·12]
2. 약속어음의 발행인으로부터 어음금액이 백지인 약속어음의 할인을 위임받아 그 위임 범위 내에서 어음금액을 기재한 후 어음할인을 받으려는 자가, 그 목적을 이루지 못하게 되자 **유통되지 아니한 당해 약속어음을 원상태대로 발행인에게 반환하기 위하여 어음금액의 기재를 삭제**한 경우(대법원 2006.1.13, 2005도6267)

자격모용유가증권작성죄 긍정

1. **대표이사 변경 후** 전(前) 대표이사가 대표이사 직함으로 어음을 발행·행사한 경우(대법원 1991.2.26, 90도577)
2. **대표이사직무집행정지 가처분**을 받고 대표이사 명의의 유가증권을 작성한 경우(대법원 1987.8.18, 87도145)

허위유가증권작성죄 긍정

1. 발행일자를 소급하여 주권을 발행한 경우(대법원 1974.1.15, 73도2041)
2. 실재하지 않는 회사 명의의 약속어음을 발행한 경우(대법원 1970.12.29, 70도2389)
3. 지급은행과 당좌거래 사실이 없거나 거래정지처분을 받았음에도 수표를 발행한 경우(대법원 1956.6.25, 4289형상128)
4. **선(先)선하증권**을 발행하는 경우(대법원 1995.9.29, 95도803)

허위유가증권작성죄 부정

1. 주권발행 전에 **주식을 양도받은 자에 대하여 주권을 발행**하는 경우(대법원 1982.6.22, 81도1935)
2. **배서인의 주소를 허위기재**한 경우(대법원 1986.6.24, 84도547) [경찰채용 12]
3. **은행에 신고된 것이 아닌 발행인의 다른 인장**을 날인한 경우(대법원 2000.5.30, 2000도883) [경찰채용 10·12]
4. 자기앞수표의 발행인이 수표의뢰인으로부터 **수표자금을 입금받지 아니한 채 자기앞수표를 발행**한 경우(대법원 2005.10.27, 2005도4528)

위조유가증권행사죄 부정

1. 위조 선하증권의 **사본**을 제출한 행위는 위조유가증권행사죄 ✕(원본이 아니므로, 대법원 2010.5.13, 2008도10678)
2. 甲과 乙은 乙이 甲으로부터 돈을 차용하는 것처럼 가장하기로 공모하고 甲이 위조된 자기앞수표가 들어 있는 봉투를 丙을 통해 **공범 乙**과 그 위조사실을 모르는 A가 함께 있는 자리에서 **乙에게 교부했는데 乙은 위조된 자기앞수표를 봉투에서 꺼내거나 A에게 보여주지도 않은** 경우 → 공범자 사이 위조유가증권 교부에 불과하므로 위조유가증권행사죄 ✕(대법원 2010.12.9, 2010도12553) [경찰채용 12, 법원9급 13, 법원승진 13]

03 문서에 관한 죄

입법 주의	① 형식주의 : 문서의 성립의 진정을 보호하는 입법주의 → 형식주의에 의한 문서위조는 유형위조 ② 실질주의 : 문서의 내용의 진실을 보호하는 입법주의 → 실질주의에 의한 문서위조는 무형위조 ③ 유형위조 : 위조와 자격모용작성 ④ 무형위조 : 허위작성 ⑤ 형법의 입법주의 : 사문서의 경우, 허위진단서작성죄(§233)를 제외하고 무형위조를 처벌하지 않음 → **형법은 형식주의 원칙, 실질주의 예외**
문서	① 개념 : 문자 또는 가독적 부호로써 물체상에 계속적으로 기재된(계속성) 작성명의인(보증성)의 의사 또는 관념의 표시인 원본 또는 기계적 방법에 의한 복사본으로서, 그 내용이 법률상·사회생활상 주요 사항에 관한 증거로 될 수 있는 것(증명성)

문서	② 의사·관념의 표시의 계속성

② 의사·관념의 표시의 계속성
  ㉠ 표시는 문자나 부호에 의하며, 부호는 가독적 부호(예 점자 ○)이면 족하고 발음적 부호 不要(多)
  ㉡ 서명·낙관 : 문서 ×, 인장 ○(通)
  ㉢ 생략문서 : 문서 ○(대법원 1995.9.5, 95도1269). 세금영수필통지서에 날인하는 **구청 세무계장 명의의 소인의 날인, 은행 접수일부인의 날인**(대법원 1979.10.30, 77도1879) [경찰채용 13]
  ㉣ 계속성 : 要, 모래나 눈 위에 쓴 글 ×, 구두에 의한 의사표현 ×
③ 내용의 증명성
  ㉠ **법률상·사회생활상의 중요사항에 관한 증거자료**가 될 수 있어야 함 → 시(詩)나 소설(小說) 및 수필(隨筆)은 문서 ×
  ㉡ 형법 : 사문서는 "**권리, 의무 또는 사실증명에 관한 문서**"(§231등)라고 명문화, 공문서는 명문 ×
  ㉢ 확정적 증명의사 要 → 초안 ×, 가계약서·가영수증 ○
④ 작성명의인의 보증성
  ㉠ 작성명의인은 현실적 문서 작성자 ×, 일정한 의사·관념을 표시한 주체 ○ → 작성명의인이 명시되어 있거나, 작성명의인을 특정할 수 있어야 함
  ㉡ 명의인의 표시 정도 : **누구인가 추지(推知)할 수 있을 정도**이면 足, 서명·날인 不要
  ㉢ 사자·허무인 명의의 문서 : **일반인으로 하여금 진정한 명의인으로 오인케 할 만한 위험**이 존재한다면 사자·허무인 명의 문서도 **형법상 문서 ○ → 공문서뿐만 아니라 사문서도 同**(通·判, 대법원 2005.2.24, 2002도18 전원합의체) [국가9급 15, 국가7급 11, 법원9급 12, 법원승진 14] → **해산등기를 마쳐 그 법인격이 소멸한 법인 명의의 사문서도** 同(대법원 2005.3.25, 2003도4943)
⑤ 공문서와 사문서 : 공문서는 공무원 또는 공무소가 그 직무에 관하여 작성하는 문서이고, 사문서는 그 외의 문서, 공문서죄는 사문서죄보다 重 → **공문서는 엄격해석원칙 준수 要**
⑥ 복사문서 : 전자복사기, 모사전송기(팩시밀리), 기타 이와 유사한 기기를 사용하여 **복사한 문서도 문서** ○(대법원 1989.9.12, 87도506 전원합의체)(형법 §237의2)

 한줄판례 Summary

문서 긍정

1. 자신이 **위조(사문서위조죄 ○)**한 휴대전화 신규 가입신청서를 스캐너로 읽어 들여 이미지화한 다음 그 **이미지 파일(위조사문서 자체 ×, 위조문서의 내용 ○)**을 그대로 그 정을 모르는 제3자에게 이메일로 전송하여 컴퓨터 화면상에서 보게 한 경우(위조사문서행사죄 ○)(대법원 2008.10.23, 2008도5200) [경찰간부 22, 경찰채용 10, 국가9급 12·15]
2. 문서상 **작성명의인이 명시되어 있지 않더라도** 문서의 형식, 내용 등 문서 자체에 의하여 **누가 작성하였는지를 추지할 수 있을 정도이면 됨**(보증성 ○, 대법원 2019.3.14, 2018도18646) [경찰채용 21-1]
3. **담뱃갑**은 그 안에 들어 있는 담배가 특정 제조회사가 제조한 특정한 종류의 담배라는 사실을 증명함[**문서등위조의 대상인 도화(圖畵)** ○, 대법원 2010.7.29, 2010도2705] [국가9급 15]

문서 부정

1. 단순히 **백지(白紙)**에 피해자 회사의 **법인명판과 인감도장**을 찍은 경우(증명성 ×, 대법원 2002.12.10, 2002도5533)
2. 특정 후보자에 대한 **지지선언** 형식의 기자회견을 위해 작성된 **허무인 명의 서명부**(증명성 ×, 대법원 2024.1.4, 2023도1178)

3. 자신의 이름·나이를 속이는 용도로 사용할 목적으로 **주민등록증의 이름·주민등록번호란에 글자를 오려붙인 후**(위조된 공문서가 존재하지 않음) 이를 컴퓨터 스캔장치를 이용하여 **이미지 파일**(**컴퓨터 모니터 화면에 나타나는 이미지는 계속성 × ∴ 문서 × ∴ 공문서위조죄 ×**)로 만들어 컴퓨터 모니터 화면으로 출력하여 타인에게 **이메일로 전송**(위조된 공문서가 존재하지 않으므로 위조공문서행사죄도 불성립)한 경우(대법원 2007. 11.29, 2007도7480) [법원승진 14]
4. **컴퓨터 스캔작업을 통하여 만들어낸 공인중개사 자격증의 이미지 파일**(대법원 2007.11.29, 2007도7480)
5. **국립대학교 교무처장 명의의 '졸업증명서 파일'** → 그 파일을 보기 위하여 일정한 프로그램을 실행하여 모니터 등에 이미지 영상을 나타나게 하여야 하므로, 파일 그 자체는 형법상 문서 ×(공문서위조죄 ×, 대법원 2010.7.15, 2010도6068) [국가7급 22]

🔗 한줄판례 Summary

공문서 긍정

1. 민사분쟁사건처리특례법에 의하여 합동법률사무소 명의로 작성된 **공증에 관한 문서**(대법원 1977.8.23, 74도2715 전원합의체)
2. **십지지문 지문대조표**(대법원 2000.8.22, 2000도2393)
3. 외부 전문기관이 작성·보고하고 **지방자치단체의 장 또는 계약담당자가 결재·승인한 검사조서**(대법원 2010.4.29, 2010도875) → 자생식물원 조성공사의 감리업체의 책임감리원 甲과 이 공사를 감독하는 담당공무원 乙이 공모하여 허위내용의 준공검사조서를 작성하고 이를 준공검사결과보고서에 첨부하여 공무원들의 결재를 받아 사무실에 비치한 경우, 허위공문서작성·동행사죄의 간접정범 및 그 공범 성립
4. **도립대학 교수가 특성화사업단장의 지위에서 납품검사와 관련하여 작성한 납품검수조서 및 물품검수내역서**(허위공문서작성 사건, 대법원 2009.9.24, 2007도4785)
5. **피의자신문조서 말미에 작성자의 서명, 날인이 없으나**, 첫머리에 작성 사법경찰리와 참여 사법경찰리의 직위와 성명을 적어 넣은 것이 있는 경우 → 그 **문서 자체에 의하여 작성자를 추지할 수 있음**(공문서 ○, 대법원 1995.11.10, 95도2088) [법원9급 22]

공문서 부정

1. 공무원의 명의로 작성된 **개인 채무부담의 의견표시인 문서**(대법원 1984.3.27, 83도2892)
2. **시중은행의 세금수납영수증**(대법원 1996.3.26, 95도3073) [경찰채용 11, 국가9급 16]
3. 공증을 받은 **사서증서의 기재내용**(대법원 2005.3.24, 2003도2144) [국가7급 11]
4. **조리장·영양사 명의를 위조한 검수결과보고서**(대법원 2008.1.17, 2007도6987) [국가7급 22]
5. **교원실태조사카드의 교사 명의 부분**(대법원 1991.9.24, 91도1733) [경찰채용 13]
6. 한국환경공단 또는 그 임직원이 환경부장관으로부터 위탁받은 업무와 관련하여 직무상 작성한 문서(대법원 2020.3.12, 2016도19170)

사문서위조·변조죄	
조문정리	제231조【사문서 등의 위조·변조】행사할 목적으로 권리·의무 또는 사실증명에 관한 타인의 문서 또는 도화를 위조 또는 변조한 자는 5년 이하의 징역 또는 1천만 원 이하의 벌금에 처한다.
구성요건	① 객체 - 권리·의무 또는 사실증명에 관한 타인의 문서·도화 : 일반인이 명의자의 진정한 사문서로 오신하기에 충분한 정도이면 됨, 작성명의자의 서명이나 날인이 있어야 하는 것은 아님 ② 행위 : 위조·변조 　㉠ 위조 : 작성권한이 없는 자가 타인명의를 모용하여 문서를 작성하는 것 　　ⓐ **작성권한 없는 자가 작성할 것** : 명의인의 사전승낙 내지 포괄적 위임에 의한 문서작성의 경우 위조 ×

구성요건	≠ *cf.* 다만, **위임의 한계나 취지를 넘어서 문서를 보충기재**하는 행위(백지위조)는 위조 ○. 또한 기망에 의하여 명의자가 당해 문서에 기재된 의사표시를 한다는 사실 자체를 알지 못하는 상태에서 서명날인하게 한 행위도 위조 ○ ⓑ 대리권·대표권 없는 자가 해당 자격 사용 본인 명의 작성 : 위조 ✕, 자격모용작성 ○(§226, §232) ⓒ 대리권·대표권자가 그 **권한을 초월하여(그 권한 이외의 사항)** 문서 작성 : 자격모용 작성 ○ ⓓ 대리권·대표권자가 그 **권한을 남용하여(그 권한의 범위)** 문서 작성 : 위조·자격모용 작성 ✕ ⓛ 변조 : **권한 없이 이미 진정하게 성립된 타인 명의의 문서 내용에 그 동일성을 해하지 않을 정도로 변경**을 가하는 것 ③ 주관적 구성요건 : 고의 및 행사할 목적 ㉠ 고의 : 작성명의자의 동의 없이 그 명의를 함부로 사용하여 문서를 작성한다는 인식과 의사 ㉡ 행사할 목적 : 위조·변조된 문서를 진정한 문서인 것처럼 사용할 미필적 인식(判)
죄 수	① 죄수판단의 기준 : **명의인의 수** ∴ **2인 이상의 연명으로 된 문서를 위조한 때에는 수죄의 상상적 경합**(대법원 1987.7.21, 87도564) ② 사문서위조 + 위조사문서행사 = 실체적 경합(多·判, 대법원 1991.9.10, 91도1722; 1983.7.26, 83도1378)
몰 수	위조문서는 몰수 可(§48①2.), 문서의 일부가 몰수에 해당하는 때에는 그 부분을 폐기(§48③)

자격모용에 의한 사문서작성죄

조문정리	제232조【자격모용에 의한 사문서의 작성】행사할 목적으로 타인의 자격을 모용하여 권리·의무 또는 사실증명에 관한 문서 또는 도화를 작성한 자는 5년 이하의 징역 또는 1천만 원 이하의 벌금에 처한다. 대표권·대리권 없는 자가 (자기 명의로) 타인의 대표권·대리권 자격을 사용하여 문서 작성

사전자기록위작·변작죄

조문정리	제232조의2【사전자기록위작·변작】사무처리를 그르치게 할 목적으로 권리·의무 또는 사실증명에 관한 타인의 전자기록 등 특수매체기록을 위작 또는 변작한 자는 5년 이하의 징역 또는 1천만 원 이하의 벌금에 처한다. 작성권한 없는 자의 작성(유형위조)뿐 아니라 **작성권한 있는 자의 허위정보 입력행위(무형위조) 포함**

공문서위조·변조죄

조문정리	제225조【공문서 등의 위조·변조】행사할 목적으로 공무원 또는 공무소의 문서 또는 도화를 위조 또는 변조한 자는 10년 이하의 징역에 처한다.
구성요건	① 주체 : 제한 없음(일반범) ∴ **보조공무원이 권한 없이** 허위내용의 **공문서를 작성**한 경우 → (허위공문서작성 ✕) **공문서위조** ○(대법원 1981.7.28, 81도898; 1991.9.10, 91도1610) ② 객체 - 공무원 또는 공무소의 문서·도화 ㉠ 공·사 병존문서 : 공무원 작성 문서와 개인 작성 문서가 결합된 경우 각 독립성을 가짐

구성요건	ⓛ 복사문서의 사본 : 진정한 문서의 사본을 **전자복사기를 이용하여 복사하면서 일부 조작**을 가하여 그 사본 내용과 전혀 다르게 만드는 행위 → **문서위조** ○(대법원 2000.9.5, 2000도2855) [법원9급 16] ⓒ 허위작성된 공문서 : 객체는 **진정성립 공문서 要** ∴ **허위작성된 부진정한 공문서는 공문서변조의 객체 ×**(대법원 1986.11.11, 86도1984) ③ 위조 : 작성권한 없는 자의 명의모용 또는 내용에 대한 동일성을 해할 정도의 변경 　ⓐ **타인의 주민등록증에 붙어 있는 사진을 떼어내고 그 자리에 자기의 사진을 붙인 경우 : 공문서위조** ○(대법원 1991.9.10, 91도1610) 　ⓑ **다소 미완성이라도 위조** ○ : 일반인으로 하여금 공무원 또는 공무소의 권한 내에서 작성된 문서라고 믿을 수 있는 형식과 외관을 구비한 문서를 작성하면 다소 미완성상태이어도 공문서위조 ○ 　ⓒ **기망에 의한 위조가 성립하지 않는 경우** : 공무원 아닌 자에 의해 제출된 **허위내용의 증명원의 기재사항을 담당 공무원이 인식하고** 허위의 정을 모르고 증명원 내용과 같은 증명서를 발급한 경우, **공문서위조죄의 간접정범 ×**(대법원 2001.3.9, 2000도938) [국가7급 16, 법원9급 13] ④ 변조 : 작성권한 없는 자가 **내용에 동일성을 해하지 않을 정도**로 변경을 가하여 새로운 증명력을 작출하게 함으로써 공문서·공도화에 대한 공공적 신용을 해할 위험성이 있는 행위 ⑤ 고의 및 행사할 목적

자격모용에 의한 공문서작성죄

조문정리	**제226조【자격모용에 의한 공문서 등의 작성】** 행사할 목적으로 공무원 또는 공무소의 자격을 모용하여 문서 또는 도화를 작성한 자는 10년 이하의 징역에 처한다. 자신의 명의로 타인의 자격을 자신의 자격인 것처럼 공문서를 작성하는 유형위조

공전자기록위작·변작죄

조문정리	**제227조의2【공전자기록 위작·변작】** 사무처리를 그르치게 할 목적으로 공무원 또는 공무소의 전자기록 등 특수매체기록을 위작 또는 변작한 자는 10년 이하의 징역에 처한다. 위작·변작 : 유형위조와 무형위조 모두 포함 ① 유형위조 : 전자기록의 생성에 관여할 권한이 없는 사람이 전자기록을 작출하거나 전자기록의 생성에 필요한 단위정보의 입력을 하는 경우(유형위조) ② 무형위조 : 시스템의 설치·운영 주체로부터 각자의 직무범위에서 개개의 단위정보의 **입력권한을 부여받은 사람이 그 권한을 남용하여 허위의 정보를 입력하는 경우**(무형위조)

허위진단서작성죄

조문정리	**제233조【허위진단서 등의 작성】** 의사, 한의사, 치과의사 또는 조산사가 진단서, 검안서 또는 생사에 관한 증명서를 허위로 작성한 때에는 3년 이하의 징역이나 금고, 7년 이하의 자격정지 또는 3천만 원 이하의 벌금에 처한다.
구성요건	① **진정신분범·자수범**이면서 사문서의 무형위조를 예외적으로 처벌하는 규정 ② **공무원의 신분인 의사가 작성한 허위진단서 작성 : 허위공문서작성죄만 성립**(대법원 2004.4.9, 2003도7762) [경찰채용 10, 국가9급 14, 법원승진13] ③ 진단서·검안서 또는 생사에 관한 증명서 : **입퇴원 확인서는 환자의 건강상태를 증명하기 위한 서류라고 볼 수 없어 해당 ×**(대법원 2013.12.12, 2012도3173) ④ 허위작성 : 작성권한 있는 신분자의 내용에 대한 허위 작성

	허위공문서작성죄
조문정리	제227조【허위공문서작성 등】공무원이 행사할 목적으로 그 직무에 관하여 문서 또는 도화를 허위로 작성하거나 변개한 때에는 7년 이하의 징역 또는 2천만 원 이하의 벌금에 처한다.
구성요건	① 주체 – **직무상 공문서·공도화의 작성권한이 있는 공무원**(진정신분범) 　　예 사법경찰리의 권한이 없는 행정서기보가 피의자신문조서를 작성하는 행위(대법원 1974. 　　　1.29, 73도1854)나 동사무소 임시직원이 소재증명서를 작성하는 행위 → 허위공문서작 　　　성 ×(대법원 1976.10.26, 76도1682) ② 행위 – 허위내용의 문서·도화를 작성·변개하는 것 : **법률평가는 허위이나 사실관계에 거짓 이 없으면 허위작성 ×** ③ 고의와 행사할 목적(**목적범**)
간접정범	
	작성권자	작성권한 있는 공무원이 작성권한 없는 자 또는 작성권한 있는 다른 공무원 을 이용하여 허위공문서를 작성한 경우 : 간접정범 ○

간접정범	작성권한 없는 자	① 비공무원이 작성권자인 공무원을 이용하는 경우 : 비공무원은 비신분자 이므로 신분범인 본죄의 간접정범 성립 부정(通·判) ② **공문서작성의 보조자가 허위공문서를 기안하여 허위인 정을 모르는 작성권 자에게 제출**하고 그로 하여금 그 내용이 진실한 것으로 오신하게 하여 서명 또는 기명날인하게 함으로써 공문서를 완성한 경우 : **간접정범 ○** (多·判) [법원9급 13] ③ 보조공무원이 **작성권자의 직인을 보관하는 자를 기망하여 날인받은 경우** : (허위공문서작성의 간접정범 ×) **공문서위조죄**(대법원 2017.5.17, 2016 도13912) [경찰채용 22 – 1]

죄수 등	① 허위공문서작성과 직무유기에서 허위공문서작성죄만 성립하는 경우 : **작위범인 허위공문 서작성죄가 성립하게 되면 부작위범인 직무유기죄는 상상적 경합 ×**(원칙, 대법원 1982.12. 28, 82도2210) ② 허위공문서작성과 직무유기의 실체적 경합의 경우 : 직무유기 후 위**법사실 적극 은폐 목적 이 아닌 다른 사항에 관한 허위공문서작성의 경우**

	공정증서원본 등 부실기재죄
조문정리	제228조【공정증서원본 등의 부실기재】① 공무원에 대하여 허위신고를 하여 공정증서 원본 또 는 이와 동일한 전자기록 등 특수매체기록에 부실의 사실을 기재 또는 기록하게 한 자는 5년 이하의 징역 또는 1천만 원 이하의 벌금에 처한다. ② 공무원에 대하여 허위신고를 하여 면허증, 허가증, 등록증 또는 여권에 부실의 사실을 기재하 게 한 자는 3년 이하의 징역 또는 700만 원 이하의 벌금에 처한다.
구성요건	① 주체 – 제한 無 : **일반인**의 고의 없는 공무원을 이용한 특정한 공문서에 대한 간접정범에 의한 허위작성행위를 처벌하기 위한 규정(**일반범**) → 일반인의 **무형위조의 간접정범**을 직접 정범으로 명문화 ② 객체 – 공정증서원본 등 　㉠ 공정증서 : 공무원이 작성한 문서로서 권리·의무에 관한 사실을 증명하는 효력을 가진 　　것만(多) 　㉡ 공정증서원본 : 유추해석금지원칙상 **공정증서의 정본(定本)** ×(대법원 2002.3.26, 2001 　　도6503)

구성요건	공정증서원본	○	**가족관계등록부(호적부), 등기부, 상업등기부**, 화해조서, 간이절차에 의한 민사분쟁사건처리특례법에 의하여 합동법률사무소 명의로 작성된 공정증서(**공증에 관한 인증서**, 대법원 1977.8.23, 74도2715) 등
		×	**주민등록부**(대법원 1968.11.19, 68도1231), **인감대장**(대법원 1969.3.25, 69도163 등), **토지대장**(대법원 1988.5.24, 87도2696 등), **건축물관리대장**(대법원 1971.4.20, 71도359), 임야대장, **자동차운전면허대장**(대법원 2010.6.10, 2010도1125), [법원9급 12, 법원승진 16] 도민증, 시민증, 주민등록증, **공증인이 인증한 사서증서**(대법원 1984.10.23, 84도1217 등), **판결원본**, 지급명령원본, **수사기관의 진술조서**, 허위내용의 조정신청서를 제출하여 받은 **조정조서**(대법원 2010.6.10, 2010도3232) [경찰승진 24, 경찰채용 22-1, 법원9급 12, 법원승진 16], 공정증서의 등본·초본·사본
	전자기록 등 특수매체기록		전산화한 부동산등기파일, 자동차등록파일, 호적파일, 국세청의 세무자료파일 등
	면허증	○	의사면허증, 운전면허증, 수렵면허증, 침구사자격증 등
		×	시험합격증서, 교사자격증, 외국인등록증명서, 자동차검사증 등
	허가증		고물상허가증, 주류판매업허가증 등
	등록증		자동차등록증, 선박등록증 등(**사업자등록증 ×**, 대법원 2005.7.15, 2003도6934)
	여 권		여권, 가석방자에 대한 여행허가증 등

③ 행위 : 공무원에 대하여 허위신고를 하여 부실의 사실을 기재하게 하는 것
　　ⓐ 허위신고 : 객관적 사실에 반하는 내용, 신고인의 자격 사칭 포함, 신고는 구두·서면 불문, **법률평가는 허위이나 사실관계에 거짓이 없으면 허위신고 ×**
　　ⓑ 부실의 사실의 기재 : **권리·의무 관련 중요사실로서 실체관계와 어긋난 사실** 기재
　　ⓒ 중간생략등기 : 등기부의 기재내용이 실체관계와 일치 → 무죄(多·判)
④ 고의 要, **행사할 목적은 不要**

위조·변조·허위작성 사문서행사죄

조문정리	**제234조【위조사문서등의 행사】** 제231조 내지 제233조의 죄에 의하여 만들어진 문서, 도화 또는 전자기록등 특수매체기록을 행사한 자는 그 각 죄에 정한 형에 처한다.
구성요건	① 행사 : 위조등 사문서를 진정한 것처럼 사용 → 상대방이 인식할 수 있는 상태에 두면 충분 ② 상대방 : **제한 無** 　ⓐ **위조된 문서의 작성명의인 : ○**(대법원 2005.1.28, 2004도4663) [경찰채용 12, 법원9급 13] 　ⓑ **정을 아는 공범자에게 제시·교부 : 행사죄 ×**(대법원 1986.2.25, 85도2798) [국가9급 14] ③ 기수 : 상대방으로 하여금 위조된 문서를 **인식할 수 있는 상태에 둠으로써 기수**, 상대방의 현실적 인식 不要 → **위조된 문서를 우송한 경우 상대방에게 도달한 때 기수**(대법원 2005. 1.28, 2004도4663) [경찰채용 23-1] ④ 고의 要, 목적 不要 : 행사죄는 목적범 ×

	위조·변조·허위작성·부실기재 등 공문서행사죄
조문정리	**제229조【위조 등 공문서의 행사】** 제225조 내지 제228조의 죄에 의하여 만들어진 문서, 도화, 전자기록 등 특수매체기록, 공정증서원본, 면허증, 허가증, 등록증 또는 여권을 행사한 자는 그 각 죄에 정한 형에 처한다.

	사문서부정행사죄
조문정리	**제236조【사문서의 부정행사】** 권리·의무 또는 사실증명에 관한 타인의 문서 또는 도화를 부정 행사한 자는 1년 이하의 징역이나 금고 또는 300만 원 이하의 벌금에 처한다.
	원칙적으로 사용권한 없는 자가 용도가 특정된 진정한 사문서를 사용함으로써 성립하는 범죄

	공문서부정행사죄
조문정리	**제230조【공문서 등의 부정행사】** 공무원 또는 공무소의 문서 또는 도화를 부정행사한 자는 2년 이하의 징역이나 금고 또는 500만 원 이하의 벌금에 처한다.
구성요건	① 객체 − 용도가 특정된 공문서·공도화 자체 : 운전자가 경찰공무원에게 **다른 사람의 운전면허 증을 촬영한 이미지파일**을 휴대전화 화면 등을 통하여 보여주는 경우 → (운전면허증의 특정된 용법에 따른 행사 ✕) **공문서부정행사 ✕**(대법원 2019.12.12, 2018도2560) [법원9급 22] ② 행위 − 부정행사 　㉠ (원칙적으로) **사용권한 없는 자**가 사용권한 있는 것처럼 가장하여 **용도가 특정된 공문서를** (원칙적으로) **그 해당 용도대로 사용**함으로써 성립하는 범죄 → 타인의 **주민등록표등 본**을 자기의 것처럼 행사 : 용도 자체가 다양하여 본죄의 객체로 부적합하므로 공문서 부정행사 ✕(대법원 1999.5.14, 99도206) 　㉡ 사용권한 있는 자의 용도 이외의 사용 : 견해의 대립이 있으나 판례는 긍정설 　㉢ **사용권한 없는 자의 용도 이외의 사용 : 공문서부정행사 ✕** → **타인의 주민등록증으로 이동전화 가입신청**(✕, 대법원 2003.2.26, 2002도4935) [경찰채용 10·15·22−2, 국가9급 14, 법원9급 16]

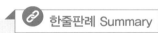 **한줄판례 Summary**

사문서위조 긍정
1. **날인이 없는 예금청구서를 권한 없이 작성**하는 경우(대법원 1967.3.28, 67도253)
2. **졸업증명서나 수료증에 성명기재가 없는** 경우(대법원 1962.9.27, 62도113)
3. **작성자의 고무명판을 찍고 서명날인이 없는 경우**(대법원 1988.3.22, 88도3) [법원9급 12]
4. **백지 문서(백지의 골재채취동의서)에** 날인한 자의 의사에 반한 문서를 작성한 경우(대법원 1992.3.31, 91도2815)
5. **(다툼이 있는 상황에서) 신탁자의 상속인이 수탁자의 동의를 받지 아니하고 그 명의의 채권이전등록청구서를 작성·행사한** 경우(대법원 2007.3.29, 2006도9425)
6. **주식회사의 대표이사로부터 포괄적으로 권한행사를 위임받은 사람이 그 주식회사 명의로 문서를 작성**하는 경우(대법원 2008.11.27, 2006도2016) [경찰채용 23−1] ≠ 개별적·구체적 위임·승낙을 받은 경우에는 위조 ✕
7. 회사의 실질적 경영자가 처음부터 **상법상 특별배임죄의 범행에 사용할 목적으로 위 회사에 형식적으로 취임한 대표이사 명의의 문서를 작성한** 경우(대법원 2006.9.28, 2006도1545)
8. **작성명의자를 기망하여 명의자가 당해 문서에 기재된 의사표시를 한다는 사실 자체를 알지 못하는 상태에서 서명날인**하게 하거나, **문서의 내용을 오인시켜 서명날인을 받은** 경우(대법원 1970.9.29, 70도1759) [법원9급 12]

9. **유효기간이 경과한 국제운전면허증에 사진을 바꾸어 붙인** 경우(대법원 1998.4.10, 98도164) [국가9급 16] 늑 증명서의 성명을 고치는 경우(대법원 1987.1.20, 86도1867)

10. **사문서위조** 후 위조죄의 공소시효를 지나 **전자복사하여 행사**한 경우(사문서위조·동행사·사기미수죄의 실체적 경합, 대법원 1996.5.14, 96도785)

11. 차용증에 **연대보증인의 이름과 주민등록번호 및 주소가 함께 적혀 있고 날인은 없는** 경우 → 반드시 작성명의자의 서명·날인이 있어야 하는 것은 아니므로 사문서위조 ○(대법원 2007.5.10, 2007도1674)

12. 법무사가 **위임인이 문서명의자로부터 문서작성권한을 위임받지 않았음을 알면서도 법무사법 § 25에 따른 확인절차를 거치지 아니하고 권리의무에 중대한 영향을 미칠 수 있는 문서를 작성**한 경우 → 사문서위조 및 동행사죄의 고의 인정 ○(대법원 2008.4.10, 2007도9987),

13. 甲이 다방 업주로부터 선불금을 받고 그 반환을 약속하는 내용의 현금보관증을 작성하면서 **타인으로 가장하기 위해 가명과 허위의 출생연도를 기재한 후 이를 교부**한 경우 → 사문서위조 및 동행사죄 ○(대법원 2010.11.11, 2010도1835) = 실제의 본명 대신 가명이나 위명을 사용하여 사문서를 작성한 경우, ① 그 문서의 작성명의인과 실제 작성자 사이에 인격의 동일성이 그대로 유지되는 때에는 위조 ×, ② **명의인과 작성자의 인격이 상이할 때에는 위조 ○**(대법원 1979.6.26, 79도908)

14. 문서가 원본인지가 중요한 거래에 있어서 **문서의 원본을 그대로 컬러복사기로 복사한 후 복사한 문서의 사본을 원본인 것처럼 행사**한 행위(경유증표 복사 사건, 대법원 2016.7.14, 2016도2081) [경찰승진 23, 법원9급 17] ≠ 타인의 **진정문서를 복사하고 원본을 놓아두고 사본을 가져간** 경우 사문서위조 ×(대법원 1996.8.23, 95도192)

사문서위조 부정

1. **세금계산서상의 공급자가 임의로 공급받는 자란에 다른 사람을 기재**한 경우(공급받는 자는 작성명의인이 아니라 세금계산서의 내용에 불과하고, 세금계산서의 작성권한자는 공급자임)(대법원 2007.3.15, 2007도169) [국가7급 14]

2. **주식회사의 적법한 대표이사가 직접 주식회사 명의 문서를 작성**하는 경우 → 문서내용이 허위이거나 대표권을 남용하여 작성하여도 위조 ×(대법원 2008.12.24, 2008도7836; 1983.10.25, 83도2257; 1980.4.22, 79도3034) [법원9급 12]

3. **가등기담보권을 양수한 자**가 임의로 양도인 명의로 **가등기말소신청서를 작성**한 경우(대법원 1984.2.14, 83도2650)

4. **연대보증인이 될 것을 허락한 자**의 인감도장과 인감증명서를 교부받아 **그를 직접 차주로 하는 차용금증서를 작성**한 경우(대법원 1984.10.10, 84도1566)

5. **이사들이 작성자에게 출석·의결권을 위임**하고 불출석하자 작성자가 이사들이 출석하여 의결권을 행사한 것으로 회의록을 작성한 경우(대법원 1985.10.22, 85도1732)

6. 甲이 작성명의자인 乙의 승낙이나 위임 없이 토지사용에 관한 책임각서 등을 작성하면서 작성명의자인 乙의 서명이나 날인은 하지 않고, 다만 **甲 자신의 이름으로 보증인란에 서명·날인**한 경우(대법원 1997.12.26, 95도2221)

7. 행위 당시의 모든 객관적 사정을 종합하여 **명의자가 행위 당시 그 사실을 알았다면 당연히 승낙했을 것이라고 추정**되는 경우(대법원 2003.5.30, 2002도235)

8. 어떤 입금확인서가 **수기로 기재된 부분이 전혀 없이 컴퓨터 활자로만 작성**되어 있고, 공동 작성명의자 중 甲의 이름 다음에는 날인이 되어 있으나 乙의 이름 다음에는 날인이 되어있지 않은 경우(일반인이 명의자의 진정한 사문서로 오신하기에 충분한 정도로 보기엔 부족함)(대법원 2006.9.14, 2005도2518)

9. **사임의사를 표시하였던 이사를 포함한 이사 3인 명의로 이사회 의사록을 작성**하고 비치하거나 교부한 경우(사임으로 인하여 필요한 이사의 수에 결원이 생기는 등의 사유가 있는 때, 명의사용을 곧바로 금지한 것이고 상대방인 1인 회사의 대표이사도 그 금지의 의사를 인식하였다고 단정할 수는 없음)(대법원 2009.5.14, 2008도11040)

10. 작성명의자가 '당해 문서의 행사 결과 취득할 금전이나 재산상 이득의 처분 등에 관하여' 타인으로부터 기망을 당하거나 착오에 빠져 직접 문서를 작성하여 교부하거나, 작성권한을 위임 또는 문서작성을 승낙하여 타인으로 하여금 문서를 작성하게 한 경우(대법원 2003.11.28, 2003도5340)

11. 대금수령을 위임받은 자가 대금을 지급받는 방법으로 본인 명의의 예금청구서를 작성한 경우(대법원 1984. 3.27, 84도115) [국가7급 11]
12. 문서명의자의 도장을 소지하고 있는 자로부터 의뢰를 받아 문서를 대필해 준 경우 대필자의 고의 인정 ✕(대법원 1999.7.9, 99도1635)
13. 甲은 乙과 공모하여, 부동산등기법 제49조 제3항, 제2항에서 정한 확인서면(법무사가 주민등록증 등에 의하여 등기의무자가 본인인지 여부를 확인하고 작성하는 서류)의 **등기의무자란에 등기의무자 A 대신 乙이 우무인을 날인하는 방법으로 법무사를 속여 법무사 명의의 위 확인서면을 교부받은** 경우 → 그 등기의무자를 위 확인서면의 작성명의인으로 볼 수는 없으며, 법무사가 속아 등기의무자를 乙로 하는 확인서면을 작성하였다고 하더라도 작성명의인이 문서를 작성한 이상 이를 甲·乙이 위조한 것으로 볼 수 없음(대법원 2010.11.25, 2010도11509) [경찰채용 12]

사문서변조 긍정
1. **최초 합의서 중 잔금지급조건을 '3개월 분할납입'에서 '6개월 분할납입'으로 고친** 수정 합의서를 상인들의 동의 없이 임의로 작성한 경우 → 사문서변조 ○(변조의 고의 인정, 대법원 2006.1.26, 2004도788)
2. 투표 후 확인업무 담당자인 甲, 乙이 그 하단 공백 부분에 서명한 '건물 임시관리단집회 **투표지대장**'에 피고인이 자신의 이름을 기명하고 서명하고 이를 법원에 증거자료로 제출한 경우 → 甲, 乙 명의의 사문서인 **투표지대장을 변조하고 이를 행사**한 것은 사문서변조 및 동행사죄 ○(대법원 2010.1.28, 2009도9997)
3. 이사가 이사회 회의록에 서명 대신 서명거부사유를 기재하고 그에 대한 서명을 하였는데 이사회 회의록의 작성권한자인 **이사장이 임의로 이를 삭제**한 경우 → 사문서변조 및 동행사죄 ○(대법원 2018.9.13, 2016도20954) [경찰채용 21 − 1]

자격모용사문서작성 긍정
1. **양식계의 계장이나 그 직무를 대행하는 자가 아닌 자가 양식계의 계장 명의**의 내수면사용동의신청서를 자신의 이름으로 작성하고 행사한 경우(대법원 1991.10.8, 91도1703)
2. 종중의 신임 대표자가 선임되고 전임 대표자에 대한 **직무집행정지 가처분결정이 있은 후 위 가처분결정이 취소된 경우** 설령 신임 대표자 선임결의가 무효라 하더라도 **전임 대표자가 위 가처분결정을 알면서 가처분결정 시부터 취소 시 사이에 대표자 자격으로 이사회 회의록을 작성**한 경우(대법원 2007.7.26, 2005도4072)
3. **재건축조합장이 아닌 사람이 재건축조합장의 직함을 사용**하여 재건축사업에 관한 계약서를 작성한 경우(대법원 2007.7.27, 2006도2330)
4. A 부동산중개사무소를 대표·대리할 권한 없는 甲이 "A 부동산 대표 甲"이라고 기재한 경우(대법원 2008.2.14, 2007도9606) [경찰채용 11]

자격모용사문서작성 부정
타인의 대표자·대리자가 그 **지위를 남용하여 문서를 작성한 경우**(대법원 1983.4.12, 83도332)

사전자기록위작·변작 긍정
1. **램(RAM)에 올려진 전자기록의 내용을 권한 없이 수정·입력하는 경우** → **사전자기록변작(기수)** ○(대법원 2003.10.9, 2000도4993) [경찰채용 22 − 1]
2. 형법 제232조의2에서 정하는 **사전자기록등위작죄에서의 '위작'**에 시스템의 설치·운영 주체로부터 각자의 직무 범위에서 개개의 단위정보의 **입력권한을 부여받은 사람이 그 권한을 남용하여 허위의 정보를 입력함으로써** 시스템 설치·운영 주체의 의사에 반하는 전자기록을 생성하는 경우도 포함(대법원 2020.8.27, 2019도11294 전원합의체) [경찰채용 22 − 1]

사전자기록위작·변작 부정

1. 인터넷 포털사이트에 개설된 카페의 설치·운영 주체로부터 글쓰기 권한을 부여받은 사람이 위 카페에 접속하여 **자신의 아이디(네이버 카페 운영주체와 다른 단체의 명의)로 허위내용의 글을 작성·게시한 경우** → 위 카페의 설치·운영 주체의 사무처리를 그르치게 할 목적 X ∴ 사전자기록위작 X(대법원 2008.4.24, 2008도294)

2. 새마을금고 직원이 새마을금고의 채권확보를 위해 **전 이사장 명의의 예금계좌의 비밀번호를 그의 동의 없이 컴퓨터 프로그램에 입력한 경우** → 새마을금고의 사무처리를 그르치게 할 목적 X ∴ **사전자기록위작 X**(대법원 2008.6.12, 2008도938)

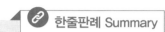 **한줄판례 Summary**

공문서위조 긍정

1. 타인의 주민등록증에 붙어 있는 사진을 떼어내고 피고인의 사진을 붙인 경우(대법원 1991.9.10, 91도1610)
2. **공무원을 보조하는 직무에 종사하는 공무원**이 작성권한을 가진 공무원의 결재도 받지 아니하고 **임의로 허위내용의 공문서를 작성권한자 명의로 작성**한 경우(대법원 1980.11.11, 80도2216) = 면사무소 호적계장이 임의로 호적부의 내용을 고쳐 쓰고 함부로 면장의 직인을 날인한 경우(대법원 1990.10.12, 90도1792)
3. 공문서 작성권자의 부하인 업무담당자가 **유효기간이 경과하여 무효인 공문서에 기간과 발행일자를 정정**하여 정정기재 부분을 함부로 작성권한자의 직인으로 압날한 경우(대법원 1980.11.11, 80도2216)
4. **진단서 발행번호나 의사의 서명날인이 없었지만** 국립경찰병원장 명의의 진단서에 직인과 계인을 날인하고 환자의 성명과 병명 및 향후 치료소견을 기재한 경우(대법원 1987.9.22, 87도1443)

공문서위조 부정

1. 적법하게 작성된 공문서 말미에 발송 시에 당연히 첨부해야 할 도면을 붙인 경우(대법원 1975.7.8, 74도3013)
2. **지단장이 백지에 자기 이름을 써 보이면서 담당과장으로 하여금 이를 보고 흉내 내어 기안지 결재란에 대신 서명하라고 하여 서명**한 경우 → 상사의 포괄적 위임 내지 승낙 有 ∴ **공문서위조 X**(대법원 1983.5.24, 82도1426)
3. 인감증명서 발급업무를 담당하는 공무원이 발급을 **신청한 본인이 직접 출두한 바 없음에도 불구하고 본인이 직접 신청하여 발급받은 것처럼 인감증명서에 기재**한 경우 → **공문서위조 X, 허위공문서작성 O**(대법원 1997.7.11, 97도1082)

공·사병존문서로서 공문서위조·변조 부정

1. **사서증서인증서 중 기재 내용**을 변조한 경우(공문서 X, 대법원 2005.3.24, 2003도2144)
2. 권한 없는 자가 임의로 **부동산매도용 이외의 인감증명서의 사용용도란의 기재**를 고쳐 쓴 경우(공문서 X, 대법원 2004.8.20, 2004도2767)
3. **주취운전자 적발보고서 및 주취운전자 정황진술보고서의 각 운전자란**에 타인의 서명을 한 다음 이를 경찰관에 제출한 경우(공문서 X, 사문서 O, 대법원 2004.12.23, 2004도6483) [법원9급 16]
4. 법원이 이혼의사확인서등본 뒤에 이혼신고서를 첨부하고 간인하여 교부하였는데 당사자가 이를 떼어내고 **다른 내용의 이혼신고서를 붙여** 호적관서에 제출한 경우(공문서 X, 대법원 2009.1.30, 2006도7777) [경찰채용 10·11·14, 국가7급 16]

공문서변조 긍정

1. 결재된 원안문서에 이미 기재되어 있음에도 이를 자세히 인정치 않고 단순히 결재 때 빠진 것으로 생각하고 **가필변경할 권한이 없는 공무원이 원안에 없는 새로운 항을 만들어** 중복되게 기재해 넣은 경우(대법원 1970. 12.29, 70도116)

2. **건축허가서에 첨부된 설계도면을 떼어내고** 건축사협회의 도서등기일부인을 건축허가신청 시 일자로 소급변조하여 **새로 작성한 설계도면을 그 자리에 가철한** 경우(대법원 1982.12.14, 81도81)

3. 재산세 과세대장의 작성권한이 있던 자가 인사이동되어 그 권한이 없어진 후 그 기재내용을 변경한 경우(대법원 1996.11.22, 96도1862)

4. **인터넷을 통하여 출력한 등기사항전부증명서 하단의 열람일시 부분을 수정 테이프로 지우고 복사한** 경우(대법원 2021.2.25, 2018도19043) [경찰채용 24-1, 법원9급 22]

공문서변조 부정

1. **공문서의 일부만을 복사한** 경우(대법원 2003.12.26, 2002도7339)

2. 인낙조서에 첨부되어 있는 도면과 그 사본에 **임의로 점선을** 그은 경우(대법원 2000.11.10, 2000도3033)

자격모용공문서작성 긍정

1. 甲구청의 구청장이 乙구청의 구청장으로 전보된 후 甲구청의 구청장의 권한에 속하는 건축허가에 관한 기안 **용지의 결재란에 서명을 한** 경우(대법원 1993.4.27, 92도2688) [경찰간부 24, 경찰채용 12]

2. 식당의 주·부식 구입업무를 담당하는 공무원이 **주·부식구입요구서의 과장결재란에 권한 없이 자신의 서명을** 한 경우(대법원 2008.1.17, 2007도6987) [경찰채용 11, 국가7급 16]

공전자기록위작 긍정

1. **경찰관이 고소사건을 처리하지 아니하였음에도 경찰범죄정보시스템에 검찰에 송치한 것으로 허위사실을 입** 력한 경우(대법원 2005.6.9, 2004도6132)

2. **공무원이 직접 출장을 나가지 않았음에도 나간 것처럼 시청 행정지식관리시스템에 입력한** 경우(대법원 2007.7.27, 2007도3798)

3. **공군 복지근무지원단 예하 지구대의 부대매점 및 창고관리 부사관이** 창고 관리병으로 하여금 위 지원단의 **업 무관리시스템인 복지전산시스템에 자신이 그 전에 이미 횡령한 바 있는 면세주류를 마치 정상적으로 판매한 것처럼 허위로 입력**하게 한 경우(대법원 2010.7.8, 2010도3545)

공전자기록위작 부정

자동차등록 담당공무원이 여객자동차 운수사업법상 차량충당연한 규정에 위배되어 영업용으로 변경 및 이전등록을 할 수 없는 차량인 것을 알면서 **자동차등록정보 처리시스템의 자동차등록원부 용도란에 '영업용'이라고 입력** 하였으나, **변경 및 이전등록에 관한 구체적 등록내용인 최초등록일 등은 사실대로 입력한** 경우(대법원 2011.5. 13, 2011도1415)

허위진단서작성 부정

부검 결과로써 확인된 최종적 사인이 이보다 앞선 시점에 작성된 사망진단서에 기재된 사망원인과 일치하지 않는 경우 : 사망진단서의 기재가 객관적으로 진실에 반한다거나, 작성자가 그러한 사정을 인식하고 있었다고 단정할 수 없음(대법원 2024.4.4, 2021도15080)

허위공문서작성 인정

1. 공무원이 실제로 **원본과 대조함이 없이 '원본대조필'이라고 기재**한 경우(대법원 1981.9.22, 80도3180) [법원 9급 22]

2. 준공검사조서를 작성함에 있어서 **정산설계서를 확인하고 준공검사를 한 것이 아님에도 마치 한 것처럼 준공검사용지에 "정산설계서에 의하여 준공검사"를** 하였다는 내용을 기입한 경우(대법원 1983.12.27, 82도3063)

3. 소유권이전등기와 근저당권설정등기의 신청이 동시에 이루어지고 그와 함께 등본의 교부신청이 있는 경우에 등기관이 **소유권이전등기만 기입하고 근저당권설정등기는 기입하지 아니한 채** 등기부등본을 발급한 경우(대법원 1996.10.15, 96도1669) [법원9급 09·22]

4. 공증담당 변호사가 법무사의 직원으로부터 인증촉탁서류를 제출받았을 뿐 **법무사가 공증사무실에 출석하여 사서증서의 날인이 당사자 본인의 것임을 확인한 바 없음에도 마치 그러한 확인을 한 것처럼** 인증서에 기재한 경우(대법원 2007.1.25, 2006도3844) [국가9급 21, 법원승진16]

5. **무허가건물을 허가받은 건물로 건축물관리대장에 기재**하는 것(대법원 1983.12.13, 83도1458) [법원9급 22]

6. 금전출납부에 수입사실을 기재하지 않은 행위(대법원 1960.5.18, 4293형상125) → 문서의 허위작성은 부작위에 의해서도 可

7. **신고사항이 허위인 것이 명백함을 알고 있는 호적공무원이 이를 호적부에 기재한 경우**(대법원 1977.12.27, 77도2155) [법원9급 09] → 형식적 심사권만을 가진 공무원이라 하여도 그 기재를 거부할 수 있다고 해야 함

8. 공무원인 참고인이 타인의 형사사건 등에서 **직접 진술 또는 증언하는 것을 대신하거나 그 진술 등에 앞서서 허위의 사실확인서나 진술서를 작성**하여 수사기관 등에게 제출하거나 또는 제3자에게 교부하여 제3자가 이를 제출한 경우(대법원 2015.10.29, 2015도9010) *cf.* **증거위조죄는 불성립**

허위공문서작성 부정

1. **건축 담당 공무원이 건축허가신청서를 접수·처리함에 있어 건축법상의 요건을 갖추지 못하고 설계된 사실을 알면서도 기안서인 건축허가통보서를 작성하여 건축허가서의 작성명의인인 군수의 결재를 받아 건축허가서를 작성**한 경우(대법원 2000.6.27, 2000도1858) [법원승진 13] → 고의로 법령을 잘못 적용하여 공문서를 작성하였다고 하더라도 그 법령적용의 전제가 된 사실관계에 대한 내용에 거짓이 없는 경우, 허위공문서작성죄 ✕

2. 당사자로부터 **뇌물을 받고 고의로 적용하여서는 안 될 조항을 적용하여 과세표준을 결정하고 그 과세표준에 기하여 세액을 산출**한 경우(대법원 1996.5.14, 96도554) [국가9급 21, 법원9급 09]

3. 지방자치단체에서 발주·시행한 교량공사의 현장감독관이 공사 전체의 **기성고 비율과 기성부분 준공액을 산정·기재함으로써 허위의 기성검사조서를 작성한 경우**(대법원 2021.9.16, 2019도18394) [경찰채용 22-2] → 공문서를 작성하는 과정에서 **법령 등을 잘못 적용하거나 적용하여야 할 법령 등을 적용하지 아니한 잘못**이 있더라도 그 적용의 전제가 된 사실관계에 관하여 거짓된 기재가 없는 경우

보조공무원의 허위공문서작성의 간접정범 긍정

1. 면의 호적계장이 정을 모르는 면장의 결재를 받아 허위내용의 호적부를 작성한 경우(대법원 1990.10.30, 90도1912) [경찰채용 13, 국가7급 13]

2. 공문서의 작성권한이 있는 공무원의 직무를 보좌하는 자**(예비군동대 방위병)**가 그 직위를 이용하여 행사할 목적으로 허위의 내용이 기재된 문서 초안을 그 정을 모르는 상사(동대장)에게 제출하여 결재하도록 하는 등의 방법으로 작성권한이 있는 공무원으로 하여금 허위의 공문서를 작성하게 한 경우(대법원 1992.1.17, 91도2837) → 나아가 위 보조공무원과 공모한 비신분자는 허위공문서작성의 간접정범에 대한 공동정범 성립

3. 경찰서 보안과장이 음주운전을 눈감아주기 위하여 그에 대한 음주운전자 적발보고서를 찢어버리고, 부하로 하여금 **일련번호가 동일한 가짜 음주운전 적발보고서에 타인에 대한 음주운전 사실을 기재케 하여 그 정을 모르는 담당 경찰관으로 하여금 주취운전자 음주측정처리부에 타인에 대한 음주운전 사실을 기재**한 경우(대법원 1996.10.11, 95도1706)

4. 공무원 甲이 **허위의 사실을 기재한 자동차운송사업변경(증차)허가신청 검토조서를 작성**한 다음 이를 자동차운송사업변경(증차)허가신청 검토보고에 첨부하여 **결재를 상신**하였고, 담당계장으로서 **그와 같은 사정을 알고 있는 중간 결재자**인 乙과 담당과장으로서 그와 같은 사정을 모르는 최종 결재자인 A가 차례로 결재를 하여 자동차운송사업 변경허가가 이루어진 경우, 甲과 乙은 **허위공문서작성죄의 -공동정범이 아니라- 간접정범**(대법원 2011.5.13, 2011도1415)

한줄판례 Summary

허위공문서작성죄 고의 인정

1. 허위라는 사실을 인식하고 작성하였는데 상사나 상급관청의 양해·지시가 있는 경우(대법원 1971.11.9, 71도177)
2. 담당공무원이 토지·하천 등의 경계나 면적을 측량하지 않은 채 지적도상의 그 경계를 정정한 경우(대법원 1997.12.26, 96도3057)
3. 甲 등 경찰관들이 乙 등 피의자들을 현행범으로 체포하거나 현행범인체포서를 작성할 때 체포사유 및 변호인 선임권을 고지하였다는 내용의 허위의 현행범인체포서와 확인서를 작성한 경우(대법원 2010.6.24, 2008도11226)

허위공문서작성죄 고의 부정

1. 작성자가 단순히 오기 또는 부주의에 의한 기재누락을 한 경우(대법원 1982.12.28, 82도1617; 1978.4.11, 77도3781)
2. 사전에 출장조사한 다음 출장조사내용이 변동 없다는 확신하에 출장복명서를 작성하고, 다만 그 출장일자를 작성일자로 기재한 경우(대법원 2001.1.5, 99도4101)

한줄판례 Summary

공정증서원본부실기재 긍정

1. 유상증자등기의 신청 시 발행주식 총수 및 자본의 총액이 증가한 사실이 허위임을 알면서 증자등기를 신청하여 상업등기부원본에 그 기재를 하게 한 경우(대법원 2006.10.26, 2006도5147)
2. 해외이주의 목적으로 위장결혼의 혼인신고를 하는 경우(대법원 1985.9.10, 85도1481) [경찰채용 12]
3. 부실의 사실이란 권리·의무와 관련된 중요한 사실에 관한 것이어야 하며 사후에 이해관계인들의 동의 또는 추인 등의 사정으로 실체권리관계에 부합하게 되었다고 하더라도 공정증서원본부실기재죄의 성립에 영향 無(대법원 2001.11.9, 2001도3959) [경찰채용 12, 국가9급 14]
4. 토지거래 허가구역 안의 토지에 관하여 실제로는 매매계약을 체결하고서도 처음부터 토지거래허가를 잠탈하려는 목적으로 등기원인을 '증여'로 하여 소유권이전등기를 경료한 경우(대법원 2007.11.30, 2005도9922) [경찰채용 12·13]
5. 실제로는 채권·채무관계가 존재하지 아니함에도 공증인에게 허위신고를 하여 가장된 금전채권에 대하여 "집행력이 있는 공정증서원본"을 작성하고 이를 비치하게 한 경우(대법원 2003.7.25, 2002도638)
6. 규약에 종중재산의 취득 및 처분은 종중총회의 결의사항으로 되어 있는 종중의 대표자가 종중총회의 결의 없이 종중재산인 부동산에 근저당권설정등기를 마친 경우(대법원 2005.8.25, 2005도4910) → 공정증서원본에 기재된 사항이 부존재하거나 외관상 존재한다고 하더라도 무효에 해당하는 하자가 있다면 그 기재는 부실기재로 보아야 하기 때문에
7. 종중 대표자의 기재를 허위로 등재한 경우(대법원 2006.1.13, 2005도4790) [경찰채용 24-1, 법원승진 16]
8. 확정판결이 내려진 경우라 하더라도 진실에 반하는 사실관계를 근거로 확정판결이 내려진 것을 알고 이 확정판결에 기하여 등기관에게 등기신청을 하여 등기를 경료하게 한 경우(대법원 2007.7.12, 2007도3005) [국가9급 12, 법원승진 12]
9. 제3자 명의의 근저당권설정등기를 말소하고 위 등기부를 비치한 경우(대법원 2007.2.23, 2006도507)
10. 법무사 사무실 사무장에게 "부동산에 관하여 소유권이전등기를 먼저 마치고 위 부동산에 저당권을 설정한 후 대출을 받아 잔금을 지급하도록 매도인이 허락하였다."고 거짓말하여 부동산에 관한 소유권이전등기절차를 밟도록 하여 자신 앞으로 소유권이전등기를 마치게 한 경우(대법원 2006.3.10, 2005도9402)

공정증서원본부실기재 부정

1. 해외이주의 목적으로 일시 이혼하기로 하여 이혼신고를 한 경우(대법원 1976.9.14, 76도1014)
2. 협의상 이혼의 의사표시가 기망에 의하여 이루어진 경우(대법원 1997.1.24, 95도448) [법원9급 14]

3. 가장매매계약을 원인으로 하는 등기를 신청하여 경료된 경우(대법원 2009.10.15, 2009도5780; 1991.9.24, 91도1164; 1970.5.12, 70도643) [경찰채용 12·13, 법원9급 14, 법원승진 12] → 가장매매라 하더라도 등기이전의 형식적 의사표시는 존재하므로

4. 진정한 채무자가 아닌 제3자를 채무자로 기재한 근저당권설정등기를 신청하였으나 당사자가 이에 합의하였 던 경우(대법원 1985.10.8, 84도2461)

5. 채권양도인이 허위의 채권에 관하여 그 정을 모르는 양수인과 실제로 채권양도의 법률행위를 하면서 허위의 채권을 양도한다는 취지의 공정증서를 작성하게 한 경우(대법원 2004.1.27, 2001도5414) [법원승진 16]

6. 부동산매수인이 법무사를 기망하여 법무사가 잔금이 모두 지급된 것으로 잘못 알고 등기신청을 하여 그 소유 권이전등기를 경료한 경우(대법원 1996.6.11, 96도233)

7. 1인주주인 피고인이 특정인과의 합의 없이 주주총회의 소집 등 상법 소정의 형식적인 절차도 거치지 않고 특정인을 이사의 지위에서 해임하였다는 내용을 법인등기부에 기재하게 한 경우(대법원 1996.6.11, 95도 2817) [경찰채용 12] ≠ 1인주주가 이사가 사임하지 않았음에도 사임하였다고 등기한 경우(본죄 성립, 대법원 1992.9.14, 92도1564)

8. 중고자동차매매업자가 여객자동차 운수사업법상 차량충당연한 규정에 위배되어 여객자동차운수사업에 충당 될 수 없는 차량인 것을 알면서 영업용으로 변경 및 이전등록신청을 하였으나, 구체적 등록내용인 최초등록일 등은 사실대로 기재한 경우(대법원 2011.5.13, 2011도1415) → 최초등록일 등 등록과 관련된 사실관계에 대 한 내용에 거짓이 있다고 볼 수 없는 이상 허위의 신고를 하였다고 할 수 없으므로 공전자기록등불실기재죄 및 그 행사죄 인정 ✕

9. 등기원인을 명의신탁 대신에 매매라고 기재한 경우(대법원 1967.7.11, 65도592) [경찰채용 12]

10. 부동산 거래당사자가 '거래가액'을 시장 등에게 거짓으로 신고하여 받은 신고필증을 기초로 사실과 다른 내용의 거래가액이 부동산등기부에 등재되도록 한 경우(대법원 2013.1.24, 2012도12363) [경찰간부 22, 경찰채용 13]

11. 대포통장을 유통시킬 목적이었을 뿐 자본금을 납입하거나 (주식, 유한)회사를 설립한 사실이 없는데도 허위 의 회사설립등기 신청서를 법원등기관에게 제출하여 등기관으로 하여금 상업등기 전산정보처리시스템의 법 인등기부에 위 신청서의 기재 내용을 입력한 경우(대법원 2020.2.27, 2019도9293; 2020.3.26, 2019도 7729) [경찰간부 23, 경찰채용 23-1] → 회사 설립 당시 정관에 기재된 목적 수행에 필요한 영업의 실질을 갖추 거나 영업에 필요한 인적·물적 조직을 갖추지 않았다는 등의 사정만으로는 회사 성립 자체를 부정할 수는 없음

부실기재공정증서원본행사 부정
부실의 사실이 기재된 공정증서의 '정본'을 그 정을 모르는 법원 직원에게 교부한 경우(대법원 2002.3.26, 2001 도6503)

 한줄판례 Summary

위조등사문서행사 성립

1. 위조된 선하증권의 사본을 은행에 제출한 경우 : 위조유가증권 사본이므로 위조유가증권행사죄 ✕, 선하증권 사본이 사문서로 보기에 충분한 형식과 외관을 갖추고 있고 실제로도 이를 은행에 증빙자료로 제출하여 수입 대금이 지급된 바도 있었다면 작성명의자의 서명·날인이 되어 있지 않아도 위조사문서행사죄 ○(대법원 2010.5.13, 2008도10678)

2. 위조된 사문서를 컴퓨터에 연결된 스캐너로 읽어 들여 파일로 이미지화한 다음 이를 전송한 경우(대법원 2008.4.10, 2008도1013) [경찰채용 12]

3. 사무실 전세계약서 원본을 스캐너로 복사하여 컴퓨터 화면에 띄운 후 그 보증금액란을 공란으로 만든 다음 이를 프린터로 출력하여 검정색 볼펜으로 보증금액을 '삼천만 원'으로 바꾼 후 이 사무실 전세계약서를 팩스로 송부한 경우(사문서변조 및 동행사 성립, 대법원 2011.11.10, 2011도10468) [국가7급 14]

위조등공문서행사 부정
위조된 면허증을 소지하고 운전한 경우(대법원 1957.11.2, 4289형상240)

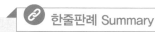 한줄판례 Summary

사문서부정행사 긍정

절취한 후불식(KT) 전화카드를 공중전화기에 넣어 **사용**한 경우(대법원 2002.6.25, 2002도461)

사문서부정행사 부정

1. 현금보관증이 자기 수중에 있다는 사실 자체를 증명하기 위하여 **증거로서 법원에 제출**하는 경우(대법원 1985.5.28, 84도2990)
2. 실질적인 채권채무관계 없이 당사자 간의 합의로 작성한 '**차용증 및 이행각서**'를 이용하여 대여금청구소송을 제기하면서 이를 법원에 제출한 경우(용도 다양, 대법원 2007.3.30, 2007도629) [법원승진 13·14]

 한줄판례 Summary

공문서부정행사 긍정

1. **자동차대여업체에 타인의 운전면허증 제시**(대법원 1998.8.21, 98도1701)
2. **불심검문에 타인의 주민등록증 제시**(대법원 1982.9.28, 82도1297)
3. **불심검문에 타인의 운전면허증 제시**(대법원 2001.4.19, 2000도1985 전원합의체) [경찰채용 15, 법원9급 13·16, 법원승진 14]

공문서부정행사 부정

1. 인감증명서 제시(대법원 1983.6.28, 82도1985), 신원증명서(대법원 1993.5.11, 93도127), 화해조서 경정신청 기각결정문(대법원 1984.2.28, 82도2851), **주민등록표 등본**(이상 용도 자체가 다양한 문서, 대법원 1999.5.14, 99도206)
2. **타인의 주민등록증을 피고인 가족의 것이라고 제시**하면서 그 주민등록증상의 명의 또는 가명으로 이동전화 가입신청을 한 경우(사용권한 없는 자의 해당 용도 이외의 사용, 대법원 2003.2.26, 2002도4935)
3. **선박국적증서·선박검사증서로 허위의 사고신고**(사용권한 있는 자의 해당 용도 이내의 사용, 대법원 2009. 2.26, 2008도10851) [경찰채용 13·15, 국가9급 12]
4. **운전면허증의 이미지파일** 제시(공문서 자체 행사 要, 대법원 2019.12.12, 2018도2560)
5. 실효된 장애인사용자동차표지가 비치된 승용차를 **장애인전용주차구역 아닌 장소에 주차**(해당 용도 이외의 사용, 대법원 2022.9.29, 2021도14514) [경찰승진 23]

04 　인장에 관한 죄

사인 등 위조·부정사용죄	
조문정리	제239조【사인 등의 위조, 부정사용】① 행사할 목적으로 타인의 인장, 서명, 기명 또는 기호를 위조 또는 부정사용한 자는 3년 이하의 징역에 처한다.
위조사인 등 행사죄	
조문정리	제239조【사인 등의 위조, 부정사용】② 위조 또는 부정사용한 타인의 인장, 서명, 기명 또는 기호를 행사한 때에도 전항의 형과 같다. ① 행사 : 위조된 인장을 진정한 것처럼 용법에 따라 사용(날인)하는 행위 ② **위조된 인과(印顆) 자체를 타인에게 교부 : 행사 ×**(대법원 1984.2.28, 84도90)

PART 02

사회적 법익에 대한 죄

	공인 등 위조·부정사용죄
조문정리	**제238조【공인 등의 위조, 부정사용】** ① 행사할 목적으로 공무원 또는 공무소의 인장, 서명, 기명 또는 기호를 위조 또는 부정사용한 자는 5년 이하의 징역에 처한다.
	① 공기호 : 전매청 명의의 기호, **자동차의 차량번호표**, 택시미터기의 검정납봉의 봉인(대법원 1982.6.8, 82도138) ② 부정사용 : 진정하게 만들어진 자동차등록번호판 등 공기호 등을 권한 없는 자가 사용 or 권한 있는 자라도 권한을 남용하여 부당하게 사용

	위조공인 등 행사죄
조문정리	**제238조【공인 등의 위조, 부정사용】** ② 위조 또는 부정사용한 공무원 또는 공무소의 인장, 서명, 기명 또는 기호를 행사한 자도 전항의 형과 같다.

🔗 한줄판례 Summary

사인등위조 긍정

1. 음주운전 등으로 경찰서에서 조사를 받으면서 제3자로 행세하여 **피의자신문조서의 진술자란에 제3자의 이름을 기재**하였다면, **무인 및 간인을 하기 전에 발각**된 경우(사서명위조 및 동행사, 대법원 2005.12.23, 2005도4478)
2. 아파트 주민대표회 간부들이 甲의 허위학력 사실을 아파트 주민들에게 공고문 형식으로 알리면서 그 공고문의 신뢰성 제고를 위해 공고문 안에 **K대학 교무처장 명의의 직인을 함께 나타내고 공고문을 게시**한 경우(사인위조 및 동행사, 대법원 2010.1.14, 2009도5929)

사인등위조 부정

타인의 인장을 조각할 당시에 그 **명의자로부터 명시적·묵시적 승낙·위임을 받은** 경우(대법원 2014.9.26, 2014도9213)

공기호위조 부정

검찰 업무표장 아래 '검찰 PROSECUTION SERVICE'라고 기재하고 그 아래 피고인의 휴대전화 번호를 기재한 주차표지판 : 당해 주차표지판 부착 차량이 '검찰 공무수행 차량'임을 증명하는 기능 없음(공기호 ×, 대법원 2024.1.4, 2023도11313)

공기호부정사용 및 부정사용공기호행사 긍정

1. **자동차의 등록번호판을 다른 자동차에 부착하는 행위** 자체만으로 자동차등록번호판의 부정사용(**공기호부정사용죄**)에 해당(대법원 1997.7.8, 96도3319; 2006.9.28, 2006도5233)
2. 위 1.의 자동차를 <u>운행한 행위만으로 부정사용공기호행사죄</u> 구성(**운행과는 별도로 부정사용한 자동차등록번호판을 타인에게 제시하는 등 행위 不要**, 대법원 1997.7.8, 96도3319) [법원9급 13]

💡 퍼써 정리 | 문서죄 암기의 tip

- 신분범 ○ : 허위진단서작성죄, 허위공문서작성죄
- 신분범 × : 공정증서원본부실기재죄
- 목적범 × : 허위진단서작성죄, 공정증서원본부실기재죄, 각종 행사·부정행사죄
- 예비·음모 ×
- 미수 × : 사문서부정행사죄 *cf.* 통화 : 위조통화취득 후 지정행사죄, 유가증권·우표·인지 : 소인말소죄
- 죄수 판단기준 : 명의인의 수 *cf.* 통화 : 종류의 수, 유가증권 : 매수

CHAPTER 03 공중의 건강에 대한 죄

01 먹는 물에 관한 죄

<table>
<tr><td colspan="2" align="center">먹는 물 사용방해죄</td></tr>
<tr><td>조문정리</td><td>제192조【먹는 물의 사용방해】① 일상생활에서 먹는 물로 사용되는 물에 오물을 넣어 먹는 물로 쓰지 못하게 한 자는 1년 이하의 징역 또는 500만 원 이하의 벌금에 처한다.</td></tr>
<tr><td colspan="2" align="center">먹는 물 유해물혼입죄</td></tr>
<tr><td>조문정리</td><td>제192조【먹는 물의 사용방해】② 제1항의 먹는 물에 독물(毒物)이나 그 밖에 건강을 해하는 물질을 넣은 사람은 10년 이하의 징역에 처한다.

미수·예비 ○ : 먹는 물 유해물혼입죄, 수돗물 유해물혼입죄(§193②), 수도불통죄(§195)(§196·197)</td></tr>
<tr><td colspan="2" align="center">수돗물 사용방해죄</td></tr>
<tr><td>조문정리</td><td>제193조【수돗물의 사용방해】① 수도(水道)를 통해 공중이 먹는 물로 사용하는 물 또는 그 수원(水原)에 오물을 넣어 먹는 물로 쓰지 못하게 한 자는 1년 이상 10년 이하의 징역에 처한다.</td></tr>
<tr><td colspan="2" align="center">수돗물 유해물혼입죄</td></tr>
<tr><td>조문정리</td><td>제193조【수돗물의 사용방해】② 제1항의 먹는 물 또는 수원에 독물 그 밖에 건강을 해하는 물질을 넣은 자는 2년 이상의 유기징역에 처한다.</td></tr>
<tr><td colspan="2" align="center">먹는 물 혼독치사상</td></tr>
<tr><td>조문정리</td><td>제194조【먹는 물 혼독치사상】제192조 제2항 또는 제193조 제2항의 죄를 지어 사람을 상해에 이르게 한 경우에는 무기 또는 3년 이상의 징역에 처한다. 사망에 이르게 한 경우에는 무기 또는 5년 이상의 징역에 처한다.</td></tr>
<tr><td colspan="2" align="center">수도불통죄</td></tr>
<tr><td>조문정리</td><td>제195조【수도불통】공중이 먹는 물을 공급하는 수도 그 밖의 시설을 손괴하거나 그 밖의 방법으로 불통(不通)하게 한 자는 1년 이상 10년 이하의 징역에 처한다.</td></tr>
</table>

	아편흡식죄
조문정리	제201조【아편흡식 등, 동 장소제공】① 아편을 흡식하거나 몰핀을 주사한 자는 5년 이하의 징역에 처한다.

	아편흡식장소제공죄
조문정리	제201조【아편흡식 등, 동 장소제공】② 아편흡식 또는 몰핀주사의 장소를 제공하여 이익을 취한 자도 전항의 형과 같다.

	아편 등 제조·수입·판매·판매목적소지죄
조문정리	제198조【아편 등의 제조 등】아편, 몰핀 또는 그 화합물을 제조, 수입 또는 판매하거나 판매할 목적으로 소지한 자는 10년 이하의 징역에 처한다.

	아편흡식기 제조·수입·판매·판매목적소지죄
조문정리	제199조【아편흡식기의 제조 등】아편을 흡식하는 기구를 제조, 수입 또는 판매하거나 판매할 목적으로 소지한 자는 5년 이하의 징역에 처한다.

	세관공무원의 아편 등 수입·수입허용죄
조문정리	제200조【세관공무원의 아편 등의 수입】세관의 공무원이 아편, 몰핀이나 그 화합물 또는 아편흡식기구를 수입하거나 그 수입을 허용한 때에는 1년 이상의 유기징역에 처한다.

	상습아편흡식·아편제조·수입·판매죄
조문정리	제203조【상습범】상습으로 전5조의 죄를 범한 때에는 각조에 정한 형의 2분의 1까지 가중한다.

	아편 등 소지죄
조문정리	제205조【아편 등의 소지】아편, 몰핀이나 그 화합물 또는 아편흡식기구를 소지한 자는 1년 이하의 징역 또는 500만 원 이하의 벌금에 처한다. 제206조【몰수, 추징】본장의 죄에 제공한 아편, 몰핀이나 그 화합물 또는 아편흡식기구는 몰수한다. 그를 몰수하기 불능한 때에는 그 가액을 추징한다. 아편죄 : 상습범 처벌규정, 필요적 몰수 규정, 단순소지 처벌규정 有(§205)

CHAPTER 04 사회의 도덕에 대한 죄

01 성풍속에 관한 죄

	간통죄
조문정리	제241조【간통】 삭제 〈2016.1.6.〉 [2016.1.6. 법률 제13719호에 의하여 2015.2.26. 헌법재판소에서 위헌결정된 이 조를 삭제함]

	음행매개죄
조문정리	제242조【음행매개】 영리의 목적으로 사람을 매개하여 간음하게 한 자는 3년 이하의 징역 또는 1천 500만 원 이하의 벌금에 처한다.
구성요건	① 객체 : **사람(부녀 ✕)** ② 대향범 : 매개자와 간음자 필요 → 매개자만 처벌(**편면적 대향범**) ∴ **간음자 공범 ✕** ③ 고의와 영리의 목적 : 영리목적 아닌 무상의 음행매개행위는 음행매개 ✕

	음화 등 반포·판매·임대·공연전시·공연상영죄
조문정리	제243조【음화반포 등】 음란한 문서, 도화, 필름 기타 물건을 반포, 판매 또는 임대하거나 공연히 전시 또는 상영한 자는 1년 이하의 징역 또는 500만 원 이하의 벌금에 처한다.

객관적
구성요건
	① 객체 : 음란한 문서·도화·기타 물건
	  ㉠ 음란성 : 일반적으로 성욕을 자극하거나 흥분 또는 만족하게 하는 내용으로서 **일반인의 정상적인 성적 수치심을 해치고 선량한 성적 도덕관념에 반하는 것**(대법원 1987.12. 22, 87도2331) → **작성자의 주관적 의도가 아니라 객관적으로 도화 등 자체에 의하여 판단**(대법원 1991.9.10, 91도1550), **작품의 일부가 아니라 전체적인 맥락을 고려하여 판단**
	  ㉡ 예술성 : **예술성이 인정되더라도 음란물이 될 수 있으며**, 예술성이 없더라도 사회의 선량한 성적 도의관념을 해치는 정도가 미약할 경우에는 음란물이 아닐 수 있음(적극설, 대법원 1970.10.30, 70도1879; 2000.10.27, 98도679)
	  ㉢ 상대적 음란개념 : **명화집에 실려 있는 그림이라 할지라도 이것을 성냥갑 속에 넣어 판매할 목적으로 그 카드사진을 복사·제조하거나 시중에 판매**한 경우 음화판매 ○(나체의 마야 사건, 대법원 1970.10.30, 70도1879, 다수설은 반대)
	  ㉣ 문서·도화·필름 기타 물건 : **컴퓨터프로그램**은 고정성·영속성이 없어 물건 ✕(대법원 1999.2.24, 98도3140) [경찰채용 13]
	② 반포·판매·임대·공연전시·공연상영

공 범	반포·판매·임대의 상대방은 공범으로 처벌받지 않음

	음화 등 제조·소지·수입·수출죄
조문정리	제244조【음화제조 등】제243조의 행위에 공할 목적으로 음란한 물건을 제조, 소지, 수입 또는 수출한 자는 1년 이하의 징역 또는 500만 원 이하의 벌금에 처한다. ① 음화 등 반포·판매죄의 예비단계를 독립된 구성요건으로 규정한 **목적범** ② 음란합성사진 파일 : 음란한 물건 ✕(대법원 2023.12.14, 2020도1669) 　　*cf.* 허위영상물 ○(성폭법 §14의2)

	공연음란죄
조문정리	제245조【공연음란】공연히 음란한 행위를 한 자는 1년 이하의 징역, 500만 원 이하의 벌금, 구류 또는 과료에 처한다. ① 고의 : 음란성 인식이 있으면 충분, 별도로 **성욕의 흥분·만족 등의 성적 목적 不要**(대법원 2000.12.22, 2000도4372) [경찰채용 22-2] ② 경범죄처벌법과의 구별 　　㉠ 단순히 다른 사람에게 부끄러운 느낌이나 불쾌감을 주는 정도 : 경범죄(경범죄처벌법 §3①33.) 　　㉡ **일반 보통인의 성욕을 자극하여 성적 흥분을 유발하고 정상적인 성적 수치심을 해하는 정도 : 형법상 공연음란**(대법원 2020.1.16, 2019도14056) [경찰채용 22-2]

🔗 한줄판례 Summary

음란물공연전시 긍정

인터넷사이트에 집단 성행위 목적의 카페를 운영하는 자가 남녀 회원을 모집한 후 특별모임을 빙자하여 **집단으로 성행위를 하고 그 촬영물이나 사진 등을 카페에 게시한 경우**(대법원 2009.5.14, 2008도10914)

공연음란 긍정

1. **공중 앞에서 알몸이 되어 성기를 노출**한 경우(대법원 2000.12.22, 2000도4372) [경찰채용 13]
2. 요구르트 제품 홍보를 위해 소위 **알몸 퍼포먼스의 공연**을 한 경우(대법원 2006.1.13, 2005도1264)

공연음란 부정

말다툼을 한 후 항의의 표시로 엉덩이를 노출시킨 경우(대법원 2004.3.12, 2003도6514) [경찰채용 13·22-2]

02　도박과 복표에 관한 죄

	단순도박죄
조문정리	제246조【도박, 상습도박】① 도박을 한 사람은 1천만 원 이하의 벌금에 처한다. 다만, 일시오락 정도에 불과한 경우에는 예외로 한다. [전문개정 2013.4.5.]

구성요건	① 주체 : 2인 이상의 자(**필요적 공범 중 대향범**)
	② 도박 : 당사자가 서로 재물 내지 재산상 이익(**객체가 재물로 제한되지 않음**)을 걸고 **우연한 승부**에 의하여 그 재물의 득실을 결정하는 것 → 내기골프 등 경기(競技)도 우연이 배제되지 **않으므로 도박**(대법원 2008.10.23, 2006도736) [경찰승진 24]
	③ **사기도박** : 편면적 도박에 불과하고 우연성이 결여되어 **도박 ×, 사기죄 ○** → 사기도박자는 사기죄, **사기도박의 상대방인 피해자는 도박 ×(무죄)** [경찰채용 11]
	④ 기수 : 도박행위의 착수가 있는 때(추상적 위험범)
위법성	일시오락의 정도에 불과한 경우 위법성 조각(§246① 단서, 사회상규 위배 ×)
죄수 등	도박행위가 공갈죄의 수단이 된 경우 : 공갈죄와 별도로 도박죄 성립(대법원 2014.3.13, 2014도212) [경찰채용 22-2]

상습도박죄

조문정리	제246조 【상습도박】② 상습으로 제1항의 죄를 범한 자는 3년 이하의 징역 또는 2천만 원 이하의 벌금에 처한다.
	① 상습성 있는 자가 상습성 없는 자의 도박을 방조하고 도박을 한 경우 : **상습도박방조죄는 무거운 상습도박의 죄에 포괄시켜 1죄로서 처단**(대법원 1984.4.24, 84도195) [경찰채용 11]
	② 전과 : **도박전과가 없더라도 제반 사정을 참작하여 도박의 습벽이 인정되는 경우 상습성 인정**(대법원 1995.7.11, 95도955) [경찰채용 22-2]

도박개장죄

조문정리	제247조 【도박장소 등 개설】 영리의 목적으로 도박을 하는 장소나 공간을 개설한 사람은 5년 이하의 징역 또는 3천만 원 이하의 벌금에 처한다. [전문개정 2013.4.5.]
구성요건	① 도박장소 개설 : **도박의 주재자**로서 도박장소와 설비를 개설·제공하는 것 → 주재자가 되지 않고 도박장소만을 제공한 때, (도박죄의 종범 ○) 도박개장 ×(通)
	② 도박공간 개설 : **사이버 공간 포함**
	③ 기수 : **도박장소·공간을 개설한 때** → 현실로 도박이 행해질 것 不要
	④ 영리의 목적 : 도박개장의 대가로 불법한 재산상의 이익을 얻으려는 의사, **도박개장의 직접적 대가일 것을 요하지 않고 간접적으로 이익을 얻는 경우도 인정**
죄수 등	도박개장 + 도박 = 도박개장과 도박의 실체적 경합(通)

복표발매·중개·취득죄

조문정리	제248조 【복표의 발매 등】 ① 법령에 의하지 아니한 복표를 발매한 자는 5년 이하의 징역 또는 3천만 원 이하의 벌금에 처한다. ② 제1항의 복표발매를 중개한 자는 3년 이하의 징역 또는 2천만 원 이하의 벌금에 처한다. ③ 제1항의 복표를 취득한 자는 1천만 원 이하의 벌금에 처한다. [전문개정 2013.4.5.]
	법령에 의한 복표 : 위법성 조각(§20의 법령에 의한 정당행위, 通)

도박개장 긍정

1. 가맹점을 모집하여 **인터넷 도박게임이 가능하도록 시설 등을 설치하고 도박게임 프로그램을 가동**하던 중 문제가 발생하여 더 이상의 영업으로 나아가지 못한 경우 → **실제로 이용자들이 도박게임 사이트에 접속하여 도박을 한 사실이 없더라도 도박개장죄는 이미 '기수'**(대법원 2009.12.10, 2008도5282) [경찰채용 11·12·13·22-2]

2. 인터넷 고스톱게임 사이트를 유료화하는 과정에서 사이트를 홍보하기 위하여 고스톱대회를 개최하면서 **참가자들로부터 참가비를 받고 입상자들에게 상금을 지급한 행위는 본죄 구성**(대법원 2002.4.12, 2001도5802) [경찰채용 12]

복표발매 긍정

복표로서의 개념요소(당첨의 우연성)를 갖고 있다면 **광고 등 다른 기능이 일부 가미되어 있어도** 복표발매죄의 **복표 O**(대법원 2003.12.26, 2003도5433)

---

03 신앙에 관한 죄

	장례식 등 방해죄
조문정리	제158조 【장례식 등의 방해】 장례식, 제사, 예배 또는 설교를 방해한 자는 3년 이하의 징역 또는 500만 원 이하의 벌금에 처한다. ① 보호법익 : 제전의 평온, 추상적 위험범 ② 요건 : 제전 집행 중이거나 시간적으로 밀접불가분의 관계에 있는 준비단계에서 이를 방해 要

	시체 등 오욕죄
조문정리	제159조 【시체 등의 오욕】 시체, 유골 또는 유발(遺髮)을 오욕한 자는 2년 이하의 징역 또는 500만 원 이하의 벌금에 처한다. ① 시체 : 인체의 형태를 갖춘 사태(死胎) 포함 ② 오욕(汚辱) : 행동을 통한 모욕의사의 표현 *cf.* 언어적 행위는 사자명예훼손죄(§308)

	분묘발굴죄

조문정리	제160조 【분묘의 발굴】 분묘를 발굴한 자는 5년 이하의 징역에 처한다.
	① 분묘 : 사람의 시체·유골·유발을 매장하여 사자를 제사·기념하는 장소
	  ㉠ **적법하게 매장된 분묘 不要**(대법원 1976.10.29, 76도2828)
	  ㉡ 사체의 유골이 토괴화하였을 때에도 분묘 O
	  ㉢ **사자가 누구인지 불명(무연고분)하여도 분묘** O(대법원 1976.10.29, 76도2828) → 현재 제사·숭경하고 종교적 예의의 대상으로 되어 있고 수호·봉사하는 자가 있으면 O(대법원 1990.2.13, 89도2061)
	② 기수 : 복토제거설(判例; 대법원 1962.3.29, 4294형상539), 외부인지설(通)

조문정리	③ 미수 : 분묘발굴죄와 시체손괴·은닉죄는 미수 처벌(§162) ④ 위법성 : <u>존숭(尊崇)의 예를 갖추어 발굴하는 행위는 위법성 조각</u>(대법원 1995.2.10, 94도 1190; 2007.12.13, 2007도8131)

사체 등 손괴·유기·은닉·영득죄

조문정리	제161조【시체 등의 유기 등】① 시체, 유골, 유발 또는 관 속에 넣어 둔 물건을 손괴(損壞), 유 기, 은닉 또는 영득(領得)한 자는 7년 이하의 징역에 처한다. ② 분묘를 발굴하여 제1항의 죄를 지은 자는 10년 이하의 징역에 처한다. ① 시체은닉 : 사체의 발견을 불가능 또는 심히 곤란하게 하는 것 ② 분묘발굴 + 시체손괴 = 분묘발굴시체손괴 등 죄의 1죄(결합범, §161②)

변사체검시방해죄

조문정리	제163조【변사체 검시 방해】변사자의 시체 또는 변사(變死)로 의심되는 시체를 은닉하거나 변 경하거나 그 밖의 방법으로 검시(檢視)를 방해한 자는 700만 원 이하의 벌금에 처한다. ① 변사자 : 사망의 원인이 무엇인지 의심스러운 사망자 ② <u>사망의 원인이 무엇인지 명백한 사체 : 변사체 ✕</u>(대법원 1970.2.24, 69도2272)

 한줄판례 Summary

제사·예배방해 부정

1. 시비 중에 마침 **제사상에 사용할 음식을 마련하여 임시로 작은 상 위에 올려놓은 것을 발로 찬** 경우(대법원 1982.2.23, 81도2691)
2. 교회의 교인이었던 사람이 예배당 건물에 들어가 출입문 자물쇠를 교체하여 7개월 동안 **교인들의 출입을 막으면서 장기간 출입을 통제한** 경우(대법원 2008.2.1, 2007도5296)
3. <u>순전히 기존 교회의 교인들의 예배를 방해하기 위한 행위로서의 예배(보호 不可)</u>를 방해한 경우(대법원 2008.2.28, 2006도4773)

살인죄와 시체유기죄의 죄수

1. <u>사람을 살해한 다음 그 범죄의 흔적을 은폐하기 위하여 그 시체를 다른 장소로 옮겨 유기한 경우 : 살인죄와 시체유기죄의 실체적 경합</u>(대법원 1984.11.27, 84도2263)
2. 사체의 발견을 불가능 또는 심히 곤란하게 하려는 의사로 **인적이 드문 장소로 피해자를 유인하여 살해하고 시체를 그대로 둔 채 도주한** 경우 : 살인죄 ○, 시체유기죄 ✕(대법원 1986.6.24, 86도891)

3

국가적 법익에 대한 죄

CHAPTER 01 국가의 존립과 권위에 대한 죄

01 내란의 죄

	내란죄
조문정리	**제87조【내란】** 대한민국 영토의 전부 또는 일부에서 국가권력을 배제하거나 국헌을 문란하게 할 목적으로 폭동을 일으킨 자는 다음 각 호의 구분에 따라 처벌한다. 1. 우두머리는 사형, 무기징역 또는 무기금고에 처한다. 2. 모의에 참여하거나 지휘하거나 그 밖의 중요한 임무에 종사한 자는 사형, 무기 또는 5년 이상의 징역이나 금고에 처한다. 살상, 파괴 또는 약탈 행위를 실행한 자도 같다. 3. 부화수행(附和隨行)하거나 단순히 폭동에만 관여한 자는 5년 이하의 징역이나 금고에 처한다. [전문개정 2020.12.8.] **제91조【국헌문란의 정의】** 본장에서 국헌을 문란할 목적이라 함은 다음 각 호의 1에 해당함을 말한다. 1. 헌법 또는 법률에 정한 절차에 의하지 아니하고 헌법 또는 법률의 기능을 소멸시키는 것 2. 헌법에 의하여 설치된 국가기관을 강압에 의하여 전복 또는 그 권능행사를 불가능하게 하는 것
보호법익	국가의 내적 안전과 헌법질서, 위험범

구성요건	① 주체 : 조직화된 다수인의 공동 要(필요적 공범 중 집합범)
	② 폭동 : **다수인이 결합하여 폭행·협박하는 것**(최광의의 폭행 및 광의의 협박)
	  ㉠ **비상계엄의 전국확대조치와 같은 법령·제도** : 폭동의 내용으로서의 협박 ○(대법원 1997.4.17, 96도3376 전원합의체)
	  ㉡ 기수 : 폭행·협박·파괴행위가 **한 지방의 평온을 교란할 정도에 도달**하면 기수, 목적의 달성은 不要(위태범) → 기수가 되면 종료가 되고 그 이후 내란의 상태가 남아 있게 된다는 점에서 **상태범**(대법원 1997.4.17, 96도3376 전원합의체)
	③ 폭동과 함께 살상·파괴·약탈 등이 행해질 경우 : 살인·상해·방화·강도는 본죄에 흡수(判例)
	④ 고의·목적(목적범)

공범	① 필요적 공범(집합범) : 내부관여자는 공동정범 등 총칙상 공범 ×, 내란을 교사하거나 내란단체 밖에서 자금·식량을 제공하여 그 실행을 용이하게 하는 방조 등 외부관여자는 총칙상 공범 ○ ② 간접정범 : **목적 있는 자가 목적 없는 도구를 이용하여 폭동케 하면 간접정범** ○(비상계엄 전국확대, 대법원 1997.4.17, 96도3376 전원합의체)

	내란목적살인죄
조문정리	**제88조【내란목적의 살인】** 대한민국 영토의 전부 또는 일부에서 국가권력을 배제하거나 국헌을 문란하게 할 목적으로 사람을 살해한 자는 사형, 무기징역 또는 무기금고에 처한다. [전문개정 2020.12.8.] 내란 목적으로 폭동에 수반함이 없이 의도적으로 사람을 살해하는 범죄(대법원 1997.4.17, 96도3376 전원합의체)

	내란예비·음모·선동·선전죄
조문정리	**제90조【예비, 음모, 선동, 선전】** ① 제87조 또는 제88조의 죄를 범할 목적으로 예비 또는 음모한 자는 3년 이상의 유기징역이나 유기금고에 처한다. 단, 그 목적한 죄의 실행에 이르기 전에 자수한 때에는 그 형을 감경 또는 면제한다. ② 제87조 또는 제88조의 죄를 범할 것을 선동 또는 선전한 자도 전항의 형과 같다. ① 내란선동죄 　㉠ 내란이 실행되는 것을 목표로 하여 피선동자들에게 **내란행위를 결의·실행하도록 충동하고 격려**하는 일체의 행위로서, 내란이 실행되는 것을 목표로 선동함으로써 성립하는 독립한 범죄 　㉡ 선동으로 말미암아 피선동자들에게 반드시 **범죄의 결의가 발생할 것은 不要** 　㉢ 선동에 따라 피선동자가 **내란의 실행행위로 나아갈 개연성 不要**(대법원 2015.1.22, 2014도10978 전원합의체) [법원9급 17] ② 내란음모죄 　㉠ 내란이 실행되는 것을 목표로 하여 **공격의 대상과 목표가 설정되어 있고 그 밖의 실행계획에 있어서 주요 사항의 윤곽을 공통적으로 인식할 정도**의 2인 이상의 자 사이의 합의 　㉡ 개별 범죄행위에 관한 세부적인 합의 不要 　㉢ **단순히 내란에 관한 범죄결심을 외부에 표시·전달하는 것만으로는 부족** 　㉣ 객관적으로 내란범죄의 실행을 위한 합의라는 것이 명백히 인정되고, 그러한 **합의에 실질적인 위험성** 인정 要(대법원 2015.1.22, 2014도10978 전원합의체) ③ 예비죄의 자수 감면 : **예비·음모는 실행착수 전 자수 시 필요적 감면, 선동·선전에는 자수 감면 無**

02 외환의 죄

	외환유치죄
조문정리	**제92조【외환유치】** 외국과 통모하여 대한민국에 대하여 전단을 열게 하거나 외국인과 통모하여 대한민국에 항적한 자는 사형 또는 무기징역에 처한다. → 외환의 죄의 보호법익 : 국가의 외적 안전 / 전단(戰端)을 연다는 것은 전투행위를 개시하는 것이고, 전쟁은 국제법상 전쟁개시에 한하지 않고 사실상의 전쟁까지 모두 포함

	여적죄
조문정리	제93조【여적】적국과 합세하여 대한민국에 항적한 자는 사형에 처한다. 형법상 유일하게 **절대적 법정형으로 사형**만 규정

	이적죄 – 모병이적죄
조문정리	제94조【모병이적】① 적국을 위하여 모병한 자는 사형 또는 무기징역에 처한다. ② 전항의 모병에 응한 자는 무기 또는 5년 이상의 징역에 처한다.

	이적죄 – 시설제공이적죄
조문정리	제95조【시설제공이적】① 군대, 요새, 진영 또는 군용에 공하는 선박이나 항공기 기타 장소, 설비 또는 건조물을 적국에 제공한 자는 사형 또는 무기징역에 처한다. ② 병기 또는 탄약 기타 군용에 공하는 물건을 적국에 제공한 자도 전항의 형과 같다.

	이적죄 – 시설파괴이적죄
조문정리	제96조【시설파괴이적】적국을 위하여 전조에 기재한 군용시설 기타 물건을 파괴하거나 사용할 수 없게 한 자는 사형 또는 무기징역에 처한다.

	이적죄 – 물건제공이적죄
조문정리	제97조【물건제공이적】군용에 공하지 아니하는 병기, 탄약 또는 전투용에 공할 수 있는 물건을 적국에 제공한 자는 무기 또는 5년 이상의 징역에 처한다.

	이적죄 – 일반이적죄
조문정리	제99조【일반이적】전7조에 기재한 이외에 대한민국의 군사상 이익을 해하거나 적국에 군사상 이익을 공여한 자는 무기 또는 3년 이상의 징역에 처한다. 보충관계 : 일반이적은 §92부터 §98까지의 범죄들에 대하여 **명시적 보충관계**

	이적죄 – 이적예비 · 음모 · 선동 · 선전죄
조문정리	제101조【예비, 음모, 선동, 선전】① 제92조 내지 제99조의 죄를 범할 목적으로 예비 또는 음모한 자는 2년 이상의 유기징역에 처한다. 단, 그 목적한 죄의 실행에 이르기 전에 자수한 때에는 그 형을 감경 또는 면제한다. ② 제92조 내지 제99조의 죄를 선동 또는 선전한 자도 전항의 형과 같다.

	간첩죄
조문정리	제98조【간첩】① 적국을 위하여 간첩하거나 적국의 간첩을 방조한 자는 사형, 무기 또는 7년 이상의 징역에 처한다. ② 군사상의 기밀을 적국에 누설한 자도 전항의 형과 같다.
간첩	① 간첩 : 적국에 누설하기 위하여 대한민국의 국가기밀을 탐지 · 수집하는 것 → 적국과의 의사연락 要(편면적 간첩 부정, 多 · 判), 수집 후 누설 不要

간첩	② 국가기밀 　㉠ 적국에 대하여 비밀로 함이 대한민국에 이익이 되는 대한민국의 군사상은 물론 정치·경제·사회·문화·사상 등 기밀에 속한 사항·도서·물건으로서, 그 내용이 누설되는 경우 국가의 안전에 위험을 초래할 우려가 있어 기밀로 보호할 실질가치를 갖춘 것 　㉡ 국가기관의 표지(標識)나 기밀의사와는 무관하며 **대한민국의 안전을 위해 비밀로 해야 할 실질적 이익이 있느냐에 따라 판단**(형식적 기밀개념 ×, **실질적 기밀개념** ○, 通·判, 대법원 1997.7.16, 97도985 전원합의체) 　㉢ **공지의 사실** : 국가기밀 ×, 국내에서의 적법한 절차 등을 거쳐 **이미 일반인에게 널리 알려진 공지의 사실, 물건 또는 지식에 속하지 아니한 것**이어야 함(대법원 1997.7.16, 97도985 전원합의체) ③ 실행의 착수 : **간첩의 목적으로 국내에 잠입·입국한 때**(잠입시설, 주관설, 判) ④ 기수 : 기밀에 속한 사항·도서·물건을 **탐지·수집한 때** ⑤ 탐지·수집 후 누설한 경우 : 탐지·수집으로 이미 간첩기수 ∴ **누설은 별도의 간첩죄 ×** (대법원 2011.1.20, 2008재도11 전원합의체)
간첩방조	① 각칙상 독립된 범죄 : **간첩행위 그 자체를 원조**하여 용이하게 하는 행위, **총칙상 방조범 ×** ② **단순한 숙식 제공, 안부편지 전달, 무전기 매몰을 돕는 행위 : 간첩방조 ×**(判)
군사상 기밀누설	① **직무에 관하여 군사상의 기밀을 지득한 자**가 그것을 적국에 알리는 것(§98②) ② **신분범** : 직무에 관계없이 알게 된 기밀을 누설한 때 → 군사상 기밀누설 ×, 일반이적죄만 ○(대법원 1982.7.13, 82도968)

전시군수계약불이행죄

조문정리	제103조【전시군수계약불이행】 ① 전쟁 또는 사변에 있어서 정당한 이유 없이 정부에 대한 군수품 또는 군용공작물에 관한 계약을 이행하지 아니한 자는 10년 이하의 징역에 처한다. ② 전항의 계약이행을 방해한 자도 전항의 형과 같다.

03 국기에 관한 죄

국기·국장모독죄

조문정리	제105조【국기, 국장의 모독】 대한민국을 모욕할 목적으로 국기 또는 국장을 손상, 제거 또는 오욕한 자는 5년 이하의 징역이나 금고, 10년 이하의 자격정지 또는 700만 원 이하의 벌금에 처한다. → 본죄의 국기는 공용이든 사용이든 불문(외국국기모독죄와의 차이점)

국기·국장비방죄

조문정리	제106조【국기, 국장의 비방】 전조의 목적으로 국기 또는 국장을 비방한 자는 1년 이하의 징역이나 금고, 5년 이하의 자격정지 또는 200만 원 이하의 벌금에 처한다. ① 목적범 : **국기·국장모독죄와 국기·국장비방죄는 모두 목적범** ② 보호주의(§5)의 대상 → 외국인의 국외범 처벌

외국원수에 대한 폭행 등 죄

조문정리	제107조【외국원수에 대한 폭행 등】① 대한민국에 체재하는 외국의 원수에 대하여 폭행 또는 협박을 가한 자는 7년 이하의 징역이나 금고에 처한다. ② 전항의 외국원수에 대하여 모욕을 가하거나 명예를 훼손한 자는 5년 이하의 징역이나 금고에 처한다. ① 외국 : 우리나라와 정식 수교관계를 맺고 있지 않은 국가 포함 ② 원수(元首) : 대통령이나 군주 ○, 의원내각제의 수상(首相) ×

외국사절에 대한 폭행 등 죄

조문정리	제108조【외국사절에 대한 폭행 등】① 대한민국에 파견된 외국사절에 대하여 폭행 또는 협박을 가한 자는 5년 이하의 징역이나 금고에 처한다. ② 전항의 외국사절에 대하여 모욕을 가하거나 명예를 훼손한 자는 3년 이하의 징역이나 금고에 처한다. ① 외국사절 : 대사·공사 ○ ≠ 외국사절의 가족 및 내국인 아닌 수행원은 치외법권자일 뿐 불포함 ② 외국원수·외국사절 명예훼손·모욕죄와 명예훼손·모욕죄와의 차이 : (외국원수·외국사절 모욕죄까지도) <u>반의사불벌죄, 공연성 不要</u>

외국국기·국장모독죄

조문정리	제109조【외국의 국기, 국장의 모독】외국을 모욕할 목적으로 그 나라의 공용에 공하는 국기 또는 국장을 손상, 제거 또는 오욕한 자는 2년 이하의 징역이나 금고 또는 300만 원 이하의 벌금에 처한다. <u>반의사불벌죄</u> : §107, §108, §109의 죄

외국에 대한 사전죄

조문정리	제111조【외국에 대한 사전】① 외국에 대하여 사전한 자는 1년 이상의 유기금고에 처한다. ② 전항의 미수범은 처벌한다. ③ 제1항의 죄를 범할 목적으로 예비 또는 음모한 자는 3년 이하의 금고 또는 500만 원 이하의 벌금에 처한다. 단, 그 목적한 죄의 실행에 이르기 전에 자수한 때에는 감경 또는 면제한다. 미수, <u>예비·음모 처벌, 예비·음모죄의 자수 감면 有</u>

중립명령위반죄

조문정리	제112조【중립명령위반】외국 간의 교전에 있어서 중립에 관한 명령에 위반한 자는 3년 이하의 금고 또는 500만 원 이하의 벌금에 처한다. <u>백지형법</u> : 보충규범으로서 중립명령 필요

	외교상 기밀누설죄
조문정리	제113조【외교상 기밀의 누설】① 외교상의 기밀을 누설한 자는 5년 이하의 징역 또는 1천만 원 이하의 벌금에 처한다. ② 누설할 목적으로 외교상의 기밀을 탐지 또는 수집한 자도 전항의 형과 같다. ① 외교상 기밀 : 외교정책상 외국에 대하여 비밀로 함이 대한민국의 이익이 되는 모든 정보 자료 ② 공지의 사실 : ×, 외국에 이미 널리 알려진 사실(외국언론에 이미 보도된 외교정책 등)은 정부가 '보도지침'의 형식으로 국내언론의 보도를 통제하고 있어도 외교상 기밀 ×(대법원 1995.12.5, 94도2379)

CHAPTER 02 국가의 기능에 대한 죄

01 공무원의 직무에 관한 죄

	직무유기죄
조문정리	제122조【직무유기】공무원이 정당한 이유 없이 그 직무수행을 거부하거나 그 직무를 유기한 때에는 1년 이하의 징역이나 금고 또는 3년 이하의 자격정지에 처한다.
구성요건	① 주체 - 공무원 : **우편집배원, 세무수습행정원**(대법원 1961.12.12, 4294형상99), 군인 중 사병(대법원 1969.9.23, 69도1214) ○ but **기계적·육체적 노무에 종사하는 자** ✕ ② 직무 : **고유한 구체적인 직무** ③ 직무수행의 거부 또는 직무유기 　㉠ **정당한 이유 없이 직무를 의식적으로 방임·포기하거나 직장을 무단이탈함**으로써(**부진정 부작위범, 卽**) **구체적 피해가능성을 발생케 하는 것**(**구체적 위험범**) [법원9급 16] 　㉡ 공무원이 직무집행의사로 직무를 수행한 경우 : 위법한 직무집행이라 하여도 직무유기 ✕ → **지방자치단체장이 자체 인사위원회에 징계의결요구를 하거나 훈계처분을 하도록 한 경우**(직무유기 ✕, 대법원 2007.7.12, 2006도1390) [법원9급 12] ③ 고의 → 직무를 집행한 이상 **태만·착각·황망 등 일신상·객관적 사유로 직무집행을 소홀히 하여 부실한 결과에 불과한 경우 고의** ✕(대법원 1991.6.11, 91도96) [국가9급 15] ④ **계속범** : 작위의무를 수행하지 아니함으로써 구성요건을 충족시킨(기수) 후에도 계속하여 그 작위의무를 수행하지 아니하는 위법한 부작위가 계속됨
죄수 등	① 직무에 위배하여 허위공문서를 작성한 경우 　㉠ 원칙 : **허위공문서작성죄만 성립**하고 **직무유기죄는 불성립**(대법원 1999.12.24, 99도2240) [법원9급 16] 　㉡ 예외 : **위법사실 적극 은폐목적이 아닌 별도의 허위공문서작성**의 경우는 **직무유기와 허위공문서작성의 실체적 경합**(대법원 1993.12.24, 92도3334) ② 직무에 위배하여 범인을 도피시킨 경우 : **범인도피 ○, 직무유기 ✕**(작위범과 부작위범의 상상적 경합 ✕, 대법원 1996.5.10, 96도51) [법원승진 12] ③ 출원심사담당공무원이 허위출원사유임을 알면서도 결재를 받아낸 경우 : **위계에 의한 공무집행방해 ○, 부작위범인 직무유기 ✕**(대법원 1997.2.28, 96도2825) [경찰채용 24-1] ④ 위법건축물이 발생하지 않도록 예방단속할 직무상 의무 있는 자가 위법건축을 하도록 타인을 교사하여 위법건축이 행해진 경우 : 건축법위반교사죄 ○, 직무유기죄 ✕(대법원 1980.3.25, 79도2831) ⑤ 직무유기와 다른 작위범 중 직무유기에 대한 선택기소 : **하나의 행위가 부작위범인 직무유기죄와 작위범인 허위공문서작성·행사죄의 구성요건을 동시에 충족하는 경우**, 공소제기권자는 재량에 의하여 작위범인 허위공문서작성·행사죄로 공소를 제기하지 않고 **부작위범인 직무유기죄로만 공소제기 可**(일죄의 일부에 대한 기소도 적법, 대법원 2008.2.14, 2005도4202)

	피의사실공표죄
조문정리	제126조【피의사실공표】 검찰, 경찰 그 밖에 범죄수사에 관한 직무를 수행하는 자 또는 이를 감독하거나 보조하는 자가 그 직무를 수행하면서 알게 된 피의사실을 공소제기 전에 공표(公表)한 경우에는 3년 이하의 징역 또는 5년 이하의 자격정지에 처한다. [전문개정 2020.12.8.]
구성요건	① 주체 – **검찰, 경찰 기타 범죄수사에 관한 직무를 행하는 자** or 이를 **감독·보조하는 자**(진정신분범·진정직무범죄·특수직무범죄) : **법관도 영장발부업무를 맡고 있으므로 주체 ○** ② 행위 – 공판청구 전(공소제기 전) 불특정 다수인에게 공표하는 행위 ③ 피의자 공개수배 또는 수사 중간상황 브리핑 중의 피의사실공표행위 : 위법성 조각 가능

	공무상 비밀누설죄
조문정리	제127조【공무상 비밀의 누설】 공무원 또는 공무원이었던 자가 법령에 의한 직무상 비밀을 누설한 때에는 2년 이하의 징역이나 금고 또는 5년 이하의 자격정지에 처한다.
보호법익	기밀 그 자체 ×, 공무원의 비밀엄수의무의 침해에 의하여 위험하게 되는 이익(비밀누설에 의해 위협되는 국가의 기능) ○(대법원 1996.5.10, 95도780), 추상적 위험범
구성요건	① 법령에 의한 직무상 비밀 : 법령에 의해 비밀로 분류·명시된 사항(한정설, 多)뿐만 아니라, **객관적으로 외부에 알려지지 않는 것에 '상당한 이익'이 있는 사항 포함**(少·判, 대법원 1996.5.10, 95도780) ② 누설 : 공무상 비밀을 모르고 있는 제3자에게 알려주는(알 수 있는 상태에 두는) 행위

	직권남용(권리행사방해)죄
조문정리	제123조【직권남용】 공무원이 직권을 남용하여 사람으로 하여금 의무 없는 일을 하게 하거나 사람의 권리행사를 방해한 때에는 5년 이하의 징역, 10년 이하의 자격정지 또는 1천만 원 이하의 벌금에 처한다.
구성요건	① 주체 – 공무원 : 강제력 수반 직무 不要(判, 대법원 2004.5.27, 2002도6251, 통설은 不要說) ② 직권의 남용 : **일반적 직무권한에 속하는 사항에 관하여 그 권한을 위법·부당하게 행사하는 것** ③ 직권 – 일반적 직무권한 　㉠ **법령상 근거 要 + 명문의 규정 不要** 　㉡ 판단 : 법령과 제도를 종합적·실질적으로 살펴보아 그것이 **해당 공무원의 직무권한에 속한다**고 해석되고, 이것이 **남용될 때 상대방으로 하여금 사실상 의무 없는 일을 하게 하거나 권리를 방해하기에 충분한 것**이라고 인정되는 경우 → 일반적 직무권한 ○ ③ 남용 : 법령에서 직권을 부여한 목적, 필요성·상당성, 법령상 요건의 충족 등 종합·판단(대법원 2020.2.13, 2019도5186) → **공무원 퇴임 후의 범행에 관하여는 공범 ×**(원칙) ④ 의무 없는 일을 하게 함 　㉠ **의무 : 법률상 의무 ○, 심리적·도덕적 의무 ×** 　㉡ 공무원이 자신의 직무권한에 속하는 사항에 관하여 실무 담당자로 하여금 그 직무집행을 보조하는 사실행위를 하도록 한 경우 　　ⓐ 원칙 : (공무원 자신의 직무집행으로 귀결될 뿐이므로) 의무 없는 일을 하게 한 때 ×(대법원 2020.1.9, 2019도11698)

구성요건	ⓑ 예외 : **직무집행의 기준과 절차가 법령에 구체적으로 명시**되어 있고 **실무 담당자에게도 직무집행의 기준을 적용하고 절차에 관여할 고유한 권한과 역할이 부여되어 있는데, 실무 담당자로 하여금 그러한 기준과 절차에 위반하여 직무집행을 보조하게 한** 경우 → **의무 없는 일을 하게 한 때** ○(대법원 2011.2.10, 2010도13766; 서울특별시 교육감 甲이 인사담당장학관 등에게 지시하여 승진 또는 자격연수 대상이 될 수 없는 특정 교원들을 승진임용하거나 그 대상자가 되도록 한 경우, 직권남용죄에 해당됨) ⓒ 직권행사의 대상이 **일반 사인**인 경우 : 어떠한 행위를 하게 하였다면 (원칙적으로 이를 따라야 할 의무가 없으므로) 의무 없는 일을 하게 한 때 ○(대법원 2020.2.13, 2019도5186) ⑤ 권리행사를 방해함 　㉠ 권리 : 법률에 명기된 권리에 한하지 않고 **법령상 보호되어야 할 이익**이면 족함 　㉡ **경찰관의 범죄수사권**(대법원 2010.1.28, 2008도7312) 등 **공법상의 권리인지 사법상의 권리인지 불문** ⑥ 기수 : **의무 없는 일을 현실적으로 행하거나 권리행사가 방해되었을 때 기수, 미수범 無** [경찰 승진 23, 법원9급 22] → 결과범 but 국가기능의 현실적 침해 **不要(추상적 위험범)** ⑦ 고의 : 권리행사를 방해한다는 인식 이외에 **직권을 남용한다는 인식도 포함**
죄수 등	권리행사를 방해함(수사중단)으로 인한 직권남용권리행사방해죄 + 의무 없는 일을 하게 함(사건을 다른 경찰관서로 이첩)으로 인한 직권남용권리행사방해죄 = 별개 성립 ×, **권리행사를 방해함으로 인한 직권남용권리행사방해죄만 성립, 의무 없는 일을 하게 함으로 인한 직권남용권리행사방해죄는 불성립**(대법원 2010.1.28, 2008도7312)(다만, 검사가 후자로 기소하는 것은 가능)

불법체포·감금죄

조문정리	**제124조【불법체포, 불법감금】** ① 재판, 검찰, 경찰 기타 인신구속에 관한 직무를 행하는 자 또는 이를 보조하는 자가 그 직권을 남용하여 사람을 체포 또는 감금한 때에는 7년 이하의 징역과 10년 이하의 자격정지에 처한다. ② 전항의 미수범은 처벌한다.
구성요건	① 주체 – 재판·검찰·경찰 기타 인신구속을 행하는 자 또는 보조자(부진정신분범·부진정직무범죄) : 교도소장·구치소장·사법경찰리 ○, 집행관 ○(判, 대법원 1969.6.24, 68도1218, 반대입장 유력) ② 직권을 남용하여 사람을 체포·감금하는 것 : 작위·부작위(예 구속기간이 만료했음에도 석방하지 않는 행위), 물리적·심리적 방법(예 경찰서 안에서 자유로운 상태였을지라도 밖으로는 나갈 수 없도록 한 행위) 불문, **간접정범의 형태로도 가능**(대법원 2006.5.25, 2003도3945) ③ 미수 有 : 각칙 제7장 공무원의 직무에 관한 죄 중에서 **유일하게 미수범 처벌**

폭행·가혹행위죄

조문정리	**제125조【폭행, 가혹행위】** 재판, 검찰, 경찰 그 밖에 인신구속에 관한 직무를 수행하는 자 또는 이를 보조하는 자가 그 직무를 수행하면서 형사피의자나 그 밖의 사람에 대하여 폭행 또는 가혹행위를 한 경우에는 5년 이하의 징역과 10년 이하의 자격정지에 처한다. [전문개정 2020.12.8.]

조문정리	① 주체 : 재판, 검찰, 경찰 그 밖에 인신구속에 관한 직무를 수행하는 자 또는 이를 보조하는 자(부진정신분범) ② 폭행(협의의 폭행)·가혹행위 : 직무와의 시간적·장소적 관련성분만 아니라 **내용적 관련성까지 要** ③ 특가법 : 본죄의 행위로 인하여 피의자 등이 사망한 경우 → 특가법상 결과적 가중범(독직가혹행위치사상죄)으로 처벌(대법원 2005.5.26, 2005도945)

선거방해죄

조문정리	제128조 【선거방해】 검찰, 경찰 또는 군의 직에 있는 공무원이 법령에 의한 선거에 관하여 선거인, 입후보자 또는 입후보자 되려는 자에게 협박을 가하거나 기타 방법으로 선거의 자유를 방해한 때에는 10년 이하의 징역과 5년 이상의 자격정지에 처한다. 🔅 퍼써 정리 | **행위주체 비교정리** 1. 피의사실공표죄 : 검찰, 경찰 기타 **범죄수사**에 관한 직무를 행하는 자 or 그 감독·보조자 2. 불법체포감금죄 : 재판, 검찰, 경찰 기타 **인신구속**에 관한 직무를 행하는 자 or 보조자 3. 폭행·가혹행위죄 : 재판, 검찰, 경찰 기타 **인신구속**에 관한 직무를 행하는 자 or 보조자 4. 선거방해죄 : 검찰, 경찰 or **군의 직**에 있는 공무원

단순수뢰죄

조문정리	제129조 【수뢰】 ① 공무원 또는 중재인이 그 직무에 관하여 뇌물을 수수, 요구 또는 약속한 때에는 5년 이하의 징역 또는 10년 이하의 자격정지에 처한다. 제134조 【몰수, 추징】 범인 또는 사정을 아는 제3자가 받은 뇌물 또는 뇌물로 제공하려고 한 금품은 몰수한다. 이를 몰수할 수 없을 경우에는 그 가액을 추징한다. [전문개정 2020.12.8.]

뇌물죄
총설
	① 뇌물범죄 : 공무원 또는 중재인이 직무행위의 대가로 이득을 취득하거나(수뢰죄), 이들에게 이득을 제공하는(증뢰죄) 행위 총칭
	② 보호법익 : **직무행위에 대한 불가매수성분만 아니라 이에 대한 일반의 신뢰**, 법익보호의 정도는 추상적 위험범(미수범 ✕)
	③ 뇌물의 개념 – 직무에 관한 부당한 이익(직무관련성 + 부당한 이익)
	  ㉠ 직무관련성
	    ⓐ 직무 : 공무원·중재인이 직위에 따라서 담당하는 업무, 직무와 관련하여 **관례상·사실상 처리하고 있는 행위 및 결정권자를 보좌하거나 영향을 줄 수 있는 행위 포함, 현재는 물론 과거와 장래의 직무도 포함** [경찰채용 12, 국가9급 11·22, 국가7급 12]
	    ⓑ 관련성
	      • **직접적인 직무행위, 밀접한 관련이 있는 직무** [법원9급 15, 법원승진 14], 법령에 정하여진 직무뿐만 아니라 그와 관련 있는 직무, **과거에 담당하였거나 장래에 담당할 직무, 사무분장에 따라 현실적으로 담당하지 않는 직무** ○(공무원이 그 직위에 따라 공무로 담당할 일체의 직무 포함, 대법원 2013.11.28, 2013도9003) [경찰간부 22, 국가9급 17]
	      • **직무 사이의 지위 이용, 지위에 기한 영향력을 기초로 직무의 공정성에 영향을 줄 수 있는 경우** ○
	      • 개개의 직무행위와 **구체적인 대가관계 不要**
	      • **뇌물을 받은 결과로서 직무상 부정한 행위 不要**

ⓛ 부당한 이익

ⓐ 대가관계 – 뇌물은 직무에 관한 보수

- 직무행위에 대한 대가로서의 성질과 직무 외의 행위에 대한 사례로서의 성질이 **불가분적으로 결합**되어 있는 경우 : **수수 · 요구 또는 약속한 금품 전부가 뇌물** ○(대법원 2012.1.12, 2011도12642) [국가9급 11, 법원승진 15]
- **수수한 금품별로 직무관련성 유무를 달리 볼 수 있는 경우** : **각 금품마다 직무와의 관련성을 따져** 뇌물성 판단(대법원 2024.3.12, 2023도17394)
- 대가관계 × : 사교적 의례에 불과한 추석 · 연말의 증여물

ⓑ 이익의 불법성

- 불법성 ○ : **금품을 수수한 장소가 공개된 장소이고 이를 부하직원들을 위하여 소비하였을 뿐 자신의 사리를 취한 바 없는 경우**(뇌물 ○, 대법원 1996.6.14, 96도865; 1985.5.14, 83도2050) [경찰채용 12]
- 불법성 × : 법령뿐만 아니라 사회윤리적 관점에서 인정될 수 있는 정당한 대가 (예 봉급, 수당, 여비, 일당, 수수료, 상여금 등)

ⓒ 뇌물의 범위 – 선물과 뇌물의 구별(判例)

- 사교적 의례로서의 선물 : 뇌물 × → **공무원이 개인적 친분을 가져온 사람들에게서 결혼식 축의금을 교부받은 것은 뇌물 ×**(대법원 1982.9.14, 81도2774) [법원9급 14]
- 금액 · 물건의 가액이 통상을 넘는 경우(고액의 축의금 · 부의금) : 원칙상 뇌물 ○
- **비교적 소액이지만 대가관계가 분명한 경우 : 뇌물 ○** → 사교적 의례의 형식이어도 직무의 대가로서의 의미를 가지는 경우, **정치자금 · 선거자금 등 명목이라도 정치인인 공무원의 직무행위에 대한 대가로서의 실체**를 가지는 경우(대법원 1997.12.26, 97도2609)

ⓓ 이익 – **사람의 수요 · 욕망을 충족시키기에 족한 일체의 유형 · 무형의 이익** → 금전소비대차계약 내지 저리의 융자에 의한 금융이익, 싼 값의 부동산 분양, 차용금 명목의 금원, **대출금채무에 대한 연대보증**(군에서 일차진급 평정권자가 진급대상자로 하여금 자신의 은행대출금채무에 연대보증하게 함, 대법원 2001.1.5, 2000도4714), 양복 · 자동차의 현물제공, (골프장, 피트니스센터) 회원권, 향응의 제공, 취직의 알선, 해외여행, 복직, 이성 간의 정교 등 **성적 욕구의 충족**(대법원 2014.1.29, 2013도13937) [법원9급 15 · 17, 법원승진 16], **투기적 사업에 참여할 기회의 제공**(장래 시가의 앙등이 예상되는 체비지 150평 지분을 낙찰원가에 공무원이 매수, 대법원 1994.11.4, 94도129) 등 [경찰채용 12, 국가9급 17, 국가7급 12]

④ 수뢰죄와 증뢰죄의 관계 : '수수 · 공여 · 약속'은 필요적 공범, '요구와 공여의 의사표시'는 일방적 의사표시로도 가능하므로 독립범죄(通) → 예 甲으로부터 뇌물을 공여받은 乙이 뇌물을 수수한 경우로서 乙에게 뇌물의 고의가 없는 경우 : 뇌물수수죄는 성립하지 않지만 甲이 증뢰의 의사로서 뇌물을 공여한 이상 甲에게 뇌물공여죄는 성립(대법원 1987.12.22, 87도1699) [국가9급 17 · 22]

⑤ 뇌물의 몰수와 추징

㉠ 몰수 · 추징의 대상 – 범인 또는 사정을 아는 제3자가 받는 특정한 뇌물 : **특정된 물건이어야 몰수도 가능하고 그 가액에 대한 추징도 가능** → 예 승용차대금 명목으로 금 14,000,000원을 뇌물로 제공하기로 약속한 경우 : 뇌물로 약속된 승용차대금 명목의 금품은 특정되지 않아 몰수 · 추징 不可(대법원 1996.5.8, 96도221)

㉡ 몰수 · 추징의 상대방 – 현재 뇌물을 보유하고 있는 자로부터

ⓐ 수뢰자가 뇌물을 그대로 보관하였다가 증뢰자에게 반환한 경우 : **증뢰자로부터 몰수 또는 추징**(대법원 1984.2.28, 83도2783) [법원승진 14]

ⓑ 수리자가 일단 **수리한 자기앞수표 등 뇌물을 소비**하고 동 액수의 금원을 증뢰자에게 반환한 경우 : **수뢰자로부터 그 가액을 추징**(대법원 1984.2.14, 83도2871; 1986.10. 14, 86도1189) [법원9급 13]

ⓒ 수리자가 **뇌물로 받은 돈을 다시 뇌물로 공여**한 경우 : **수뢰자로부터 추징**(대법원 1986.11.25, 86도1951) [법원승진 16]

ⓓ 수리자가 **뇌물로 받은 돈을 은행의 계좌에 예치**하였다가 동일한 액수의 금원을 증뢰자에게 반환한 경우 : 영득의 의사로 수수한 것임이 인정되고, 또한 증뢰자에게 반환된 금원은 '뇌물 그 자체'도 아니므로 **수뢰자로부터 추징**(대법원 1985.9.10, 85도1350) [법원9급 12, 법원승진 16] ≠ 장물은 가치의 동일성으로 충분

ⓒ 몰수 · 추징의 방법

　ⓐ 엄격한 증명의 대상 : **뇌물죄에서 수뢰액**은 다과에 따라 범죄구성요건이 되므로 **엄격한 증명의 대상** ∴ 특가법 아닌 단순뇌물죄도 몰수 · 추징의 대상 및 수뢰액은 증거에 의하여 인정되어야 하며, **수뢰액을 특정할 수 없는 경우에는 가액 추징 不可**(대법원 2011.5.26, 2009도2453) ≠ 뇌물을 제외한 몰수 · 추징의 요건 및 추징액의 인정은 자유로운 증명의 대상(判)

　ⓑ 수인이 공동하여 수수한 경우
　　• 원칙 – 개별추징 : 각자 실제로 받은 금품을 몰수 · 추징
　　• 예외 – 균분추징 : 분배율이 분명하지 않을 경우 **평등분할액 추징** → ∴ 공범 중 1인에게 만연하게 전액 추징하는 것은 위법

ⓓ 추징 : 뇌물의 전부 또는 일부를 몰수하기 불능한 경우 그 가액 추징

ⓔ 몰수 · 추징 자체가 불가능한 경우 : 이성과의 정교 등과 같이 그 가액산정이 불가능한 경우로서 뇌물죄는 성립하나 몰수 · 추징은 不可

ⓕ 뇌물의 추징 및 추징가액 산정의 기준 : **추징가액 산정의 기준시점은 판결선고 시**(判, 多數說은 몰수 불능사유 발생 시)

구성요건	① 주체 – 공무원 · 중재인
	㉠ 공무원 : 국가 · 지방자치단체의 사무에 종사하는 자로서 그 직무내용이 단순한 기계적 · 육체적인 것에 한정되어 있지 않은 자
	㉡ 공무원 · 중재인의 신분의 존재 시점 : 뇌물수수 등 행위 시 신분 존재 要 → **공무원이 직무와 관련하여 뇌물수수를 약속하고 퇴직 후 이를 수수한 경우 : 뇌물수수죄 ✕**(대법원 2008.2.1, 2007도5190) [경찰승진 23, 경찰채용 13, 국가9급 11]
	㉢ 임용결격자이었음이 밝혀진 경우 : **당초의 임용행위가 무효**라고 하더라도 **실제로 공무를 수행한 경우 수뢰죄의 주체** ○(대법원 2014.3.27, 2013도11357) [경찰간부 24, 국가9급 22, 국가7급 16, 법원9급 15 · 16]
	② 객체 – 뇌물
	③ 행위 – 뇌물을 수수 · 요구 · 약속하는 것
	㉠ 수수 : 영득의 의사 要(多 · 判), **영득의사로 수수하였다면 이후 반환하여도 뇌물수수** ○ ≠ 반환의사로 일시 받아둔 것은 수수 ✕
	㉡ 요구 : 대향범이 아니라 일방행위로도 범할 수 있는 유형
	㉢ 약속
	ⓐ 의의 : 양 당사자 사이의 뇌물수수 합의
	ⓑ **합의** : 장래 공무원의 직무와 관련하여 뇌물을 주고받겠다는 양 당사자 의사표시의 **확정적 합치 要**(대법원 2012.11.15, 2012도9417) [법원9급 17]
	ⓒ **약속 당시에 뇌물 현존 不要, 가액이나 이익의 정도 확정 不要**(대법원 1981.8.20, 81도698) [국가7급 17, 법원9급 17]

	④ 기수 　㉠ 공무원이 뇌물로 투기적 사업에 참여할 기회를 제공받은 경우 : **투기적 사업에 참여하** 　**는 행위가 종료된 때** 기수 ○(행위종료 후 경제사정의 변동 등으로 인하여 **사업참여로** 　**인한 아무런 이득을 얻지 못하여도 뇌물수수 기수** ○)(대법원 2002.5.10, 2000도2251) 　㉡ 미수범 처벌규정 無 : 모든 뇌물죄는 미수 없음 ≠ 배임수증재죄와의 차이 [국가9급 22, 　국가7급 16] ⑤ 고의 : 직무에 관하여 뇌물을 수수·요구·약속한다는 사실에 대한 인식과 의사(영득의사 要)
죄수 등	① 연속범 : 뇌물을 여러 차례에 걸쳐 수수하고 그 행위가 여러 개이더라도 그것이 **단일한** **계속적 고의**에 의하여 이루어지고 동일법익을 침해한 경우(포괄일죄, 대법원 1983.11.8, 83 도711) ② 공갈죄와의 관계 　㉠ 직무집행의 의사로 직무에 관하여 공갈하여 뇌물을 받은 경우 : **수뢰죄와 공갈죄의 상** 　**상적 경합**(대법원 1987.5.26, 86도1648) → 상대방은 증뢰죄 ○ 　㉡ 직무집행의 의사가 없거나 직무관련성 없이 공갈하여 뇌물을 받은 경우 : **공갈죄만 성** 　**립, 피공갈자는 증뢰죄 ×**(대법원 1994.12.22, 94도2528) [법원9급 24] ③ 사기죄와의 관계 : 공무원이 직무에 관하여 타인을 기망하고 재물을 교부받았다면 **수뢰죄** **와 사기죄의 상상적 경합**(대법원 1977.6.7, 77도1069)

사전수뢰죄

조문정리	제129조 【사전수뢰】 ② 공무원 또는 중재인이 될 자가 그 담당할 직무에 관하여 청탁을 받고 뇌 물을 수수, 요구 또는 약속한 후 공무원 또는 중재인이 된 때에는 3년 이하의 징역 또는 7년 이하의 자격정지에 처한다. ① 주체 - **공무원 또는 중재인이 될 자** : 공무원채용시험에 합격하여 발령을 대기하고 있는 자 또는 선거에 의해 당선이 확정된 자 등 공무원 또는 중재인이 될 것이 예정되어 있는 자뿐만 아니라, **공직취임의 가능성이 확실하지는 않더라도 어느 정도의 개연성을 갖춘 자 포함** ② **청탁을 받을 것(≠ 단순수뢰죄와의 차이)** : 청탁은 공무원에 대하여 일정한 직무행위를 할 것을 의뢰하는 것, 그 **직무행위가 부정한 것인가 불문, 명시적 不要**(대법원 1999.7.23, 99도1911) ③ **객관적 처벌조건** : 공무원·중재인이 된 때 처벌, **고의의 인식대상 ×**

제3자 뇌물공여·요구·약속죄

조문정리	제130조 【제3자 뇌물제공】 공무원 또는 중재인이 그 직무에 관하여 부정한 청탁을 받고 제3자 에게 뇌물을 공여하게 하거나 공여를 요구 또는 약속한 때에는 5년 이하의 징역 또는 10년 이 하의 자격정지에 처한다.
구성요건	① 죄명 : §130 제3자뇌물제공죄 = 제3자뇌물공여죄 = 제3자뇌물수수죄 ≠ §133② 제3자뇌물교 부죄 = 제3자뇌물취득죄 = 증뢰물전달죄 ② 공무원이 직접 뇌물을 받지 아니하고 증뢰자로 하여금 다른 사람에게 뇌물을 공여하도록 한 경우 　㉠ 원칙 : 제3자뇌물수수죄 성립 　㉡ 예외 : 다른 사람이 공무원의 사자, 대리인으로서 뇌물을 받은 경우, 공무원이 그 다른 　사람의 생활비 등을 부담하고 있거나 채무를 부담하고 있는 경우 등 그 **다른 사람이** 　**뇌물을 받음으로써 공무원은 그만큼 지출을 면하게 되는 경우** → 제3자뇌물수수죄 ×, 　**§129①의 뇌물수수죄** ○

구성요건	③ 제3자 　㉠ 의의 : 행위자와 **공동정범 이외**의 사람(공동정범이면 공무원과 제3자는 수뢰죄의 공동정범), 교사자·방조자 ○ 　㉡ **제3자의 뇌물에 대한 인식 : 不要** 　㉢ **제3자가 뇌물인 것을 인식한 경우 : 제3자뇌물수수죄의 방조범** ○(대법원 2017.3.15, 2016도19659) [경찰승진 23] ④ 부정한 청탁 　㉠ 의의 : 공무원·중재인의 정당한 직무처리에 반하는 내용의 청탁 → 청탁 대상인 직무집행 그 자체는 위법·부당하지 않아도 **뇌물이 직무집행과 대가관계 있으면 부정한 청탁** ○(대법원 2019.5.10, 2017도19493) [경찰간부 22] 　㉡ **부정한 청탁과 뇌물 간의 대가관계에 관한 당사자 간의 양해 : 필요** 　㉢ 부정한 청탁을 요구하는 범죄 : **제3자뇌물제공죄, 배임수재죄(§357①)** 　㉣ 부정한 청탁 × : **막연히 선처해 줄 것이라는 기대나 직무집행과 무관한 다른 동기**에 의해 제3자에게 금품을 공여한 경우(대법원 2009.1.30, 2008도6950) [법원9급 14]

수뢰 후 부정처사죄

조문정리	제131조【수뢰 후 부정처사】① 공무원 또는 중재인이 전2조의 죄를 범하여 부정한 행위를 한 때에는 1년 이상의 유기징역에 처한다. ④ 전 3항의 경우에는 10년 이하의 자격정지를 병과할 수 있다. ① 의의 : 공무원·중재인이 단순수뢰죄(청탁 不要)·사전수뢰죄(청탁 要)·제3자뇌물제공죄(부정한 청탁 要)를 범하여 부정한 행위를 함으로써 성립하는 범죄 ② 연결효과에 기한 상상적 경합 : **허위공문서작성죄(내지 공도화변조죄)와 동행사죄와의 관계**에 있어서 **가장 중한 죄의 형으로 처벌**(대법원 1983.7.26, 83도1378; 2001.2.9, 2000도1216)

부정처사 후 수뢰죄(사후수뢰죄)

조문정리	제131조【사후수뢰】② 공무원 또는 중재인이 그 직무상 부정한 행위를 한 후 뇌물을 수수, 요구 또는 약속하거나 제3자에게 이를 공여하게 하거나 공여를 요구 또는 약속한 때에도 전항의 형과 같다. ③ 공무원 또는 중재인이었던 자가 그 재직 중에 청탁을 받고 직무상 부정한 행위를 한 후 뇌물을 수수, 요구 또는 약속한 때에는 5년 이하의 징역 또는 10년 이하의 자격정지에 처한다. ④ 전3항의 경우에는 10년 이하의 자격정지를 병과할 수 있다. ① 제2항의 부정처사후수뢰죄 : **부정한 행위를 한 후 수뢰·제3자뇌물제공** ② 제3항의 사후수뢰죄 : **재직 중 청탁을 받고 부정한 행위를 한 후 퇴직 후 수뢰** ③ 대가관계 : 부정한 행위와 뇌물죄 사이에 대가관계 要

알선수뢰죄

조문정리	제132조【알선수뢰】공무원이 그 지위를 이용하여 다른 공무원의 직무에 속한 사항의 알선에 관하여 뇌물을 수수, 요구 또는 약속한 때에는 3년 이하의 징역 또는 7년 이하의 자격정지에 처한다. ① **주체 : 공무원 ○, 중재인 ×**(≠다른 수뢰죄의 주체 : 공무원·중재인) ② 지위의 이용 　㉠ 의의 : 다른 공무원이 취급하는 사무처리에 법률상·**사실상으로 영향을 줄 수 있는 관계** 　㉡ 상하관계·협동관계·감독권한 등의 **특수한 관계 : 不要** 　㉢ **친구·친족 등 사적 관계 : ×**

조문정리	③ 알선에 관한 것 　㉠ **장차 예상되는 알선행위** ○ 　㉡ 뇌물요구 당시 상대방에게 알선에 의하여 해결을 도모하여야 할 **현안 존재 不要** 　㉢ 막연한 기대감 : ✕ 　㉣ 알선의 명목으로 금품을 받은 경우 : 알선수뢰 ○, **현실적 알선행위 不要**(대법원 2017. 　　1.12, 2016도15470)

	뇌물공여·공여약속·공여의사표시죄(증뢰죄)
조문정리	제133조【뇌물공여등】① 제129조부터 제132조까지에 기재한 뇌물을 약속, 공여 또는 공여의 의사를 표시한 자는 5년 이하의 징역 또는 2천만 원 이하의 벌금에 처한다. ② 제1항의 행위에 제공할 목적으로 제3자에게 금품을 교부한 자 또는 그 사정을 알면서 금품을 교부받은 제3자도 제1항의 형에 처한다. [전문개정 2020.12.8.]
증뢰죄	수뢰자에게 뇌물을 약속·공여·공여의사표시함으로써 성립하는 범죄(§133①)
증뢰물 전달죄	① 죄명 : **제3자뇌물교부죄 = 제3자뇌물취득죄 = 증뢰물전달죄**(§133②) ≠ 제3자뇌물제공죄(§130) ② 의의 : 증뢰자가 뇌물에 공할 목적으로 금품을 제3자에게 교부하거나, 그 정을 알면서 교부받는 '**증뢰물전달행위**'를 독립한 **구성요건**으로 함 ③ 제3자(공무원 ○)가 증뢰자로부터 교부받은 금품을 수뢰할 사람에게 전달하였는지 : **不要 → 수뢰** **자에게 뇌물을 전달하였어도 제3자뇌물취득죄(증뢰물전달죄)만 성립, 별도 뇌물공여죄 ✕**

💡 퍼써 정리 | 뇌물죄의 구성요건 핵심사항

단순수뢰죄(§ 129①)	뇌물을 수수, 요구 또는 약속
사전수뢰죄(§ 129②)	청탁을 받고 뇌물을 수수, 요구 또는 약속한 후 공무원 또는 중재인이 된 때
제3자뇌물제공죄(§ 130)	**부정한 청탁**을 받고 제3자에게
수뢰 후 부정처사죄(§ 131①)	• 전2조의 죄(단순수뢰 – 청탁 不要, 사전수뢰 – 청탁, 제3자뇌물제공 – 부정 　한 청탁)를 범하여 부정한 행위를 한 때 • 단순수뢰 후에도 가능하므로, 청탁을 요한다고 하면 틀림
사후수뢰죄(§ 131②③)	• 부정한 행위를 한 후 수뢰·제3자뇌물제공 • 재직 중 청탁을 받고 직무상 부정한 행위를 한 후 퇴직 후 수뢰
알선수뢰죄(§ 132)	공무원(중재인 ✕)이 그 지위를 이용하여
증뢰죄(§ 133①)	일반인(공무원 ○)이 뇌물을 약속, 공여 또는 공여의 의사표시
증뢰물전달죄(§ 133②)	제3자에게 뇌물 교부, 뇌물로 전달한다는 점을 알면서 제3자가 뇌물 취득

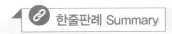

직무유기죄 긍정

1. 당직사관이 당직근무의 인계·인수 없이 퇴근한 경우(대법원 1990.12.21, 90도2425) [법원승진 11]
2. 농지사무담당 군직원이 농지불법전용사실을 보고하지 않은 경우(대법원 1993.12.24, 92도3334) [경찰승진 24]
3. **경찰관이 방치된 오토바이가 있다는 신고를 받거나 순찰 중 이를 발견하고 오토바이 상회 운영자에게 연락하여 오토바이를 수거해 가도록 하고 그 대가를 받은 경우**(대법원 2002.5.17, 2001도6170) [국가9급 12]
4. 자동차에 편승했던 경찰관이 운전자가 일으킨 교통사고를 인지하고서도 의법조치하지 않은 경우(대법원 1959.10.19, 4289형상244)
5. **세무공무원이 담당구역 내에 거주하는 자에 관한 양도소득세 과세자료를 다른 공무원이 은닉하고 있는 사실을 발견하고도 이를 방치**한 경우(대법원 1984.4.10, 83도1653)
6. 차량번호판의 교부담당 공무원이 **운행정지처분을 받은 자동차에 대하여 번호판을 재교부**한 경우(대법원 1972.6.27, 72도969) [법원승진 11]
7. 세관서기가 무단승선자가 있음에도 이를 묵인하고 결국 밀수품 양륙에 대한 조치를 취하지 않은 경우(대법원 1959.12.4, 4291형상105)
8. **인감증명발급사무를 담당하는 공무원이 청탁을 받고 인감증명서의 주민등록번호·성명·생년월일란에 아무런 기재를 하지 않고 또한 신고한 인감과의 상위 여부를 확인함이 없이 동장 직인 및 계인을 압날하여 증명신청인에게 교부**한 경우(대법원 1971.6.22, 71도778)
9. 물건적치기간 연장신청이 허가대상토지를 골재생산영업을 위한 부대시설로 편법적으로 사용하기 위한 것이라는 점을 잘 알면서도, 그 허가업무를 담당하던 피고인이 허가요건 등을 자세히 검토하지도 않고 그 신청한 내용대로 물건적치기간 연장허가를 내준 경우(대법원 2009.3.26, 2007도7725)
10. 세관감시과 소속 공무원으로서 항구에 정박 중인 외항선에 머무르면서 밀수 여부의 감시, 방지 등 근무명령을 받았음에도 불구하고 감기가 들어 몸이 불편하다는 구실로 위 임무를 도중에 포기하고 집에 돌아와 자버린 경우(대법원 1970.9.29, 70도1790)
11. 소속대 수송관 겸 3종 출납관으로서 소속대 유류수령과 불출 및 그에 따른 결산 기타 업무를 수행할 직무 있는 자가 신병치료를 이유로 상부의 승인 없이 3종 출납관 도장과 창고열쇠를 포함한 3종 업무 일체를 계원에게 맡겨두고 이에 대한 일체의 확인감독마저 하지 않은 경우(대법원 1986.2.11, 85도2471)
12. 가축도축업체에 배치되어 가축검사원으로 재직하는 공무원이 퇴근 시 소 계류장의 시정·봉인 조치를 취하지 아니하고 그 관리를 도축장 직원에게 방치한 경우(대법원 1990.5.25, 90도191)
13. 경찰관이 불법체류자의 신병을 출입국관리사무소에 인계하지 않고 훈방하면서 이들의 인적사항조차 기재해 두지 않은 경우(대법원 2008.2.14, 2005도4202) [경찰승진 23, 국가9급 15]
14. 경찰관들이 현행범으로 체포한 도박혐의자들에게 **현행범인체포서 대신에 임의동행동의서를 작성하게 하거나 압수한 일부 도박자금에 관하여 반환**한 경우(대법원 2010.6.24, 2008도11226) [경찰간부 12]
15. 사법경찰관이 벌금미납자로 **지명수배된 자를 세 차례에 걸쳐 만나고도 그를 검거하여 검찰청에 신병을 인계하는 등 필요한 조치를 취하지 않은** 경우(대법원 2011.9.8, 2009도13371) [경찰승진 14]
16. 교육기관의 장이 **징계의결을 집행하지 못할 법률상·사실상 장애가 없는데도 징계의결서를 통보받은 날로부터 법정시한이 지나도록 집행을 유보**하는 것이 직무에 관한 의식적인 방임이나 포기에 해당한다고 볼 수 있는 경우(대법원 2014.4.10, 2013도229) [경찰승진 23, 법원9급 24]

직무유기죄 부정

1. 치안책임자(경찰서장)로서 그 관내에서 일어난 총기난동사건에 대하여 망연자실하여 전혀 효과적인 대응책을 강구하지 못한 경우(대법원 1983.1.18, 82도2624)
2. 교도소 보안과 출정계장과 감독교사가 호송지휘관 및 감독교사로서 호송교도관 5명을 지휘하여 재소자 25명을 전국의 각 교도소로 이감하는 호송업무를 수행함에 있어서, … 호송교도관들에게 호송업무 등을 대강 지시한 후에는 그들이 이를 제대로 수행할 것으로 믿고 구체적인 확인·감독을 하지 아니한 잘못으로 말미암아 피호송자들이 집단도주하는 결과가 발생한 경우(대법원 1991.6.11, 91도96)
3. 경찰관이 경미한 범죄혐의사실을 인지하고 혐의자를 훈방조치하여 검사의 수사지휘를 받지 않은 경우(대법원 1982.6.8, 82도117)

4. 조세범처벌절차법에 따른 **통고처분이나 고발을 할 권한이 없는 세무공무원**이 그 권한자에게 범칙사건 조사결과에 따른 통고처분이나 고발조치를 건의하지 않은 경우(대법원 1997.4.11, 96도2753) [법원9급 12]

5. 면장이 면 소유 물품의 매매와 면 경영공사의 도급 등 계약을 체결함에 있어서 경쟁입찰에 의하지 아니하고 수의계약에 의한 경우(대법원 1961.8.23, 4294형상223)

6. 중대장이 연대장에게 보고를 하지 아니한 경우(대법원 1965.9.7, 65도464)

7. 영림(營林)서장이 국유임산물의 매수인이 농림부장관의 허가를 받지 않고 타인에게 전매한 사실을 알면서 국유임야산물의 매각계약을 해제하지 아니한 경우(대법원 1965.12.10, 65도826)

8. 세관수입과에서 검사사무를 맡아보던 세관검사사무 담당공무원이 검사사무 중 항구부두 창고 내에 수입장치되어 있는 염료 및 안료라는 물품을 검사할 때에 그 물품이 들어 있는 깡통 중에는 "신나"라는 물품표시와 화기엄금이라는 위험표시가 있었음에도 불구하고 15개의 각 깡통 중에서 분석 감정용으로 조금씩 채취하기만 하고 보세화물장치요강에 따라 이를 위험물창고에 옮기도록 상사나 소관 과나 장, 차장에게 협의하는 등 조치를 취하지 않고 방치한 경우(대법원 1970.11.24, 70도2113)

9. 지방검찰청검사장의 지명을 받은 군사법경찰관리가 군용물 등 범죄에 관한 특별조치법에 규정된 범죄 이외의 범죄를 수사하다가 중단한 경우(대법원 1974.6.11, 74도1270)

10. 대대장이 소속부대원이 부대 내에서 소란을 일으킨 것을 상급부대에 보고하지 않은 경우 및 군사법경찰업무에 종사하지 않는 하사관이 상관으로부터 군무이탈자를 체포·동행하라는 명령지시를 받아 군무이탈자를 동행하던 중 놓친 경우(대법원 1976.10.12, 75도1895)

11. 차량부속품을 불출받는 직무를 수행함에 있어서 일부 받지 아니한 품목을 받은 것처럼 불출관에게 공제하여 준 경우(대법원 1977.11.22, 77도2952)

12. 서울특별시 천호출장소 도시정비과 공무원이 서울특별시장으로부터 도시 계획상 도로개설 계획을 도계415-568호의 안과 같이 변경할 경우, "(가) 인접 기존도로 계획과의 지장 여부 (나) 현장 기존도로와의 접합관계상의 지장 유무 및 민원발생 가능 여부"를 신속히 조사하여 보고하라는 공문을 하달받고 현장을 조사하여 보고함에 있어 위 지시사항 중 민원발생 가능 여부는 빠뜨리고 나머지 점만을 보고한 경우(대법원 1982.3.23, 81도861)

13. 전매공무원인 피고인이 외제담배를 긴급압수한 후 도주한 범칙자를 찾는 데 급급하여 미처 압수수색영장을 신청하지 못한 경우(대법원 1982.9.28, 82도1633)

14. 일직사관이 충근의무에 위반하여 순찰 및 검사 등을 하지 아니하고 **잠을 잤으나 근무장소에서 유사시에 깨어 직무수행에 임할 수 있는 상황**이었던 경우(대법원 1984.3.27, 83도3260) [법원승진 11·12]

15. 범죄수사의 직무에 종사하는 공무원이 **단순히 확인되지 않은 제보 등에 의하여 이러한 죄를 범하였을 수도 있다는 의심을 품은 것만으로는 죄를 범한 사람을 인지하였다고 볼 수 없는 경우**(대법원 2011.7.28, 2011도1739)

16. 시국선언 전교조 교사 징계사유를 통보받았으나 **징계요구를 하지 않은 경우**(대법원 2013.6.27, 2011도797)
[경찰채용 24-1]

17. **공무원이 태만·분망 또는 착각 등으로 인하여 직무를 성실히 수행하지 아니한 경우**나, 형식적으로 또는 소홀히 직무를 수행한 탓으로 적절한 직무수행에 이르지 못한 것에 불과한 경우(대법원 2014.4.10, 2013도229)
[경찰채용 22-2]

18. 기간제 교원이 기말고사 답안지를 교부받고도 무단결근하고 임기종료 시까지 답안지와 채점결과를 학교 측에 인계하지 않았지만, **학사일정상 임기종료일까지 기말고사 성적처리에 대한 최종 업무를 종료할 것이 예정되어 있지 않은 경우**(대법원 2022.6.30, 2021도8361)

🔗 **한줄판례 Summary**

공무상 비밀누설죄 긍정

1. 지방자치단체장 또는 담당공무원이 수의계약방식으로서 수해복구 공사계약을 체결하면서 **미리 선정된 공사업체에게 공사 예정가격을** 알려준 경우(대법원 2008.3.14, 2006도7171)

2. **특정사건 수사 중 수사기관의 자료확보 내역, 사안의 죄책 여하, 신병처리 의견 등의 내용**을 수사 대상자 측에 전달한 경우(대법원 2007.6.14, 2004도5561) [경찰승진 23]

3. 당사자가 부인하는 간통사건의 **간통장면을 촬영한 증거(CD)의 존재사실**을 피의자에게 알려준 경우(대법원 2005.9.15, 2005도4843)
4. **도시계획위원회에서 가결된 도시계획시설결정사실**을 특정인의 이익을 도모하여 정당한 이유 없이 누설한 경우(대법원 1982.6.22, 80도2822)

공무상 비밀누설죄 부정

1. **옷값 대납 사건**의 내사결과보고서의 내용이 비공지의 사실이기는 하나 **실질적으로 비밀로서 보호할 가치가 있는 것이라고 인정할 수 없는** 경우(대법원 2003.12.26, 2002도7339)
2. **기업의 비업무용 부동산 보유실태에 관한 감사원 보고서의 내용을 공개**한 경우(대법원 1996.5.10, 95도780)
3. 공무원이 직무상 알게 된 비밀을 그 **직무와의 관련성 혹은 필요성에 기하여 해당 직무의 집행과 관련 있는 다른 공무원에게 직무집행의 일환으로 전달**한 경우 : 국가기능에 위험이 발생하리라고 볼 만한 특별한 사정이 인정되지 않는 한 비밀의 누설 ✕(대법원 2021.11.25, 2021도2486) [경찰채용 22-2]

 한줄판례 Summary

직권남용죄 긍정

1. **대통령 비서실 민정수석비서관**이 대통령의 근친관리업무에 관련하여 농수산물 도매시장 관리공사 대표이사에게 요구하여 위 시장 내 일부 시설을 당초 예정한 **공개입찰이 아닌 수의계약으로 대통령의 근친에게 임대케 한** 경우(대법원 1992.3.10, 92도116)
2. **청와대 민정수석**이 수집된 각종 정보에 의거하여 필요한 때에 감사원의 감사활동을 현실적으로 지시하여 오던 중 그러한 직무권한에 가탁하여 **감사원의 특정 기관에 대한 감사를 중단케 한** 경우(대법원 1992.3.10, 92도116)
3. **재정경제원장관**이 대기업에 해당되지도 아니하고 회생가능성도 불투명하여 대출이 가능한 요건을 갖추었다고 보기 어려운 기업에 대하여 이미 은행으로부터 **대출신청이 거절당한 바 있는 위 기업에 대하여 새로이 다른 채권은행장들과 협조융자를 추진하고 대출하도록 한** 경우(대법원 2004.5.27, 2002도6251)
4. **참고인 조사를 위하여 타청 관할에 속하는 교도소장에 대하여 참고인의 소환을 요청**하는 경우(대법원 2006.5.26, 2005도6966)
5. **검찰의 고위 간부**가 내사 담당검사로 하여금 **내사를 중도에서 그만두고 종결처리토록 한** 경우(대법원 2007.6.14, 2004도5561)
6. **상급 경찰관**이 직권을 남용하여 부하 경찰관들의 **수사를 중단시키거나 사건을 다른 경찰관서로 이첩하게 한** 경우(대법원 2010.1.28, 2008도7312)
7. **서울특별시 교육감**이 인사담당 장학관 등에게 지시하여 **승진 또는 자격연수 대상이 될 수 없는 특정 교원들을 승진임용하거나 그 대상자가 되도록 한** 경우(대법원 2011.2.10, 2010도13766)
8. **서울특별시 A구청장과 A구 주택과장**이 공모하여 B구역 주택재개발정비사업조합으로 하여금 **조합원이 아닌 A에게 보류지 아파트를 조합원 가격으로 배정, 분양하게 한** 경우(대법원 2015.3.26, 2013도2444)

직권남용죄 부정

1. **치안본부장**이 국립과학수사연구소 법의학과장에게 고문치사자의 사인에 관하여 **기자간담회에 참고할 메모를 작성하도록 요구**한 경우(치안본부장의 가혹행위 치사사건에 대한 적극 은폐 부분은 직무유기 성립)(대법원 1991.12.27, 90도2800)
2. **검사**가 재항고인의 진정사건을 내사종결하여 피진정인을 처벌받게 하려는 재항고인의 목적이 이루어질 수 없게 된 경우(대법원 2005.2.1, 2004모542)
3. **한국토지공사 지사**가 폐기물최종처리시설 부지를 분양하면서 지방자치단체장의 추천을 받아 분양신청을 한 사람을 분양대상자로 제한하였는데, 지방자치단체장이 분양신청을 하려는 특정인에 대하여 추천서 발급을 거부한 경우(대법원 2006.2.9, 2003도4599)
4. 교도소에서 접견업무를 담당하던 **교도관**이 접견신청에 대하여 행형법 제18조 제2항 소정의 "필요한 용무"가 있는 때에 해당하지 아니한다고 판단하여 그 접견신청을 거부한 경우(대법원 1993.7.26, 92모29)

5. **지방자치단체의 장**이 미리 승진후보자명부상 후보자들 중에서 **승진대상자를 실질적으로 결정**한 다음, 그 내용을 인사위원회 간사, 서기 등을 통해 인사위원회 위원들에게 '승진대상자 추천'이라는 명목으로 제시하여 인사위원회로 하여금 **자신이 특정한 후보자들을 승진대상자로 의결하도록 유도**한 경우(대법원 2020.12.10, 2019도17879)[경찰채용 22-2]
6. **법무부 검찰국장**이 검사인사담당 검사로 하여금 **검사인사**에서 부치지청에 근무하고 있던 경력검사를 다른 부치지청으로 다시 전보시키는 내용의 인사안을 작성하게 한 경우(실무담당자로 하여금 직무집행 보조 사실행위를 하게 한 경우, 대법원 2020.1.9, 2019도11698)

직권남용죄의 기수 부정

1. 정보관계를 담당한 순경이 증거수집을 위하여 A정당의 지구당집행위원회에서 쓸 회의장소인 식당에 **몰래 도청기를 설치해 놓았다가 회의개최 전에 들켜 뜯겼던 경우**(대법원 1978.10.10, 75도2665)
2. **정보통신부장관**이 개인휴대통신사업자 선정과 관련하여 서류심사는 완결된 상태에서 **청문심사의 배점방식을 변경함으로써 직권을 남용**하였다 하더라도, 이로 인하여 **최종사업권자로 선정되지 못한 경쟁업체가 가진 구체적인 권리의 현실적 행사가 방해되는 결과가 발생하지 않은 경우**(대법원 2006.2.9, 2003도4599)

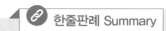

불법체포·감금죄 긍정

1. 법정절차 없이 경찰서 보호실에 구금시킨 경우(대법원 1971.3.9, 70도2406)
2. 사무실 안팎을 내왕하였으나 경찰서 밖으로 나가지 못하게 하는 유형·무형의 억압이 있었던 경우(대법원 1991.12.30, 91모5)
3. 구속영장에 의하지 않고 6일간 감금한 경우(대법원 1985.7.29, 85도16)
4. 사법경찰관이 피해자를 구속하기 위하여 진술조서 등을 허위로 작성한 후 이를 기록에 첨부하여 구속영장을 신청하고, 진술조서 등이 허위로 작성된 정을 모르는 검사와 영장전담판사를 기망하여 구속영장을 발부받은 후 그 영장에 의하여 피해자를 구금한 경우(대법원 2006.5.25, 2003도3945) → 간접정범 성립

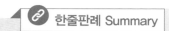

뇌물죄에서 직무관련성 긍정

1. **재무부 보험과장**이 보험회사의 주식을 인수하게 한 경우(대법원 1984.7.24, 83도830)
2. **부하직원의 비행 묵인조**로 돈을 받은 경우(대법원 1986.12.24, 66도1575)
3. 경락허가결정문의 문안작성을 처리해 온 **관여 주사보가 허부결정에 대한 청탁**을 받은 경우(대법원 1985.2.8, 84도2625)
4. 광산과 운수업무를 취급하는 **시 광산과장이 개인택시면허를 청탁받은** 경우(대법원 1987.9.22, 87도1472)
5. **내부적인 사무분장에 따라 현실적으로 담당하지 않는 직무**(대법원 1994.3.22, 93도2962; 1984.9.25, 84도1568; 1999.11.9, 99도2530)
6. **대통령경제수석비서관**으로 재직하면서 ○○은행이 추진 중이던 업무 전반에 관하여 선처해 달라는 취지의 부탁을 받고 금원을 교부받은 경우(대법원 1994.9.9, 94도619)
7. **주차관리공단의 영업1과장**으로서 ○○시내 6개구에 설치된 공영주차장의 관리 및 주차료 징수업무를 총괄과 직원 채용에 관한 추천 및 심의업무에 종사할 뿐 아니라 위 공단의 인사위원으로 되어 있어 위 공단 인사에 영향을 미칠 수 있는 직위에 있는 자가 위 **공단 관리과의 지도계장으로부터 금원을 교부받은** 경우(대법원 1996.6.14, 96도865)
8. **토지구획정리사업**에 대한 시의회의 심의와 관련된 **시의회 의장의 직무**(대법원 1996.11.15, 95도1114)
9. 음주운전을 적발하여 단속에 관련된 제반 서류를 작성한 후 **운전면허취소업무를 담당하는 직원에게 이를 인계하는 업무를 담당하는 경찰관**이 피단속자로부터 **운전면허가 취소되지 않도록 하여 달라는 청탁을 받고 금원을 교부받은** 경우(대법원 1999.11.9, 99도2530)

10. 의장선거에서의 투표권을 가지고 있는 **군의원**들이 이와 관련하여 금품 등을 수수할 경우(대법원 2002.5.10, 2000도2251)
11. **경찰관(교통계 근무)**이 **도박장개설 및 도박범행을 묵인하고 편의를 봐주는 데 대한 사례비** 명목으로 금품을 수수하고 도박장개설 및 도박범행 사실을 잘 알면서도 이를 단속하지 아니한 경우(대법원 2003.6.13, 2003 도1060, 수뢰후부정처사죄)
12. **대대 주임원사**인 피고인이 **소속 대대 병사들의 보직**에 관하여 지휘관인 대대장에게 건의하면서 그 건의가 상당 부분 반영되어 왔던 경우에, 그와 같은 병사들의 보직 등을 결정하는 주임원사의 직무(대법원 2004.5. 28, 2004도1442)
13. **경찰관**이 **재건축조합 직무대행자에 대한 진정사건을 수사**하면서 **진정인 측에 의하여 재건축 설계업체로 선정**되기를 희망하던 건축사사무소 대표로부터 금원을 수수한 경우(대법원 2007.4.27, 2005도4204)
14. **국회의원**이 특정 협회로부터 **요청받은 자료를 제공하고 그 대가로서 후원금** 명목으로 금원을 교부받은 경우(대법원 2009.5.14, 2008도8852)
15. **도립대학 교수**가 특성화사업단장으로서 A주식회사로 하여금 위 대학 산학협력단과 산업체인력기술지도 양식개발 용역계약을 체결하고 그 **용역대금을 조기에 지급받게 하여 준 데 대한 대가로 돈을 지급받은** 경우(허위공문서작성도 ○, 대법원 2009.9.24, 2007도4785)
16. 공무원이 다른 사람과 공동으로 또는 그 다른 사람을 통하여 투자하는 관계에 있으면서 **공무원 자신의 투자금·대여금으로 계산하면서 다른 사람 이름으로 뇌물을 받는** 경우(대법원 2009.10.15, 2009도6422)
17. **경찰청장**이 1년에 3 ~ 4차례 정도 전화로 안부인사를 나눌 정도였던 자로부터 **미화 2만 달러를 받은** 경우(대법원 2010.4.29, 2010도1082)
18. **정비사업전문관리업자**가 반드시 정비조합이나 조합설립추진위원회와 특정 재건축·재개발정비사업에 관하여 구체적인 업무위탁계약을 체결하지 않았다 하더라도, 정비사업전문관리업자의 임·직원이 얻는 어떤 이익은 직무와 대가관계가 있는 부당한 이익으로서 뇌물에 해당할 수 있음(대법원 2010.5.13, 2008도5506)
19. **국회 정무위원회 수석전문위원**이 **소관 기관 등의 업무에 관한 청탁** 또는 부탁을 받고 금품을 수수한 경우(대법원 2010.12.23, 2010도10910)
20. **市 도시계획국장**이 건설회사를 운영하는 자의 부탁을 받고 위 회사로 하여금 **자신이 관리·감독하는 공사 중 일부를 하도급받도록 해주고 그 대가를 받은** 경우(대법원 2011.3.24, 2010도17797)

비교적 소액이나 대가성 인정되어 뇌물죄 긍정

1. **노동청 해외근로국장**으로서 **해외취업자 국외송출허가 등 업무**를 취급하던 자가 접대부 등의 국외송출을 부탁받고 시가 7만 원 상당의 음식을 접대받은 경우(대법원 1984.4.10, 83도1499)
2. 교부받은 금원이 **금 20만 원으로서 비교적 소액**이라 하더라도 그것이 **주차 관리원의 채용이라는 공무원의 직무와 관련**하여 그 알선 명목으로 수수된 경우(대법원 1996.6.14, 96도865)
3. **재건축추진위원장**이 재건축조합의 조속한 설립인가를 위해 담당공무원에게 두 차례에 걸쳐 점심식사를 제공한 경우(대법원 2008.11.27, 2006도8779)

뇌물죄에서 직무관련성 부정

1. 교육부 편수국 교육연구관이 발행자로부터 검정교과서의 내용검토와 개편 등을 의뢰받은 경우(대법원 1979. 5.22, 78도296)
2. **형사피고사건의 공판참여주사**가 **양형을 감경하여 달라는 청탁**을 받은 경우(대법원 1980.10.14, 86도1373)
3. **경찰청 정보과에 근무하는 경찰관**이 중소기업을 운영하는 자로부터 중소기업 협동조합중앙회 회장에 의하여 **외국인산업연수생에 대한 국내관리업체로 선정되는 데 힘써 달라고 각종 향응을 받은 경우**(대법원 1999.6. 11, 99도275) [경찰채용 14]
4. 수의계약을 체결하는 공무원이 공사업자와 **계약금액을 부풀려서 계약하고 부풀린 금액**을 자신이 되돌려받기로 사전에 약정한 다음 그에 따라 돈을 수수한 경우(위 돈은 성격상 뇌물이 아니고 횡령금에 해당, 대법원 2007.10.12, 2995도7112)
5. 한국어항협회의 임원이 해양쓰레기 정화사업을 수주함에 있어 편의를 봐달라는 취지의 부탁과 함께 1,000만 원을 받은 경우(대법원 2009.9.10, 2009도5657)

6. 한국전기연구원의 책임연구원이 차세대초전도응용기술개발사업의 사업단장으로서 연구비 지원에 대한 사례 명목으로 금품을 수수한 경우(배임수재는 성립, 대법원 2009.11.26, 2009도8670)

7. **해양수산부 소속 공무원**이 해운회사의 대표이사 등에게서 **중국의 선박운항허가 담당부서가 관장하는 중국 국 적 선사의 선박에 대한 운항허가**를 받을 수 있도록 노력해 달라는 부탁을 받고 돈을 받은 경우(대법원 2011.5.26, 2009도2453) [경찰채용 13·14]

뇌물수수의 공동정범 긍정

뇌물수수의 공범자들 사이에 직무와 관련하여 금품이나 이익을 수수하기로 하는 명시적 또는 암묵적 공모관계가 성립하고 그 **공모 내용에 따라 공범자 중 1인이 금품이나 이익을 수수**한 경우 : 사전에 특정 금액 이하로만 받기 로 약정하였다든가 수수한 금액이 공모 과정에서 도저히 예상할 수 없는 고액이라는 등과 같은 **특별한 사정이 없는 한**, 공모자 전원에게 그 수수한 금품이나 이익 전부에 관하여 뇌물수수죄의 공모공동정범 성립(대법원 2010. 10.14, 2010도387) [국가7급 17]

뇌물의 몰수·추징의 대상

공무원의 직무에 속한 사항의 알선에 관하여 금품을 받고 그 금품 중의 일부를 받은 취지에 따라 청탁과 관련하여 관계 공무원에게 뇌물로 공여하거나 다른 알선행위자에게 청탁의 명목으로 교부한 경우에는 그 부분의 이익은 실질적으로 범인에게 귀속된 것이 아니어서 **이를 제외한 나머지 금품만을 몰수하거나 그 가액을 추징하여야 함** (대법원 2002.6.14, 2002도1283) [법원9급 12]

뇌물의 몰수·추징의 방법

1. 증뢰자가 소비한 금액을 수뢰자로부터 추징해서는 안 되므로 **수뢰자의 접대에 요한 비용과 증뢰자가 소비한 비용액을 가려내어 전자의 수뢰액만 수뢰액으로 해야 하며, 그 액수가 불명한 때에는 평등하게 분할한 액을 수뢰액으로 봄**(금액 전체를 수뢰자에게 추징하는 것은 不可, 대법원 1976.8.24, 76도1932)

2. 공무원(수뢰자)이 뇌물로서 향응을 받는 자리에 그 스스로 제3자를 초대하여 함께 접대를 받은 경우 : 제3자 가 수뢰자와는 별도의 지위에서 접대를 받는 공무원이라는 등의 특별한 사정이 없는 한 그 **제3자의 접대에 요한 비용도 수뢰자의 접대에 요한 비용에 포함·합산시켜 수뢰액으로 봄**(대법원 2001.10.12, 99도5294) [법 원9급 12]

3. 증뢰자 측이 소비한 몫을 공제하지 않은 경우라도 그 금액이 소액인 경우에는 위법 ×(대법원 2004.12.9, 2004도5371)

4. 금품의 무상차용을 통하여 위법한 재산상 이익을 취득한 경우 : 범인이 받은 부정한 이익은 그로 인한 **금융이 익 상당액**이므로 추징의 대상이 되는 것은 **무상으로 대여받는 금품 그 자체가 아니라 금융이익 상당액**(대법원 2008.9.25, 2008도2590) [경찰승진 23]

5. 공무원이 뇌물을 받는 데에 **필요한 경비를 지출**한 경우 : 경비는 뇌물수수의 부수적 비용에 불과하여 **뇌물의 가액과 추징액에서 공제할 항목에 해당하지 않음**(대법원 2017.3.22, 2016도21536) [국가7급 17]

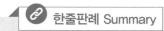
한줄판례 Summary

뇌물죄의 공무원 긍정

1. 주택재건축조합의 임원(대법원 2007.4.27, 2007도694)
2. **농업협동중앙회 직원**(대법원 2007.11.30, 2007도6556)
3. 지방교통영향심의원원회 위원으로 임명·위촉된 자(대법원 2009.2.12, 2007도2733)
4. 조합설립추진위원회로부터 **정비사업전문관리업자로 선정되기 전의 정비사업전문관리업자**(대법원 2010.5.13, 2008도5506)
5. 총회 결의에 의하여 후임 조합장으로 선임된 자가 직무대행자로부터 조합사무를 인계받은 경우(대법원 2010. 12.23, 2010도13584)
6. **지방공기업법상 공사와 공단의 임원 및 대통령령에서 정한 과장 또는 팀장 이상의 직원**(대법원 2011.1.13, 2009도14660)
7. 도로교통공단의 임직원(대법원 2016.11.25, 2014도14166)

8. 도시 및 주거환경정비법에 의한 **주택재개발사업이나 주택재건축사업을 시행하는 조합의 임원**(대법원 2016. 10.27, 2016도9954)

뇌물수수죄의 공무원 부정

1. 공무원이 직무와 관련하여 **뇌물수수를 약속하고 퇴직 후 이를 수수**하는 경우(뇌물약속죄 및 사후수뢰죄가 성립할 수 있으나 일반 뇌물수수죄는 불성립, 대법원 2010.10.14, 2010도387) [경찰승진 23, 경찰채용 13, 국가9급 11]
2. **집행관사무소의 사무원**(대법원 2011.3.10, 2010도14394)
3. 서울특별시 후생복지심의위원회 위원장에 의해 **서울시청 구내식당 소속 시간제 종사원으로 고용된 자**(대법원 2012.8.23, 2011도12639)

 한줄판례 Summary

뇌물수수죄 고의 긍정

1. 공무원이 인력송출의 부탁과 함께 사례조로 교부받은 **자기앞수표를 일단 자신의 은행계좌에 예치시켰다가** 그 뒤 동료직원들에게 탐문해 본 결과 후환을 염려하여 **약 2주일 후 반환**한 경우(대법원 1984.4.10, 83도1499)
2. 공무원이 **먼저 뇌물을 요구하여 증뢰자가 제공하는 돈을 받았는데**, 그 액수가 피고인이 예상한 것보다 너무 많은 액수여서 후에 이를 반환한 경우(받은 돈 전부에 대한 뇌물죄 성립, 대법원 2007.3.29, 2006도9182)

뇌물수수죄 고의 부정

1. **자기도 모르는 사이에 돈뭉치를 놓고 간 것을 발견하고 연락하여 반환**한 경우(대법원 1978.1.31, 77도3755)
2. **택시를 타고 떠나려는데 돈뭉치를 던져 놓고 가버린** 경우(대법원 1979.7.10, 79도2114)
3. 지방자치단체장이 건설업자로부터 거액의 현금이 든 굴비 상자를 받았는데, 그 **선물의 구체적 내용에 대하여 고지받지 못한 상태**에서 자신의 여동생 가족이 사용하는 아파트로 선물이 전달되도록 하였다가 그 **내용물을 확인하는 즉시 관청에 이를 신고**한 경우(대법원 2006.2.24, 2005도4737)
4. 공무원이 업자로부터 **불우이웃돕기 성금이나 연극제에 전달할 의사로 금원을 받은** 경우(대법원 2010.4.15, 2009도11146)

 한줄판례 Summary

사전수뢰죄 주체 긍정

도시개발조합의 임원인 조합장 또는 상무이사로 선출될 상당한 개연성이 있는 甲 등이 그 담당할 직무에 관하여 청탁을 받고 소유권이전등기를 마칠 수 있는 기회를 제공받는 방법으로 이익을 수수한 경우(대법원 2010.5.13, 2009도7040)

 한줄판례 Summary

제3자뇌물수수죄의 제3자 긍정

공무원인 지방자치단체장이 직무에 관하여 부정한 청탁을 받고 **지방자치단체(區)에 금품(기부채납 재산)을 제공**하게 한 경우 → 기부채납 재산을 취득한 **지방자치단체인 구는 제3자뇌물제공죄의 제3자 O**(대법원 2011.4.14, 2010도12313)

제3자뇌물죄의 부정한 청탁 긍정

도지사가 관광지구 추가지정 및 관련 절차의 진행에 있어서 이를 총괄하는 도지사로서의 직무와 관련하여 **복지재단 출연금으로 30억 원의 뇌물을 수수한** 경우(대법원 2007.1.26, 2004도1632)

제3자뇌물죄의 부정한 청탁 부정

1. 청탁과 관련하여 <u>대가관계에 대한 양해가 존재하지 않는 경우</u>(단지 나중에 제3자에 대한 금품수수가 있었다는 사정만으로 소급하여 청탁이 부정한 것으로 평가 ×, 대법원 2008.6.12, 2006도8568; 2011.4.14, 2010도12313) [국가7급 17]
2. 대통령비서실 정책실장이 기업관계자들에게 <u>기업 메세나(Mecenat) 활동의 일환인 미술관 전시회 후원을 요청</u>하여 기업관계자들이 특정 미술관에 후원금을 지급한 사안(대법원 2009.1.30, 2008도6950)

제3자뇌물제공 긍정, 수뢰 부정

<u>구청장과 연인관계라는 소문이 나 있는 여자</u>에게 현금을 준 경우 → 구청장이 받은 것과 동일시하기에는 부족하므로 뇌물수수죄 성립 ×(제3자뇌물제공죄는 可)(대법원 1998.9.22, 98도1234)

제3자뇌물제공 관련 수뢰 긍정

공무원이 실질적인 경영자로 있는 회사가 청탁 명목의 금원을 <u>회사 명의의 예금계좌로 송금받은</u> 경우(사회통념상 위 공무원이 직접 받은 것과 같이 평가할 수 있어 <u>뇌물수수죄 성립</u>, 대법원 2004.3.26, 2003도8077) [경찰간부 24, 법원승진 13, 변호사 24]

제3자뇌물제공 관련 수뢰 부정

1. 군수가 고문으로 있는 <u>산악회 지부</u>가 사업자로부터 등반대회 행사용 수건을 교부받은 경우(대법원 2002.4.9, 2001도7056) [법원9급 13]
2. 공무원으로 의제되는 정비사업전문관리업자의 임·직원이 직무에 관하여 <u>자신이 아닌 정비사업전문관리업자에 뇌물을 공여하게 하는</u> 경우(대법원 2008.9.25, 2008도2590; 2010.5.13, 2008도5506)
3. 대통령비서실 정책실장 甲과 乙은 서로 연인관계로서 서로 선물을 주고받는 사이였고, 乙의 업무에 甲은 다소 도움을 주고자 하였는데 이때 <u>乙이 ○○대학 조교수로 임용</u>된 경우(대법원 2009.1.30, 2008도6950)

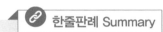

부정처사후수뢰·사후수뢰죄 긍정

1. 공사 입찰업무 담당 장교가 비밀로 하여야 할 그 <u>공사의 입찰예정가격을 응찰자에게 미리 알려 주고 나서</u> 입찰이 끝난 후 20여 일이 경과한 후 <u>전속 시의 전별금 명목으로 금원을 받은 경우</u>(대법원 1983.4.26, 82도2095)
2. <u>점검필 여부를 확인하지 아니한 채 점검필유기기구확인표시증을 컴퓨터게임장 업주에게 교부</u>하고 나서 <u>20여일 후 사례금을 받은 경우</u>(대법원 1999.7.23, 99도390)

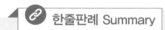

알선수뢰죄의 지위이용 긍정

1. <u>법원장</u>의 <u>예하 법관</u>의 직무에 대한 관계(대법원 1956.3.2, 4288형상179)
2. 병무청 심리연구사보의 병무담당자의 직무에 대한 관계(대법원 1969.8.26, 69도1120)
3. <u>육군참모총장</u>의 수석부관의 <u>장교의 진급업무</u>에 관한 관계(대법원 1979.11.13, 79도1928)
4. <u>노동부고용대책과장</u>의 <u>연예인 국외공급사업</u>에 관한 관계(대법원 1989.9.12, 89도1297)
5. 군교육청 관리과 서무계장의 초등학교 고용원 임용에 대한 관계(대법원 1988.1.19, 86도1138)
6. 지역경제계장이 직전에 자신이 계장으로 있던 지적과 지정계 직원에게 토지거래계약허가를 받도록 알선하는 관계(대법원 1990.7.27, 90도890)
7. 다른 세무서(서광주세무서)에서 징세계장으로 근무하는 <u>전임 징세계장</u>이 <u>후임 징세계장</u>의 직무에 관하여 알선행위를 한 경우(대법원 1989.12.26, 89도2018)
8. 도경찰국 면허계 경찰공무원이었다가 현재에는 <u>모경찰서 수사계장</u>으로 근무하고 있는 자가 <u>자동차운전면허 발급담당 공무원의 직무에 속한 사항</u>의 알선에 관하여 뇌물을 받은 경우(대법원 1995.1.12, 94도2687)

9. <u>육군본부 인사과에 근무하다가 범행 당시 모병관으로 병무청에 파견되어 있는 자</u>가 <u>병무청의 관계 공무원이나 훈련소의 관계 공무원들</u>에 대하여 병역면제 여부, 부대 배치 및 병과 부여, 신체등급 조정 등의 직무에 대하여 알선한 경우(대법원 1999.6.25, 99도1900)
10. <u>서울시 지역경제국장</u>이 서울시 지하철공사와의 장소 임대차계약에 기하여 음료수자판기 영업을 하고 있는 업체의 대표이사로부터 서울시 조례가 제정되어 임대차계약 여건에 변화가 생기더라도 <u>기존 자판기운영업자들이 계속 영업을 할 수 있도록 공사 사장에게 청탁해 달라는 부탁을 받고</u> 이를 승낙한 후 금품 및 향응을 제공받은 경우(대법원 2001.10.12, 99도5294)

알선수뢰죄의 지위이용 부정

1. <u>군청 건설과 농지계 공무원</u>이 <u>도지사</u>의 직무에 속한 사항(골재채취허가)에 관하여 알선해 준다는 명목으로 금전을 수수한 경우(대법원 1984.1.31, 83도3015)
2. <u>검찰주사</u>의 <u>검사</u>의 직무에 대한 관계(대법원 1982.6.8, 82도403)
3. 육군본부 정보작전지원참모부에서 조직진단관으로 근무하는 3급 <u>군무원</u>이 장군진급심사를 앞두고 있던 자로부터 <u>인사참모부 선발관리실장</u>에게 부탁하여 장군진급이 되도록 하여 달라는 부탁을 받고 합계 5,000만 원을 받은 경우(대법원 2010.11.25, 2010도11460)

알선뇌물요구죄의 알선 관련성 긍정

구청 공무원이 유흥주점의 업주에게 "<u>유흥주점 영업과 관련하여 세금이나 영업허가 등에 관하여 문제가 생기면 다른 담당 공무원에게 부탁하여 도움을 주겠다.</u>"면서 그 대가로 <u>1,000만 원을 요구</u>한 경우(대법원 2009.7.23, 2009도3924) [국가7급 12, 법원9급 15·16]

 한줄판례 Summary

뇌물공여죄의 공동정범 긍정
<u>건설 관련 회사의 유일한 지배자</u>의 지위에서 건설공사 현장소장들의 뇌물공여행위를 보고받고 이를 확인·결재하는 등의 방법으로 위 행위에 관여한 경우(<u>공모공동정범 ○</u>, 대법원 2010.7.15, 2010도3544)

뇌물공여죄 부정
1. 공무원이 <u>직무집행의사 없이 또는 직무처리와 대가적 관계없이 타인을 공갈</u>하여 재물을 교부하게 한 경우 : <u>공여자는 공갈죄의 피해자에 불과, 뇌물공여죄 ✕</u>(대법원 1994.12.22, 94도2528) [법원승진 13]
2. 배임수재자가 배임증재자에게서 그가 무상으로 빌려준 물건을 인도받아 사용하고 있던 중에 공무원이 되었는데, 그 사실을 알게 된 배임증재자가 배임수재자에게 앞으로 물건은 공무원의 직무에 관하여 빌려주는 것이라고 하면서 <u>뇌물공여의 뜻을 밝히고 물건을 계속하여 배임수재자가 사용할 수 있는 상태에 두는 경우</u> : 새롭게 뇌물로 제공되는 이익이 없어 <u>뇌물공여죄 ✕</u>(대법원 2015.10.15, 2015도6232) [법원9급 17]

증뢰물전달죄(제3자뇌물취득죄) 긍정
1. <u>공무원인 자가 자신의 공무원으로서의 직무와는 무관하게 군의관 등의 직무에 관하여 뇌물에 공할 목적의 금품이라는 정을 알고 이를 전달해 준다는 명목으로 취득</u>한 경우(대법원 1997.9.5, 97도1572; 1985.1.22, 84도1033)
2. 공무원이 취급하는 사무에 관한 청탁을 받고 청탁상대방인 공무원에게 제공할 금품을 받아 그 공무원에게 단순히 전달한 경우 → 알선수뢰죄나 증뢰물전달죄만 성립, 변호사법위반죄는 ✕(대법원 1997.6.27, 97도439)

증뢰물전달죄(제3자뇌물취득죄) 부정
<u>자기 자신의 이득을 취하기 위하여</u> 공무원이 취급하는 사건 또는 사무에 관하여 청탁한다는 등의 명목으로 <u>금품 등을 교부받은</u> 경우 → 변호사법위반죄 ○, 증뢰물전달죄는 ✕(대법원 2006.11.24, 2005도5567)

	공무집행방해죄	
조문정리	제136조【공무집행방해】① 직무를 집행하는 공무원에 대하여 폭행 또는 협박한 자는 5년 이하의 징역 또는 1천만 원 이하의 벌금에 처한다.	
구성요건	① 주체 : 제한 없음, 일반범 ② 객체 : 직무를 집행하는 공무원 　㉠ 공무원 ○ : 법령에 의하여 공무에 종사하는 자, 청원경찰(청원경찰법 §3), 방범대원(지방공무원법 §2③4.) 　㉡ 공무원 × : **국민권익위원회 운영지원과 소속 기간제근로자**(대법원 2015.5.29, 2015도3430) [경찰간부 23] 　㉢ 직무를 집행하는 : 직무의 실행에 착수한 때로부터 그 종료 시까지 → **착수 직전의 준비행위, 대기 중·일시휴식 중인 경우** ○ ≠ 직무집행을 위해 출근 중, 직무집행을 종료하고 퇴근 중 × ③ 직무집행의 적법성 : 要 → **위법한 직무집행에 대한 폭행·협박 시 공무집행방해죄의 구성요건해당성 조각, 폭행치상·상해 시 구성요건 해당하나 정당방위로서 위법성 조각** ④ 적법성의 요건 : **추상적 직무권한, 구체적 직무권한, 적법절차** 　㉠ 공무원의 추상적(일반적) 직무권한에 속할 것 : 사법경찰관은 긴급체포 가능 　㉡ 공무원의 구체적 직무권한에 속할 것 : 법령에 규정된 요건 준수 : 긴급체포의 요건 준수 　㉢ 직무집행행위가 법령이 정한 방식과 절차에 따른 것일 것 : 미란다고지 등 준수 ④ 행위 – 폭행·협박 　㉠ 폭행 : 사람에 대한 유형력의 행사(광의의 폭행), **공무원에 대한 직접적·간접적 유형력의 행사** [법원승진 16] → 공무원의 보조자에 대한 유형력의 행사(집행리가 아니라 그 인부에 대한 폭행, 대법원 2009.10.29, 2007도3584), 물건에 대한 유형력의 행사(파출소 사무실 바닥에 인분을 던지는 등의 행위, 대법원 1981.3.24, 81도326) ○ 　㉡ 협박 : 해악을 고지하는 것(광의의 협박), **상대방에게 공포심을 일으킬 목적으로 해악을 고지하는 행위** → **상대방이 현실적으로 공포심을 품게 될 것 不要**(새벽 4시에 파출소로 찾아가서 경찰관에게 "이 순사새끼들 죽고 싶으냐"고 폭언한 경우, 대법원 1989.12.26, 89도1204) [국가9급 14] ○ 　㉢ 폭행·협박의 정도 : 공무집행을 방해할 수 있을 정도의 **'적극적인 행위'** 要 → 소극적 부작위 × ⑤ 기수 : 폭행·협박이 가해짐으로써 즉시 기수, **직무집행의 현실적 방해 不要**(추상적 위험범) [경찰채용 23-1] ⑥ 고의 : 직무를 집행하는 공무원에 대하여 폭행·협박한다는 사실에 대한 인식과 의사 → **직무집행을 방해할 의사 不要(추상적 위험범)** ≠ 위계에 의한 공무집행방해죄 : 공무방해 결과·고의 要	
죄수 등	① 죄수판단의 기준 : 공무원의 수(判) → **동시에 동일한 공무를 집행하는 수인의 공무원을 폭행·협박한 경우에는 수죄의 상상적 경합**(대법원 1961.9.28, 4294형상415) ② 폭행·협박죄 : 공무집행방해죄에 흡수됨(법조경합) ③ 폭행치상죄 : 공무집행방해죄와 상상적 경합	

죄수 등	④ 절도가 체포면탈목적으로 경찰관을 폭행·협박한 경우 : 준강도죄와 공무집행방해죄의 상상적 경합 ⑤ 강도가 체포면탈목적으로 경찰관을 폭행·협박한 경우 : 강도죄와 공무집행방해죄의 실체적 경합 ⑥ 업무방해죄는 공무 불포함 → 위력에 의한 공무집행방해의 경우 공무집행방해죄 ✕, 업무방해죄 ✕(대법원 2009.11.19, 2009도4166 전원합의체) [국가7급 17]

직무·사직강요죄

조문정리	제136조【공무집행방해】② 공무원에 대하여 그 직무상의 행위를 강요 또는 저지하거나 그 직을 사퇴하게 할 목적으로 폭행 또는 협박한 자도 전항의 형과 같다 공무원에 대하여 그 직무상의 행위를 강요·저지 또는 사직케 할 목적으로 폭행·협박함으로써 성립하는 범죄(목적범)

위계에 의한 공무집행방해죄

조문정리	제137조【위계에 의한 공무집행방해】 위계로써 공무원의 직무집행을 방해한 자는 5년 이하의 징역 또는 1천만 원 이하의 벌금에 처한다.
구성요건	① 공무원의 직무집행 　㉠ **권력적 작용뿐만 아니라 사경제주체로서의 활동을 비롯한 비권력적 작용도 포함**(감척어선 부정입찰 사건, 대법원 2003.12.26, 2001도6349; 지방자치단체 공사입찰 부정입찰 사건, 2003.10.9, 2000도4993) [경찰간부 22, 법원승진 13] 　㉡ 적법한 직무집행 : 직무집행의 근거가 된 법령이 헌법에 위반될 때에는 무죄 ② 위계 : 행위자의 행위목적을 이루기 위하여 기망 또는 유혹으로 상대방에게 오인·착각·부지를 일으키게 하여 그 오인·착각·부지를 이용하는 것 [법원9급 17] 　㉠ 행정관청의 **불충분한 심사**에 기인한 업무처리가 이루어진 경우 : 행정관청이 **사실을 충분히 확인하지 아니한 채 출원자가 제출한 허위의 출원사유나 허위의 소명자료를 가볍게 믿고 인가 또는 허가**를 한 경우 → 위계 ✕ [국가7급 14] 　㉡ 행정관청에서 **충분히 심사**를 하였으나 허위임을 발견할 수 없었던 경우 : **행위자의 적극적인 사술 등에 의해 인·허가 요건에 해당되지 못함을 알 수 없었던 경우** → 위계 ○ 　[경찰채용 22-1] ③ 공무방해의 결과 : **공무집행방해죄와는 달리 결과 발생 要**(少·判, 대법원 1977.9.13, 77도284, 다수설은 반대) ④ 고의 : **공무집행방해죄와는 달리** 위계행위로 인하여 **공무집행을 방해한다는 의사 要**(多·判, 대법원 1970.1.27, 69도2260; 1973.6.26, 72도2698) [경찰채용 12]
죄수 등	① 직무유기와의 관계 : 직무위배의 위법상태가 위계에 의한 공무집행방해행위 속에 포함되어 있으므로 위계에 의한 공무집행방해죄만 성립, **부작위범인 직무유기죄 성립 ✕**(대법원 1997.2.28, 96도2825) ② 경매·입찰방해죄의 관계 : 범죄행위가 **법원경매업무를 담당하는 집행관의 구체적인 직무집행을 저지하거나 현실적으로 곤란하게 하는 데까지는 이르지 않고** 입찰의 공정을 해하는 정도인 경우 경매·입찰방해죄(§315)만 성립, 위계에 의한 공무집행방해죄 ✕

CHAPTER 02 국가의 기능에 대한 죄 **193**

	법정 · 국회회의장모욕죄
조문정리	제138조【법정 또는 국회회의장모욕】법원의 재판 또는 국회의 심의를 방해 또는 위협할 목적으로 법정이나 국회회의장 또는 그 부근에서 모욕 또는 소동한 자는 3년 이하의 징역 또는 700만 원 이하의 벌금에 처한다. ① 법원의 재판 : **헌법재판소의 심판도 포함**(대법원 2021.8.26, 2020도12017) ② 목적범 : 법원의 재판 또는 국회의 심의를 방해 · 위협할 목적 要, 목적의 달성은 不要

	인권옹호직무방해죄

조문정리	제139조【인권옹호직무방해】경찰의 직무를 행하는 자 또는 이를 보조하는 자가 인권옹호에 관한 검사의 직무집행을 방해하거나 그 명령을 준수하지 아니한 때에는 5년 이하의 징역 또는 10년 이하의 자격정지에 처한다.
	
	① 주체 : 경찰의 직무를 행하는 자 or 이를 보조하는 자(진정신분범)
	② 행위 - 인권옹호에 관한 검사의 직무집행을 방해하거나 그 명령을 준수하지 않는 것
	   ㉠ 인권옹호에 관한 검사의 직무 : 긴급체포에 대한 검사의 사후승인, 강제처분에 대한 검사의 집행지휘, 체포 · 구속장소감찰 등
	   ㉡ 인권옹호에 관한 검사의 명령 : 인권옹호를 위해 꼭 필요한 검사의 명령으로서 **법적 근거를 가진 적법한 명령** 要(헌법재판소 2007.3.29, 2006헌바69)
	③ 죄수 : 검사가 긴급체포 등 강제처분의 적법성에 의문을 갖고 대면조사를 위한 피의자 인치를 사법경찰관에게 2회에 걸쳐 명하였으나 사법경찰관이 이를 이행하지 않은 경우 → **인권옹호직무명령부준수죄와 직무유기죄의 상상적 경합**(대법원 2010.10.28, 2008도11999)

	공무상 비밀표시무효죄
조문정리	제140조【공무상 비밀표시무효】① 공무원이 그 직무에 관하여 실시한 봉인 또는 압류 기타 강제처분의 표시를 손상 또는 은닉하거나 기타 방법으로 그 효용을 해한 자는 5년 이하의 징역 또는 700만 원 이하의 벌금에 처한다.
법익 등	공무상 표시에 관한 국가의 기능, 결과범, 침해범, 미수범 처벌

구성요건	① 객체 - 공무원이 그 직무에 관하여 실시한 봉인 또는 압류 기타 강제처분의 표시
	   ㉠ 공무원 : 법원의 감수보존결정에 따라 감수보존인으로 선임된 자 ○(대법원 2002.12.27, 2002도4906)
	   ㉡ 공무상 표시의 요건 : 공무원이 그 직무에 관하여 적법하게 실시한 봉인 또는 압류 기타 강제처분의 표시 존재 要(현존, 적법, 유효, 대법원 1997.3.11, 96도2801) [법원9급 12]
	   ㉢ 공무상 표시 ✕
	     ⓐ 공무원이 그 직권을 남용하여 **위법하게 실시한 봉인 또는 압류 기타 강제처분의 표시**임이 명백하여 **법률상 당연무효 · 부존재 · 부적법**이라고 볼 수 있는 경우
	     ⓑ **강제처분이 완결된 이후**
	   ㉣ 공무상 표시 ○
	     ⓐ **압류가 해제되지 않은 이상 채무를 변제하였다는 것만으로 압류의 효력** ○(대법원 1981.10.13, 80도1441)
	     ⓑ 강제처분의 유효성이 인정되는 한 그 결정의 정당 · 부당은 불문 → **가처분결정이 부당한 경우에도 그 표시의 효력** ○(대법원 2000.4.21, 99도5563)
	     ⓒ 가처분집행 표시가 **적법한 절차에 의하여 취소되지 아니하는 한 효력** ○(대법원 2007.3.15, 2007도312; 2001.1.16, 2000도1757)

구성요건	② 행위 – 손상·은닉·기타 방법으로 강제처분 표시의 효력을 해하는 것
	  ⊙ 공무상 표시무효행위 ○
	    ⓐ 압류물건의 매각·절취 : **채무자가 가압류된 유체동산을 제3자에게 양도하고 점유이전**(대법원 2018.7.11, 2015도5403) [국가7급 22]
	    ⓑ **점유이전금지가처분에 위반되는 점유의 이전**
	    ⓒ **영업금지가처분에 위반되는 영업의 계속**
	    ⓓ **봉인 등 훼손 방지조치를 취하지 않는 부작위**(부진정부작위범, 대법원 2005.7.22, 2005도3034) [경찰채용 23-1]**로도 可**(부진정부작위범)
	  ⓛ 공무상 표시무효행위 ✕
	    ⓐ 가처분을 받은 채무자가 특정 채무자로 지정되어 있는 상태에서 그 이외의 **제3자**가 가처분을 위반하는 경우
	    ⓑ 출입금지가처분의 가처분채권자의 승낙을 얻어 그 건조물 등에 출입하는 경우
	    ⓒ 압류물을 종전대로 사용하는 경우
	③ 고의 : 강제처분의 유효성·적법성에 대한 인식 要

공무상 비밀(봉함 등 문서·도화)개봉죄

조문정리	제140조【공무상 비밀표시무효】② 공무원이 그 직무에 관하여 봉함 기타 비밀장치한 문서 또는 도화를 개봉한 자도 제1항의 형과 같다. 비밀침해죄(§316①)에 대한 가중적 구성요건, 미수 처벌 ○

공무상 비밀(봉함·문서·도화)내용탐지죄

조문정리	제140조【공무상 비밀표시무효】③ 공무원이 그 직무에 관하여 봉함 기타 비밀장치한 문서, 도화 또는 전자기록 등 특수매체기록을 기술적 수단을 이용하여 그 내용을 알아낸 자도 제1항의 형과 같다.

부동산강제집행효용침해죄

조문정리	제140조의2【부동산강제집행효용침해】강제집행으로 명도 또는 인도된 부동산에 침입하거나 기타 방법으로 강제집행의 효용을 해한 자는 5년 이하의 징역 또는 700만 원 이하의 벌금에 처한다.
구성요건	① 주체 : 강제집행을 받은 채무자, 채무자의 친족 등 **제3자** ○ ② 적법한 강제집행으로 명도·인도된 부동산 : 퇴거집행된 부동산 ○(대법원 2003.5.13, 2001도3212) [법원9급 12] ③ 침해범, 미수 처벌

공용서류 등 무효죄

조문정리	제141조【공용서류 등의 무효】① 공무소에서 사용하는 서류 기타 물건 또는 전자기록 등 특수매체기록을 손상 또는 은닉하거나 기타 방법으로 그 효용을 해한 자는 7년 이하의 징역 또는 1천만 원 이하의 벌금에 처한다.
구성요건	① 객체 – 공무소에서 사용하는 서류 기타 물건 등 ⊙ 공용서류 등 ○ : 공무소에서 사용되는 서류라면 모두 포함 → 증거로서 수사기관에 제출된 사문서, 공무소 보관의 위조문서, 보존기간 경과 후의 문서, 작성자와 피의자의 서명날인이 없는 피의자신문조서, **공문서로서의 효력이 생기기 이전의 서류, 정식의 접수 및 결재 절차를 거치지 않은 문서, 결재 상신과정에서 반려된 문서**(대법원 2020.12.10, 2015도19296) [경찰채용 23-1]

구성요건	ⓒ 공용서류 등 × : 경찰관이 진정 내용을 담은 진술서를 피진정인에게 교부한 경우 ② 행위 – 손상·은닉·기타 방법으로 그 효용을 해하는 것 　ⓐ 손상 : 문서에 첨부된 인지를 떼어내는 행위, 판결원본의 일부 기재를 잉크로 지운 　　행위(대법원 1960.5.18, 4292형상652) 　ⓑ 기타 방법 : 군에 보관 중인 자기명의 건축허가신청서에 첨부된 설계도면을 떼어낸 　　행위 ③ 침해범, 미수 처벌

공용물파괴죄

조문정리	제141조 【공용물의 파괴】② 공무소에서 사용하는 건조물, 선박, 기차 또는 항공기를 파괴한 자 는 1년 이상 10년 이하의 징역에 처한다. ① 객체 – 공무소에서 사용하는 건조물·선박·기차·항공기 : 자동차 ×(제1항의 공용물건손 　상 ○) ② 파괴 : 중요기능을 상실시키는 행위 ≠ 손괴 　→ 본죄는 미수 처벌 ○, 침해범의 성격을 가짐

건조물의 파괴 등	구 분	파괴(중요부분의 손괴)	손괴(물건의 효용을 해하는 것)
	공익건조물	공익건조물파괴죄(§367)	재물손괴죄(§366)
	공용건조물	공용물파괴죄(§141②)	공용서류·물건무효죄(§141①)

공무상 보관물무효죄

조문정리	제142조 【공무상 보관물의 무효】 공무소로부터 보관명령을 받거나 공무소의 명령으로 타인이 관리하는 자기의 물건을 손상 또는 은닉하거나 기타 방법으로 그 효용을 해한 자는 5년 이하의 징역 또는 700만 원 이하의 벌금에 처한다. ① 보관명령 ○ : 민사집행법에 의거하여 유체동산을 압류한 집행관이 채무자에게 보관을 　명한 경우(대법원 1960.2.29, 4292형상838) ② 보관명령 × : '제3채무자는 채무자에 대한 채무의 지급을 하여서는 아니 된다.'는 내용 등의 　가압류결정 정본의 송달을 받은 경우 → 공무상 보관명령이 아니므로 제3채무자에게 가압류된 　돈을 지급하여도 공무상 보관물무효 ×(대법원 1975.5.13, 73도2555; 1983.7.12, 83도1405)

특수공무방해죄·특수공무방해치사상죄

조문정리	제144조 【특수공무방해】① 단체 또는 다중의 위력을 보이거나 위험한 물건을 휴대하여 제136조, 제138조와 제140조 내지 전조의 죄를 범한 때에는 각 조에 정한 형의 2분의 1까지 가중한다. ② 제1항의 죄를 범하여 공무원을 상해에 이르게 한 때에는 3년 이상의 유기징역에 처한다. 사망 에 이르게 한 때에는 무기 또는 5년 이상의 징역에 처한다. ① 특수공무집행방해죄 : **단체 또는 다중의 위력을 보이거나 위험한 물건을 휴대하여** 공무집행 　방해 등을 범함으로써 행위불법이 가중되는 구성요건 ② 특수공무방해치상죄 : 상해에 대한 예견가능성뿐만 아니라 고의가 있는 경우에도 성립하 　는 **부진정결과적 가중범**(대법원 1995.1.20, 94도2842) ③ 특수공무방해치사 : 사망에 대하여 과실이 있을 때에만 성립하는 진정결과적 가중범 ④ 미수 처벌 ×

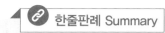

공무집행방해죄의 직무집행 중 긍정

1. **불법주차 스티커를 떼어낸 직후의 주차단속공무원을 폭행한 경우**(대법원 1999.9.21, 99도383) [경찰채용 14, 법원9급 14, 법원승진 14]

2. 야간당직 근무 중인 **청원경찰이 불법주차 단속요구에 응하여 현장을 확인만 하고 즉시 단속하지 않는다는 이유로 민원인이 청원경찰을 폭행한 경우**(대법원 2009.1.15, 2008도9919) [경찰채용 14·22-2]

3. 음주운전 신고를 받고 출동한 경찰관 P가 시동이 걸린 차량 운전석에 앉아 있던 **만취한 甲을 발견하고 음주측정을 위하여 하차를 요구**하자 甲이 운전하지 않았다고 다투었고, 이에 P가 차량 블랙박스 확인을 위해 경찰서로 임의동행할 것을 요구하자, 甲이 차량에서 **내리자마자 도주**하여 P가 이미 착수한 음주측정 직무를 계속하기 위하여 甲을 **10미터 정도 추격하여 도주를 제지한 것**은 정당한 직무집행에 해당(대법원 2020.8.20, 2020도7193) [경찰간부 22]

공무집행방해죄의 직무집행 중 부정

피해자(공무원)가 **수도 검침차 피고인 집으로 가다가 그 집과 32m 떨어진 공터**에서 피고인이 피해자를 폭행한 경우(대법원 1979.7.24, 79도1201)

공무집행방해죄의 추상적 직무권한 긍정

1. **지방의회의 회의가 지방의회의 권한에 속하지 아니하는 사항이 포함되어 있었다 하더라도 그 회의에서 지방의회 의원들이 의사진행을 하는 직무행위의 경우**(대법원 1998.5.12, 98도662)

2. **주·정차 단속하는 공무원을 폭행하고 있는 피고인을 제지하는 다른 공무원을 폭행한 경우**(대법원 2003.11.28, 2003도5234)

3. **총무과 소속 공무원들이 시청사 현관 바로 앞에 불법으로 천막을 설치하는 것에 대해서 이를 막으려고 하거나 천막을 철거하는 경우**(대법원 2005.5.26, 2004도8464)

공무집행방해죄의 추상적 직무권한 부정

면사무소 공무원이 취락구조 개선을 원하는 사람에게 설계도면을 요구한 경우(대법원 1982.11.23, 81도1872)

공무집행방해죄의 구체적 직무권한 긍정

1. 범칙행위를 한 운전자가 인적사항을 밝히지 아니하고 면허증 제시를 거부하며 차량을 출발시키자 교통단속 의경이 **차량의 문틀을 잡고 정지할 것을 요구**한 경우(대법원 1994.9.27, 94도886)

2. **경찰관이 3회에 걸친 음주측정 후에도 다시 음주측정검사를 요구**한 경우(대법원 1992.4.28, 92도220)

3. **법외단체인 전국공무원노동조합**의 지부가 당초 공무원 직장협의회의 운영에 이용되던 군(郡) 청사시설인 사무실을 임의로 사용하자, **지방자치단체장이 자진폐쇄 요청 후 행정대집행법에 따라 행정대집행**을 한 경우(대법원 2011.4.28, 2007도7514)

4. 피고인은 **불심검문 당시 검문하는 사람이 경찰관이고 검문하는 이유가 범죄행위에 관한 것임을 알고 있었는데**, 경찰관이 경찰관직무집행법 제3조 제4항에 규정된 신분증을 제시하지 않은 경우(대법원 2014.12.11, 2014도7976) [법원승진 15]

공무집행방해죄의 구체적 직무권한 부정

1. 형사소송법상 **현행범인으로서 요건을 갖추고 있었다고 인정되지 않는 상황**에서 경찰관들이 동행을 거부하는 자를 체포하거나 강제로 연행하려고 하는 경우(대법원 2002.5.10, 2001도300) [법원승진 16]

2. 긴급체포요건에 해당하지 않는 교육법위반 등 혐의로 기소중지 중에 있는 자에 대하여 **임의동행에 응하지 않자 국가보안법위반혐의로 긴급체포**한 경우(대법원 1991.5.10, 91도453)

3. **참고인 조사를 받는 줄 알고 검찰청에 자진출석하였는데** 예상과는 달리 갑자기 피의자로 조사한다고 하므로 임의수사에 의한 협조를 거부하면서 귀가를 요구한 자에 대해 **긴급체포**를 시도한 경우(대법원 2006.9.8, 2006도148) [경찰채용 13, 국가7급 11]

4. 경찰관의 **적법성 없는 임의동행요구**에 대항하여 경찰관을 폭행하고 순찰차의 뒷문을 걷어찬 경우(대법원 1999.12.28, 98도138)

5. 집회 및 시위에 관한 법률에 의해 금지되는 **위법한 집회 · 시위와 시간적 · 장소적으로 근접하지 않은 다른 지역**에서 그 집회 · 시위에 참가하기 위하여 출발 · 이동하는 행위를 **함부로 제지**하는 경우(대법원 2008.11.13, 2007도9794) [경찰채용 22-2, 국가7급 11]

6. **음주운전 종료 후 40분 이상 경과한 시점의 현행범체포**의 경우(대법원 2007.4.13, 2007도1249)

7. 교통단속 중인 경찰공무원이 **범칙금납부통고서를 받기를 거부하는 사람에 대해 범칙금납부통고처분 강행 목적으로 운전면허증 제시를 요구**하는 경우(대법원 2004.7.9, 2003도8336)

8. **도심광장인 '서울광장'에서, 행정대집행법이 정한 계고 및 대집행영장에 의한 통지절차를 거치지 아니한 채** 위 광장에 무단설치된 천막의 철거대집행을 행한 경우(대법원 2010.11.11, 2009도11523) [경찰간부 23]

공무집행방해죄의 적법절차 긍정

1. 교육인적자원부 장관이 약학대학 학제개편에 관한 공청회를 개최하면서 **행정절차법상 통지절차를 위반**한 경우(사소한 절차규정 위반에 불과, 대법원 2007.10.12, 2007도6088)

2. **미란다원칙상 고지사항의 일부만 고지하고 신원확인절차를 밟으려는 순간 범인이 유리 조각을 쥐고 휘둘러 이를 제압**하려는 경찰관들에게 상해를 입힌 경우(특수공무방해치상, 대법원 2007.11.29, 2007도7961)

3. 검문 중이던 경찰관들이 자전거를 이용한 날치기 사건 범인과 흡사한 인상착의의 피고인이 자전거를 타고 다가오는 것을 발견, **정지를 요구하였으나 멈추지 않아, 앞을 가로막고 소속과 성명을 고지한 후 검문에 협조해 달라는 취지로 말하였음에도 불응하고 그대로 전진하자 따라가서 재차 앞을 막고 검문에 응하라고 요구**한 경우(대법원 2012.9.13, 2010도6203) [경찰채용 14]

공무집행방해죄의 적법절차 부정

1. **출입국관리공무원이 관리자의 사전 동의 없이 사업장에 진입하여 불법체류자 단속업무**를 개시한 경우(대법원 2009.3.12, 2008도7157) [경찰채용 14]

2. 경찰관들이 **노래연습장에서의 주류판매 여부를 확인하기 위하여 법관이 발부한 영장 없이 노래연습장을 검색**한 경우(대법원 2005.10.28, 2004도4731)

3. **영장주의에 위배하여 경찰서 보호실에 유치**하는 경우(대법원 1994.3.11, 93도958)

4. 교통경찰관이 서행 중인 차를 정차시켜 정차 여부의 확인도 하지 아니한 채 정차금지구역에서 정차하였다고 욕설과 폭행을 한 경우(대법원 1978.10.10, 78도2134)

5. **음주측정을 거절하는 운전자를 파출소에 강제연행**하려는 경우(대법원 1994.10.25, 94도2283) [법원승진 14]

6. 준현행범인에 대해 **미란다원칙을 지키지 않고 강제연행**하려는 경우(대법원 2000.7.4, 99도4341)

7. 경찰관이 벌금형에 따르는 노역장 유치의 집행을 위하여 **형집행장을 소지하지 아니한 채 구인**하는 경우(대법원 2010.10.14, 2010도8591) [법원승진 15] ≒ 벌금 미납으로 인한 노역장 유치의 집행을 위하여 피고인을 구인하는 과정에서 **형집행장이 발부되어 있는 사실은 고지하지 않았던** 경우(대법원 2017.9.26, 2017도9458)

8. 국회 외교통상 상임위원회의 처리 과정에서, 甲 정당 당직자인 피고인들이 甲 정당 소속 외통위 위원 등과 함께 외통위 **회의장 출입문 앞에 배치되어 출입을 막고 있던 국회 경위들을 밀어내기 위해 국회 경위들의 옷을 잡아당기거나 밀치는 등의 행위**를 한 경우(대법원 2013.6.13, 2010도13609) [경찰채용 14, 법원승진 15]

9. 전투경찰대원들이 **체포하는 과정에서 체포의 이유 등을 제대로 고지하지 않다가 30~40분이 지난 후 피고인 등의 항의를 받고 나서야 비로소 체포의 이유 등을 고지**한 경우(대법원 2017.3.15, 2013도2168)

10. 경찰관들이 **미란다원칙을 고지할 여유가 있었음에도 애초부터 미란다원칙을 체포 후에 고지할 생각으로** 먼저 체포행위에 나선 행위(대법원 2017.9.21, 2017도10866)

공무집행방해죄의 폭행 긍정

1. 신호위반임을 고지한 후 면허증 제시를 요구하였음에도 불구하고 피고인이 차를 출발 · 전진시켰고 위 의경은 차량의 운전석 쪽 문틀을 한 손으로 잡고 차를 세우라고 하였고, 차량이 시속 약 20km에 이르기까지 속도를 내자 더 이상 따라 뛰지 못하여 **순간적으로 차에 매달려 약 10여m 정도 가다가** 차에서 떨어지려고 양발을 땅에 대고 서려는 순간 땅바닥에 넘어지면서 손은 계속 차량을 잡은 채 약 5m 가량 끌려가다가 차는 정차하였고, 이로 인하여 위 의경의 오른쪽 발이 오른쪽 바퀴에 치여 상해를 입은 경우(대법원 1994.9.27, 94도886)

2. 의사전달수단으로서 **합리적 범위를 넘어서 상대방에게 고통을 줄 의도로 음향을 이용**한 경우(대법원 2009. 10.29, 2007도3584) [경찰승진 23, 국가9급 22, 국가7급 11·12, 법원9급 14]

공무집행방해죄의 폭행 부정

1. 교통지도계 소속 의경이 안전띠를 착용하지 아니하였다는 이유로 이를 단속하기 위하여 피고인의 차량을 정차시키고 운전면허증 제시를 요구하였는데, 피고인이 **이에 응하지 않고 그대로 출발하여 10 내지 15m가량을 걸어서 따라가다가 위 차량의 속도가 빨라지자 더 이상 차량을 잡은 채로 있을 수 없어 손을 놓게 되었던** 경우(대법원 1996.4.26, 96도281)
2. 오락실 밖에서 기판이 든 박스를 옮기고 있던 의경을 뒤쫓아 가 박스가 압수된 것이 아니라고 말하며 **그 박스를 들고 간** 경우(대법원 2007.6.1, 2006도4449; 1972.9.26, 72도1783)
3. 경찰관들이 파업투쟁 중인 공장에 진입할 경우에 대비하여 **미리 윤활유나 철판 조각을 바닥에 뿌려 놓았고 경찰관들이 이에 미끄러져 넘어지거나 철판조각에 찔려 다친 경우**(대법원 2010.12.23, 2010도7412) [경찰채용 13·22-2, 국가7급 22]

공무집행방해죄의 죄수

피해 신고를 받고 출동한 **두 명의 경찰관**에게 욕설을 하면서 순차로 폭행을 하여 신고 처리 및 수사 업무에 관한 정당한 직무집행을 방해한 경우 : **2개의 공무집행방해죄의 상상적 경합**(대법원 2009.6.25, 2009도3505) [경찰간부 24, 국가9급 14]

 한줄판례 Summary

위계에 의한 공무집행방해죄 긍정

1. **시험문제를 사전에 입수하여 시험에 응시**하거나 답안쪽지를 전달한 경우(대법원 1967.5.23, 67도650) ≒ 간호조무사 자격시험 응시자격을 증명하는 수료증명서를 허위작성·제출한 경우(대법원 1982.7.27, 82도1301) ≒ 고등학교 입학원서 추천서란을 허위기재하여 고입 입학전형에 응한 경우(대법원 1983.9.27, 83도1864) ≒ 운전면허시험에 대리응시한 경우(대법원 1986.9.9, 86도1245) [경찰채용 12]
2. 출원에 대한 심사업무를 담당하는 공무원이 **출원인의 출원사유가 허위라는 사실을 알면서도 결재권자로 하여금 오인·착각·부지를 일으키게 하고 인·허가처분에 대한 결재**를 받아낸 경우(대법원 1997.2.28, 96도2825) ≒ 담당자가 아닌 공무원이 출원인의 청탁을 들어줄 목적으로 자신의 업무 범위에 속하지도 않는 업무에 관하여 그 일부를 담당공무원을 대신하여 처리한 경우(대법원 2008.3.13, 2007도7724)
3. **감척어선 입찰**자격이 없는 자가 제3자와 공모하여 제3자의 대리인 자격으로 제3자 명의로 입찰(비권력적 작용도 공무에 포함됨)에 참가하고, 낙찰받은 후 자신의 자금으로 낙찰 대금을 지급하여 감척어선에 대한 실질적 소유권을 취득한 경우(대법원 2003.12.26, 2001도6349) ≒ **지방자치단체의 공사입찰**에 있어서 허위서류를 제출하여 입찰참가자격을 얻고 낙찰자로 결정되어 계약을 체결한 경우(대법원 2003.10.9, 2000도4993)
4. **허위의 진단서를 소명자료로 제출하여 – 직접 운전할 수 없는 것처럼 가장하여 – 진단서의 기재내용을 신뢰한 행정관청으로부터 개인택시 운송사업의 양도·양수의 인가를 받은 경우**(대법원 2002.9.4, 2002도2064)
5. 변호인 접견을 이용하여 **변호인이 휴대전화와 증권거래용 단말기를 구치소 내로 몰래 반입하고 마치 형사사건에 관하여 상담하고 있는 것처럼 가장하여 수용자로 하여금 외부와 통화하게 하고 물품을 수수하게 한 경우**(대법원 2005.8.25, 2005도1731) [경찰채용 13]
6. 타인의 소변을 마치 자신의 소변인 것처럼 건네주어 필로폰 음성반응이 나오게 한 행위(대법원 2007.10.11, 2007도6101) [경찰채용 23-1] ≒ **음주운전을 하다가 교통사고를 야기한 후 그 형사처벌을 면하기 위해 타인의 혈액을 자신의 혈액인 것처럼 교통사고 조사 경찰관에게 제출하여 감정하도록 한 경우**(대법원 2003.7.25, 2003도1609) [국가9급 21, 법원9급 16] ≒ 피의자 등이 적극적으로 허위의 증거를 조작하여 제출하고 그 증거조작의 결과 수사기관이 그 진위에 관하여 나름대로 충실한 수사를 하더라도 제출된 증거가 허위임을 발견하지 못할 정도에 도달한 경우(대법원 2011.2.10, 2010도15986)

7. **강제출국당한 전력**이 있는 사람이 외국 주재 한국영사관에 **허위의 호구부 및 외국인등록신청서 등을 제출하여 사증 및 외국인등록증을 발급받은** 경우(대법원 2009.2.26, 2008도11862) [법원9급 22] = 불법체류를 이유로 강제출국당한 중국 동포가 중국에서 이름과 생년월일을 변경한 호구부를 발급받아 중국 주재 대한민국 총영사관에 제출하여 입국사증을 받은 다음, 다시 입국하여 외국인등록증을 발급받고 귀화허가신청서까지 제출한 경우(각 위계에 의한 공무집행방해죄를 구성함; 대법원 2011.4.28, 2010도14696) [법원9급 16·17]

8. 지방의회 의장 선거의 감표위원이 **사전에 투표용지에 감표위원 확인 도장을 날인하면서 누가 어떤 후보에게 투표하였는지 구별할 수 있도록 투표용지에 표시**하고 그 용지에 의하여 투표가 행해진 경우(대법원 2009.9.10, 2009도6541)

9. 등기신청인이 제출한 허위의 소명자료 등에 대하여 **등기관이 나름대로 충분히 심사를 하였음에도 이를 발견하지 못하여 등기가 마쳐지게 된 경우**(대법원 2016.1.28, 2015도17297) [국가9급 21, 국가7급 17, 법원9급 17] → 위계에 의한 공무집행방해죄가 성립 可. 등기관이 등기신청에 대하여 실체법상의 권리관계와 일치하는지를 심사할 실질적인 심사권한은 없다고 하여도 同

위계에 의한 공무집행방해죄 부정

1. 피고인이 경찰관서에 허구의 범죄를 신고한 까닭이 생활에 궁하여 오로지 직장을 구하여 볼 의사로서 허위로 간첩이라고 자수를 한 데 불과하고 한 걸음 더 나아가서 그로 말미암아 '공무원의 직무집행을 방해하려는 의사'까지 있었던 것은 아닌 경우(대법원 1970.1.27, 69도2260) → 본죄의 고의 부정

2. 전화가입청약순위에 대하여 허위신고한 경우(대법원 1977.9.13, 77도284)

3. 수사기관에 대한 **무고의 목적 없이 허위신고**한 경우(대법원 1974.12.10, 74도2841) [경찰채용 14] ≒ 수사기관에서 허위자백 및 허위진술한 경우(대법원 1997.2.22, 76도368) ≒ 피의자 등이 수사기관에 대하여 허위사실을 진술하거나 허위의 증거를 제출하였다 하더라도, **수사기관이 충분한 수사를 하지 아니한 채 이와 같은 허위의 진술과 증거만으로 잘못된 결론을 내린 경우**(대법원 2009.6.11, 2008도9437) ≒ 피의자나 참고인 등이 적극적으로 피의자의 무고함을 입증하는 등의 목적으로 허위의 증거를 조작하여 제출한 것이 아니라 단순히 증거를 감추거나 없애 버린 경우(대법원 2009.6.11, 2008도9437) ≒ 범칙혐의자나 참고인에게 법적 진실만을 말하도록 의무가 지워져 있는 것도 아니므로 **세무공무원에 대하여 허위진술을 한 경우**(대법원 2002.7.26, 2002도4020) [경찰채용 12]

4. **개인택시운송사업면허를 신청**하면서 허위로 발급받은 운전면허경력증명서를 소명자료로 제출한 경우(대법원 1988.9.27, 87도2174)

5. 위계행위는 있었으나 공무원의 **구체적인 직무집행을 저지하거나 현실적으로 곤란하게 하는 데까지는 이르지 않은 경우**(위계에 의한 공무집행방해죄는 결과발생 필요, 대법원 2009.4.23, 2007도1554).

6. **허가출원사유에 대하여 행정관청에 허위신고**한 경우(대법원 1997.2.28, 96도2825) ≒ 수출입화물방제업체 운영자가 국립식물검역소 출장소에 **허위의 소독작업결과서가 첨부된 수출식물검사신청서를 제출하여 담당공무원이 신청사유의 사실 여부를 정당하게 조사하지 아니한 채 수출검사합격증명서를 발급**하여 이를 발급받은 경우(대법원 2010.10.28, 2008도9590) [법원9급 15]

7. 교도소 수용자가 교도관의 감시, 단속을 피하여 금지물품인 담배를 소지·수수·교환하거나 허가 없이 전화 등의 방법으로 다른 사람과 연락한 경우(단순히 공무원의 감시·단속을 피하여 금지규정에 위반하는 행위를 한 것에 불과한 경우임)(대법원 2003.11.13, 2001도7045) = **과속단속카메라에 촬영되더라도 불빛을 반사시켜 차량 번호판이 식별되지 않도록 하는 기능이 있는 제품('파워매직세이퍼')을 차량 번호판에 뿌린 상태로 차량을 운행**한 경우(대법원 2010.4.15, 2007도8024) [경찰채용 12, 국가7급 17]

8. 초등학교 졸업자가 초등학교 중퇴라는 허위 인우보증서로 운전면허 **구술시험**(초등학교 중퇴 이하만 구술시험 볼 수 있는 공무 자체가 위헌·무효)에 응시한 경우(대법원 2007.3.29, 2006도8189)국

9. 국립대학의 전임교원 공채심사위원인 학과장 甲이 지원자 乙의 부탁을 받고 **이미 논문접수가 마감된 학회지에 乙의 논문이 게재되도록 돕고, 그 후 연구실적심사의 기준을 강화하자고 제안**한 경우(대법원 2009.4.23, 2007도1554) [경찰채용 13]

10. 당사자가 **법원에 가처분신청을 하면서 허위의 주장을 하거나 허위의 증거를 제출**한 경우(대법원 2012.4.26, 2011도17125) [국가9급 21, 국가7급 17, 법원9급 16, 법원승진 15]

11. 행정청에 대한 일방적 통고로 효과가 완성되는 '신고'에 있어서 **신고인이 신고서에 허위사실을 기재하거나 허위의 소명자료를 제출**한 경우(대법원 2016.1.28, 2015도17297) [법원9급 17]

12. 대한민국에서 불법체류자로 생활하다가 적발되어 중국으로 강제퇴거당한 피고인이 중국에서 성명과 생년월일이 변경된 신분증과 호구부를 발급받아 위장결혼을 통해 재입국하여 외국인등록을 마친 후, **법무부에 그와 같은 사실을 숨긴 채 변경된 인적사항으로 귀화허가신청서를 작성하여 이를 접수·심사하는 담당공무원에게 제출**한 경우(이로 인하여 행정청이 그릇된 행위나 처분을 한 결과가 없음, 대법원 2017.4.27, 2017도2583)

13. 법령에서 일정한 행위를 금지하면서 이를 위반하는 행위에 대한 벌칙을 정하고 공무원 A로 하여금 그 금지규정의 위반 여부를 감시·단속하도록 하였는데, A의 **감시·단속을 단순히 피하여 금지규정을 위반**한 경우(대법원 2022.4.28, 2020도8030) [경찰간부 23]

14. 미결수용자가 변호사 6명을 고용하여 총 51회에 걸쳐 **변호인 접견을 가장해 변호사들로 하여금 개인적 업무와 심부름을 하도록** 하고, 소송서류 외의 문서를 수수한 경우(집사변호사 사건, 대법원 2022.6.30, 2021도244) [경찰승진 23]

 한줄판례 Summary

공무상 비밀표시무효죄 긍정

1. 공무원이 실시한 봉인 등의 표시에 절차상·실체상의 하자가 있다고 하더라도 **객관적·일반적으로 공무원이 그 직무에 관하여 실시한 봉인으로 인정할 수 있는 경우**(대법원 2001.1.16, 2000도1757)

2. **특허권을 침해하였다는 소명이 있다는 이유로 가처분집행**이 행하여졌으나 **후일 그 본안소송에서 위 특허가 무효라는 취지의 대법원 판결이 선고되어 그 피보전권리의 부존재가 확정**된 경우(대법원 2007.3.15, 2007도312)

3. **출입금지 및 건물건축공사방해금지 가처분결정에 기하여 집행관이 실시한 가처분결정 표시의 효력이 존속하고 있는 동안** 그 효용을 해치는 행위를 한 경우(대법원 1985.7.9, 85도1165)

4. 압류집행을 하고 그 표시를 한 TV·VTR을 **원래 보관장소에서 멀리 옮긴** 경우(대법원 1986.3.25, 86도69)

5. 압류된 골프장시설을 보관하는 회사의 대표이사가 위 압류시설의 사용 및 **봉인의 훼손을 방지할 수 있는 적절한 조치 없이 골프장을 개장**하게 하여 봉인이 훼손되게 한 경우(부작위에 의한 공무상 표시무효죄의 정범, 대법원 2003.9.5, 2002다44854)

6. 채무자 소유의 건물에 대해 **점유이전금지가처분이 내려져 있음**에도 **제3자로 하여금 위 건물 중 3층에서 카페 영업을 할 수 있도록 이를 무상으로 사용케 한** 경우(대법원 2004.10.28, 2003도8238) ≒ 직접점유자에 대한 **점유이전금지가처분**결정이 집행된 후 그 피신청인인 **직접점유자가 가처분 목적물의 간접점유자에게 그 점유를 이전**한 경우(대법원 1980.12.23, 80도1963) ≒ **건물점유이전금지의 가처분집행** 후 다른 사람을 건물 일부에 점유케 한 경우(대법원 1972.9.12, 72도1441)

7. **(변호사의 간단한 자문을 받고) 집행관·채권자에게 일방적으로 압류물 이전을 통고한 후 이전**시킨 경우(법률의 착오에 정당한 이유 없음, 대법원 1980.12.23, 80도1963; 1992.5.26, 91도894)

공무상 비밀표시무효죄 부정

1. 채무자가 **채권가압류결정의 정본을 송달받고서 제3채무자에게 가압류된 돈을 지급**한 경우(대법원 1975.5.13, 73도2555)

2. **압류상태에서 그 용법에 따라 종전대로 사용**하는 경우(대법원 1984.3.13, 83도3291; 1969.6.24, 69도481)

3. **집행관이 채무자 겸 소유자의 건물에 대한 점유를 해제하고 이를 채권자에게 인도한 후** 채무자의 출입을 봉쇄하기 위하여 출입문을 뜯어내고 그 건물에 들어간 경우(대법원 1985.7.23, 85도1092, 공무상 비밀표시무효죄 ×, 부동산강제집행효용침해죄 ○) ≒ **강제집행을 완결한 후 그 인도집행의 뜻을 기재한 표목을 채무자가 빼어버리고 그 토지에 들어간** 경우(대법원 1965.9.25, 65도495)

4. **가처분 채권자의 승낙을 얻어 그 건조물 등에 출입**하는 경우(대법원 2006.10.13, 2006도4740) [법원9급 12] ≒ **채권자에게 이동사실 및 이동장소를 고지하여 승낙을 얻은** 경우(대법원 2004.7.9, 2004도3029)

5. 온천수 사용금지 가처분결정이 있기 전부터 온천이용허가권자인 가처분 채무자로부터 이를 양수하고 임대차 계약의 형식을 빌어 온천수를 이용하여 온 **제3자**가 위 금지명령을 위반하여 온천수를 사용한 경우(대법원 2007.11.16, 2007도5539) ≒ 남편을 채무자로 한 출입금지가처분명령이 있음에도 불구하고 **처**가 이를 무시하고 출입금지된 밭에 들어가 작업을 한 경우(대법원 1979.2.13, 77도1455) ≒ 제3자가 건축주(甲 회사)를 상대로 건축공사중지가처분집행을 한 후에 **건축허가 명의를 피고인이 자기가 대표이사로 있는 '乙'회사로 변경**하여 건축공사를 계속한 경우(대법원 1976.7.27, 74도1896)
6. 집행관이 **부작위를 명하는 가처분 발령사실을 고시하였을 뿐 구체적인 집행행위를 하지 않은 상태**에서 채무자가 부작위명령을 위반한 경우(대법원 2008.12.24, 2006도1819) [법원9급 12] = 집행관이 영업방해금지 가처분결정의 취지를 고시한 공시서를 게시하였을 뿐 **구체적인 집행행위를 하지 않은 상태**에서 위 가처분에 의하여 부과된 부작위명령을 위반한 경우(대법원 2010.9.30, 2010도3364) = 집행관이 피신청인에 대하여 **부작위를 명하는 가처분이 발령되었음을 고시하는 데 그치고 나아가 봉인 또는 물건을 자기의 점유로 옮기는 등의 구체적인 집행행위를 하지 아니하였다면**, 공무상표시무효죄는 불성립(대법원 2016.5.12, 2015도20322) [국가7급 22]

공무상 표시무효죄의 고의 부정

민사소송법 기타의 공법의 해석을 잘못하여 피고인이 가압류의 효력이 없는 것이라 하여 **가압류가 없는 것으로 착오**하였거나 또는 **봉인 등을 손상 또는 효력을 해할 권리가 있다고 오신한 경우**에는 **민사법령 기타 공법의 부지에 인한 것**으로서 이러한 법령의 부지는 **형벌법규의 부지와 구별**되어 범의 조각(대법원 1970.9.22, 70도1206)

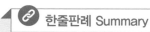 **한줄판례 Summary**

공용서류 등 무효죄의 공용서류 긍정

1. 군(郡)에 보관 중인 피고인 명의의 건축허가신청서에 첨부된 **설계도면을 떼어내고** 별개의 설계도면으로 바꿔 넣은 경우(공용서류무효죄와 공문서변조죄의 실체적 경합, 대법원 1982.12.14, 81도81)
2. 경찰관이 작성한 진술서가 **미완성의 문서인 상태에서 이를 찢은** 경우(대법원 1987.4.28, 86도2779) ≒ 경찰관이 진술자의 서명날인과 간인까지 받아 작성한 진술조서를 **수사기록에 편철하지 않은 채 보관하다가 휴지통에 버려 폐기**한 경우(대법원 1982.10.12, 82도368)

공용서류 등 무효죄의 공용서류 부정

형사사건을 조사하던 **경찰관이 스스로의 판단에 따라 자신이 보관하던 진술서를 임의로 피고인에게 넘겨주었고 피고인은 진술서 작성자에게 가지고 가서 이를 찢어버린 경우** → 경찰관은 장차 이를 공무소에서 사용하지 아니하고 폐기할 의도하에 처분한 것이므로 더 이상 공용서류 ✕(대법원 1999.2.24, 98도4350)

 한줄판례 Summary

특수공무집행방해죄 긍정

甲의 집이 소란스럽다는 주민들의 112신고를 받고 출동한 경찰관 A가 甲에게 인터폰으로 문을 열어달라고 하였으나 욕설을 하고 문을 열어주지 않아, **A가 甲을 만나기 위해 전기차단기를 내렸고** 화가 난 甲이 **식칼을 들고 나와 욕설을 하면서 A를 향해 찌를 듯이 협박**한 경우(대법원 2018.12.13, 2016도19417) [경찰간부 23]

특수공무방해치사상죄 긍정

1. 현행범체포를 하려는 경찰관들에게 화염병을 던져 상해를 입게 한 경우(대법원 1990.6.26, 90도765)
2. 집회 및 시위에 참가한 노동조합원 중 일부가 **시위진압 경찰관들과의 몸싸움** 과정에서 경찰관들에게 상해를 입게 한 경우(대법원 2002.4.12, 2000도3485) [법원9급 15]
3. **자동차를 이용**하여 경찰관의 교통단속에 관한 정당한 직무집행을 방해하고 그로 인해 동인을 사망에 이르게 한 경우(대법원 2008.2.28, 2008도3)
4. **특수공무방해치상죄와 (폭처법상 집단·흉기 등) 상해죄의 죄수는 법조경합으로서 1죄**(대법원 2008.11.27, 2008도7311) [법원9급 15]

5. 재개발지역 내 주민들이 철거에 반대하여 건물 옥상에 망루를 설치하고 농성하던 중 피고인 등이 던진 화염병에 의해 발생한 화재로 일부 농성자 및 **진압작전 중이던 일부 경찰관이 사망하거나 상해**를 입은 경우(용산참사 사건, 대법원 2010.11.11, 2010도7621)

03 도주와 범인은닉의 죄

	단순도주죄
조문정리	제145조【도주】① 법률에 따라 체포되거나 구금된 자가 도주한 경우에는 1년 이하의 징역에 처한다. [전문개정 2020.12.8.]

① 주체 – 법률에 의하여 적법하게 체포·구금된 자 : 진정신분범

💡 퍼써 정리

인 정	부 정
• 재판확정 전에 피고인 또는 피의자로 구속되어 있는 자 • 환형처분으로 노역장에 유치된 자 • 긴급체포나 현행범으로 체포된 자 • 감정유치 중인 자 • 구인된 피고인 또는 피의자(多) • 소년원에 수용되어 있는 자 • 법정구속되어 대기실에 인치된 피고인(대법원 2023.12.28, 2020도12586) 등	• 구인된 증인(多) • 사인에 의하여 현행범으로 체포된 자(多) • 치료감호의 집행을 받는 자 • 가석방·집행유예·보석·형집행정지·구속집행정지 중인 자 등

구성요건

② 행위 – 도주 : 구금상태로부터의 이탈행위
  ㉠ 기수 : <u>체포자·간수자의 실력적 지배로부터 완전히 벗어났을 때</u>(즉시범) → 추적을 받고 있으면 도주죄의 미수범에 불과
  ㉡ 즉시범 : <u>기수(= 종료) 이후 도주원조 ✕, 기수 시부터 공소시효 진행</u>(대법원 1979.8.31, 79도622)

	집합명령위반죄
조문정리	제145조【집합명령위반】② 제1항의 구금된 자가 천재지변이나 사변 그 밖에 법령에 따라 잠시 석방된 상황에서 정당한 이유 없이 집합명령에 위반한 경우에도 제1항의 형에 처한다. [전문개정 2020.12.8.]

	특수도주죄
조문정리	제146조【특수도주】수용설비 또는 기구를 손괴하거나 사람에게 폭행 또는 협박을 가하거나 2인 이상이 합동하여 전조 제1항의 죄를 범한 자는 7년 이하의 징역에 처한다. 합동범 : 특수도주, 특수절도, 특수강도

	도주원조죄 – 단순도주원조죄
조문정리	제147조【도주원조】법률에 의하여 구금된 자를 탈취하거나 도주하게 한 자는 10년 이하의 징역에 처한다. ① 각칙상 독립된 범죄 : 총칙상 공범규정 적용 × ② 도주죄(책임감경)보다 도주원조죄가 중한 죄로서 미수, **예비·음모까지도 처벌** ③ 객체 – 법률에 의하여 구금된 자 : 체포되어 연행 중인 자 ×(通) ④ 행위 – 탈취하거나 도주하게 하는 행위(도주의 원조) → **이미 도주가 기수에 이른 후 돕는 행위는 범인도피 ○, 도주원조 ×**(대법원 1991.10.11, 91도1656) [경 09]

	도주원조죄 – 간수자도주원조죄
조문정리	제148조【간수자의 도주원조】법률에 의하여 구금된 자를 간수 또는 호송하는 자가 이를 도주하게 한 때에는 1년 이상 10년 이하의 징역에 처한다. 부진정신분범 : 신분 때문에 형이 가중되는 범죄

	범인은닉죄
조문정리	제151조【범인은닉과 친족 간의 특례】① 벌금 이상의 형에 해당하는 죄를 범한 자를 은닉 또는 도피하게 한 자는 3년 이하의 징역 또는 500만 원 이하의 벌금에 처한다. ② 친족 또는 동거의 가족이 본인을 위하여 전항의 죄를 범한 때에는 처벌하지 아니한다.
구성요건	① 주체 – 범인 이외의 자 　㉠ 범인 자신의 은닉·도피행위 : 벌금 이상의 형에 해당하는 죄를 범한 자(범인)를 은닉·도피하게 하는 범죄이므로 범인은 타인이어야 함 → **범인이 스스로 은닉·도피하는 행위는 ×** 예 자기의 범행을 구성하는 사실관계에 대하여 허위로 진술하는 경우 (다른 공범을 도피하는 결과가 일어나도) 범인도피 × 　㉡ 공동정범 중의 1인이 **다른 공동정범을 은닉·도피시킨 경우 : 타인에 대한 행위이므로 범인은닉 ○** 　㉢ **범인이 타인을 교사하여 자기를 은닉하게 한 경우** : 자기비호권의 남용이므로 **범인은닉죄의 교사범 ○**(多·判, 대법원 2000.3.24, 2000도20; 대법원 2006.5.26, 2005도7528, 다수설은 부정) ② 객체 – 벌금 이상의 형에 해당하는 죄를 범한 자 　㉠ **벌금 이상의 형 : 법정형** 　㉡ 범인 ○ 　　ⓐ **범죄의 혐의를 받아 수사대상이 되어 있는 자 총칭** [검7 13] 　　ⓑ 친고죄에서 고소기간 경과 전 고소가 없는 상태의 범인, 불기소처분을 받은 자(多) 　　ⓒ **구속수사의 대상이 되었다가 무혐의 석방된 자**(대법원 1982.1.26, 81도1931), 　　ⓓ 범인에게 적용될 수 있는 죄가 **교통사고처리특례법위반죄에 한정된 경우 자동차종합보험에 가입된 자**(대법원 2000.11.24, 2000도4078) 　　ⓔ **진범이 아니지만 범죄의 혐의를 받아 수사의 대상이 된 자**(진범 不要, 대법원 1982.1.26, 81도1931) 　㉢ 범인 × : 무죄판결 확정, 형벌 폐지, 친고죄의 고소기간 경과, 공소시효 완성, 사면 등에 의해 **소추나 처벌이 불가능해진 경우**

구성요건	③ 행위 – 은닉 또는 도피하게 하는 것 　　㉠ 장소를 제공하여 체포를 면하게 하는 행위이면 충분 → 반드시 일정 기간 동안 경찰에 　　　출두하지 말라고 하거나 강제력 행사 不要(대법원 2002.10.11, 2002도3332) 　　㉡ 추상적 위험범 : 형사사법의 작용을 방해하는 현실적 결과 不要(미수범 無) 　　㉢ **계속범** : 범인 은닉·도피 시 기수, 이후 범인에 대한 미체포 상태 계속(대법원 1995. 　　　9.5, 95도577) ④ 고의 : 실제로 벌금 이상의 형에 해당하는 범죄를 범한 자라는 것을 인식함으로써 족하고 　그 **법정형이 벌금 이상이라는 것까지 알 필요 없음**(대법원 2000.11.24, 2000도4078) 　　㉠ 고의 ○ : **수표가 부도날 것이라는 사정**과 수표발행인이 부정수표단속법 위반으로 **수사** 　　　**관서의 수배를 받게 되리라는 사정을 알았던** 경우(대법원 1990.3.27, 89도1480) 　　㉡ 고의 × : 참고인이 **어떤 사람을 범인이 아닐지도 모른다고 생각하면서도 그를 범인이라** 　　　**고 지목하는 허위의 진술을** 한 경우 → 실제의 범인이 도피하는 결과를 초래하여도 고 　　　의 ×(대법원 1997.9.9, 97도1596)
친족간 특례	① 성질 : 책임조각사유설(형법상 책임조각사유, 多, 소수설은 인적 처벌조각사유설) ② 친족 또는 동거의 가족 : 민법에 따라서 **사실혼 관계의 배우자는 친족** ×(判, 대법원 2003. 　12.12, 2003도4533, 다수설은 포함) [주사보 09, 검7 13] ③ 범인이 친족을 교사하여 자신(범인)을 은닉하게 한 경우 : 정범인 친족은 책임조각 무죄, 　교사자인 범인 자신은 **자기방어권 남용이므로 교사범** ○(判, 대법원 2008.11.13, 2008도 　7647; 2006.12.7, 2005도3707, 다수설은 무죄설) [검7 13, 법원 16]

🔗 한줄판례 Summary

범인은닉·도피행위 긍정

1. **범인 아닌 다른 사람을 범인으로 가장하게 하여 수사를 받도록 하는** 경우(대법원 1967.5.23, 67도366)
2. 피의자 아닌 자가 **수사기관에 대해 피의자임을 자처하고** 허위사실을 진술하여 범인의 체포와 발견에 지장을 초래하게 하는 경우(위장자수, 대법원 19997.2.22, 76도368)
3. 음주운전 혐의로 적발된 자가 **지인을 불러내어 그로 하여금 주취운전자 적발 보고서를 작성하거나 재차 음주 측정을 하지 못하도록 제지하면서 "어떻게 좀 해 보라"고 재촉한** 경우(대법원 2006.5.26, 2005도7528) [13 사무관]
4. **바지사장이** 단순히 실제 업주라고 진술하는 것에서 나아가 게임장의 운영 경위, 자금출처, 게임기 등의 구입 경위, 점포의 임대차계약 체결 경위 등에 관해서까지 적극적으로 허위로 진술하거나 허위자료를 제시하여 수사기관이 실제 업주를 발견 또는 체포하는 것을 곤란 내지 불가능하게 될 정도에까지 이른 경우(대법원 2010.1.28, 2009도10709)

범인은닉·도피행위 부정

1. 피고인이 **공범의 이름을 묵비**한 경우(대법원 1984.4.10, 83도3288) [법원승진 09]
2. **참고인이 수사기관에서 허위진술을** 하여 범인이 석방된 경우(대법원 1987.2.10, 85도897) 늑 폭행사건 현장의 **참고인이 출동한 경찰관에게 범인의 이름 대신 허무인의 이름을 대면서 구체적인 인적사항에 대한 언급을 피한** 경우(대법원 2008.6.26, 2008도1059)
3. **단순히 안부를 묻거나 통상적인 인사말을** 한 경우(대법원 1992.6.12, 92도736)
4. 범인의 부탁을 받고 **그의 자녀들을 공항까지 안내하여 외국으로 출국시킨** 경우(대법원 1995.3.3, 93도3080)
5. **신원보증인으로서 신원보증서에 자신의 인적사항을 허위로 기재**하여 제출한 경우(대법원 2003.2.14, 2002도5374)
6. 수사기관에서 조사받는 피의자가 **사실은 게임장·오락실·PC방의 실제 업주가 아니라 종업원임에도 불구하고 자신이 실제 업주라고 허위로 진술**하는 경우(대법원 2010.1.28, 2009도10709)

7. 수사기관에서 '오락실의 실제 업주로서 이를 단독으로 운영하였다.'는 취지로 허위진술하여 공범의 존재를 숨긴 경우(대법원 2008.12.24, 2007도11137) [법원 16]
8. 행위 자체로는 도피시키는 것을 직접적인 목적으로 하였다고 보기 어려운 어떤 행위를 한 결과 간접적으로 범인이 안심하고 도피할 수 있게 한 경우(대법원 2011.4.28, 2009도3642)
9. 자기의 범행을 구성하는 사실관계에 관하여 허위로 진술하고 허위자료를 제출하는 경우 : 다른 공범을 도피하게 하는 결과가 된다고 하더라도 범인도피죄 ✕(대법원 2018.8.1, 2015도20396) [경찰채용 22-1]

04 위증과 증거인멸의 죄

🔆 퍼써 정리 | 위증죄의 성격

보호법익	재판권, 징계권과 같은 국가의 사법작용 내지 사법기능, 추상적 위험범
신분범·자수범	증인(진정신분범 ≠ 모해위증죄), 직접 증언 要(자수범)
거동범	허위의 진술(증인신문절차 종료)만으로 기수, 재판결과에 영향 不要

	위증죄
조문정리	제152조【위증, 모해위증】① 법률에 의하여 선서한 증인이 허위의 진술을 한 때에는 5년 이하의 징역 또는 1천만 원 이하의 벌금에 처한다. ② 형사사건 또는 징계사건에 관하여 피고인, 피의자 또는 징계혐의자를 모해할 목적으로 전항의 죄를 범한 때에는 10년 이하의 징역에 처한다. 제153조【자백, 자수】전조의 죄를 범한 자가 그 공술한 사건의 재판 또는 징계처분이 확정되기 전에 자백 또는 자수한 때에는 그 형을 감경 또는 면제한다.
구성요건	① 주체 - 법률에 의하여 선서한 증인(진정신분범) 　㉠ 법률 : 형사소송법(§156), 민사소송법(§290 이하) ○ ≠ 심문절차로 진행하는 소송비용 확정신청사건 ✕(대법원 1995.4.11, 95도186) [법원승진 09] 　㉡ 유효한 선서(宣誓) 　　ⓐ 선서를 하게 할 권한이 있는 기관에 의한 것 : 검사·사법경찰관에 대한 선서 ✕ 　　ⓑ 선서무능력자 : 16세 미만인 자와 선서의 취지를 이해하지 못하는 자(형소법 §159, 민소법 §293) → 위증죄의 주체 ✕ 　　ⓒ 법령상 근거가 없는 선서 : 무효 ∴ 위증죄의 주체 ✕(대법원 1995.4.11, 95도186) 　　ⓓ 위증의 벌을 경고하지 않고 선서하게 한 경우 : 위증죄의 주체 ○(通·判) 　　ⓔ 선서의 시기 : 증언 전 선서 원칙, 증언 후 사후선서 가능(민소법 §290但, 형소법 §156但) 　㉢ 증인 : 법원·법관에 대하여 과거의 경험사실을 진술하는 제3자 　　ⓐ 형사피고인 및 민사소송의 당사자 : 증인 ✕ 　　ⓑ 공범자인 공동피고인 : 변론이 분리되지 않는 한 증인적격 ✕(대법원 1983.10.25, 83도1318; 1982.9.14, 82도1000) 　　ⓒ 공범자 아닌 공동피고인 : 증인적격 ○, 선서 要

구성요건	ⓓ 증언거부권자 : **증언거부권 불고지로 인하여 증언거부권 행사에 사실상 장애가 있었다면 위증죄 ×, 사실상 장애가 없었다면 위증죄 ○**(대법원 2010.1.21, 2008도942 전원합의체) ② 행위 – 허위의 진술 　㉠ 허위 : **기억에 반하는 것, 객관적 진실과 일치하는가는 불문**(주관설, 多·判, 소수설은 객관설) → ∴ **기억에 반하는 진술을 한 경우에는 진실과 일치해도 위증 ○**(대법원 1988.5.24, 88도350), **기억에 일치하는 진술을 한 경우에는 객관적 진실과 불일치해도 위증 ×** 　[법원9급 14, 법원승진 11·13] 　㉡ 진술 　　ⓐ 진술의 대상 : **내적·외적 사실에 한정**되며, 이에 대한 주관적 평가·의견 등 가치판단은 제외 　　ⓑ 진술의 내용 : 증인신문의 대상이 된 사항, **요증사실에 대한 것으로서 판결에 영향을 미칠 수 있는 것으로 제한되지 않음** → **반대신문**(대법원 1967.4.18, 67도254), **인정신문**(대법원 1967.4.18, 67도254), **지엽적 사실**(대법원 1982.6.8, 81도3069), **동기나 내력**(대법원 1969.6.24, 68도1503)에 대한 진술 ○ → **모두 위증의 대상** ③ 기수 : **신문절차가 종료하여 그 진술을 철회할 수 없는 단계에 이르렀을 때** → 증인이 1회 또는 수회의 기일에 걸쳐 이루어진 1개의 증인신문절차에서 **허위의 진술을 하고 그 진술이 철회·시정된 바 없이 그대로 증인신문절차가 종료된 경우**, 위증죄는 기수 ○ *cf.* 사후선서 시 선서를 종료한 때 기수 ④ 고의 : **미필적 고의 ○**
공 범	피고인이 타인을 교사하여 위증을 하게 하는 경우 → **자기방어권의 남용이므로 위증죄의 교사범 ○**(대법원 2004.1.27, 2003도5114; 2011.2.10, 2010도 15986)(범인은닉 = 위증 = 증거인멸 = 무고) [경찰승진 24, 법원9급 12·16, 법원승진 09]
포괄일죄	① 하나의 사건에 관하여 한번 선서한 증인이 **같은 기일에 여러 가지 사실에 관하여 기억에 반하는 허위의 진술**을 한 경우 [법원9급 16] ② **같은 민사소송사건의 같은 심급에서 변론기일을 달리하여 수차 증인으로 나가 수개의 허위진술을 하였는데, 최초 선서의 효력을 유지시킨 후 증언**한 경우(대법원 2005.3.25, 2005도60) [국가7급 17]
자백자수 감면특례 §153	① 자백 : **자발성 不要, 허위의 진술을 하였음을 고백하거나 법원이나 수사기관의 신문에 대하여 그 사실을 자백한 경우** ○(1977.2.22, 75도3316) ② 자수 : 범인이 자발적으로 수사기관에 대하여 자기의 범죄사실을 신고하여 소추를 구하는 의사표시 ③ 시기 : **증언한 사건의 재판·징계처분의 확정 전** ④ 효과 : **필요적 감면**

모해위증죄

조문정리	제152조【모해위증】② 형사사건 또는 징계사건에 관하여 피고인, 피의자 또는 징계혐의자를 모해할 목적으로 전항의 죄를 범한 때에는 10년 이하의 징역에 처한다. 제153조【자백, 자수】전조의 죄를 범한 자가 그 공술한 사건의 재판 또는 징계처분이 확정되기 전에 자백 또는 자수한 때에는 그 형을 감경 또는 면제한다. ① 모해할 목적 : 피고인·피의자 또는 징계혐의자를 불리하게 할 목적, **미필적 인식 ○** ② **부진정신분범** : 모해의 목적은 단순위증죄보다 형을 가중시키는 **가중적 신분**(判, 통설은 반대)

조문정리	③ 모해할 목적으로 이러한 목적이 없는 자를 교사하여 위증을 하게 한 경우 : 피교사자는 단순위증죄의 정범, **교사자는 모해위증교사죄(§152②), §33 단서가 §31①보다 우선 적용**, 判, 대법원 1994.12.23, 93도1002)(통설은 단순위증교사죄) [경찰채용 23-1, 국가7급 16]

허위감정·통역·번역죄

조문정리	제154조【허위의 감정, 통역, 번역】법률에 의하여 선서한 감정인, 통역인 또는 번역인이 허위의 감정, 통역 또는 번역을 한 때에는 전2조의 예에 의한다. ① 주체 - 법률에 의하여 선서한 감정인·통역인·번역인 : 감정인은 전문적인 학식·경험에 의하여 알 수 있는 법칙을 적용하여 내린 판단을 법원 또는 법관에게 보고하는 자 ≠ 수사기관으로부터 감정을 위촉받은 감정수탁자(형소법 §221) ✕, 감정증인 ✕ ② **포괄일죄** : 하나의 소송사건에서 동일한 선서하에 감정인이 동일한 감정명령사항에 대하여 수차례에 걸쳐 허위의 감정보고서를 제출하는 경우(대법원 2000.11.28, 2000도1089) ③ **자백·자수 필요적 감면특례(§153)**

증거인멸죄

조문정리	제155조【증거인멸 등과 친족 간의 특례】① 타인의 형사사건 또는 징계사건에 관한 증거를 인멸, 은닉, 위조 또는 변조하거나 위조 또는 변조한 증거를 사용한 자는 5년 이하의 징역 또는 700만 원 이하의 벌금에 처한다. ④ 친족 또는 동거의 가족이 본인을 위하여 본조의 죄를 범한 때에는 처벌하지 아니한다.
구성요건	① 객체 - 타인의 형사사건·징계사건에 관한 증거 ㉠ 자기의 증거 : 증거인멸 ✕ ㉡ **자기와 공범자에 관한 증거 : 증거인멸 ✕** ㉢ **타인을 교사하여 자기의 형사사건·징계사건에 관한 증거를 인멸한 경우 : 자기방어권의 일탈이므로 증거인멸죄의 교사범 ○**(少·判, 대법원 2000.3.24, 99도5275; 2011.2.10, 2010도15986, 다수설은 부정설) [경찰채용 11, 법원9급 13] ㉣ 형사사건·징계사건에 관한 증거 ○ : **수사개시 전의 사건(通·判)**, (범죄 또는 징계사유의 성립 여부에 관한 것뿐만 아니라) **형 또는 징계의 경중에 영향을 미치는 정상을 인정하는 데 도움이 될 자료**(대법원 2021.1.28, 2020도2642) [경찰채용 23-1, 국가7급 22] ㉤ 형사사건·징계사건에 관한 증거 ✕ : 민사사건·행정사건·비송사건·선거사건 등에 관한 증거, **사인 간의 징계사건**(대법원 2007.11.30, 2007도4191), ② 행위 - 인멸·은닉·위조·변조, 위조·변조된 증거의 사용 ㉠ 위조의 의의 : (문서죄의 위조 개념과는 달리) 새로운 증거방법의 창조 → 존재하지 아니한 증거를 이전부터 존재하고 있는 것처럼 작출하는 행위 → 증거가 문서의 형식을 갖는 경우, **증거위조죄에 있어서의 증거에 해당하는지 여부가 그 작성권한의 유무나 내용의 진실성에 좌우되는 것은 아님**(대법원 2007.6.28, 2002도3600; 2011.2.10, 2010도15986) [국가9급 17, 국가7급 22] ㉡ 증거위조 ○ : **허위 대화내용을 녹음한 녹음파일 또는 녹취록 제작** ㉢ 증거위조 ✕ : 허위의 진술, **허위의 진술서 또는 사실확인서의 작성** [국가9급 17], **사실의 증명을 위해 작성된 문서의 내용이나 작성명의 등에 아무런 허위가 없는 경우**
친족간 특례	① 책임조각사유 : (범인은닉죄와) 증거인멸죄의 친족간 특례(§155④) ② **사실혼 관계의 배우자 ✕**

죄수 등	① 경찰관이 압수물을 적절한 조치 없이 **피압수자에게 돌려준 경우 작위범인 증거인멸죄만 성립, 부작위범인 직무유기죄 불성립**(대법원 2006.10.19, 2005도3909 전원합의체) [경찰승진 24, 법원9급 12]
	② 선서무능력자로 하여금 위증하게 한 경우 : **증거위조죄** ✕(대법원 1998.2.10, 97도2961) [경찰채용 13] → 위증죄의 간접정범 ✕, 위증죄의 교사범 ✕

증인은닉 · 도피죄

조문정리	제155조【증거인멸 등과 친족 간의 특례】② 타인의 형사사건 또는 징계사건에 관한 증인을 은닉 또는 도피하게 한 자도 제1항의 형과 같다. ④ 친족 또는 동거의 가족이 본인을 위하여 본조의 죄를 범한 때에는 처벌하지 아니한다. ① 증인에 대한 은닉 · 도피행위 : 증인의 현출(顯出)을 방해하거나 증인의 도피를 야기 · 방조하는 일체의 행위로서 인증(人證)의 이용 자체를 물리적으로 불가능하게 하는 행위만 의미함 ② 증인은닉 · 도피 ✕ : 타인의 형사피의사건에 관하여 수사기관에서 **허위의 진술을 하도록 교사**하는 행위(대법원 1977.9.13, 77도997), 참고인 · 증인에게 **허위진술을 하도록 하는 행위** (대법원 1995.4.7, 94도3412) ③ **자기의 사건**에 관한 증인을 은닉하는 경우 : 증인은닉 ✕ → 그 밖에 주관적 구성요건으로 고의 존재 要

모해증거인멸죄

조문정리	제155조【증거인멸 등과 친족 간의 특례】③ 피고인, 피의자 또는 징계혐의자를 모해할 목적으로 전2항의 죄를 범한 자는 10년 이하의 징역에 처한다. ④ 친족 또는 동거의 가족이 본인을 위하여 본조의 죄를 범한 때에는 처벌하지 아니한다. ① 피의자 : 수사개시 要 → **수사개시 전 단계에서는 장차 형사입건될 가능성이 크다고 하더라도 피의자 ✕**(대법원 2010.6.24, 2008도12127) [국가7급 17] ② 모해증거인멸죄에도 친족 간 특례 적용

🔗 **한줄판례 Summary**

위증죄 긍정

1. **민사소송에서의 당사자인 법인의 대표자**가 허위진술한 경우(대법원 1998.3.10, 97도1168) [국가7급 17, 법원9급 12 · 16, 법원승진 11 · 16]
2. **증언거부권을 고지받지 않았으나** 증언거부권을 고지받았더라도 그와 같이 증언을 하였을 것이라는 취지의 진술 등을 고려할 때 이로 인하여 **증언거부권이 사실상 침해당한 것으로 평가할 수 없는 경우**(대법원 2010. 2.25, 2007도6273) [경찰채용 13]
3. **방에서 개최된 회의를 마당에서 구경하고 허위로 참석하였다고 증언**한 경우(대법원 1968.10.29, 68도1063)
4. **기억이 확실하지 못한 사실을 확실히 기억하고 있다고 진술**한 경우(대법원 1985.8.20, 85도686)
5. **모르는 사실을 잘 안다고 진술**한 경우(대법원 1986.9.9, 86도57)
6. **타인으로부터 전해 들은 금품의 전달사실을 자신이 전달한 것처럼 진술**한 경우(대법원 1990.5.8, 90도448)
7. **자기가 지득하지 아니한 어떤 사실관계를 단순히 법률적 표현을 써서 진술**한 경우(이는 객관적 사실을 토대로 한 나름의 법률적 견해를 진술한 것과는 다르므로 위증 ○, 대법원 1986.6.10, 84도2039)
8. **위증을 하고 이를 철회 · 시정하지 않고 증인신문절차가 종료**되었는데(이때 이미 기수) **그 후 별도의 증인 신청 및 채택 절차를 거쳐 그 증인이 다시 신문을 받는 과정에서 종전 신문절차에서의 진술을 철회 · 시정한 경우**(증인이 별도의 증인신문절차에서 **새로 선서를 한 경우**뿐만 아니라 종전 증인신문절차에서 한 선서의 효력이 유지됨을 고지받고 진술한 경우에도 동일, 대법원 2011.7.28, 2009도14928; 2010.9.30, 2010도7525, 단 **형법 §153의 필요적 감면** ○) [국가7급 17, 법원9급 12 · 16, 법원승진 15]

위증죄 부정

1. 게임장의 종업원이 그 운영자와 함께 게임산업진흥에 관한 법률 위반죄의 **공범으로 기소되어 공동피고인**으로 재판을 받던 중, **소송절차가 분리되지 않은 상태**에서 운영자에 대한 공소사실에 관한 증인으로 허위증언한 경우(대법원 2008.6.26, 2008도3300) [법원승진 09]

2. 증인이 **증언거부권을 고지받지 못함**으로 인하여 그 증언거부권을 행사하는 데 **사실상 장애가 초래**되었다고 볼 수 있는 경우(대법원 2010.1.21, 2008도942 전원합의체: 2013.5.23, 2013도3284) [경찰간부 23]

3. 경험한 사실에 기초한 **주관적 평가나 그 법률적 효력에 관한 견해**를 부연한 진술 부분에 다소의 오류나 모순이 있는 경우(대법원 1981.8.25, 80도2019)

4. 증인의 진술이 **법률적·주관적 평가나 의견**인데 그 내용에 다소의 오류나 모순이 있는 경우(대법원 2009.3. 12, 2008도11007)

5. 증인이 법정에서 선서 후 **증인진술서에 기재된 내용이 사실대로라는 취지의 진술**만을 한 경우(대법원 2010. 5.13, 2007도1397) [국가7급 17]

6. 선서한 증인이 일단 기억에 반하는 허위의 진술을 하고 **그 신문이 끝나기 전에 그 진술을 철회·시정한 경우** (대법원 2008.4.24, 2008도1053; 1993.12.7, 93도2510) [법원9급 14, 법원승진 11·13·16]

7. **오해, 착오, 신문의 몰이해, 기억이 분명하지 못하여 잘못 진술**한 경우(고의 ×, 대법원 1982.9.14, 81도105; 1985.3.26, 84도1098; 1991.5.10, 89도1748)

 한줄판례 Summary

증거인멸죄 부정

1. 피고인 **자신이 직접 형사처분이나 징계처분을 받게 될 것을 두려워한 나머지 자기의 이익을 위하여 그 증거가 될 자료를 인멸**하였는데, 그 행위가 동시에 다른 **공범자의 형사사건이나 징계사건에 관한 증거를 인멸한 결과**가 되는 경우(대법원 1995.9.29, 94도2608; 2003.3.14, 2002도6134) [법원9급 13]

2. **자신의 이익을 위하여 그 증거가 될 자료를 제3자와 공동하여 은닉한 경우**(대법원 2018.10.25, 2015도1000)

증거위조 긍정

참고인이 타인의 형사사건 등에 관하여 제3자와 대화를 하면서 허위로 진술하고 위와 같은 **허위진술이 담긴 대화 내용을 녹음한 녹음파일 또는 이를 녹취한 녹취록**을 만들어 수사기관에 제출하는 경우(대법원 2013.12.26, 2013도8085) [국가9급 17]

증거위조 부정

1. 참고인이 타인의 형사사건에서 **직접 진술 또는 증언하는 것을 대신하거나 그 진술 등에 앞서서 허위의 사실확인서나 진술서를 작성**하여 수사기관에 제출한 경우(대법원 2017.10.26, 2017도9827) [국가7급 22]

2. **사실의 증명을 위해 작성된 문서가 그 사실에 관한 내용이나 작성명의 등에 아무런 허위가 없는 경우** → 이 문서가 형사사건 또는 징계사건에서 허위의 주장에 관한 증거로 제출되어 그 주장을 뒷받침하게 되었더라도 **동일**(대법원 2021.1.28, 2020도2642) [국가7급 22]

보호법익	국가의 심판기능의 적정(주된 법익)과 피무고자의 법적 안정(부차적 법익)(이중성격), 추상적 위험범

무고죄	
조문정리	제156조【무고】타인으로 하여금 형사처분 또는 징계처분을 받게 할 목적으로 공무소 또는 공무원에 대하여 허위의 사실을 신고한 자는 10년 이하의 징역 또는 1천 500만 원 이하의 벌금에 처한다. 제157조【자백, 자수】제153조는 전조에 준용한다. 제153조【자백, 자수】전조의 죄를 범한 자가 그 공술한 사건의 재판 또는 징계처분이 확정되기 전에 자백 또는 자수한 때에는 그 형을 감경 또는 면제한다.
구성요건	① 행위 – 공무소·공무원에 대하여 허위의 사실을 신고하는 것 　㉠ 행위의 대상 : 형사처분·징계처분에 대하여 직권을 행사할 수 있는 해당 공무소, 공무원 → 예 수사기관을 통할하는 **대통령**(대법원 1977.6.28, 77도1445), **관내 경찰서장을 지휘·감독하는 지사**(대법원 1981.9.22, 81도2308), 변호사에 대한 **징계 개시의 신청권이 있는 지방변호사회의 장**(대법원 2010.11.25, 2010도10202) [법원승진 16] 　㉡ 허위의 사실을 신고하는 것 　　ⓐ 허위 : **객관적 사실에 반하는 사실**(객관설 ≠ 위증죄의 허위는 주관설) [법원승진 16] → 수사관서·감독관서에 대하여 수사권·징계권의 발동을 촉구할 수 있는 정도이면 충분, 반드시 **범죄구성요건사실·징계요건사실을 구체적으로 기재하거나 법률적 평가 명시 不要**(대법원 1985.2.26, 84도2774) [경찰승진 23] 　　　• 허위 ○ : **범죄성립조각사유가 존재함을 알고 있었음에도 불구하고 이를 숨기고 신고**하는 경우 　　　• 허위 × : 신고내용에 일부 객관적 진실에 반하는 내용이 포함되어 있으나 **단지 신고사실의 정황을 과장하는 데 불과한 경우**(대법원 2019.7.11, 2018도2614) [경찰채용 22-1, 법원승진 16], **법률적 평가나 죄명을 잘못 기재하였으나 신고사실이 객관적 사실관계와 일치**하는 경우 　　ⓑ 허위의 증명의 정도 : 적극적 증명 要 → **신고사실의 진실성을 인정할 수 없다는 소극적 증명만으로는 무고죄 ×**(대법원 2004.1.27, 2003도5114) [경찰채용 12] 　　　• 허위의 증명 × : **성폭행 등의 피해를 입었다는 신고사실에 관하여 불기소처분 내지 무죄판결이 내려졌다고 하여, 그 자체를 무고를 하였다는 적극적인 근거로 삼아 신고내용을 허위라고 단정하여서는 안 됨**(대법원 2019.7.11, 2018도2614) [경찰간부 23] 　　ⓒ 수개의 사실의 신고 : 1통의 고소장에 의하여 수개의 혐의사실을 들어 고소를 하였는데, 그중 일부 사실은 진실이나 다른 사실은 허위인 경우 → **허위사실은 독립하여 무고죄 ○**(대법원 2001.7.27, 99도2533) 　　ⓓ 사실 : 형사처분·징계처분의 원인이 될 수 있어야 함 　　　• 신고된 사실에 대하여 **그 사실 자체가 형사범죄를 구성하지 않는 경우** : 무고 × → 예 방배동 카페 이중 임대차 사례(대법원 2002.11.8, 2002도3738) [국가7급 16, 법원9급 16·17], 송이 채취권 이중양도 사례(대법원 2007.4.13, 2006도558), 파커 수성볼심 4004개 사례(대법원 2008.1.24, 2007도9057) 등

구성요건	• **벌칙이 없거나 사면 또는 공소시효완성으로 공소권이 소멸되었음이 명백한 사실을** 신고하는 경우 : 무고 ✕(대법원 1995.12.5, 95도1908) [법원9급 15] ⓔ 신고 : 자진하여 사실을 고지하는 것, **자발성 要** 　• 신고 ○ : 고소장에 기재하지 않은 사실을 **고소보충조서를 받으면서 자진하여 진술**한 경우(대법원 1988.2.23, 87도2454). 　• 신고 ✕ : 검사 또는 사법경찰관의 **신문에 대하여 허위의 진술**(대법원 1985.7.26, 85도14). 　• 신고의 방법 : 제한 없음 ∴ 서면·구술 불문, 서면이 고소장인지 진정서인지 불문(대법원 1985.12.10, 84도2380) [법원9급 17] 　• 신고자의 판단 : 신고자 명의가 자기 명의가 아니라 타인 명의로 기재되어 있어도 실질적 신고자를 무고의 주체로 봄 → 명의를 대여한 고소에 있어서는 그 **명의자를 대리한 자가 신고자**(대법원 2007.3.30, 2006도6017; 2006.7.13, 2005도7588) [경찰승진 23] ② 기수 : **허위신고가 당해 공무소·공무원에게 도달한 때**(도달 전 분실된 경우 무고 ✕, 무고죄는 미수 처벌 ✕) → **현실적 접수·열람, 수사개시·공소제기 不要**(추상적 위험범) ③ 고의 : 허위사실을 신고한다는 인식과 의사, **미필적 고의로도 충분** ④ 목적 − **타인으로 하여금 형사처분·징계처분을 받게 할 목적**(목적범) 　㉠ 의의 : 허위신고를 함에 있어서 다른 사람이 그로 인하여 형사처분·징계처분을 받게 될 것이라는 인식이 있으면 족한 것이고 그 **결과발생을 희망하는 것 不要**(미필적 인식설, 대법원 2006.8.25, 2006도3631; 1991.5.10, 90도2601; 1986.8.19, 86도1259; 1973.1.16, 72도1136; 1968.4.2, 68도61) [경찰간부 23, 법원9급 16] 　㉡ **자기무고** : 무고 ✕ [경찰승진 23] → **자기 자신을 무고하기로 제3자와 공모하고 이에 따라 무고행위에 가담한 경우 무고죄의 공동정범 ✕**(대법원 2017.4.26, 2013도12592) [경찰채용 22-1·23-1] ≠ **제3자를 교사·방조하여 자기를 무고하게 한 경우 무고죄의 교사·방조범 ○**(대법원 2008.10.23, 2008도4852) [법원9급 13·15] 　㉢ 공동무고 : 자기와 타인을 함께 무고한 경우 타인에 대한 부분에 관해서만 무고죄 ○ 　㉣ **승낙무고** : 주된 보호법익은 국가의 심판기능의 적정성이므로 **무고죄 ○** 　㉤ 허무인·사자에 대한 무고 : 추상적 위험조차 없으므로 무고죄 ✕
죄수 등	1개의 행위로 수인을 무고한 경우 : 수개의 무고죄의 상상적 경합
자백자수 감면특례	① 무고죄를 범한 자가 그 **신고한 사건의 재판 또는 징계처분이 확정되기 전에 자백 또는 자수한 경우 필요적 감면**(§157, §153) ② **자백 ✕ : 자신이 신고한 내용이 단지 객관적 진실에 반한다고 인정한 경우**(대법원 1995.9.5, 94도755) ③ 자백·자수의 시기·절차 : 무고한 사건의 재판 또는 징계처분이 확정되기 전이라면 **자신의 무고 사건에 대한 형사절차에서 자백·자수한 경우에도 감면특례 적용**

 한줄판례 Summary

무고죄의 허위 긍정

1. 도박자금으로 대여한 **금전의 용도**에 대하여 **단순히 묵비한 차원을 넘어서서 사고처리비용으로 빌려준 것인데** **갚지 않으니 사기죄가 된다고 허위로 신고한 경우**(금전의 용도에 대하여 기망당하였다고 허위신고, 대법원 2004.1.16, 2003도7178)

2. 상대방의 범행에 **공범으로 가담한 사람이 이를 숨긴 채 상대방을 고소**한 경우, **공범에 대한 관계에서 독립하여 허위사실의 고소로 볼 수 있는 경우**(대법원 2010.2.25, 2009도1302)(A는 甲, 乙과 공모하여 은행으로부터 대출금을 편취한 것과는 별도로 甲이 A를 기망하여 위 대출금을 편취하였으니 처벌해달라는 취지로 고소하여 甲에 대해 사기죄로 공소제기된 경우) ≠ **상대방의 범행에 공범으로 가담한 사람이 이를 숨긴 채 상대방을 고소한 경우**라 하더라도 그것이 상대방에 대한 관계에서 독립하여 형사처분 등의 대상이 되지 않고 **고소내용이 결국 상대방의 범행 부분에 관한 한 진실에 부합**하는 경우(무고 ✕, 대법원 2008.8.21, 2008도3754)
   [경찰채용 09, 법원9급 16]
3. **고소사실(폭행을 당한 사실) 자체가 인정되지 않는 경우**에는 고소내용이 설사 피고인의 과실 또는 무지에 기인한 것(일반진단서의 의미나 치근파절이 기왕증이라는 사실을 모른 데 기인한 것)이라고 하더라도 이를 단순한 정황의 과장에 해당한다고 볼 수 없음(대법원 2009.11.12, 2009도8949)
4. A가 **먼저 자신을 때려 주면 돈을 주겠다고 하여 甲, 乙이 A를 때리고 지갑을 교부받아 그 안에 있던 현금을 가지고 간 것임에도, '甲 등이 A를 폭행하여 돈을 빼앗았다.'는 취지로 허위사실을 신고**한 경우(대법원 2010.4.29, 2010도2745)

무고죄의 허위 부정

1. **법률적 평가나 죄명이나 형사책임을 부담할 자를 잘못 기재**한 경우(대법원 1985.9.24, 84도1737; 1985.6.25, 83도3245)
2. 고소인이 **차용사기로 고소함에 있어서 단순히 차용인이 변제의사와 능력의 유무에 관하여 기망하였다는 내용으로 고소**한 경우(**차용금의 용도를 묵비한 것은 허위신고 ✕**) → **도박자금으로 사용하는 것을 알고 있었던 사실을 밝히지 않은** 경우(대법원 2004.12.9, 2004도2212)
3. 돈을 갚지 않은 차용인을 사기죄로 고소하면서 **변제의사와 능력의 유무에 관하여 기망하였다는 내용으로 고소**한 경우(고소인이 **차용금의 '용도'를 묵비하거나 사실과 달리 신고한 것은 허위신고 ✕**) → 피고인이 돈을 갚지 않는 자를 차용금 사기로 고소하면서 대여금의 용도에 관하여 '도박자금'으로 빌려준 사실을 감추고 '내비게이션 구입에 필요한 자금'이라고 허위기재하고, 대여의 일시·장소도 사실과 달리 기재한 경우(대법원 2011.9.8, 2011도3489) [경찰채용 12]

무고죄의 허위의 '사실' 긍정

객관적으로 고소사실에 대한 공소시효가 완성되었더라도 고소를 제기하면서 **마치 공소시효가 완성되지 아니한 것처럼 고소**한 경우(대법원 1995.12.5, 95도1908)

무고죄의 허위의 '사실' 부정

1. 신고된 범죄사실에 대한 **공소의 시효가 완성되었음이 그 신고의 내용 자체에 의하여 분명**한 경우(대법원 1994.2.8, 93도3445)
2. **친고죄로서 그에 대한 고소기간이 경과하여 공소를 제기할 수 없음이 그 신고내용 자체에 의하여 분명**한 경우(대법원 1998.4.14, 98도150)

무고죄의 기수시기

1. **최초에 작성한 허위내용의 고소장을 경찰관에게 제출하였을 때 이미 허위사실의 신고가 수사기관에 도달되어 무고죄의 기수에 이른 것 ∴ 그 후 고소장을 되돌려받아도 무고죄 성립**에는 영향 없음(대법원 1985.2.28, 84도2215) [경찰승진 23, 국가7급 16, 법원승진 16]
2. **범행일시를 특정하지 않은 고소장 제출 후, 고소보충진술 시에 범죄사실의 공소시효가 아직 완성되지 않은 것으로 진술한 경우**, 그 이후 검찰이나 제1심법정에서 다시 범죄의 공소시효가 완성된 것으로 정정 진술하였더라도, **이미 고소보충진술 시 무고죄 성립**(대법원 2008.3.27, 2007도11153) [경찰채용 14]
3. **허위로 신고한 사실이 무고행위 당시 형사처분의 대상이 될 수 있었던 경우**에는 이후 그러한 사실이 **형사범죄가 되지 않는 것으로 판례가 변경되었더라도 무고죄 성립**(대법원 2017.5.30, 2015도15398) [경찰채용 22-1]

무고죄의 고의 긍정

1. **진실하다는 확신 없는 사실을 신고**한 경우(대법원 1988.2.9, 87도2366) [경찰간부 23]

2. 신고사실이 허위라거나 허위일 가능성이 있다는 인식을 하면서도 이를 무시한 채 무조건 자신의 주장이 옳다고 생각하는 경우(대법원 2006.9.22, 2006도4255)
3. 고소당한 죄의 혐의가 없는 것으로 인정된다면 고소인이 자신을 무고한 것에 해당하므로 고소인을 처벌해 달라는 고소장을 제출한 경우(대법원 2007.3.15, 2006도9453) [경찰채용 12]

무고죄의 고의 부정

사실에 기초하여 그 정황을 다소 과장한 데 지나지 않는 경우(대법원 1998.9.8, 98도1949)

무고죄의 목적 긍정

甲 등이 乙과 그로부터 피해를 당한 사람들과의 합의를 주선하기 위하여 자신들도 피해자인 것처럼 행세하기 위하여 乙의 승낙을 받고 乙로부터 차용금 피해를 당한 것처럼 허위사실을 기재한 고소장을 제출한 경우 → 형사처분의 결과발생을 의욕한 것은 아니지만 **미필적 인식은 인정됨**(대법원 2005.9.30, 2005도2712) [법원9급 17·22, 법원승진 16]

무고죄의 자백·자수 감면특례 긍정

(무고죄의 필요적 감면사유에 해당하는) 자백의 절차에 관해서는 아무런 법령상의 제한이 없으므로 그가 신고한 사건을 다루는 기관에 대한 고백이나 그 사건을 다루는 재판부에 증인으로 다시 출석하여 전에 그가 한 신고가 허위의 사실이었음을 고백하는 것은 물론, 무고 사건의 피고인 또는 피의자로서 법원이나 수사기관에서의 신문에 의한 고백도 자백 ○ → 형법 제153조에서 정한 '재판이 확정되기 전'에는 피고인의 고소사건 수사 결과 피고인의 무고 혐의가 밝혀져 피고인에 대한 공소가 제기되고 피고소인에 대해서는 불기소결정이 내려져 재판절차가 개시되지 않은 경우도 포함(대법원 2018.8.1, 2018도7293)

🔆 퍼써 정리 Ⅰ 국가기능죄의 자백·자수 특례규정과 친족 간 특례규정 정리

자백·자수 특례규정(필요적 감면)	친족 간 특례규정(책임조각 = 무죄)
• 위증죄·모해위증죄 • 허위감정·통역·번역죄 • 무고죄	• 범인은닉죄 • 증거인멸죄

MEMO

APPENEIX
부록

2025
백광훈 형법총론
퍼펙트 써머리

CHAPTER 01 형법 학설 요점정리

1. 한시법의 추급효

① 부정설(多), 긍정설(少·判)
② 판례 : 특별한 사정이 없는 한 유효기간 경과 전의 법령위반행위는 유효기간 경과 후에도
   그대로 처벌(동기설 폐지 판례, 대법원 2022.12.22, 2020도16420 전원합의체)

2. 행위론

인과적·목적적·사회적(通)·인격적 행위론, 행위론 부정론
① **인과적 행위론** : 인간의 유의적 거동 + 외부세계의 변화/의욕된 신체활동
   ※ 인식 없는 과실, 부작위, 미수 설명 못 함(행위론의 근본기능 수행 못 함)
② **목적적 행위론** : 목적조종의사 + 목적조종활동
   ※ 과실행위, 부작위 설명 못 함(행위론의 근본기능 수행 못 함)
③ **사회적 행위론(통설)** : 사회적으로 중요한 인간의 행태(규범적 행위개념)
   ※ 이론적 통일성이 없으며, 행위론의 한계기능 수행 못 함
④ **인격적 행위론** : 인격의 표현 → 사회적 행위론에 포함

학설	행위	구성요건	위법성	책임
인과적 행위론	유의성 + 거동성	객관적 구성요건	객관적 구성요건에 대한 규범적·객관적 가치판단	심리적 책임론 • 책임능력 • 책임형식(조건) 고의 = 범죄사실의 인식, 위법성의 인식(고의설) 과실 = 주의의무 위반
목적적 행위론	유의성 + 거동성 + 목적성	객관적/주관적 (고의·과실) 구성요건	• 인적 불법론 • 행위반가치론 • 주관적 정당화요소 일반화	순수한 규범적 책임론 • 책임능력 • 위법성 인식(책임설) • 기대가능성
사회적 행위론	• 사회적 중요성 • 의사지배가능성	객관적/주관적 (의사방향 결정요인) 구성요건	이원적·인적 불법론	합일태적 책임론 • 책임능력 • 심정반가치로서의 고의·과실 • 위법성 인식 • 기대가능성

3. 법인의 형사책임

범죄능력에 관한 부정설(多·判), 형벌능력 긍정설(多), 처벌근거에 관한 과실책임설(多·判)

> 과실책임설 : 감독상 과실, 행위자의 선임·감독의 부작위
>
> | 법인 | ⇄ | 종업원 |
> |---|---|---|
>
> 무과실책임설 : 형벌주체(일반원칙 − 책임주의)의 예외, 대위책임·전가책임 인정

4. 소득적 구성요건표지이론

구성요건과 위법성의 단계 : 2단계 범죄체계론, 총체적 불법구성요건

총체적 불법구성요건 구성요건해당성 + 위법성		책임
적극적 구성요건요소	소극적 구성요건요소	행위자에 대한 비난가능성
구성요건해당성 ○	위법성조각사유 ×	

※ 위법성조각사유의 독자적 기능 무시 : 모기를 죽인 행위 = 정당방위로 살인한 행위
※ 허용구성요건의 착오의 해결 中 제한적 책임설의 입장을 수용하지 못함
  ∴ 3단계 범죄론체계와 구별 : 구성요건에 해당되지만, 위법성이 조각되는 행위의 존재를 인정하느냐?

5. 이원적·인적 불법론

결과반가치와 행위반가치, 우연방위의 해결

구분	결과반가치론	행위반가치론
불법의 본질	결과반가치에 대한 부정적 가치판단	행위자의 행위에 대한 부정적 가치판단
형법의 규범적 성격	평가규범적 성격 강조	의사결정규범적 성격 강조
형법의 기능	법익보호	사회윤리적 행위가치의 보호
고의·과실	책임요소	주관적 불법요소
위법성조각사유의 일반원리	법익형량설, 우월적 이익설	사회상당설, 목적설
과실범의 불법	고의범과 불법의 경중에서 차이 없음	고의범과 불법의 경중에서 차이 인정
불능범	객관설 → 불가벌	주관설 → 불능범 부정
비판	법익침해결과만을 가지고 살인 = 과실치사 = 무과실에 의한 사망	결과 측면의 무시로 ① 미수 = 기수 처벌 ② 과실치사 = 과실치상 처벌
통설의 결론	결과반가치 + 행위반가치(이원적·인적 불법론)	

– 우연방위(의도는 불법한데 결과는 정당한 형태)의 해결

객관적 전제조건(정당화상황) : 자기·타인 법익 현재의 부당한 침해 ○ – 결과불법 ×

주관적 정당화요소(의사) : 방위의사 × – 행위불법 ×

오늘날 ⇒ 불법 : 행위불법 + 결과불법 – 이원적·인적 불법론

① 불능미수범설(多), ② 기수범설(少, 결과반가치 긍정설), ③ 무죄설(정당방위로 위법성조각설, 순수한 결과), ④ 기수범설(순수한 행위반가치론)

6. 인과관계와 객관적 귀속

① **가설적 인과관계** : 형법상 인과관계 부정
② **추월적 인과관계, 택일적 인과관계** : 조건설 – 인관관계 부정, 합법칙적 조건설 – 인과관계 인정
③ **중첩적 인과관계** : 조건설은 인과관계 인정하지만, 객관적 귀속은 부정
④ **비유형적 인과관계** : 합법칙적 조건설 – 인과관계 인정, 상당인과관계설(判) – 부정

> • 조건설의 문제점 : 인과관계 너무 확대, 추월적·택일적 인과관계를 설명 못 함
> • 상당인과관계설(判) : 인과관계가 상당한 경우에만 인정(인과관계 있으면 바로 기수)
> • 합법칙적 조건설(행위와 결과 사이에 일상적·자연적 경험법칙에 부합하는 조건에 의한 인과관계) + 객관적 귀속이론(결과귀속에 의한 기수판단 기준, 법적·규범적 판단)

7. 구성요건적 착오(사실의 착오)

유형 학설	구체적 사실의 착오		추상적 사실의 착오	
	객체의 착오	방법의 착오	객체의 착오	방법의 착오
구체적 부합설(多)			인식사실의 미수 + 발생사실의 과실 (상상적 경합)	
법정적 부합설(判)				
추상적 부합설	발생사실에 대한 고의기수		• 경죄고의 – 중한 결과 발생 ⇒ 경죄기수 + 중죄과실(상·경) • 중죄고의 – 경한 결과 발생 ⇒ 중죄미수 + 경죄기수(중죄에 흡수) (상·경)	

인과관계의 착오 : 개괄적 고의설(判), 인과관계의 착오설(多), 미수설(少) 등

8. 원인에 있어서 자유로운 행위

가벌성의 근거	원인행위설	
학설	간접정범과의 구조적 유사성설	원인행위와 실행행위의 불가분적 연관성설
실행의 착수시기	원인행위시설 (주관설 : 원인행위 시 미수)	실행행위시설 (객관설 : 원인행위 시 예비)
행위와 책임의 동시존재원칙	○ (일치설, 구성요건모델)	× (예외설, 책임모델)
구성요건적 정형성	× (죄형법정주의, 보장적 기능에 反)	○ (행위와 책임의 동시존재원칙에 反)

9. 위법성조각사유의 객관적 전제사실에 대한 착오(허용구성요건착오)

① 오상방위, 오상피난 등
② 엄격고의설 : 위법성 인식은 고의의 한 요소에 불과(고의조각 ⇒ 과실범 성립 여부가 문제)
③ 소극적 구성요건표지이론 : 위법성조각사유 착오는 구성요건 착오, 고의조각, 과실범

- 엄격책임설 : 위법성에 관한 착오는 모두 금지착오(법률의착오), "고의범" 또는 무죄
- 제한적책임설
  - 유추적용설 : 구성요건착오를 유추적용하여 구성요건고의조각, 과실범 ⇒ 공범성립 부정
  - 법효과제한적 책임설(多) : 고의의 이중기능 인정, 구성요건고의○, 책임고의 ×⇒ 고의범 ×, 과실범 ○, 단! 고의범의 불법은 있으므로 공범 성립도 가능

10. 예비죄와 기본범죄의 관계

① **독립범죄설** : 예비행위는 독자적인 불법성을 지닌 기본적 범죄행위 ⇒ 예비죄의 공범 ○
② **발현형태설(多·判)** : 효과적인 법익보호를 위한 수정적 구성요건형태에 불과 ⇒ 예비죄의 공범 ×
③ **예비죄의실행행위성**
- 독립범죄설에 의하면 당연히 인정
- 발현형태설에 의하면 부정되는 게 당연(小), 하지만 예비죄의 처벌규정이 존재하는 이상 실행행위성이 인정될 수 있음(多) ⇒ 예비죄의 공동정범 성립(判)

11. 실행의 착수시기

객관설		주관설	개별적 객관설(통설)
형식적 객관설	실질적 객관설	범죄의사의 비약적 표동 시	주관 + 객관
실행행위의 일부 개시 시 • 방화죄(判) ※ 비판 : 주관무시, 　너무 늦음	법익에 직접적 위험 시 밀접하게 연관된 행위 시 (밀접행위설) • 절도죄 등(다수판례) ※ 비판 : 주관무시	• 간첩죄(잠입설·판례) ※ 비판 : 객관무시, 너무 이르고, 예비와 미수의 구별이 어려움	범행계획 고려, 법익에 대한 직접적 위험 시 • 살인죄(낫을 들고 다가간 때)

12. 중지미수의 자의성

객관설		주관설		절충설(사회통념설, 多·判)	
내부적 동기	외부적 동기	윤리적 동기(○)	윤리적 동기(×)	• 강요된 장애사유(×) • 자율적으로 중지	• 강요된 장애사유(○) • 타율적으로 중지
자의성(○) → 중지미수	자의성(×) → 장애미수	후회, 연민, 동정, 회오 등 → 중지미수	합리적·계산적 동기 → 장애미수	• 자율성(○) • 중지미수	• 자율성(×) • 장애미수
• 구별이 모호 • 외부적 사유에만 의존		• 중지미수의 인정범위가 지나치게 협소 • 윤리적 동기와 자율성 혼동			

13. 불능미수의 위험성

구분	구객관설		구체적 위험설(多)	추상적 위험설(判)	주관설
판단 기준	• 절대적 불능 • 위험성(×) • 불능범	• 상대적 불능 • 위험성 • 불능미수	「행위자의 인식사정 + 일반인의 인식사정」을 일반인이 위험성 판단	「행위자의 인식사정」을 일반인이 위험성 판단	• 원칙 : 가벌적 미수 • 예외 : 미신범
수단의 착오	설탕을 하늘에 뿌림	치사량 미달의 독약	① 치사량 미달 → 불능미수	불능미수	불능미수
			② 설탕을 독약으로 오인 → 불능범	불능미수	불능미수

대상의 착오	시체	방탄복	③ 설탕에 살상력(有) → 불능범	불능범	불능미수
			④ 부적 → 불능범	불능범	불능범
비판	구체적 기준 無, 순환의 오류		판단의 기준이 모호	위험성의 범위가 너무 확대	–

14. 공범의 종속성

① **공범독립성설** : 공범(협의의 공범 : 교사범·종범)은 피교사자·피방조자의 범행실행과는 상관없이 그 스스로의 교사행위·방조행위만으로도 성립한다. 주관주의 범죄이론. 공범의 성립범위가 지나치게 확장. 간접정범도 모두 공범. 간접정범과 교사범도 구별할 수 없음. 예비죄의 공범 인정

② **공범종속성설(통설·판례)** : 정범의 성립은 교사범·종범과 같은 협의의 공범의 구성요건의 일부를 형성하고, 교사범·종범이 성립하려면 먼저 정범의 범죄행위가 인정되는 것이 그 전제조건이 됨

| 종속성의 유무에 관한 학설

구분	공범종속성설(通·判)	공범독립성설
범죄이론	객관주의 : 정범의 범죄가 객관적으로 있어야 공범도 성립하게 됨	주관주의 : 범죄란 행위자의 반사회성의 징표
공범의 미수	• 정범의 행위가 가벌미수로 된 때에만 공범의 미수를 인정 • 기도된 교사(제31조 제2항·제3항) → (교사자의 특유한 불법에 근거한) 특별규정으로 봄 ⇒ 예비죄에 대한 공범성립 부정	• 정범의 실행행위가 없는 경우에도 공범의 미수를 인정. 공범독립성설은 교사나 방조행위 그 자체만으로도 공범성립을 인정하기 때문 • 기도된 교사(제31조 제2항·제3항) → 공범독립성설의 근거 ⇒ 예비죄에 대한 공범성립 긍정
간접정범	피이용자의 행위를 정범의 행위로 볼 수 없으므로, 이용자는 정범이 됨 → 간접정범 개념을 긍정	교사·방조행위가 있는 이상 공범은 성립할 수 있으므로, 이용자는 정범이 아니라 공범 → 간접정범을 부정
공범과 신분	신분의 연대성을 규정한 형법 제33조 본문을 당연규정으로 봄	신분의 개별성을 규정한 형법 제33조 단서를 원칙적 규정으로 봄
자살관여죄	자살이 범죄가 아님에도 불구하고 교사·방조자를 처벌하는 것 → (타인의 생명상실에 관여했다는 특별한 사유에 근거한) 특별규정으로 봄	공범독립성설의 유력한 근거로 봄 → 예시규정으로 봄

15. 과실범의 공동정범

① 긍정설
- **행위공동설(判)** : 고의행위이건 과실행위이건 간에 전법률적·자연적 행위의 우연한 공동만 있으면 공동정범의'공동'이 있다는 학설 + 책임주의가 약화된다는 비판이 있음
- **공동행위주체설** : 공동의 행위를 하면 하나의 주체가 되어 누구의 행위에 의해서 결과가 발생하든 공동정범이 성립한다는 입장(행위공동설과 같은 입장)
- **과실공동·기능적 행위지배설** : 주의의무 위반의 공동과 결과발생에 대한 기능적 행위지배가 있으면 과실범의 공동정범이 성립한다는 입장
- **과실공동·행위공동설** : 의사의 연락이 없어도 과실의 공동과 결과를 일으키는 행위의 공동이 있으면 과실범의 공동정범이 성립한다는 학설

② 부정설
- **범죄공동설** : 특정 범죄에 대한 고의의 공동과 실행행위의 공동이 있어야 공동성을 인정. 고의범의 범위 내에서만 공동정범을 인정하며 과실범의 공동정범은 인정하지 않고 단지 동시범이 될 뿐이라는 입장
- **목적적 행위지배설** : 과실범에 있어서는 목적적 행위지배 자체가 있을 수 없기 때문
- **기능적 행위지배설(通)** : 기능적 행위지배는 공동의 결의에 기초한 역할분담을 의미하는데, 과실범에는 이러한 공동의 범행결의가 불가능. 동시범 이론으로 해결해야 한다는 주장

16. 공모공동정범

① 긍정설
- **공동의사주체설(判)** : 일종의 단체책임의 원리로 공동정범의 성립요건에 접근한 것으로서 개인책임의 원칙에 반한다는 비판이 있는 입장
- **간접정범유사설(判)** : 직접 실행에 관여하지 않아도 다른 사람의 행위를 자기의사의 수단으로 하여 범죄를 하였다는 점에서 직접 실행행위를 분담한 경우와 차이가 없음. 간접정범과 유사한 것이 왜 공동정범인가라는 비판
- **적극이용설**
- **기능적 행위지배설에 의한 제한적 긍정설(근래 판례)** : 기능적 행위지배설을 취하면서도 공모공동정범을 인정하는 입장. 공모자가 기능적 행위지배의 요건을 갖춘 경우에는 공동정범이 됨

② 부정설
- **범죄공동설** : 특정범죄에 대한 고의의 공동과 실행행위의 공동이 있어야 공동성을 인정. 실행행위의 공동이 없으므로 공모공동정범은 공동정범이 될 수 없음
- **행위공동설** : 전법률적·자연적 행위 공동이 없으므로 공동정범의'공동'이 없음
- **공동행위주체설** : 공동의 행위가 없으므로 주체가 될 수 없음(행위공동설과 같은 입장)
- **기능적 행위지배설(通)** : 공동의 실행이 없으므로 기능적 행위지배 부정. 제34조 제2항의 특수교사·방조(또는 교사범·방조범)로 해결하자는 대안을 제시

17. 공범과 신분

제33조의 해석에 관한 통설과 소수설·판례의 대립

형법 제33조	본문	단서
통설	진정신분범의 성립·과형의 근거	부진정신분범의 성립·과형의 근거
소수설·판례	• 진정신분범의 성립·과형의 근거 • 부진정신분범의 성립의 근거	부진정신분범의 과형의 근거

18. 부작위범의 종류, 작위의무의 체계적 지위, 작위의무의 발생근거

① 부작위범의 종류
- 형식설(多) : 진정부작위범은 부작위에 의한 부작위범, 부진정부작위범은 부작위에 의한 작위범
- 실질설 : 진정부작위범은 거동범, 부진정부작위범은 결과범. 이에 대해 부진정부작위범에는 거동범도 있을 수 있다는 비판 있음

② 작위의무의 체계적 지위
- 위법성요소설, 보증인설(구성요건요소설)
- 이분설(통설)
  - 보증인지위는 구성요건요소, 보증인의무는 위법성요소
  - 보증인적 지위에 대한 착오는 구성요건착오, 보증인적 의무착오는 위법성의 착오이므로 금지착오

③ 작위의무의 발생근거
- 형식설 : 법령, 계약 등 법률행위, 조리(사회상규·신의칙), 선행행위
- 기능설(실질설) : 법익에 대한 보호의무, 위험원에 대한 안전의무
- 결합설(절충설) : 형식설을 원칙으로 하되 기능설에 의해 보완

19. 죄수결정의 표준

학설	표준	상상적 경합	연속범
행위표준설	의사와 결과를 포함하는 행위	일죄	수죄
법익표준설	침해된 법익	수죄	수죄
의사표준설	단일성이 인정되는 범의의 수	일죄	일죄
구성요건표준설	구성요건의 수(원칙적 기준)	수죄	수죄

20. 집행유예기간 중의 집행유예는 가능한가

① **여죄설(少·判)** : 형법 제37조의 경합범 관계에 있는 수죄가 전후에 기소되어 각각 별개의 절차에서 재판을 받게 된 결과 어느 하나의 사건에서 먼저 집행유예가 선고되어 그 형이 확정되었을 경우, '동시에 같은 절차에서 재판을 받아 한꺼번에 집행유예를 선고할 수 있었던 경우와 비교하여 현저히 균형을 잃게 되므로, 이러한 불합리가 생기는 경우에 한하여' 형의 집행유예를 선고받은 경우를 제62조 제1항 단서의'금고 이상의 형'을 선고받은 경우에 포함하지 않는 것으로 보아 재차의 집행유예가 허용된다(대법원 1989.9.12, 87도2365 전원합의체). "원칙적으로 허용되지 않지만, 예외적으로'여죄설'의 요건을 갖추면 허용"(소위 여죄설)

> 집행유예기간 중의 집행유예 : 원칙 – 불가, 예외 – 경합범 관계에 있으면 가능(판례)
> • 여죄설에 의한 집행유예기간 중 재차 집행유예가 가능하기 위한 요건(2005.7.29. 형법개정 이전의 판례)
> ① A죄(이미 집행유예 받은 죄)와 B죄가 경합범 관계에 있을 것
> ② 병합심리하였더라면 A죄와 B죄의 전체에 대하여 집행유예의 선고가 가능하였을 것

② **적극설(多)** : 집행유예기간 중이라 하더라도 법원의 판단에 의해 얼마든지 재차 집행유예를 선고할 수 있다고 보는 것이 타당(적극설 : 다수설). 특별예방주의 고려

③ **2005년 개정형법(제62조 제1항 단서) 이후의 판례** : 집행유예기간 중에 범한 범죄에 대하여 공소가 제기된 후 그 범죄에 대한 재판 도중에 전자의 집행유예기간이 경과한 경우에는 – 제62조 제1항 단서가 적용되지 않는다고 보아 – 집행유예의 선고가 가능(대법원 2007.2.8, 2006도6196). 집행유예기간 중의 재범이라 하여도 전자의 집행유예기간을 경과하면 집행유예를 선고할 수 있는 또 하나의 예외적 경우 인정

CHAPTER 02 시험 직전 형법 암기사항

우리 형법상의 친고죄 및 반의사불벌죄의 규정들

구분	해당 범죄
친고죄	• 범죄가 경미한 경우 : 사자명예훼손죄(제308조), 비밀침해죄(제316조), 모욕죄(제311조), 업무상 비밀누설죄(제317조) ⇒ [비·누·모·사] • 재산죄 중 친족상도례에서 비동거친족 간의 경우(제328조 제2항)[재]
반의사 불벌죄	• 외국원수·외국사절에 대한 폭행·협박·모욕죄(제107조·제108조) • 외국국기·국장모독죄(제109조) • 폭행·존속폭행죄(제260조) • 과실치상죄(제266조) • 협박·존속협박죄(제283조) • 명예훼손죄(제307조) • 출판물 등에 의한 명예훼손죄(제309조) ⇨ [폭·과·협·명·출] • 부정수표단속법 위반죄(동법 제2조 제2항, 제3항)

우리 형법상의 목적범 총정리

구분	해당 범죄
진정 목적범	목적의 존재가 범죄성립요건인 범죄를 말한다. ① 각종 위조·변조죄(행사목적), ② 각종 자격모용작성죄(행사목적), ③ 각종 영득·이득죄(불법영득·이득의사), ④ 각종 예비죄(기본범죄목적), ⑤ 내란죄(제87조 : 국토참절·국헌문란목적), ⑥ 국기·국장모독죄(제105조), 국기·국장비방죄(제106조 : 대한민국을 모욕할 목적), ⑦ 외교상기밀탐지·수집죄(제113조 제2항 : 누설목적), ⑧ 범죄단체 등의 조직죄(제114조 : 사형, 무기 또는 장기 4년 이상의 징역의 범죄목적), ⑨ 다중불해산죄(제116조 : 폭행·협박·손괴목적), ⑩ 직무·사직강요죄(제136조 제2항 : 직무강요·저지·사직목적), ⑪ 법정·국회회의장모욕죄(제138조 : 법원재판·국회심의 방해·위협목적), ⑫ 무고죄(제156조 : 타인 형사처분·징계처분 목적), ⑬ 위조통화수입·수출죄(제207조 제4항), 위조유가증권수입·수출죄(제217조), 위조인지·우표수입·수출죄(제218조 제2항 : 행사목적), ⑭ 위조통화취득죄(제208조), 위조인지·우표취득죄(제219조 : 행사목적), ⑮ 통화유사물제조죄(제211조 제1항), 인지·우표유사물제조죄(제222조 제1항 : 판매목적), ⑯ 허위공문서작성죄(제227조 : 행사목적), 공·사전자기록위작·변작죄(제227조의2, 제232조의2 : 사무처리를 그르치게 할 목적), ⑰ 공·사인위조·부정사용죄(제238조 제1항, 제239조 제1항 : 행사목적), ⑱ 음행매개죄(제242조 : 영리목적), ⑲ 음화제조·소지죄(제244조 : 음화반포·판매목적), ⑳ 도박장소공간 개설(제247조 : 영리목적), ㉑ 준점유강취죄(제325조 제2항) 및 준강도죄(제335조 : 재물탈환항거·체포면탈·죄적인멸목적), ㉒ 강제집행면탈죄(제327조 : 강제집행을 면할 목적)

부진정 목적범	목적의 존재가 형의 가중·감경사유로 되어 있는 범죄를 말한다. ① 내란목적살인죄(제88조 : 국토참절·국헌문란의 목적, 살인죄에 비하여 불법가중), ② 모해위증죄(제152조 제2항), 모해증거인멸죄(제155조 제3항 : 모해목적), ③ 아편·아편흡식기판매목적소지죄(제198조, 제199조 : 판매의 목적, 단순아편 등 소지죄(제205조)에 비하여 불법가중), ④ 촉탁승낙살인죄(제252조 제1항 : '본인을 위하여'는 기술되지 않은 구성요건요소, 살인죄에 비하여 불법감경), ⑤ 추행·간음·결혼·영리목적약취·유인죄(제288조 제1항 : 추행·간음·결혼·영리목적), 국외이송목적약취·유인죄(제288조제3항), 국외이송목적 매매죄(제289조 제4항 : 국외이송목적, 미성년자약취·유인죄에 비하여 불법가중), ⑥ 출판물명예훼손죄(제309조 : 비방목적, 명예훼손죄에 비하여 불법가중)

| 예비죄 처벌규정 암기요령: 살·약·강 / 먹·통·방·기·폭 / 도·내

개인적 법익	사회적 법익	국가적 법익
• **살**인 • **약**취·유인·인신매매 • **강**도	• **먹**는 물 유해물혼입·수도불통 • **통**화·유가증권·우표·인지 • **방**화·일수 • **기**차·선박 • **폭**발물사용(예비·음모·선동)	• **도**주원조 • **내**란·외환(예비·음모·선동·선전), 외국에 대한 사전

| 미수범 처벌규정 관련 중요사항 세부정리

1. 거동범(형식범)(범죄단체조직죄, 소요죄, 다중불해산죄, 공무원자격사칭죄, 직무유기죄, 직권남용죄, 공무상비밀누설죄, 공무집행방해죄, 범인은닉죄, 위증죄, 증거인멸죄, 무고죄, 변사체검시방해죄, 폭행죄, 존속폭행죄, 유기죄, 명예훼손죄, 모욕죄, 업무방해죄 등)은 거의 미수범 처벌규정이 없다.

2. 다만 거동범이라 하더라도 협박죄, 주거침입죄, 퇴거불응죄, 집합명령위반죄는 미수범 처벌규정이 있다.

3. 진정부작위범(다중불해산죄, 전시군수계약불이행죄, 전시공수계약불이행죄, 집합명령위반죄, 퇴거불응죄)은 거동범적 성질을 가지므로 이론적으로 미수범이 성립하기 어렵다.
   ① 다만 집합명령위반죄, 퇴거불응죄는 진정부작위범이지만, 미수범 처벌규정이 있다.
   ② 이와 달리 부진정부작위범은 결과범적 성격을 가지므로 미수를 인정할 수 있다.

4. 예비·음모죄를 처벌하는 범죄들은 – 실행착수 이전 단계부터 처벌하기 때문에 – 당연히 미수범 처벌규정이 있다(대체로 살인, 약취·유인·매매·이송, 강도, 먹는 물유해물혼입과 수도불통, 통화·유가증권·우표·인지위조·변조죄와 자격모용유가증권작성죄, 방화·일수, 기차·선박등교통방해죄와 기차등전복죄, 폭발물사용죄, 도주원조, 내란·외환의 죄와 외국에 대한 사전죄는 예비·음모를 처벌하기 때문에 미수범 처벌규정도 있다).

5. 국기에 대한 죄(국기·국장모독죄, 국기·국장비방죄)는 미수범 처벌규정이 없다.

6. 국교에 대한 죄(외국원수폭행등죄, 외국사절폭행등죄, 외국국기·국장모독죄, 중립명령위반죄, 외교상기밀누설죄)는 미수범 처벌규정이 없다. 단, 외국에 대한 사전죄는 예비·음모도 처벌하며 따라서 미수범 처벌규정도 있다.

7. 공안을 해하는 죄(범죄단체조직죄, 소요죄, 다중불해산죄, 전시공수계약불이행죄, 공무원자격사칭죄)는 모두 미수범 처벌규정이 없다.

8. 폭발물에 관한 죄 중에서 폭발물사용죄와 전시폭발물사용죄는 예비·음모를 처벌하므로 미수범 처벌규정도 있다. 그러나 전시폭발물제조죄는 미수범 처벌규정이 없다(따라서 예비·음모 처벌규정도 없다).

9. 공무원의 직무에 관한 죄는 직무범죄라고 하는데 미수범 처벌규정이 거의 없다(직무유기, 직권남용, 폭행·가혹행위, 피의사실공표, 공무상비밀누설, 선거방해, 뇌물에 관한 죄 전부). 다만 불법체포·감금죄는 미수범 처벌규정이 있다. 이는 체포·감금죄가 사람의 신체활동의 자유를 침해해야 성립한다는 침해범적 성격에 따른 것이다.

10. 공무방해에 관한 죄 중에서 공무집행방해, 위계에 의한 공무집행방해, 법정·국회회의장모욕, 인권옹호직무방해, 특수공무방해죄는 미수범 처벌규정이 없지만, 공무상비밀표시무효(공무상비밀침해도 포함), 부동산강제집행효용침해, 공용서류무효와 공용물파괴, 공무상보관물무효죄는 미수범 처벌규정이 있다.

11. 도주에 관한 죄는 모두 미수범 처벌규정이 있다(특히 우리나라는 자기도주행위의 미수도 처벌된다). 그러나 범인은닉죄는 미수범 처벌규정이 없다.

12. 위증과 증거인멸의 죄는 모두 미수범 처벌규정이 없다.

13. 무고의 죄는 미수범 처벌규정이 없다.

14. 신앙에 관한 죄 중에서 장례식등방해, 시체오욕, 변사체검시방해죄는 미수범 처벌규정이 없으나, 분묘발굴, 시체영득등죄는 미수범 처벌규정이 있다.

15. 방화죄는 거의 미수범 처벌규정이 있다. 그러나 자기소유일반건조물방화, 일반물건방화, 진화방해죄는 미수범 처벌규정이 없다. 예비·음모도 이와 마찬가지이다.

16. 일수와 수리에 관한 죄도 거의 미수범 처벌규정이 있다. 그러나 자기소유일반건조물·재산일수, 방수방해, 수리방해죄는 미수범 처벌규정이 없다. 예비·음모도 마찬가지이다.

17. 교통방해죄의 죄는 모두 미수범 처벌규정이 있다.

18. 먹는 물에 관한 죄 중에서는 먹는 물유해물혼입, 수돗물유해물혼입죄, 수도불통죄는 미수범 처벌규정이 있다(이 죄들은 예비·음모를 처벌하는 죄들이다). 그러나 먹는 물사용방해, 수돗물사용방해죄는 미수범 처벌규정이 없다(예비·음모도 없다).

19. 아편에 관한 죄는 대체로 미수범 처벌규정이 있다. 그러나 아편·몰핀소지죄(단순소지)는 없다.

20. 공공의 신용에 대한 죄
    ① 통화 : 대체로 있으나, 위조통화취득후지정행사죄 ×
    ② 유가증권·우표·인지 : 대체로 있으나, 소인말소죄 ×
    ③ 문서 : 대체로 있으나, 사문서부정행사죄 ×
    ④ 인장 : 모두 ○

21. 성풍속에 관한 죄는 미수범 처벌규정이 없다.

22. 도박과 복표에 관한 죄는 미수범 처벌규정이 없다.

23. 살인의 죄는 미수범을 처벌한다.

24. 상해, 존속상해죄는 미수범 처벌규정이 있으나, 중상해·존속중상해는 – 결과적 가중범이므로 – 미수범 처벌규정이 없다. 폭행의 죄는 거동범이므로 미수범 처벌규정이 없다.

25. 낙태의 죄는 미수범을 처벌하지 않는다.

26. 유기와 학대의 죄는 미수범을 처벌하지 않는다.

27. 체포와 감금의 죄는 미수범을 처벌한다.

28. 협박의 죄는 미수범을 처벌한다.

29. 약취와 유인의 죄는 미수범을 처벌한다.

30. 강간죄, 강제추행죄, 준강간·준강제추행, 미성년자의제강간, 미성년자의제강제추행죄는 미수범을 처벌하나, 강간상해·치상, 강간살인·치사, 미성년자·심신미약자간음·추행, 업무상 위력 등에 의한 간음, 미성년자의제강간상해·치상, 미성년자의제강제추행상해·치상죄는 미수범 처벌규정이 없다.

31. 명예에 관한 죄는 미수범 처벌규정이 없다.

32. 신용, 업무와 경매에 관한 죄는 미수범 처벌규정이 없다.

33. 비밀침해의 죄도 미수범 처벌규정이 없다.

34. 주거침입의 죄는 모두 미수범을 처벌한다.

35. 권리행사방해, 중권리행사방해, 강제집행면탈죄는 미수가 없으나, 강요죄, 인질강요죄, 인질상해·치상, 인질살해·치사죄, 점유강취죄, 준점유강취죄는 미수범 처벌규정이 있다.

36. 절도와 강도의 죄는 모두 미수를 처벌한다. 강도치사상죄나 해상강도치사상죄도 미수범 처벌규정이 있다.

37. 사기와 공갈의 죄는 거의 미수를 처벌한다. 단, 부당이득죄는 미수범 처벌규정이 없다.

38. 횡령과 배임의 죄, 배임수증재죄도 미수를 처벌한다. 단, 점유이탈물횡령죄는 미수범 처벌규정이 없다.

39. 손괴죄는 미수를 처벌하나, 경계침범죄는 미수범 처벌규정이 없다.

40. 강요죄는 미수범 처벌규정이 없다가 개정형법(1995)에서는 미수범 처벌규정이 신설되었다.

41. 과실범은 미수범 처벌규정이 없다.

42. 결과적 가중범은 거의 미수범 처벌규정이 없다. 다만, 인질치사상, 강도치사상, 해상강도치사상, 현주건조물일수치사상죄는 미수범 처벌규정이 있다(결과적 가중범의 미수에 관하여 상세한 것은 후술하는 결과적 가중범 관련문제 참조).

43. 예비·음모죄는 미수범을 처벌할 수 없다. 실행의 착수 이전 단계이기 때문이다(예비의 미수는 부정). 다만, 중지미수와 관련해서는, 예비단계에도 중지미수의 필요적 형감면규정을 준용할 수 있는가(예비의 중지)의 문제에 대해 판례는 부정설의 입장을 취하나 학설은 긍정설의 입장을 취한다.

┃각칙상 범죄의 실행의 착수시기(判)

살인죄	타인의 생명을 위태롭게 하는 행위를 직접 개시 시(개별적 객관설 : 낫을 들고 다가간 때)
촉탁·승낙살인죄	행위자가 피해자의 살해에 착수 시
자살교사·방조죄	자살교사·방조 시(多)
폭행죄	폭행의사를 가지고 유형력의 행사를 직접 개시 시
인신매매죄	매매계약 체결 시
강간죄	강간의 수단으로 폭행·협박을 개시 시(가슴과 엉덩이를 쓰다듬은 경우 : ×)
인질강요죄	강요의 의사로 체포·감금·약취·유인행위 개시 시(견해대립)

절도죄	타인점유 배제행위의 개시 시(실질적 객관설 : 밀접행위설) ① 낮에 주거에 침입하여 절취할 물건을 물색할 때(물색행위시설) ② 라디오를 절취하려고 그 선을 건드리다가 피해자에게 발견된 경우(밀접행위시설) ③ 자동차 오른쪽 앞문을 열려고 앞문 손잡이를 잡아당기다가 피해자들에게 발각된 경우(↔ 손전등 사건은 예비에 불과)
야간주거침입절도죄	야간에 절도의 목적으로 주거에 침입 시
특수절도죄 (야간손괴 주거침입절도죄)	타인의 주거에 침입하여 건조물의 일부인 방문고리를 손괴 시
강도죄	강도의 폭행·협박 개시 시. 단, 특수강도(제334조 제1항)는 견해대립
인질강도죄	금품요구 시(多)
특수강도죄 (야간주거 침입강도죄)	주거침입 시(判) ↔ 폭행협박 시(判) ※ 상반된 판례
사기죄	① 보험금 사취목적의 방화(보험사기) : 보험회사에 보험금 청구 시 ② 소송사기 : 법원에 소장(訴狀) 제출 시(피고는 서류제출 시)
컴퓨터 등 사용사기	허위정보 또는 부정한 명령 입력 시
공갈죄	① 폭행·협박 개시 시 ② 기업체의 탈세사실을 국세청이나 정보부에 고발한다는 말을 기업주에게 전한 경우에는 실행의 착수가 있음(대법원 1969.7.29, 69도984)
배임죄	부동산이중매매 : 제2매수인으로부터 중도금 수령 시
방화죄	(매개물에) 점화한 때 – "현구건조물에 방화하기 위해 비현주건조물에 방화한 때"는 현주건조물방화죄의 실행의 착수가 있음(判)
간첩죄	간첩의 목적으로 대한민국지역에 들어오는 시점에 실행의 착수(判 : 주관설) ↔ 비밀의 탐지, 수집행위를 개시한 때 실행의 착수(多)

| 공범 관련 처벌규정 비교

구분	처벌내용
공동정범	각자를 정범으로 처벌(제30조)
동시범 (독립행위의 경합)	원인된 행위가 판명되지 아니한 때에 각 행위를 미수범으로 처벌(제19조) ※ 특례규정 : 상해죄인 경우, 공동정범의 예에 의한다(제263조).
교사범	정범(실행한 자)의 형으로 처벌(제31조 제1항) ※ 기도된 교사 • 효과 없는 교사·교사자와 피교사자를 음모 또는 예비에 준하여 처벌(교사를 받은 자가 범죄의 실행을 승낙하고 착수에 이르지 아니한 경우)(제31조 제2항) • 실패한 교사교사자를 음모 또느는 예비에 준하여 처벌(교사를 받은 자가 범죄의 실행을 승낙하지 아니한 경우)(제31조 제3항)

종범(방조범)	정범의 형보다 감경(필요적 감경)(제32조 제2항) ※ 기도된 방조 : 불법	
공범과 신분	• 진정신분범·비신분자인 공범도 신분범의 공동정범·교사범·종범 성립(제33조 본문) • 부진정신분범(신분관계로 인하여 형의 경중이 있는 경우)·비신분자(신분 없는 자)는 무거운 형으로 벌하지 않음(제33조 단서)	
간접정범	교사 또는 방조의 예에 의하여 처벌(제34조 제1항)	
특수교사	정범에 정한 형의 장기 또는 다액에 그 2분의 1까지 가중처벌(자기의 지휘·감독을 받는 자를 교사한 경우)(제34조 제2항)	
특수방조	정범의 형으로 처벌(자기의 지휘·감독을 받는 자를 방조한 경우)(제34조 제2항)	

▌공범론 관련 개념 정리(다수설·판례에 의함)

구분	예	인정·처벌할 것인가
공동 정범	편면적 공동정범	부정 ※ 경우에 따라 동시범 또는 종범
	승계적 공동정범	개입한 이후의 행위에 대해서만 책임부담(판례 및 현재의 다수설)
	과실범의 공동정범	긍정(판례), 부정(다수설)
	공모공동정범	긍정(판례), 부정(다수설)
간접 정범	간접정범의 미수	간접정범의 미수로 처벌(다수설) / 착수시기 : 이용행위시설(다수설)
	과실에 의한 간접정범	부정
	부작위에 의한 간접정범	부정
교사 · 방조	과실에 의한 교사	부정 / 이유 : 교사의 고의 필요
	교사의 미수	처벌규정 있음(제31조 제2항·제3항 : 기도된 교사 = 효과 없는 교사 + 실패한 교사)
	미수의 교사(함정수사)	교사범 불성립(판례·다수설) / 이유 : 기수의 고의 필요
	편면적 교사	부정
	과실범에 대한 교사	부정 / 이유 : 정범은 고의범이어야 함 / 해결 : 간접정범
	교사의 교사(간접교사·연쇄교사)	긍정
	부작위에 의한 방조	긍정 / 비교 : 부작위에 의한 교사는 부정
	승계적 방조	긍정
	사후방조	방조 불인정 ※ 사후종범은 종범이 아니라 독립된 범죄 예 범인은닉 등
	과실에 의한 방조	부정 / 이유 : 방조의 고의 필요
	미수의 방조	부정 / 이유 : 기수의 고의 필요

교사 · 방조	기도된 방조(방조의 미수)	처벌규정이 없어 불벌
	편면적 방조	긍정
	예비의 방조	부정 / 참고 : 효과 없는 방조 불벌
	종범의 종범(간접방조·연쇄방조) 교사의 종범 종범의 교사	긍정 ※ 모두 다 방조범

| 상습범 처벌규정 및 그 형의 정리

구분		각 조에 정한 형의 1/2까지 가중한 경우	가중형을 별도로 규정한 경우
개인적 법익에 대한 죄	생명 · 신체	• 상해 · 존속상해죄(제257조) • 중상해 · 존속중상해죄(제258조) • 폭행 · 존속폭행죄(제260조) • 특수폭행죄(제261조)	없음
	자유	• 체포 · 감금, 존속체포 · 감금죄(제276조) • 중체포 · 감금, 존속중체포 · 감금죄(제277조) • 협박 · 존속협박죄(제283조) • 특수협박죄(제284조) • 강간죄 등(제297 ~ 300, 302, 303, 305조)(성폭력)	없음
	재산	• 절도죄(제329조) • 야간주거침입절도죄(제330조) • 특수절도죄(제331조) • 자동차 등 불법사용죄(제331조의2) • 사기죄(제347조) • 컴퓨터 등 사용사기죄(제347조의2) • 준사기죄(제348조) • 편의시설부정이용죄(제348조의2) • 부당이득죄(제349조) • 공갈죄(제350조)	• 강도죄(제333조) • 특수강도죄(제334조) • 인질강도죄(제336조) • 해상강도죄(제340조 제1항) • 장물취득 · 알선 등 죄(제362조)
사회적 법익에 대한 죄		• 아편 등 제조 등 죄(제198조) • 아편흡식기제조 등 죄(제199조) • 세관공무원의 아편 등 수입죄(제200조) • 아편흡식 및 동 장소제공죄(제201조)	도박죄(제246조)

※ 국가적 법익에 대한 죄는 상습범 처벌규정이 없음에 주의

| 형의 감면사유 정리

구분			필요적		임의적
감경	총칙		청각 및 언어장애인, 종범		심신미약자, 장애미수범(제25조)
	각칙		–		범죄단체의 조직, 인질강요 및 인질상해·치사상죄의 인질석방, 약취유인자 석방
감면	총칙		중지미수범(제26조)		과잉방위, 과잉피난, 과잉자구행위, 불능미수, 사후적 경합범의 처리, 자수·자복
	각칙	실행착수 전 자수	내란죄, 외환죄, 외국에 대한 사전죄, 폭발물사용죄, 방화죄, 통화위조죄의 예비·음모죄	없음	
		재판·징계처분 확정 전 자수·자백	위증·모해위증죄, 허위감정·통역·번역죄, 무고죄의 기수범		
		친족상도례	장물죄를 범한 자와 본범 간에 제328조 제1항의 신분관계가 있는 때		
면제	친족간 특례		① 범인은닉죄(제151조 제2항) : 친족, 동거의 가족 ② 증거인멸죄(제155조 제4항) : 친족, 동거의 가족 ※ 다만, 위 ①·②는 책임조각사유라는 것이 현재의 다수설		–
	친족상도례		권리행사방해죄, 절도죄, 사기·공갈죄, 횡령·배임죄, 장물죄(재산죄 중 강도, 손괴는 제외)		–

| 형의 시효의 기간

제78조【시효의 기간】시효는 형을 선고하는 재판이 확정된 후 그 집행을 받지 아니하고 다음 각 호의 구분에 따른 기간이 지나면 완성된다.
1. 삭제 〈2023.8.8.〉
2. 무기의 징역 또는 금고 : 20년
3. 10년 이상의 징역 또는 금고 : 15년
4. 3년 이상의 징역이나 금고 또는 10년 이상의 자격정지 : 10년
5. 3년 미만의 징역이나 금고 또는 5년 이상의 자격정지 : 7년
6. 5년 미만의 자격정지, 벌금, 몰수 또는 추징 : 5년
7. 구류 또는 과료 : 1년

집행유예 · 선고유예 · 가석방의 비교

구분	집행유예(제62조 ~ 제65조)	선고유예(제59조 ~ 제61조)	가석방(제72조 ~ 제76조)
요건	① 선고형이 3년 이하의 징역, 금고 또는 500만 원 이하의 벌금 ② 정상에 참작할 만한 사유가 있을 것 ③ 금고 이상의 형을 선고한 판결이 확정된 때부터 그 형의 집행종료 · 면제 후 3년까지의 기간에 범한 죄가 아닐 것	① 선고형이 1년 이하의 징역, 금고, 자격정지, 벌금 ② 뉘우치는 정상이 뚜렷할 것 ③ 자격정지 이상의 형을 받은 전과가 없을 것	① 무기에서는 20년, 유기에서는 형기의 3분의 1을 경과 ② 행상이 양호하여 뉘우침이 뚜렷할 것 ③ 벌금 또는 과료의 병과가 있는 때에는 그 금액을 완납할 것
기간	1년 이상, 5년 이하	2년	무기형은 10년, 유기형은 10년 한도 내의 잔형기
결정	법원의 판결	법원의 판결	행정처분(법무부)
효과	형선고의 효력상실	면소된 것으로 간주	형집행이 종료한 것으로 간주
보호관찰 등	• 임의적 처분(제62조의2 제1항) • 사회봉사, 수강명령도 가능 • 집행유예기간(단축 可)	• 임의적 처분(제59조의2) • 1년(단축불가)	• 필요적 처분(제73조의2 제2항) • 가석방기간(단축불가)
실효	유예기간 중 고의로 범한 죄로 금고 이상의 실형을 선고받아 그 판결이 확정된 때	• 유예기간 중 자격정지 이상의 형에 처한 판결이 확정된 때(필요적) • 자격정지 이상의 형에 처한 전과가 발견된 때(필요적) • 보호관찰 준수사항의 무거운 위반(임의적)	가석방 중 고의로 지은 죄로 금고 이상의 형을 선고받아 그 판결이 확정된 때
취소	• 필요적 취소(제64조 제1항) : ③의 요건이 발각된 경우 • 임의적 취소(제64조 제2항) : 보호관찰 등 준수사항 · 명령의 무거운 위반	취소제도 없음 (∵ 형선고 안 됨)	• 감시에 관한 규칙의 위반(임의적) • 보호관찰 준수사항의 무거운 위반(임의적)

형법상 중요한 기간 · 기한 · 액수 · 연령 등의 숫자 정리

형법규정	중요한 숫자
형사미성년자(제9조)	14세 미만
소년법의 소년(소년법 제2조)	• 19세 미만 • 10세 이상 소년 : 보호처분 • 12세 이상 소년 : 장기소년원송치, 수강명령 • 14세 이상 소년 : 사회봉사명령

사형 · 무기형에 처할 수 없으며, 벌금형의 환형유치 처분도 못 내리는 연령	18세 미만(사형 · 무기형 → 15년)
아동혹사죄의 아동(제274조)	자기의 보호 · 감독을 받는 16세 미만
미성년자의제강간죄의 객체(제305조)	13세 미만, 13세 이상 16세 미만
미성년자 위계 · 위력 간음죄(제302조)	16세(원칙) 이상 19세 미만
특수교사의 가중(제34조 제2항)	정범의 형의 장기 · 다액의 2분의 1까지
특수방조의 가중(제34조 제2항)	정범의 형
경합범 가중(사형 · 무기형 외의 같은 종류의 형인 A형과 B형)(제38조 제1항 제2호)	① A + {A(장기 · 다액) × 2분의 1} = X ② X ≦ (A + B) ③ X ≦ 45년
유기징역 · 금고의 가중(제42조 단서)	50년까지
누범의 성립요건(제35조 제1항)	금고 이상 형집행종료 · 면제 후 3년 이내
누범의 형(제35조 제2항)	장기의 2배까지
사형의 집행기한(형사소송법 제465조)	판결확정 후 6월 이내 집행
유기징역의 기간(제42조)	1개월 이상 30년 이하(가중 시 50년까지)
구류의 기간(제46조)	1일 이상 30일 미만
벌금의 액수(제45조)	5만 원 이상(감경 시에는 5만 원 미만도 가능)
벌금 · 과료의 납입기한(제69조)	판결확정일로부터 30일 이내
벌금 미납입 시(제69조 제2항)	• 1일 이상 3년 이하 노역장 유치 • 1억 원 이상 : 최소기간 법정
과료 미납입 시(제69조 제2항)	1일 이상 30일 미만 노역장 유치
노역장 유치기간(제70조 제2항)	• 1억 원 이상 5억 원 미만 : 300일 이상 • 5억 원 이상 50억 원 미만 : 500일 이상 • 50억 원 이상 : 1천일 이상
과료의 액수(제47조)	2천 원 이상 5만 원 미만
자격정지의 기간(제44조 제1항)	1년 이상 15년 이하

CHAPTER 03 형법 두문자 총정리

1. 죄형법정주의의 내용

법률주의
소급효금지원칙
명확성원칙
유추해석금지원칙
적정성원칙(법/소/명/유/적)

2. 보호주의(제5조 【외국인의 국외범】)

내란의 죄
외환의죄
국기에 관한 죄
통화에 관한 죄 - 외국통화 포함
유가증권, 우표와 인지에 관한 죄 - 외국 ~ 포함
문서에 관한 죄 중 제225조 내지 제230조 - 公
인장에 관한 죄 중 제238조 - 公
(내/외/국/통/유/문/인)

3. 친족상도례

직계혈족, 배우자, 동거친족,
동거가족 또는 그 배우자
(직/배/동/동/배)
※ 친족범위
　　- 혈족 8촌 이내
　　- 인척 4촌 이내
배우자의 혈족
혈족의 배우자
배우자의 혈족의 배우자
(배 - 혈/혈 - 배/배 - 혈 - 배)

4. 친고죄

비밀침해죄, 업무상 비밀누설죄, 모욕죄,
사자명예훼손죄, 재산죄 중 친족상도례
(비/누/모/사/재)

5. 반의사불벌죄

외국원수·외국사절에 대한 폭행·협박·명예훼손·
모욕죄, 외국국기·국장모독죄
폭행·존속폭행죄 → 폭행치사상 ×, 특수폭행 ×
과실치상죄 → ~치사 ×, 업무상~ ×
협박·존속협박죄 → 특수협박 ×
명예훼손죄
출판물 등에 의한 명예훼손죄
(폭/과/협/명/출)
※ 명예에 관한 죄
명예훼손죄 - 반의사불벌죄
사자명예훼손죄 - 친고죄
출판물명예훼손죄 - 반의사불벌죄
모욕죄 - 친고죄
(명/사/출/모 - 반/친/반/친)

6. 정지조건부/해제조건부

친고죄 - 정지조건부
반의사불벌죄 - 해제조건부
(친 - 정/반 - 해)

7. 구체적 위험범

자기소유 ~ → 예비·음모, 미수 ×
~일반물건 ~ → 예비·음모, 미수 ×

폭발성 물건~, 폭발물사용

가스·전기 등 방류, 공급방해

중상해·유기·강요·손괴

직무유기

배임

(자/일/폭/가/중/직/배)

8. 계속범

체포, 감금, 주거침입, 퇴거불응, 약취·유인,
도박개장, 직무유기, 교통방해, 범인은닉

(체/감/주/퇴/약/도/직/교/범)

9. 자수범

피구금자간음죄, 부정수표단속법상 허위
신고,

위증죄, 도주죄, 업무상 비밀누설죄

(피/부/위/도/업)

10. 법령에 의한 행위

공무원의 직무행위, 징계행위,

사인의 현행범체포, 노동쟁의,

모자보건법, 감염병예방법, 복표발매죄,

뇌사자의 장기적출행위(장기이식법)

강원도 정선 카지노

경찰관의 총기사용

모(母)의 면접교섭권

(공/징/사/노/모/감/복/뇌/카/총/모)

11. 업무로 인한 행위

의사의 치료

안락사(안락사가 업무행위인 것은 아님)

변호인의 변론

성직자의 업무행위

재건축 조합장의 철거행위

기자의 취재행위

(의/안/변/성/재/기)

12. 사회상규에 위배되지 아니하는 행위

소극적 방어행위

징계권 없는 자의 징계행위

권리실행 행위

경미한 불법

수지침, 여관주인 도 박

(소/징/권/경/수/도)

13. 책임의 본질 : 합일태적 책임개념

책임능력,

위법성의 인식,

책임고의·과실,

기대불가능성의 부존재

(책/위/책/기)

14. 법률의 착오 정당한 이유 인정 판례

부대장의 허가-유류저장

≠상관의 명령이 명백히 위법

법원의 판례 신뢰

≠사안(사실관계) 유사 but 서로 다른 판례
신뢰

초등학교장-도·교·위 교과식물 양귀비

군인-휴가-이복동생 이름-복귀 ×

허가 담당 공무원-"허가 불요"잘못 알려준
경우

≠확실히 답변 ×(주택관리사"보"-아파트
관리소장)

• 발가락 양말(변리사 + 특허심판) ≠ Bio
  Tank(변리사)

• 미숫가루 제조

• 장의사

• 골프장

• 자수정 채광 - 산림훼손허가
  ≠허가 - 벌채잔존목-허가 × - 벌채

• 국유재산-건축물 신축

• 외국인 직업소개

• 의정보고서작성배부(관할선관위공무원)
  (광역시의원 판례)

- 나대지 – 토석적치
- 선설치 후허가
예비군 대원신고 – 동일 주소 – 재차 ×
≠대원신고 × : 법률의 부지 – 유죄
한약 – 십전대보초 제조·판매 – "무혐의"
가감삼십전 대보초
≠무도교습소, 회원 – 교육, 무혐의, 교습
소 운영
비디오물 감상실 업자, 18세
음·비게법 18세 미만
≠천지창조 유흥업소 성인나이트클럽 18세
단속대상 18세 미만 & 대학생 ×
변호사, 관할공무원, 기업사채
≠변호사 – 대강 자문 – 표시의 효력 ×
≠변리사 – Bio Tank – 상표등록
민사소송법 기타 공법의 해석 잘못,
표시의 적법성·유효성 없다고 오인
→ 범의(고의)조각 → 공무상 표시무효 ×
∴ 무죄
교통부장관의 허가 – 교통사고상담센터직
원
→ 화해의 중재·알선
≠ ~ 장관의 회신(고시) : 유죄

(부/법/초/군/허/예/한/비/변/교)

15. 예비죄 처벌규정

살인(영아·촉탁·승낙 ~ ×, 자살 ~ ×)
약취·유인·인신매매(치사상 ×, 인취동목
적 모집·
운송·전달 ×)
강도
강간(강제추행 ×)
먹는물유해물혼입·수도불통
통화·유가증권·우표·인지(유형위조 : ~
위조·변조,
자격모용~작성 ○)(무형위조, ~ 행사, 취
득, 문서·
인장죄 ×)
방화·일수(자기소유 ~ ×, ~ 일반물 ~ ×)
기차·선박(교통방해 ×)

폭발물사용(예비·음모·선동)
도주원조
내란·외환(예비·음모·선동·선전), 외국
에 대한 사전(예비·음모)

(살/약/강/강/먹/통/방/기/폭/도/내)

16. 미수범 처벌규정 총정리

- 개인
살인
상해
협박
강요
체포
감금
약취·유인
강간
주거침입
절도
강도
사기
공갈
횡령
배임
손괴
- 사회
 폭발물
 방화
 일수
 교통방해
 통화
 유가증권·우표·인지
 문서
 인장
 음독
 아편
 분묘발굴
 시체유기
- 국가
 내란
 외환

외국에 대한 사전
불법체포·감금
~ 무효
~ 침해
~ 파괴
도주

특수협박죄
특수주거침입죄
특수강요죄
특수손괴죄
특수상해죄
(공/공/폭/체/협/주/강/손/상)

17. 메스암페타민 관련 불능미수 정리

약품배합 미숙 – 불능미수
제조방법 부족 – 장애미수
염산메칠에페트린 – 불능범
(약 – 불/제 – 장/메칠 – 범)

18. 불능미수의 위험성

구객관설
법률·사실구별설
구체적 위험설
추상적 위험설
인상설
주관설
(구/법/구/추/인/주)

19. 정범의 종류와 표지

직접정범 – 실행지배
간접정범 – 의사지배
공동정범 – 기능적 행위지배
(직 – 실/간 – 의/공 – 기)

20. 합동범과 그 외 특수범죄

특수도주죄
특수절도죄
특수강도죄
특수강간죄
(합!도 ~ 오옹 ~ 범!)
특수공무집행방해죄
특수공갈죄
특수폭행죄
특수체포·감금죄

21. 직접 : ✕ / 교사·방조 : ○

범인도피죄
위증죄
증거인멸죄
무고죄
(범/위/증/무)

22. 과실범 처벌규정

실화죄
과실일수죄(업무상 과실범 ✕, 중과실범 ✕)
과실폭발성물건파열죄
과실교통방해죄
과실치상죄
과실치사죄
업무상 과실장물죄(일반과실범 ✕)
과실가스·전기 등 방류죄
과실가스·전기 등 공급방해죄
(화/일/폭/교/상/사/장/가스/가스)

23. 도로교통에 관한 신뢰의 원칙 판례

고속도로
소방도로
자동차전용도로
인도
무모한 추월
신호등
중앙선
육교 밑
횡단보도
교차로
(고/소/자/인/무/신/중/육/횡/교)

24. 결과적 가분범의 처벌규정

~ 치 ~
중 ~ 상해
유기
강요
손괴 → 중체포·감금 ×
연소

(치/중 – 상·유·강·손/연)

25. 결과적 가중범의 미수범 처벌규정 有

인질치사상죄
강도치사상죄
해상강도치사상죄
현주건조물일수치사상죄

(인/강/해/현)

26. 부진정결과적 가중범

현주건조물방화치사상죄
교통방해치상죄
특수공무방해치상죄
중상해죄, 중유기죄, 중강요죄, 중손괴죄

(현교/특수/중학교)

27. 작위범과 부작위범

작위범 – 금지규범의 위반
부작위범 – 명령(요구)규범의 위반

(작/금/부/명)

28. 진정부작위범

다중불해산죄
전시군수계약불이행죄
인권옹호직무명령불준수죄
전시공수계약불이행죄
집합명령위반죄
퇴거불응죄

(다/견/인/견/집/퇴)

29. 작위의무(보증인적 지위·의무) 발생 근거

법령에 의한 작위의무
계약 등 법률행위에 의한 작위의무
조리에 의한 작위의무
선행행위에 의한 직귀의무

(법/계/조/선)

30. 포괄일죄의 유형

결합범, 계속범, 접속범, 연속범,
집합범(직업범/영업범/상습범)

(결/계/접/연/집)

31. 행위표준설 : 강력한 대응을 위해 주로 실체적 경합으로

마약류, 향정신성의약품, 대마,
관세법 위반의 밀수, 피라미드판매,
카드깡(신용카드를 이용한 불법자금융통),
무면허운전

(마/향/대/관/피/카/무)

32. 의사표준설 : 연속범·영업범 – 포괄일죄

수뢰, 공갈, 사기
증권거래법위반, 의료법위반, 약사법위반죄
불법오락실(게임장) 영업, 업무상 횡령,
신용카드부정사용

(수/공/사/증/의/약/오/횡/신)

33. 배임, 사기, 특별법위반죄의 죄수

부정수표단속법 위반+업무상 배임 ⇒ 상·경
부정수표단속법 위반+사기 ⇒ 실·경
정의약품제조(녹동달 오리골드)
공천 관련 금품수수+사기 ⇒ 상·경
유사수신행위+사기 ⇒ 실·경
변호사법상 알선수재+사기 ⇒ 상·경
업무상 배임+사기 ⇒ 상·경

실·경

부/배 – 상, 부/사 – 실

공/사 – 상, 유/사 – 실

알/사 – 상, 배/사 – 상/실

34. 형의 경중의 순서

사형, 징역, 금고, 자격상실, 자격정지,
벌금, 구류, 과료, 몰수

(사/징/금/자/자/벌/구/과/몰)

35. 필요적 몰수

뇌물죄의 뇌물, 아편, 배임수재죄의 재물,
특별법

(뇌/아/배/특)

36. 징벌적 몰수·추징

마약법, 재산국외도피사범, 관세법
외국환관리법, 밀항단속법

(마/국/관/외/밀 – 징)

37. 상습범 처벌규정

상해·폭행, 협박, 체포·감금, 성폭력,
절도·강도, 사기·공갈, 장물죄, 아편,
도박

(상/협/체/성/절/사/장/아/도)

※ 별도의 형
강도, 장물, 도박

38. 가중감경의 순서

각칙 조문에 따른 가중
특수교사·방조
누범가중
법률상 감경
경합범 가중
정상참작감경

(각/특/누/법/경/정)

39. 실행착수 전(前) 자수 → 필요적 감면

내란, 외환, 외국에 대한 사전죄
방화(일수 ×), 폭발물사용, 통화죄(유가증권 ×)

(내/외/외/방/폭/통)

40. 재판, 징계처분 확정 전 자백·자수 → 필요적 감면

위증·모해위증
허위감정·통역·번역
무고죄

(위/허/무)

41. 형집행면제

재판확정 후 법률의 변경에 의하여 범죄를
구성하지 않는 때
형의 시효의 완성
특별사면
복권

(재/시/특/복)

42. 자수의 요건

수사기관에 할 것
자발성
죄를 범한 후이면 가능
뉘우침이 있을 것

(수/자/후/뉘)

43. 판결선고 전 구금일수의 통산 – 법정통산

유기징역, 유기금고, 벌금이나 과료에 관한
유치 또는 구류에 산입한다.
→ 사형·무기형·자격형에는 산입 ×

(징/금/유/구 – 사/무/자)

44. 선고유예요건

1년 이하의 징역이나 금고, 자격정지 또는
벌금 → 구류·과료 ×

(징/금/자/벌)

45. (선/실/복/자 – 누/집/가/금)

선고유예 형의 실효 복권	누범 집행유예 가석방
자격정지	금고

46. 광의의 폭행

공무집행방해죄
직무강요죄
공갈죄
강요죄

(공/강/공/강)

47. 강요죄 관련 죄수

협박죄 < 강요죄 < 공갈죄 < 강도죄

(협/강/공/강)

48. 신용훼손

허위의 사실을 유포
기타 위계로써 사람의 신용을 훼손한 자

(허/위)

49. 업무방해

허위의 사실을 유포
위계 또는
위력으로써 사람의 업무를 방해한 자

(허/위/위)

50. 경매, 입찰의 방해

위계 또는 위력 기타 방법으로 경매 또는
입찰의 공정을 해한 자

(위/위)

51. 업무의 요건

사회성 – 개인적·자연적 생활현상 ×
계속성, 사무

(사/계/사)

52. 업무상 비밀누설

의사, 한의사, 치과의사, 약제사, 약종상,
조산사, 변호사, 변리사, 공인회계사,
공증인, 대서업자나 그 직무상 보조자 또는
차등의 직에 있던 자
종교의 직에 있는 자 또는 있던 자

(의/한/치/약/약/조/변/변/공/공/대/보/차/종)

53. 주거침입죄 = 특수강도죄

사람의 주거
관리하는 건조물, 선박, 항공기
점유하는 방실

(주/건/선/항/방)

54. 주거·신체수색죄

사람의 신체, 주거
관리하는 건조물, 자동차, 선박, 항공기
점유하는 방실

(신/주/건/자/선/항/방)

55. 야간주거침입절도죄 = 특수절도죄

사람의 주거
관리하는 건조물, 선박, 항공기
점유하는 방실

(주/건/선/항/방)

56. 자동차등불법사용죄

자동차, 선박, 항공기, 원동기장치자전거

(자/선/항/원)

57. 횡령 & 배임

* 부동산의 양도담보
  매도담보권자 – 배임
  양도담보권자 – 판례는 배임(이론상 횡령)
  정산의무불이행 – 무죄
  가등기담보권자 – 판례는 배임
* 동산의 양도담보
  동산양도담보권설정자 – 무죄
  동산양도담보권자 – 횡령
  목적물반환청구권 양도 – 절도 불성립
  후순위채권자 – 절도

(매 – 배/양 – 배/정 – 무/가 – 배/동 – 무/동 – 횡/목 – 절불/후 – 절)

58. 점유이탈물횡령

유실물
표류물
타인의 점유를 이탈한 재물
매장물

(유/표/점/매)

59. 장물

재산범죄에 의하여 → 비재산범죄 ×
영득한 ≠ 제공된 ×
재물 그 자체 → 복사물 ×

(재/영/재)

60. 폭·가·가 : 공통점

폭발성물건파열
가스·전기등방류
가스·전기등공급방해
* 구체적 위험범

* 과실범 처벌규정 有
* 예비·음모 有
* 결과적 가중범 규정 有

61. ~방해죄 = 미수범 처벌규정 無

예외) 미수범 처벌규정 有
일반 교통방해
과실 기차·선박 등 교통방해죄
과실 가스·전기 등 공급방해죄

(교/기/가)

62. 유가증권·문서죄유형

1st 명의모용 – ~위조·변조
2nd 자격모용 – 자격모용작성
3rd 내용 – 허위~작성

(명/자/내)

63. 허위진단서 작성주체

의사, 한의사, 치과의사, 조산사

(의/한/치/조)

64. 공문서부정행사죄 성립 ×

① 인감증명서 제시
② 신원증명서
③ 화해조서 경정신청 기각결정문
④ 주민등록표 등본
⑥ 선박국적증서와 선박검사증서
⑦ 차용증 및 이행각서

(인/신/화/주/주/선/차)

65. 인/문/신 : 불가벌적 수반행위

인장위조 < 문서위조 < 신용카드부정사용
(유가증권)

(인/문/신)

66. 국가기밀

실질적 기밀개념 – 긍정
공지의 사실 – 부정

(실/기/긍, 공지/부)

67. 범인은닉죄

범인은닉/벌금/법정형

(버/버/버)

MEMO

MEMO

MEMO